ORIGINAL THEORY OF
ELECTRIC POWER LAW

电力法学原论

主　编　王学棉

副主编　吴德松　游福兴

参　编　周凤翱　李　英　方仲炳
　　　　张天乐　王书生　王重阳
　　　　李　怡

中国电力出版社
CHINA ELECTRIC POWER PRESS

内 容 提 要

本书为全国电力行业"十四五"规划教材。

本书共分十二章,主要内容包括电力法概述、电力法的立法宗旨与基本原则、电力规划与建设、电力生产与运行、电力供应与使用、电力市场法律体系、电价与相关费用、电力设施保护、电力管理与监管、电力行政执法、电力争议及解决、电力法律责任等。本书主要基于我国法学理论的发展,电力体制改革的实践和电力行业在实际工作中面临的法治难题,从电力行业的特有属性出发,站在理论法学而非注释法学的视角,对电力法学的理论体系进行了构建,对一些重要的基础理论,如产权分界点、可再生能源电量的消纳等进行了详细阐述,对部分争议较大的问题,如电网调度权的法律性质、公平调度的界定等进行了深入探讨。电力体制改革一方面对电力行业原有法律关系产生了重大影响,同时也催生了很多新的法律关系。对这两大方面本书均给予了充分关注。

本书可作为普通高等院校法学专业的本科生、能源法方向的研究生教材,也可作为能源领域的律师、电力行业的法务工作者以及其他对电力法学感兴趣的学者的参考书。

图书在版编目(CIP)数据

电力法学原论 / 王学棉主编 . —北京:中国电力出版社,2024.4(2025.6 重印)
ISBN 978-7-5198-8014-9

Ⅰ.①电…　Ⅱ.①王…　Ⅲ.①电力法—中国—高等学校—教材　Ⅳ.① D922.292

中国国家版本馆 CIP 数据核字(2023)第 143376 号

出版发行:中国电力出版社
地　　　址:北京市东城区北京站西街 19 号(邮政编码 100005)
网　　　址:http://www.cepp.sgcc.com.cn
责任编辑:冯宁宁(010-63412537)
责任校对:黄　蓓　常燕昆
装帧设计:赵姗姗
责任印制:吴　迪

印　　　刷:北京雁林吉兆印刷有限公司
版　　　次:2024 年 4 月第一版
印　　　次:2025 年 6 月北京第三次印刷
开　　　本:787 毫米 ×1092 毫米　16 开本
印　　　张:24.25
字　　　数:356 千字
定　　　价:75.00 元

前言

《中华人民共和国电力法》（以下简称《电力法》）颁布于 1995 年，施行于 1996 年。一部法律生效后不久，撰写一部关于该法律的教材系我国教材撰写的惯例。第一本以《电力法》为依据撰写的教材应当是吕振勇先生主编的，于 1999 年由中国电力出版社出版的《电力法教程》，是一本针对本科生的教材。《电力法》虽只经历了三次小规模非根本性的修改，但 2002 年和 2015 年进行的两次电力体制改革，给电力行业带来了翻天覆地的变化。该教材出版后至今，已经过去了 20 多年，同时也没有同类的最新教材出版，原因大致如下：

首先，受众有限。法学从其适用范围来看可以分为主流法学和特色法学。所谓主流法学是指研究其适用范围非常宽广的法律，如民法、民诉、刑法、刑诉、国际公法、国际私法等。由于这些法律是学习其他法律的基础，因而所有法学专业都必须开设相应课程，教育部对此也有要求，即所谓的主干课程，受众众多。所谓特色法学是仅研究适用于特定领域或特定人群的法律，前者如煤炭法、电力法等，后者如未成年人保护法等的学科。是否开设特色法学方面的课程，由各个院校自行决定。《电力法》并不是主流法学，对电力法学教材的需求主要来自与能源相关的院校法学专业学生、电力行业的法务工作者，受众有限。

其次，研究人员有限。《电力法》调整的对象是电力工业，在我国庞大的法律体系里面，是一个非常小众的法律。由于涵盖面窄，历史不长，可供研究的问题也有限，对有些法律问题的理解还需要电力专业技术知识，因此学术界从事该法律研究的人较少。目前研究该法律的人员主要是电力行业特色非常明显的院校和电力行业的一线法务工作者。

再次，《电力法》一直未修订。在通常情况下，教材会随法律的修订而不断修订。我国自1996年开始拉开了电力体制改革的序幕，此时《电力法》刚刚开始施行。由于《电力法》制定于电力行业尚处于发、输、配、售一体化且政企也没有分开的年代，该法与行业实践的不一致之处便开始显现。在经过2015年的第三轮电力体制改革后，该法与行业实践的不一致之处更是随处可见。对《电力法》进行修改的呼声日益高涨。但由于《中华人民共和国能源法》没有出台，国家立法机关对《电力法》的修改没有进行。在这种情况下，各地的地方立法机关纷纷利用地方立法权限，进行了大量有关电力方面的地方立法。在教材的撰写上，通常都是以中央层面的立法，而非地方立法为依据。既然如此，那撰写的本教材是不是就违反了这一规律呢？抑或在《电力法》修订后，有无可能因为与法律不一致而导致过时呢？

回答是：不会。教材的撰写有两种，一种是注释方法，即以现行法律为对象，对它进行解读。这种写法通常离不开现行法律，主要适用于本科教材的撰写。另一种是阐释方法，即对某一法律的基本原理进行阐释，主要适用于研究生教材的撰写。基本原理往往具有稳定性和长久的生命力，不会瞬息万变，《电力法》的修改也需根据基本原理进行。本教材为研究生教材，写作时并不需要以现行法律为依托。撰写本教材，试图为电力法治的建设添砖加瓦。

本教材的作者由两大类人员组成：一类是高校的学者；一类是电力行业的专家型实务工作者。前者具有扎实的理论功底，后者对行业中的痛点、难点问题及解决方案有深入的研究。

本书写作分工：第一、九章由周凤翔、李怡撰写，第二章由王书生撰写，第三章由张天乐撰写，第四、十一章由王学棉撰写，第五、六章由吴德松撰写，第七章由游福兴撰写，第八章由王重阳撰写，第十章由李英撰写，第十二章由方仲炳撰写。全书由王学棉、吴德松、游福兴负责统稿。

在本书的撰写中，得到了华北电力大学的大力支持，还参考了许多专家、同行出版的图书和相关资料，在此一并致谢。

研究永无止境，限于作者水平，书中不妥及疏漏之处在所难免，欢迎读者批评指正。联系方式：xuemianw@sohu.com。

编者

2023 年 6 月

目录

第一章 电力法概述

第一节 电力与电力法治

一、电力商品及法律分析

（一）电力商品的特有属性

1. 无形性

电力商品具有无形性。无形性指人类无法通过物体的形状、体量、颜色等客观感知物体的存在。电能是电力商品的核心要素，电能是指使用电并以各种形式做功产生的能量。电力商品的无形性主要体现在电能的物理形态上，电能主要通过电子的流动实现能源的传递和转换，在此过程中，电子的流动既不可视也无法触摸，没有一种客观的能够为人类所直接感知的存在形态。因此，电力商品的生产、传输和使用均离不开一定的物质载体，如发电机、电缆、变电器等电力基础设施。

2. 高危性

电力作为一种能源，在给人类社会带来光明和动力的同时，也对人类的安全和健康构成威胁，这主要体现在电流对人体可能造成的伤害上。电流对人体的伤害有三种：电击、电伤和电磁场伤害。电击是指电流通过人体，破坏人体心脏、肺及神经系统的正常功能；电伤是指电流的热效应、化学效应和机械效应对人体造成的伤害，主要是指电弧烧伤、熔化金属溅出烫伤等；电磁场生理伤害是指在高频磁场的作用下，人会出现头晕、乏力、记忆力减退、失眠、多梦等神经系统的症状。在这三种伤害中，电击对人体伤害最为严重，特别是人体在接触高压（交流电压 1000 伏或直流电压 1500 伏以上）电流的情况下会因触电而伤残甚至死亡。在现代社会，电力商品的使用需要经历从发电、输电、配电到售电的过程，由于带有电流的电力设施常常必须经过或建在公共场所，从而极大地增加了不特定公众触电的风险。因此，电力商品的高危性主要体现在高压电流对不特定公众产生的危险上。❶

3. 基础性

电力商品的基础性主要体现在三个方面。首先，电力是满足人们日常生活需要的基础性商品。在现代社会，电力成为人们最为基本的能源消费和使用形式，日常的照明、炊事、采暖、制冷、个人出行、公共交通等均离不开电力商品。其次，电力是社会生产所依赖的基本能源利用形式。电能具有清洁、安全、便捷等优势，现代各国为了促进其经济建设和社会发展，纷纷通过优化能源结构，不断降低对煤炭、石油、天然气等化石能源的依赖度，探索和开拓电能替代的范围。如我国提出逐步提升电能占工业终端能源消费的比重，推进电能替代的指导意见，❷进一步强化了电力商品的基础性地位。再者，电力是现代工业文明的基础和标志。各国电力发展的规模和水平在很大程度上决定着其经济发展的规模和速度，决定着其社会秩序的稳定以及民众生活水平的提高等。因此，电能的开发利用奠定了人类工业文明的基础，电力产业的发达程度更是现代国家工业文明的显著标志。

4. 民生性

所谓民生性，主要是指电力商品与民众的基本生存和生活状态，以及民众的基本发展机会、基本发展能力和基本权益保护等息息相关。电力商品的民生性体现在，民众的基本经济生活和文化生活离不开电力商品，不管是日常的照明、炊事、采暖等基本的生存需求，还是获取其他物质生产资料，都直接、间接地需要电力。在电力商品

---

❶ 由于输送的地域性要求，通过高压输送是成本最低的方式，因此电力商品在使用前必须经历高压状态，而高压电力具有高危性，在现代社会被作为全社会分担的风险类型，也因此被归为无过错责任的类型。各国制定电力安全生产监管办法来确保电力生产的安全性。

❷ 2016年，国家发改委等八部门联合出台的《关于推进电能替代的指导意见》明确，2020年电能占终端能源消费的比重达到27%。2022年国家发改委、工信部、财政部等十部门近日联合发布的《关于进一步推进电能替代的指导意见》提出，到2025年，电能占终端能源消费的比重将达到30%左右。

的普及化过程中，民众的生活与电力结合得愈发紧密，电力商品对民众基本生活的重要性也愈发凸显。可以说，电力商品供应的数量和质量直接影响的是居民的生存权利和发展权利，关系到一国的国计民生和国家的长治久安。

5.普惠性

普惠性意为普遍惠及，其内涵主要包括三方面：一是所惠及群体的普遍性，即全体公民均有权利获得某项福利的授予和分配；二是内容的补偿性，个体在现实生活中在天赋、环境、教育及能力等方面均有差异，导致经济状况、社会地位等差别化，不同地域、人群、城乡之间实质享受到的福利也呈现出差异化。现代公益观认为，为了让社会全体成员从社会整体繁荣与进步中普遍受惠，而不把某些人特别是最弱势群体排除在外，国家需要对这些弱势群体进行补偿；三是福利惠及的实质性，即有质量、高标准地惠及全体公民，实现提升全体公民某项福利的实质性效果。❶

电力商品的普惠性特征是基于电力商品的基础性和民生性，电力商品的基础性和民生性是普惠性的内在原因，普惠性是电力商品基础性和民生性的必然要求。正是因为电力商品关系到居民的基本生存权和普遍发展权，"获得电力"成为现代国家公民基本人权的组成部分，成为国家需要通过制定法律和政策提供切实保障的商品，让电力商品无差别地惠及所有公民已经成为现代国家政府的基本责任。

（二）电力商品的法律分析

1.法理讨论

电力商品之所以成为法律的调整对象，是人类对于自然力的开发利用有限，无法满足所有人需要的必然结果，现代国家将这种具有高度经济价值和社会价值的自然力纳入法律调整范围，使其成为电力法律关系的客体。对电力商品的法律分析首先应当明确其法律属性。

（1）电力商品的公用属性。由于电力兼具经济价值和社会价值而表现为法律上的

---

❶ 杨卫安、邬志辉：《普惠性学前教育的内涵与实现路径》，《广西社会科学》，2014年第10期。

商品属性和公用属性，需要受到私法和公法的双重调整。电力本质上是一种可以被交换的商品，因此在法律上遵循一般产品的权属、交易和管理规则等，这是电力商品属性的体现。同时，电力商品具有基础性、民生性和普惠性等特征，决定了其不同于一般商品的生产、交易和流转而完全依靠私主体的意思自治实现，公权力不作过多干预。相反，需要国家在尊重电力商品一般属性的基础上，兼顾其公用属性，即在电力商品的价格、质量、数量上，从公用属性角度规定满足民生公用需要的基本制度，保障民众的基础性生存权利和发展权利。这意味着，国家在构建电力法律制度过程中应当充分考量到电力的商品属性和公用属性，既立足于电力商品权利人的保护，也要着眼于民生公用权利人的保护。因此，电力法中既要设立市场竞争和自然垄断规制相结合的法律制度，又要设立电力专业服务和普遍服务相结合的法律制度。

（2）电力商品的私权属性。电力作为一种可以交易的商品，通过商品化从交易制度中进入法律体系，其商品属性的有效发挥有赖于明确的权属确认，这便是私法对于能源研究的起始点，也是公共权力对于能源的大规模运用进行管理的政治经济学基础。一般来说，电力包括自然界产生的电力和人类社会利用一定的原理通过相应的机械生产出的电力，只有通过人工产生并可以为人所支配的电力才属于法律调整的范畴。电力是否被商品化是判断电力是否作为独立的被支配的对象以及用来交易标的的标准，电力一经人工产生且被用来交易就开始了商品化。由于《民法典》对于物的分类包括动产和不动产，物的不同分类直接关系到物的设立、变更、转让、消灭与保护。学界对于电力商品的物权属性主要形成了三种不同的学说，包括"动产说""不动产说"和"无形资产说"。"不动产说"基于电力商品的无形性特征，认为电力商品的生产、使用和销售离不开相应的设施设备，而电力设施大多为不动产的定着物，因此作为电力商品载体的电力设施也应当具有所定着的不动产的物权属性。相应的，电力商品也应当为一种不动产。❶"动产说"则承认电力商品的无形性需要以电力设施作为载体，但认

---

❶ 钟晓珺：《窃电行为的法律研究及立法分析》，复旦大学 2010 年硕士学位论文。

为电力设施并不是定着在不动产之上的，而是具有可移动、可拆除、可替代的物质属性，属于动产的范畴，相应的，电力商品也为动产。[1] "无形资产说"只关注电力商品在物理上的无形性，认为其属于无形资产。[2] 其中，"动产说"为主流观点。依照该观点，电力商品为特殊的动产，通过线路和相关电力设备实现占有和使用，电力商品的所有权移转通过交付实现[3]，从电力商品经过产权分界点时移转。

电力商品的私权属性还体现在其交易特性上。电力商品的基础性和民生性使得电力商品的交易区别于普通的商品交易，电力商品交易合同也因此具有缔约规则的特殊性、合同内容的确定性、合同效力规则的特殊性，以及解释规则的特殊性。一般来说，相对于电力商品消费者，电力商品的提供者具有明显的优势地位，当电力商品提供者具有可以将电力这种生活必需品提供或不提供给居民的自由选择权时，会加剧双方地位的失衡。因此，法律赋予电力商品提供者强制缔约义务，即当特定供电营业区内用电的企业和个人提出用电申请时，该营业区内的电力商品提供者不得拒绝，通过这种方式保障电力商品消费者获得电力的基本权利。

除此之外，电力商品合同中商品价格受管制、合同解除的效力面向未来等法律制度的设计均是基于民法平等原则对私主体之间的民事交易进行的二次矫正。随着我国电力市场化改革的不断深入，电力的商品属性更加凸显，电力及其金融衍生品也日渐繁荣，电力商品交易方式的多元化、交易规则的复杂化等都对电力交易法律制度设计提出了更高的要求。电力交易法律制度应当在充分尊重电力市场和电力商品属性的前提下，在权利义务的设置上适当向电力消费者倾斜。

2. 法律规定

《民法典》中有对电力商品的法律界定。我国《民法典》物权篇中并未对包括"电

---

[1] 王利明：《物权法论（修订本）》，中国政法大学出版社 2003 年版，第 4 页。

[2] 肖中华、闵凯：《侵占罪中"代为保管的他人财产"之含义》，《法学家》2006 年第 3 期。

[3] 也有观点更进一步，认为属于要式交付，参见王重阳：《要式交付——电能物权变动公示方式探析》，《华北电力大学报（社会科学版）》2005 年第 2 期。

力"在内的自然力的物权客体属性作出明确界定，但是《民法典》供电合同篇章确定了电力作为民法上"物"的地位。供用电合同篇规定了电力商品作为一种特殊商品买卖合同的标的物所适用的法律规则。除了规定一般商品买卖合同中出卖人和买受人之间的权利义务关系，还规定了电力的特殊要求，即电力商品在交易主体双方合意的基础上还具有较为强烈的国家意志倾向和政府调节色彩，如电力商品不仅需要满足合同当事人的约定，还应当符合国家规定的质量标准；因自然灾害断电后供电人应当承担按照国家规定及时抢修的义务；供用电合同价格需要受到国家的管制等。其次，《民法典》侵权编还规定了电力商品在电力设施中传输时致人损害的法律责任，基于"物"的实质掌控原则确定侵权责任的承担者。最后，《民法典》绿色原则也对与电力商品相关的活动具有约束力。《民法典》规定民事活动应当有利于节约资源、保护环境，电力商品的生产、交易和使用应当符合此规定。

除此之外，电力特别法诸如《电力法》《电力供应与使用条例》《电力安全事故应急处置和调查处理条例》等对于电力也进行了规定。与《民法典》不同的是，电力特别法较少突出电力商品的商品属性，而是基于电力商品的公用属性，对电力商品的生产、供应和使用作出相应的规定。如《电力法》规定了供电企业提供给用户的电力商品应当符合国家规定的质量标准、电力价格的确定应当分类分时等，这些法律更多侧重于国家对于电力建设、生产、供应和使用行为的监管，较少涉及电力商品本身。

3. 国内外相关立法及观点

早期，人们对电力的研究尚处于起步阶段，电力的普及程度较低，学术界还存在对电力是否为民法上"物"的探讨，早期的法律如罗马法和大陆法系民法典均没有对自然力作出规定，甚至否认电能作为一种物的存在。罗马法上的有体物概念是以五官感觉所能涉及的范围对物这一抽象概念的朴素经验总结，是指"存在于自然界中可以触知的实体物，如桌椅、奴隶、谷仓、土地等。"1804 年《法国民法典》注意到了闪电现象，并将其作为一种意外事故来对待。但限于 19 世纪科技和社会发展水平，因此并未对电能这种自然力做出法律认定。1896 年的《德国民法典》第 90 条规定"本法所称的物为有体物。"将物局限在可触摸、可见、可固定的范畴。1898 年《日本民法典》则直接承继了《德国民法典》的学说，认为物必须占有一定空间并且有形存在。

20 世纪以来，各国开始认可电能的物权客体属性。1907 年《瑞士民法典》第 713 条率先规定："性质上可移动的有体物以及法律上可支配的不属于土地的自然力，为动产所有权的标的物。"确立了自然力的物权客体属性，且从当时世界的科技水平来看，该条所述的自然力应该包含了"电能"。1930 年以后，在无生物致害领域，法国法院通过判例法将物的范围逐步扩大到了放射线和电气等自然力。1942 年《意大利民法典》第 814 条规定"具有经济价值的自然资源视为动产。"1960 年《韩国民法典》第 98 条规定"此法律称物件者，谓有体物与电气及其他管理可能之自然力"，强调了包括电能在内的自然力的可支配性。部分 20 世纪后半叶颁布的民法典更是直接将自然力纳入有体物范畴，如 1960 年《埃塞俄比亚民法典》第 1129 条规定"除非法律另有规定，电力之类的具有经济价值的自然力，当它们被人控制并投入利用时，视为有体动产。"1994 年《魁北克民法典》第 906 条规定"为人控制和利用的波或能，不论其来源于动产或者不动产，均视为有体动产。"

现代德国民法的一般观点仍然认为自然力不属于有形的客体，比如，电、光波和声波、各种类型的射线，但人类可以控制的能量则属于民法意义上的无体的权利的客体。至于学者对于物权客体属性的不同观点，往往与其所处环境及所掌握的自然科学知识有关。我妻荣教授便认为物为"法律上之排他的支配之可能者"，故电气磁气不失为物。但同样，至今有学者还坚持认为可以承认对电等物的支配权，但不能承认其物权的成立，以维护绝对的"凡物必有体"的理论。❶ 在现代物权法中，有体物是指除权利以外的一切物质实体，即物理上的物，它不仅包括占有一定空间的有形物各种固体、液体和气体，还包括电、光、热等自然力或"能"。

后来，随着电气化进程的加快，电网的大规模建设以及电能应用的普及化，学术

---

❶〔日〕田山辉明：《物权法》（增订本），陆庆胜译，法律出版社 2001 年版，第 10 页。

界对于电力的"物"的属性基本确认，但是对于电力商品属于何种物仍无定论。我国《物权法》起草过程中，认为电、天然气和空间等在物理上表现为无形状态的物，仍然属于有体物的范畴，且能够为人们所支配，从交易观念出发，可以作为物对待。❶孙宪忠教授的《中国物权法总则建议稿》尽管将物限定为有体物，但认为电、气等也是有体物。❷以上观点认为电是一种有体物。杨与龄先生认为"物者，人体之外，人力所能支配，并能满足人类生活需要之有体物及自然力也。"❸认为自然力是有体物之外的存在，并不属于有体物。❹

进入 20 世纪末，世界各主要国家开启了电力市场化改革，极大地释放了电力的商品属性，国内外对电力商品的法律研究也开始转向电力商品交易的法律制度，如跨境电力商品交易与投资法律制度研究❺、电力市场合同纠纷研究❻、绿电交易法律制度研究等。

二、电力服务及学理探讨

（一）电力专业服务

1.电力专业服务概述

电力专业服务根据电力产业的不同环节可以分为输电服务、配电服务、售电服务、辅助服务等。

（1）输电服务。随着生产的发展和用电量增加，发电厂的数量和容量都在不断增长，而且由于资源和环境等方面的原因，发电厂和用户的距离也越来越远。因此，为了把发电厂发出的电能安全可靠地送到用户，并使输送的损耗减至最小，就必须有专

---

❶ 王利明：《物权法论》（修订本），中国政法大学出版社 2003 年版，第 32 页。

❷ 孙宪忠：《争议与思考——物权法笔记》，中国政法大学出版社 2006 年版，第 36 页。

❸ 杨与龄：《民法概要》，中国政法大学出版社 2002 年版，第 32 页。

❹ 钟晓珺：《窃电行为的法律研究及立法分析》，复旦大学 2010 年硕士学位论文。

❺ 王珠雅：《国际电力贸易的法律制度研究》，云南财经大学 2020 年硕士学位论文。

❻ 杨怡静：《电力市场法律纠纷探讨与分析》，《中国电力企业管理》2021 年第 22 期。

门的输电系统，即电网，由此就产生了输电服务。输电服务是指输电服务提供者将电力商品从电能生产者输送至电能使用者，并从中收取输电服务费用的过程。输电服务提供者主要指电网公司。输电可以把相距甚远的（可达数千千米）发电厂和负荷中心联系起来，使电能的开发和利用超越地域的限制，也可以将不同地点的发电厂连接起来，实行峰谷调节。输电是电能利用优越性的重要体现，在现代化社会中，它是重要的能源动脉，输电服务也因此在电力行业中具有举足轻重的地位。由于电力网络具有规模经济特性，即在一定的市场需求范围内，随着电网生产规模的扩大，单位成本会降低，此时由单个企业提供所有产出，效率才会达到最高，任何其他企业的存在只会增加成本，造成社会资源的浪费。❶

（2）配电服务。配电服务是指将输电线路中的高压电通过变电设施降为中、低压，并通过配电线路分配给电力用户的服务。配电系统由配电变电所、配电变压器、配电线路以及相应的控制保护设备组成。配电服务同输电服务一样，都需要通过借助电力网络实现服务的提供。不同于输电服务的强垄断特性，配电服务的提供无需依赖于大规模互联的电网，在特定的区域具有局域性的特点，因此自然垄断特性较弱。

（3）售电服务。售电服务是指向电力用户出售电力的服务。我国的售电服务提供主体经历了三个阶段的变化。在我国不同时期的能源管理体制下服务主体均有所不同。起初是由政府部门提供电力服务，政企分开后，由电网企业垄断提供售电服务，在中共中央、国务院《关于进一步深化电力体制改革的若干意见》（又称电改"9号文"）发布后，本着"管住中间、放开两头"的电改思路，国家发展改革委、国家能源局出台《关于推进售电侧改革的实施意见》，明确了电网公司的市场定位、售电公司的分类及业务、售电公司准入门槛等，这意味着售电服务提供主体的多元化局面从此打开。目前，我国售电服务主体主要包括三类：一是电网企业成立的售电公司，该类售电公司具有独立法人资格，独立运营，与输配电业务、调度业务、非市场化业务隔离；在电

---

❶ 郭丽、河金英、靳智强：《也论我国自然垄断行业的垄断特征与法律规制——与郑鹏程先生商榷》，《广西政法管理干部学院学报》2004年第1期。

力交易机构没有相对独立的情况下，电网企业所属售电公司暂不开展竞争性售电业务。第二类是运营增量配电网的售电公司，包括已经存在的独立地方电网以及工业园区等配电网，这类售电公司有配网资产，有固定营业区域，能形成关口计量，采用"关口计量＋市场售电"业务模式，配网向第三方放开，收取配网费。第三类是独立售电公司，该类公司无配网资产，无固定营业区域，从事购售电业务，不承担保底供电的虚拟运营商。这些不同的售电服务提供者的不同背景赋予其特有的属性和特点，带来"先天"的优势和劣势，也导致其运作模式和盈利模式产生差别，进而影响所提供的售电服务的质量。[1]

（4）辅助服务。电力辅助服务是指除正常电能生产、输送、使用外，由火电、水电、核电、风电、光伏发电、光热发电、抽水蓄能、自备电厂等发电侧并网主体，电化学、压缩空气、飞轮等新型储能，传统高载能工业负荷、工商业可中断负荷、电动汽车充电网络等能够响应电力调度指令的可调节负荷（含通过聚合商、虚拟电厂等形式聚合）提供的服务，主要用于保证供电的可靠性和电能质量，促进清洁能源消纳等。从系统运行管理的角度看，辅助服务是指在实时运行中，应对一些不可测和不可控的原因，保证供电质量和可靠性要求而所需的有功、无功的实时平衡服务以及其他的运行服务；从市场运行的原理来分析，辅助服务是一种特殊的服务，电力市场的参与者都从这种特殊服务中获得了好处，系统运营机构代表所有的参与者购买辅助服务。在传统电力工业中，发、输、配电都属于同一个电力公司，提供电能还是提供辅助服务由系统调度员根据需要确定，而在电力市场环境下，发、输电分属不同公司，电力辅助服务也逐渐更加专业化、独立化。美国联邦能源规制委员会（FERC）确定了调度与系统控制、无功供给与电压控制、调节与频率响应、能量不平衡、旋转备用、辅助备用等辅助服务内容。[2]

---

[1] 参见：我国售电主体分类 SWOT 分析. 来源：中国电力企业管理。

[2] 焦连伟、文福拴、祁达才、林济铿、倪以信：《电力市场中辅助服务的获取与定价》，《电网技术》2002 年第 7 期。

2. 学理探讨

（1）立法难点。随着电力体制改革的推进，电力专业服务中有的具有自然垄断性如输电服务和部分配电服务，有的具有市场竞争性如部分配电服务和部分售电服务，使得国家对电力专业服务的法律制度设计也较为复杂。在电力体制市场化改革前相当长的一段时间内，由于电力产业的物理特性，电力行业在发展过程中被少数掌握相关技术的企业垂直一体化垄断，使得电力行业被界定为自然垄断行业。各国法律基本允许自然垄断业务的合理存在。但是随着电力技术的革新，部分电力专业服务的自然垄断特性减弱甚至消失，电力行业的整体垄断豁免已经不利于电力行业的发展和电力消费者的权益保护。从 20 世纪 80 年代开始，发达国家纷纷开启电力市场化改革进程，电力专业服务的法律制度设计也加入了竞争法合规的要求。在很多发达国家，配电服务基本处于有限放开的状态，售电服务则随着技术的进步从自然垄断业务中剥离出来，成为可以自由竞争的业务。然而，虽然经历了电力市场化改革，但输电业务和部分配电业务具有自然垄断特性依然是无法回避的事实，因此，如何在维护市场竞争秩序与尊重电力业务特性之间做好平衡，是构建电力专业服务法律制度面临的难题。

（2）立法解决。在进行电力专业服务法律制度设计时，应当注意其既具有一般市场服务的共性，但是又不同于普通的市场服务，因为其内容和质量直接关系到居民的基本生活和经济社会成本，因此，虽然民事主体之间可以就提供电力服务订立合同，但服务的内容、质量等不能完全由私主体之间通过合意确定，而需要国家的干预。一方面，国家的干预会限制电力消费者一定的自由选择权，如在电力配电服务的提供者选择上，我国《电力法》规定，一个供电营业区内只设立一个供电营业机构，该营业区内的电力消费者仅能请求特定的供电营业机构提供电力配电服务；另一方面，国家对电力服务提供的干预也是基于对公共利益的维护和对电力消费者基本权益的保护，如电力配电服务的提供要求符合专业性、及时性，电力配电服务提供者负有电力安全保障义务，并在其提供基本服务时负有检修、抢修等义务；再如我国通过电改文件确立保底供电服务，虽然我国并未将保底供电义务纳入立法，但其他国家有的已经将其作为电力服务提供者的一项法律义务。保底供电制度一般由两部分组成：一是对放弃选择市场化售电商的电力用户，由原供电商继续供电，一般称为"默认合同供电"（Default Contract）；二是对已经进行市场化电力交易的用户，在其售电商无法正常提供电力服务时，由政府指定的保底供电商介入供电，以保障电力用户持续用电，一般称为"应急供电"（Last Resort Service）或"紧急供电"。❶ 即保底供应商必须向用户提供保底供电服务。

3. 国内外研究概况

国内外对电力专业服务的法律研究主要包括三类。一是电力服务提供主体经营的法律合规风险研究，包括对相关法律风险的预测以及规避策略，早期主要表现为电力专业服务提供过程中可能遇到的法律问题分析和法律风险防范，如输电服务提供过程中输电线路安全运行法律问题、相邻权纠纷法律问题；❷ 近几年随着电力市场不断发展，对售电服务的市场合规问题研究较多，如我国电力交易机构合规风险管理体系。二是国际电力贸易的法律制度研究，包括跨国电力交易、电网互联等。三是电力行业竞争法律机制研究，主要是从国家层面对电力服务提供的监管角度进行研究，包括输电服务的公平无歧视提供、售电服务的竞争性监管等。

（二）电力普遍服务

1. 电力普遍服务概述

"普遍服务"一词最早出现在 20 世纪初的美国电信领域，并于 1934 年在美国电信法中通过立法的形式予以确认，该法规定，电信运营商负有尽可能对所有的国民提供迅速且有效的通信业务和服务的义务。到 20 世纪 80 年代末，OECD（经济合作与发展

---

❶ 张继忠：《深化电力体制改革背景下电网企业保底供电制度法律研究》，《法制与经济》2020 年第 4 期。

❷ 李世刚：《论架空输电线路途经他人土地的合法性与补偿问题——兼谈中国公用地役权的法律基础》，《南阳师范学院学报》2012 年第 11 期。

组织）对"普遍服务"一词重新进行了定义，即"任何人在任何地点都能以承担得起的价格享受电信业务，而且业务质量和资费一视同仁"，该定义随后被许多国家在立法中予以采纳，普遍服务一词也逐渐被应用于邮政、交通、能源等具有基础设施和公用性质的自然垄断产业，并被不断赋予新的内涵。目前，普遍服务政策已经成为一项国际公认的基础服务准则。尽管普遍服务在不同的时期、不同的领域有不同的提法，但至少包括以下要点：第一，可获得性，即不论何时何地，只要有需求，都应该有相应的产品或服务；第二，非歧视性，即无论用户所处的地理位置、种族、性别、宗教信仰如何，普遍服务提供者都应一视同仁地提供产品或服务；第三，可承受性，即绝大多数用户能够支付得起相应产品或服务的价格。❶

电力普遍服务是指国家制定政策，采取措施，确保所有电力用户都能以合理的价格获得可靠的、持续的基本电力服务。其主要内容包括：①对任何人在任何时间、任何地点都必须提供电力服务；②对所有用户没有价格和质量的歧视；③制定电力用户可承受的服务价格。❷目前，世界各国大多将电力普遍服务的总体目标基本定义为提供价格合理的可靠电能，满足那些用不上电或用不起电的公民的用电需求。

2. 学理探讨

（1）法理基础。理论界普遍认为，电力普遍服务的法理基础主要包括两点，一是电力普遍服务无法通过市场机制自发提供，需要国家通过法律的形式予以保障。电力产品和服务具有自然垄断特性，在发展初期需要大规模建设输配电网和相关基础设施，遵循生产函数呈规模报酬递增（成本递减）规律，即生产规模越大，单位产品的成本越小。这使得电力商品和服务的提供者在人群密集、电力基础设施建设完善的地区能实现效益的最大化；相反，对于人口稀疏，地形、气候条件恶劣的农村地区，提供电

---

❶ 王学棉：《电网企业"保底供电义务"问题研究》，《华北电力大学学报（社会科学版）》2018年第6期。

❷ 王俊豪、高伟娜：《中国电力产业的普遍服务及其管制政策》，《经济与管理研究》2008年第1期。

力商品和服务的成本过高，这将产生"撇奶皮"效应，即没有经营者愿意为偏远乡村地区提供电力商品和服务。在通过价格、竞争等市场机制无法实现电力普遍服务的情况下，电力普遍服务应当成为一项法定义务，并由国家通过立法加以保障实施。二是电力普遍服务涉及人权保障和实现的问题。人权是基于人类自然本性和社会性客观地、历史地形成的，是任何人作为人所应当享有的权利，即"人该有之"而且"人皆有之"的权利❶。普遍服务实质是针对贫困地区和贫困群体所提供的必需的产品或服务，旨在保障特定人群最基本的生存权并为其发展权创造条件。

（2）义务主体。电力普遍服务的主体是指承担电力普遍服务义务的主体，包括责任主体和实施主体。电力普遍服务的责任主体是政府，政府负有确保所有公民能被一视同仁地以合理的价格获得电力商品和服务。值得注意的是，在世界电力市场化改革的浪潮下，政府不再是电力商品和服务的提供者，供电企业成为电力普遍服务的实施主体。电力普遍服务的客体广义上应包括所有居民，狭义上包括那些用不上电或用不起电的居民。电力普遍服务的内容主要包括电价的制定、电力基础设施的建设和维护等。现代国家对电力普遍服务的保障主要体现在国家制定相应的电力普遍服务的标准和规则以及监管供电企业实施提供电力普遍服务的行为上。

3. 立法实践

当今世界各国并无专门的《电力普遍服务法》，但是，关于电力普遍服务的立法理念和实施的基本原则等可以散见于少数发达国家如美国、德国、日本等国的电力相关法律规范中。

如美国通过1978年的《公用事业规制政策法》《能源政策法》开展电力普遍服务法律制度建设，《公用事业规制政策法》规定，煤气与电力市场行政管理局将以能够促进根本目标的、有益的方式行使相应的职能，包括确保所有合理的电力产品需求得到满足，且其在行使职能时必须重视维护残疾人、身患慢性疾病的人、领退休金

---

❶ 郭道晖：《人权的本性与价值位阶》，《政法论坛》2004年第2期。

的老人、低收入者以及居住在偏远地区的人的利益，当公众的利益在受因发电、输电、电力销售或者电力供应而引发的危害时，确保能够向公众提供多样的、可行的、长期的能源供应。美国《能源政策法》还对电力经销商的职责予以了规定：受理用户请求建立电力经销商与客户（公司）之间的供受关系，并在技术手段上加以实现。除此之外，美国各州也在电价相关法案中确定了电力普遍服务相关制度，如新泽西州1992年颁布的《电费折扣和能源节约法》规定了电力普遍服务基金制度，符合要求的低收入家庭可以申请用能补贴，符合要求的家庭只需用年收入不超过6%的部分用于电力和天然气消费。❶近年来，美国带有电力普遍服务性质的法律规范主要是源于政府颁布的相关规定，如美国联邦能源规制委员会的第888号令为其本国电力趸售市场而开放输电网提供了法律保障，再如区域输电组织（RTO）的条例将垂直一体化重组为电力趸售市场，其输电网原有的传统管理方法已不适应支持高效、可靠的运行，如果继续有差别地提供输电服务还可能阻碍充分竞争的电力市场。开放输电网重新组建的RTO，其功能被政府确定为电价设计和管理、平行通道的潮流、辅助服务、开放上网实时信息系统、输电总容量、可用输电容量、市场监控、计划与扩建、区域间的协调等，这其中有相当一部分条款带有电力普遍服务的性质。

法国《国营电力服务现代化和发展法》规定：公共电力服务的目的是在尊重普遍利益的前提下，保证全国领土的供电；在实现全体国民对电力需求的权益的同时，国有电力服务应在遵守平等、持续和适应性原则的前提下，以符合要求的质量、成本和价格经营电力。法律还规定，家庭收入低于法定底限的用户，在其消耗的一个阶段建立一个特别定价。指定电力生产商负责的公共服务任务的开支将得到完全补偿，补偿是由"公共电力生产服务基金"提供的，该基金由生产者或其子公司的某些供应者和分配机构应缴纳的税金供给，基金存储在储蓄银行中一个特殊账户中加以管理，该

---

❶ 苏苗罕：《能源普遍服务的法理与制度研究》，《法治研究》2007年第10期。

账户需接受一个经电力调节委员会批准的独立检查机构的检查。此外，法律还对某些特定能源生产的电能规定了法定优先收购的条款：使用当地煤作为一次能源的电力，可以被按照法国生产消费电力而必需的一次能源总量10％的比例优先收购，而为此可能引起的超支均由公共电力生产服务基金承担。这一条款的作用在于鼓励使用本国煤炭发电。除此之外，电力普遍服务还体现在法国有关入网的详细规定中：如果电网管理者拒绝申请人的入网申请，必须同时说明理由并通知申请人和电力规制委员会。拒绝的标准要有针对性、非歧视性，并公开宣布这些标准只能建立在关系到能否很好完成公共服务任务、保证电网安全可靠以及运行质量的技术理由的基础之上。当地政府要保证入网的权益，使其在生产设备和生产限度内满足当地公共服务的需要。

日本《电气事业法》把保护用户利益作为立法的三个目的之一。在电力供应商的供电义务方面，该法规定，一般电力事业者如无正当理由，不得拒绝在其供电区域内满足一般需要的供电。一般电力事业者应制定通产大臣批准的供电规程并在营业所及事务所等显而易见的地方公布。向各类用户提供服务时，主要通过电价制定的"三原则"即成本主义、公正报酬和对用户公平原则来体现公平合理。法律充分考虑到电气事业具有公益性以及供给方式上的垄断性，如果电力公司在经营政策上对特定的不同需要或对特定的用户允许采取特殊的电价，则广大用户的利益就很难得到保证，因此对用户的电价公平原则是一个根本观念。

4. 国内外研究概况

近几年，国内外对于电力普遍服务的法律研究主要集中在三方面：一是如何在立法中明确电力普遍服务的内涵、主体（既包括责任主体也包括实施主体）以及法律责任；二是需要对电力普遍服务的成本补偿机制等法律制度进行考量❶；三是从社会福利与效益评价的角度，研究电力普遍服务的融资模式与基金制度，从法律层面规范电力

---

❶ 刘进、赵倩：《电力普遍服务立法探析》，《中国电力企业管理》2018年第19期。

普遍服务的资金来源。总体而言，政府职责与立法问题、服务质量与价格问题、政策分类与标准问题都是近些年电力普遍服务法律研究的重点问题。❶

三、电力发展及法治嬗变

（一）中国电力发展及法治嬗变

我国电力工业的起点为晚清时期。清末时局动荡，洋务运动、被迫开埠、外国资本的涌入、民族工商业资本的萌芽兴起等❷，催生了中国早期电力工业的雏形。民国时期，中国的民族工商业逐渐发展，在核心城市初步形成了中国电力工业的摇篮。当时的主要工业城市如上海、南京、武汉、重庆等兴建了电厂及电网。新中国成立之初，在苏联的援助下，我国以国家重点工程为依托，逐步开始建立电力工业，包括电站、电力设备制造业、大型电力工程等，新中国电力工业建设由此起步。1960—1970 年受国际政治和国内政治环境的影响，由于西方封锁、中苏交恶，我国电力走上了一条独立自主的发展道路。改革开放后，受国内电站设备制造水平和能力的限制，我国引进国外电站设备和制造管理技术，并在消化吸收国外先进经验的基础上独立开发，电力行业进入了快速发展时期。进入 21 世纪后，我国电力产业紧跟世界技术发展潮流，无论是在煤电、水电、核电、风电、太阳能发电等发电侧，还是在超高压、特高压电网、智能电网等输配用环节以及供电侧，都是世界发展速度最快的国家，已经跻身于世界一流的产业规模和技术水平。2015 年前后，从宏观总量而言，我国电力装机总容量、总发电量等多项综合指标就已经超过美国，成为世界电力第一强国；就综合电力装备技术而言，我国的煤电、水电、核电、风电、太阳能发电等都居世界前列，我国的电网输配电技术，也雄踞世界第一。2015 年至今，我国越发注重高质量的发电类型，多措并举发展绿色电力，电力转型正处于从"简单的可再生能源替代"迈向"更复杂

---

❶ 蔡建刚：《我国电力普遍服务研究进展及关键问题》，《华北电力大学学报（社会科学版）》2014 年第 2 期。

❷ 李明福等：《能源中国》，上海教育出版社 2020 年版，第 223 页。

的综合能源系统"的关键拐点。同时，在电力投资与建设、电力安全与可靠性、电力市场化改革、电力标准化、科技与数字化以及电力国际合作方面也取得了世界瞩目的成就。

我国电力发展离不开电力法制的支撑与推动。1904年，清朝光绪皇帝批准《京师华商电灯股份公司营业章程》，明确华商电灯公司拥有当地的电力专营权，这成为目前有案可查的中国第一部电力法规。1906年开始起草、1908年完成、直到1911年1月25日才颁布施行的《大清新刑律》作出了中国刑法史上第一个关于窃电查处的法律规范。1918年，北洋政府颁布《电气事业取缔条例》，这是中国第一部要求在全国范围内施行的电气事业管理条例。

1929年至1945年中华民国国民政府成立了负责电力行政管理的资源委员会，该委员会先后公布了《民营公用事业监督条例》《电气事业条例》以及规制窃电的《电气事业人检查窃电及追偿电费规则》等。1947年10月29日中华民国国民政府通过了《电业法》，共9章117条，这是中国历史上第一部关于电业的专门立法，也是近70年电业运营实践的全面总结。1952年，新中国针对电力物资短缺的现状，由燃料工业部公布《电气事业处理窃电暂行规则》，各地据此制定《实施细则》或《举报窃电奖励办法》。1952年，新中国政务院正式批准《全国供用电暂行规定》，这是新中国成立以来第一部全国性供用电法规。1963年，水利电力部对《全国供用电暂行规定》进行修改并颁布新的《全国供用电规则》。1975年，为从管理权限、电网安全和经济行为角度规范各大区电网和各省电网，国务院颁布了《跨省电网管理办法》。

1985年，国家有关部门开始着手起草《电力法》，但由于我国电力发展仍处于起步阶段，电力体制处在不断变化之中，出台《电力法》并非易事。因此，经过大量调查研究和反复论证，在近十年的时间里，电力法草案数易其稿。在这段时期，国务院又颁布两部条例。一部是《电力设施保护条例》，以加强对盗窃电力设施行为的惩处；另一部是《电网调度管理条例》，以"联合电网、统一调度"为指导思想，意在加强对电网调度的管理。

1996 年，我国第一部电力行业法——《电力法》正式施行，其内容覆盖电力建设、电力生产与电网管理、电力供应与使用、电价与电费、农村电力建设与农业用电、电力设施保护、监督检查、法律责任等。《电力法》的颁布拉开了依法治电的序幕，翻开了我国电力立法史上崭新的一页，标志着我国电力工业发展从此走上了法治化的轨道。1996—1997 年，一系列与《电力法》配套的法规如《电力供应与使用条例》《供电营业规则》《用电检查管理办法》《居民用户家用电器损坏处理办法》等陆续出台。我国初步形成了以《电力法》为龙头的电力法规体系。

1999 年，国家经济贸易委员会（以下简称国家经贸委）下达通知，着手对《电力法》进行修改，配套法规也开始修订。2003 年，新成立的国家电力监管委员会发布《电力市场监管办法（试行）》和《电力市场运营基本规则（试行）》，同时着手制定《电力安全监督管理办法》和《电力监管条例》。2009 年、2015 年、2018 年，全国人大常委会对《电力法》进行了三次修改。随着我国电力市场化改革不断推向纵深，《电力供应和使用条例》也在 2016 年、2019 年实现了两次修改，2022 年，国家发展改革委颁布了《电力可靠性管理办法》，以提高我国能源转型下电力的可靠供应。2024 年，国家发展改革委颁布了修订后的《供电营业规则》。

（二）美国、英国和欧盟电力发展及法治嬗变

1. 美国

美国电力工业发展起步很早，已经有上百年的历史，美国曾经对电力大幅投资，电力的发展速度远超国民经济的发展，充足的电力保证了美国工业化的快速实施。到 1967 年时，美国发电量已经超过了 1.3 万亿千瓦时，1989 年美国一年的发电量达到 2.9 万亿千瓦时，位居全球首位，美国也掌握了全球最先进的输电技术和发电技术。进入 21 世纪，为了应对气候变化，美国开始调整国内电力结构，煤电的发电量呈明显下降趋势，天然气发电成为美国发电总量中占比最大的电力来源，同时风能、太阳能占比明显上升。近几年，美国电力行业发展较为缓慢。根据美国 EIA（能源信息署）数据统计，2011—2018 年，美国净发电量几乎没有增长。截至 2018 年美国净发电量达 4.18

万亿千瓦时，较 2011 年仅增长了 2%。但值得注意的是，美国在电力市场化改革和电力法制建设方面一直走在世界前列。

美国电力企业多由私主体所有并运营，从 1882 年到 1905 年美国产生了几千家私人所有的公用电力公司，由于电力需求的增长，大量的发电商进入电力市场，市场上充斥着各种各样的发电厂和变电站，重复建设难以避免，技术不兼容、高成本和可靠性低等问题如影随形。这些问题一方面给电力行业带来巨大挑战，另一方面促进了企业运营模式的转型，催生了电力行业技术的创新，一些企业通过纵向一体化来扩大发电和输配能力，以获取规模经济和更大的市场份额，到 1920 年，电力行业的集中度提高，甚至有的企业家成立了 16 家控股公司，这些控股公司控制了全国电力行业的85%，以用户的利益为代价实现了规模经济。在公众对电力垄断反应强烈之时，美国国会通过了《联邦电力法》，开始对电力行业进行监管。针对电力企业滥用市场地位的情形，美国还出台了《1935 年公用事业控股公司法》（Public Utilities Holding Company Act of 1935）。然而，政府的监管并不总是有效的，在经历了短时期的黄金发展期后，1965—1975 年间，美国电力行业陷入了停滞，电力市场监管成本的增加恶化了电力市场的运行。1975 年美国颁布《公用事业监管政策法》，采用边际成本定价，以应对监管失效。1992 年，美国通过《能源政策法》开放输电网，引入发电市场竞争，开启了美国电力市场化改革，并通过这些法律建立起了一套相互协调的电力法律体系，为电力市场化改革提供了有力支撑。

2. 英国

20 世纪 50 年代，英国发生了一系列严重的空气污染事件，直接促进了英国以"减煤"为核心的能源转型。到 2019 年，英国的能源转型取得了一定的成果：煤炭、天然气发电的比例从将近 8 成下降至不到一半。截至 2021 年，英国海上风电累计装机容量超过 10 吉瓦。而且根据英国政府《绿色工业革命 10 点计划》的描述，2015 年以来，海上风电的成本已经下降了三分之二。相比海上风电，英国的陆上风电虽然累计装机更多（14 吉瓦），但资源潜力并没有海上风电丰富。在英国能源转型过程中，其国内的电力法制发展对其能源转型起到了重要的推动作用。

英国的电力法始于英国的国有化运动，虽然远在工业国有化之前已有2/3的市政拥有自己的电力系统，但在英国的国有化运动中催生了一大批公用企业，意在通过更为自由、更有活力的方式来从事某些产业及商业的管理，避免政府僵化的管制，电力委员会就是这批公用企业之一。为了更好地实现对电力委员会这一公用企业的治理，英国国会于1947年通过了《电力法》，并以该法为依据将所有的电力企业都收归为国有，完成了电力产业的国有化运动。20世纪80年代以来，英国经济增长趋缓，电力供应充裕甚至过剩，成本高居不下，政府成为电力高额成本的负担主体，这成为英国推动其电力体制改革的直接动因，尤其是1988年颁布的《电力私营化法》、1989年颁布的新《电力法》拉开了英国电力体制改革的帷幕。此外，英国还先后颁布了与1989年《电力法》配套的《电网规则》和《电网运行规则》等，极大地促进了电源侧和配售电侧竞争市场的培育。2000年，英国出台《2000年公用事业法》，标志着英国新一轮电力体制改革开始。2004年，英国通过并颁布了《能源法》，为在英格兰、威尔士及苏格兰大地区建立一个统一的竞争批发电力市场构建了基本法律框架。近年来，为了应对气候变化，英国电力工业发展转向了低碳绿色的智能电网，电力立法的指导思想转向鼓励低碳发电。英国《2005年电力（燃料成分信息披露）规则》规定了发电企业发电燃料结构比例的定期公布义务及环境评价制度。2013年，英国对其《能源法》进行了符合其国内低碳发展目标的修订。❶

3. 欧盟

从签订三大共同体条约开始，欧洲迈出了建立欧洲共同市场的第一步。《构建共同体能源政策的首要方针》《单一欧洲法令》进一步推动了欧洲共同市场的建立。《欧洲联盟条约》的签订，标志着欧洲内部市场的正式建立。20世纪50年代，欧盟制定了电力市场化改革的基础条约，此后欧盟围绕条约的重点行动领域，加快了关于电力市场

---

❶ 李欣：《我国〈电力法〉修订研究》，华北电力大学2015年硕士学位论文。

化改革的次级立法和政策制订。现行的欧盟电力法律法规体系，既包括《建立欧洲煤钢共同体条约》《建立欧洲经济共同体条约》等基本法，也包括《1996 电力市场共同规则指令》《跨欧洲网络金融援助条例》《2003 跨境电力交易条例》等从属法。同时还包括《可持续、竞争和安全的欧洲能源战略》绿皮书、《完善内部市场》白皮书等政策性文件。对应三次电力改革时期，欧盟在 1996 年、2003 年和 2009 年先后颁布了《1996电力市场共同规则指令》《2003 电力市场共同规则指令》《2009 电力市场共同规则指令》，通过提出电力改革路线图和时间表，为不断促进欧洲统一电力市场的建立和完善提供法律基础。

除此之外，在电价规制方面，《2003 电力市场共同规则指令》要求政府和监管机构共同确定输、配环节电价，有效防止垂直一体化电力企业的交叉补贴和垄断行为；在电力监管方面，《2003 电力市场共同规则指令》不仅要求欧盟各成员国建立独立监管机构，还要求不同国家和地区的监管机构相互协调；在提高透明度方面，《2009 电力市场共同规则指令》要求输送和配送业务的运营商分别设立独立的账户，要求电力体系的各环节相关参与者保留相应的操作数据；在消费者权益保护方面，《2009 电力市场共同规则指令》通过规定监管权行使的总体目标和监管当局的职责与权力等，建立了对电力消费者权益保护的框架。欧盟第一次电力市场化改革立法的重点是重塑电力市场主体，第二次和第三次电力市场化改革以促进欧洲统一电力市场建设为核心。欧盟一系列的电力市场化改革法律与政策，推进了欧盟统一开放的电力市场体系的建设。除此之外，在欧盟统一的内部电力市场背景之下，成员国发生电力危机极易产生跨境影响。为了改变欧盟成员国只在本国范围内对电力危机进行风险评估的情况，欧盟于 2019 年通过了《电力部门风险防范条例》，统一了电力供应安全风险评估规则，以加强欧盟成员国在此领域的合作，这反映出了近期欧盟在电力安全领域的立法重点。

第二节 电力法的概念与特征

一、电力法的概念

（一）狭义与广义电力法

狭义的电力法即形式意义上的电力法，是指我国全国人民代表大会常务委员会制定的《电力法》。广义的电力法即实质意义上的电力法，是指一切规范电力开发利用和管理，保障电力安全，维护电力投资者、经营者和使用者的合法权益，促进电力和经济社会可持续发展的法律规范的总称。在我国，广义的电力法包括宪法、法律、行政法规及规范性文件、部门规章及规范性文件、地方性法规、地方政府规章及规范性文件，我国参加、缔结的国际条约以及实践中采用的国际惯例等，既包括《电力法》《电力供应与使用条例》《电力监管条例》等专门调整电力法律关系的法律规范，也包括《民法典》《可再生能源法》等其他法律规范中涉及调整电力法律关系的法律规范。

广义电力法的特点在于：一方面，它是调整电力法律关系的法律规范，并不注重外在的形式。尽管狭义的电力法是最高形式的成文法，但毕竟无法涵盖全部的电力法律关系，特别是电力法律关系的专业性、行业性特征较为明显，涉及的主体众多，法律关系较为复杂，因此还必须存在大量的置于其他法律、法规中的电力法规范；另一方面，广义的电力法不限于法律、法规，还包括了大量的其他规范性文件和司法解释。所以，广义的电力法在法源意义上更为广泛。

需要指出的是，广义的电力法与狭义的电力法并不是对立的，而是相辅相成的。一方面，由于《电力法》是电力领域的基本法，因此狭义的电力法应当统领、涵盖并辐射整个广义的电力法。简言之，在《电力法》的统领下，我国的电力法律法规和规章应当是一个体系完整、结构合理、内容完备、功能齐全、内外协调的法律体系。另一方面，仅靠狭义的电力法调整纷繁复杂的电力法律关系是远远不够的，还需要借助大量实质意义的电力法律规范去调整纷繁复杂的电力法律关系，但这些规范应当以《电力法》为统领，不得与《电力法》的基本原则和具体法律制度相冲突。在这一前提下，如果其他法律对电力法律关系的调整有特别的规定，应当按照特别法优于一般法的原则优先适用相关的特别规定。

（二）电力法的适用范围

电力法的适用范围，是指电力法在何时、何地、对何人发生法律效力。电力法的适用范围又叫电力法的效力范围。正确理解电力法的适用范围，是准确适用电力法律规范的重要前提。从内容上看，电力法的适用范围包括时间上的适用范围、空间上的适用范围以及对人的适用范围。

电力法在时间上的适用范围，主要指电力法在时间上的法律效力，包括电力法的生效和电力法的失效。电力法的生效是指电力法开始生效的时间，通常有以下两种情况：一种是自电力法颁布之日起生效；另一种是电力法颁布后经过一段时间后才开始生效。一般来说，法律自施行之日起生效，废止之日起失效，法律的施行时间既可以由法律规范本身在条文中作出规定，也可以由制定法律的机关以命令或决议的方式予以规定。法律一经施行，在没有被明文废止之前，一直有效。我国《电力法》自1995年颁布，1996年4月1日起施行，至今有效。

电力法是否适用于其颁布实施之前就已经存在的电力法律关系，即电力法在时间上是否具有溯及力的问题。根据一般的法理学原则，电力法没有溯及既往的效力，这是因为在电力法颁布以前，人们只能按照当时已有的旧有规则实施行为，依据旧的规则所实施的行为是合法的；如果在新法颁布以后，新的法律推翻人们所依据的法律所实施的合法行为的效力，会降低人们对法律的信赖，打破依照当时的法律实施行为的期待，从而损害法的权威。因此，电力法对于其颁布实施之前发生的电力关系一般不具有溯及既往的效力。

电力法在空间上的适用范围，是指电力法在地域上具有的效力，一般可以分为域内效力和域外效力。所谓域内效力，是指法律效力及于该国主权及主权权利范围内的所有区域。但是，由于我国法律的域内效力范围还与制定机关的层级有关，因此判断某一具体的电力法律法规的域内效力范围时，还应当看其制定主体。一般来说，对于全国人民代表大会及其常务委员会、国务院及其所属部、委、局、署、办等中央机关制定并颁布的电力法律法规，适用于中华人民共和国领土以及根据国际法、国际惯例等享有主权权利的领域，包括我国驻外使馆、我国航行或停泊于境外的船舶、飞机等；对于地方各级立法机关在各自权限范围内制定并颁布的电力法规、规范性文件等，只在立法机关所管辖的区域范围内发生效力。所谓域外效力，是指法律在其制定国管辖领域以外的效力。❶一般来说，一国的国内法不能当然地产生域外效力，但是随着国际交往的日渐紧密，为了保护本国国家和公民、法人的利益，也会在例外的情况下规定域外效力。如《海洋环境保护法》规定，在中华人民共和国管辖的海域以外，造成中华人民共和国管辖海域污染的，也适用本法。

电力法对人的适用范围，是指电力法律规范对哪些人具有法律效力。法学理论中法律对人的法律效力主要包括属地主义和属人主义。属地主义是指凡在本国领土之内的人，无论其国籍属于本国还是外国，均受本国法律的管辖。属人主义是指，无论是否在本国领土之上，只要该人具有本国国籍，即受到本国法律的约束。❷从我国《电力法》第2条来看，电力法仅对属地主义作出了规定。

二、电力法的特征

（一）电力法的国家调控功能

国家调控是指国家对经济、市场、产业的调节和控制。法律是实现国家宏观调控功能的基本手段之一，电力法作为调整电力法律关系，规范电力建设、生产、供应和使用，推动电力行业发展的产业法，本身就是国家意志在电力产业的体现。电力法的国家调控功能主要体现在，通过法律法规的制定和实施，实现国家对电力资源的配置，

---

❶ 公丕祥：《法理学》，复旦大学出版社2002年版，第383页。

❷ 郑玉波：《民法总则》，中国政法大学出版社2003年版，第27页。

对电力市场和电力经济的调控，达到保障和促进电力事业的发展，维护电力投资者、经营者和使用者的合法权益，保障电力安全运行的目的。

具体来说，电力法的国家调控功能主要体现在两方面：一是电力法通过设立电力规划法律制度，明确电力规划的主要内容、法律地位及法律效力。电力规划是电力改革发展的框架蓝图，是电力投资建设的基本依据，是电能开发利用的行动方案。我国电力法通过法律的形式规定了电力发展规划制定的原则和目的。国家发展改革委、国家能源局在2016年根据《中华人民共和国国民经济和社会发展第十三个五年规划纲要》《能源发展"十三五"规划》制定了《电力发展"十三五"规划》，内容涵盖了水电、核电、煤电、气电、风电、太阳能发电等各类电源和输配电网，明确了"十三五"期间电力发展的主要目标和重点任务，为该阶段我国电力发展提供了科学指导，极大推动了我国电力产业的发展。二是电力法通过设立电力市场与规制法律制度，对电力市场和自然垄断环节进行调控和规制。电力产业是我国支柱性产业，其发展关系到国民经济、社会稳定和民生普惠。因此，对电力发展的立法保障和依法干预显得尤为重要。为了避免电力市场失灵和电力自然垄断弊端，国家必须通过电力法对电力市场和自然垄断环节进行监管，通过授予电力管理部门电力管理和规制职权，约束电力市场主体行为，规制自然垄断优势地位的滥用，维护电力市场秩序，促进电网公平开放，保护电力消费者合法权益等。

（二）电力法的经济保障地位

电力法的经济保障地位是由电力工业在现代经济中的基础地位所决定的。电力法主要是通过确立适当超前发展原则，即保障电力工业领先国民经济的实际需要而适当超前发展，从而对国民经济的稳定发展或高速发展起到保底或托举作用。主要体现在：一是电力法为电力发展和改革提供法律保障。电力法可以为防止电力过剩造成资源要素的积压浪费，以及为解决电力短缺带来的国民经济的滞阻和延误问题提供法律工具；二是电力法为促进先进生产力的发展提供法律支撑。电力法通过对电力投资体制、产权制度安排，以及先进发电技术、新型电网技术、大规模储能技术等的法律制度安排，推动电力治理体系完善，以及先进电力技术创新和电力资源要素的高效组合，从而提升电力行业的整体治理水平和科技水平，促进国民经济高质量发展；三是电力法为现代电力市场体系的建立和完善提供法治框架。市场主体多元化是影响市场活力的重要因素，电力市场体制改革的目标之一就是要打破垄断，引入竞争，激发市场活力。电力法通过明确电力企业的市场主体地位，纾解各类电力企业进入市场的制度梗阻；四是电力法为电力资源开发利用提供全面行为准则。电力法通过相关法律机制的设计，理顺电力产业相关主体之间的法律关系，确保电力建设、生产、交易和使用等活动能够顺利有序进行。

（三）电力法的社会稳定价值

电力关系到国计民生，具有基础性和民生性。电力法通过合理配置电力法律关系主体的权利义务关系，尤其是通过设立电力强制缔约法律制度，对于保护弱者，实现实质上的公平，保障民生基本用电，维护居民生活秩序稳定等具有重要价值。通过设立电力普遍服务法律制度和保底供电法律制度，实现电力普惠，维护电力正义；通过电价的调控，使得居民、农业用户执行目录销售电价，保持居民、农业用电价格稳定，保障居民生活稳定；通过电力市场的监管保障电力安全，防止电力短缺对居民的正常生活、企业的正常生产经营活动产生不利影响。

（四）电力法的能源枢纽作用

能源的表现形态丰富且多样，但是并不是所有的能源都能被人类便捷地加以利用。从历史的角度看，人类利用能源先后经历了"钻木取火与柴薪（少量煤炭）""蒸汽机与煤炭""内燃机与石油"和"可再生能源与可持续发展"四个发展阶段。每一种新能源时代的到来，都会极大推动社会生产力水平的提升，带来经济社会发展水平的跃升。化石能源主要包括煤炭、石油、天然气等，是数百万年前有机物质经过漫长地质变迁而形成的碳氢化合物或其衍生品。蒸汽机的出现促进了化石燃料的广泛应用，使得大规模量产成为可能，人类逐渐进入了现代社会。进入20世纪后，由发电、输电、变电、配电和用电等环节组成的电力生产与消费系统出现，它将自然界的一次能源通过机械能装置转化成电力，再经输电、变电和配电将电力供应到终端用户，堪称人类工程科学史上最重要的成就之一。直到今天，电力依然是人类能够直接使用的最重要、最优质的二次能源。对于可以直接从大自然中获取并加以利用的煤、石油、天然气、风能、水能等一次能源，一般需要通过转化成电能才能直接被人类直接大范围地便利化使用，因此可以说，电力是多种一次能源得以转化和便利使用的枢纽，从而使电力成为各种能源资源加工转换的"一般等价物"，国家和政府通过法律手段对电力这一枢纽的管理和规制势必会引发上游能源供给侧和下游需求侧的连锁反应。因此，从这一意义上讲，电力法可以通过设立具体的法律制度，促使电力改革与发展成为推动能源产业改革与发展的战略"抓手"和关键枢纽。

三、电力法律关系

法律关系，是指由法律规范所确认的当事人之间的具有权利义务内容的社会关系。从广义上说，法律关系是指通过法律调整所形成的和所确立的各种关系。基于这种广义的认识，电力法律关系是指经电力法律规范所调整而形成的权利义务关系。在电力的开发利用和管理过程中，各种主体所产生的经济和社会关系，经由电力法律规范调整，就形成了电力法律关系。

根据电力法律关系是否具有涉外性可以分为国内电力法律关系和涉外电力法律关系。国内电力法律关系根据法律关系主体之间是否具有管理与隶属关系，可以将其进一步分为纵向法律关系和横向法律关系。

1. 横向法律关系

横向法律关系是指平权型法律关系，即平等主体之间形成的法律关系。横向电力法律关系主要指电力市场主体在电力开发利用过程形成的横向协作关系，主要包括电力的投资、开发、建设、生产、输配、交易、使用关系等。

电力法调整的横向电力法律关系，主要有电力企业之间、电力企业与电力用户、电力用户与电力用户、电力企业与其他社会组织、公民之间所产生的权利义务关系。比如电力企业因电力建设、生产中与相关的投资主体、建设施工主体、电力设施所占用的农田、房屋主体等产生的权益纠纷、违约毁约、损害赔偿、事故赔偿等法律关系，再如电力企业与电力用户之间的电力供应法律关系均属于横向电力法律关系。

值得注意的是，由于横向电力法律关系的主体双方在法律地位上是平等的，因此，一方面，无论双方经济实力如何悬殊，都不能将一方的意志强加于另一方；另一方面，横向电力法律关系主体进行交易一般应当遵循等价有偿原则，但由于电力商品和电力服务在国民经济与居民生活中的特殊性，法律对于弱势群体常常具有法律上实质意义上公平正义的保护，对于这类交易，虽然不符合等价有偿原则，也是法律所允许的。

2. 纵向法律关系

纵向法律关系又叫隶属型法律关系，是一方当事人可依据职权而直接要求他方当事人为或不为一定行为的法律关系。纵向电力法律关系既包括电力行政管理关系中的上级机关与下级机关、对电力行业有行政管理职权的行政主体与行政相对人之间存在的管理与被管理、监督与被监督的法律关系，也包括政府授权的事业单位对电力市场主体的规制与被规制关系，还包括电力行业非政府组织与其会员之间的自律管理与被管理关系等。纵向电力法律关系主体一方一般为国家能源行政管理部门、政府授权的独立或相对独立的监管组织或单位以及能源行业协会等；另一方主体为受国家和地方电力行政管理部门、电力管理部门或相关立法授权的组织或事业单位以及电力行业协会管理、监督、规制、指导的自然人、法人及其他组织。

纵向电力法律关系主要有如下特点：一是法律关系双方地位不平等，纵向电力法律关系中的一方处于被管理、被监督、被规制、被指导的地位，电力法律关系中的另一方对其拥有管理、监督、规制、指导的权力和职责，此种权力和职责体现了国家领导、管理电力建设、生产、供应、使用、设施保护、服务的职能，因此这种权力和职责是国家意志的体现，既不能被放弃，也不能被转让；二是纵向电力法律关系的产生往往因单方的意思表示而产生，另一方的意思表示对法律关系的产生、变化与消灭没有太大的影响。

电力法调整的纵向电力法律关系很多，如为实施国家能源战略、电力规划对电力企业、电力用户所设定的公法义务关系；电力开发利用活动中的行政管理与被管理的关系；为实施低碳减排、节能环保对行政相对人所设定的公法义务关系；为实现政府对电力市场的建立、准入、运行、规范所设定的公法义务关系；为保障电力安全所采取相关应急处置措施产生的公法义务关系；为维护电力市场秩序、电力生产安全等而产生的公法法律关系等。

3. 涉外法律关系

涉外法律关系主要指法律关系的主体、客体、内容有一个或多个要素涉及外国。在我国能源领域实施"国内国际双循环"发展战略中，我国与其他国家的电力交流与合作的大门会越来越开放。电力法调整的法律关系既有电力行业"引进来"和"走出去"的涉外关系，又有国家间、国家与国际组织间的双边、多边国际电力合作关系，具体表现为涉外或国际电力投资、开发、建设、贸易、金融、科技、教育等法律关系，特别是境外电力投资及工程承包项目的合规及风险管控法律关系、跨国电网及跨境电力贸易的政府及企业间的协商合作法律关系、全球能源互联网及智能电网协同创新法律关系等具有电力行业的显著特色，必须通过特别的法律法规加以调整和规制。

第三节　电力法律与法学体系

一、电力法律体系

（一）概述

目前我国已经形成了以宪法和能源法为统领，以《电力法》为主干，以其他法律、行政法规和部门规章（含规范性文件）相配套，以涉外法律法规、地方性法规、特定标准和规程（如核电标准和规程）为辅助的电力法律体系，内容涵盖国内和涉外电力管理与监管、电力规划、电力投资、电力建设、电力生产、电网调度与管理、电力供应与使用、农村电力、农业用电、电力设施保护、电力市场建设、电力科技创新、电力国际合作、电价与电费、电力信息与数据、电力标准化、反窃电、法律责任、电力争议处理，等等。

（二）宪法与法律

我国《宪法》并没有直接对于电力的相关规定，但其中对于自然资源的权属、使用和保护的规定对电力发展提出了总体要求，如电力发展和改革必须符合我国《宪法》第9条的规定，即"矿藏、水流、森林、山岭、草原、荒地、滩涂等自然资源，都属于国家所有，即全民所有；由法律规定属于集体所有的森林和山岭、草原、荒地、滩涂除外。国家保障自然资源的合理利用，保护珍贵的动物和植物。禁止任何组织或者个人用任何手段侵占或者破坏自然资源"。此外，《宪法》中关于倡导节约、保护环境等的规定，也为电力立法、执法、司法和守法规定了基本原则。

在全国人民代表大会和全国人大常委会制定的法律中，除了《电力法》《民法典》《刑法》《可再生能源法》《节约能源法》《环境保护法》等均有相关条文对与电力活动相关的行为进行了规制，都是电力法的重要组成部分。从内容上看，《电力法》对电力建设、电力生产与电网管理、电力供应与使用、电价与电费、农村电力建设和农业用电、电力设施保护、监督检查、法律责任等基本问题作了规定。同时，还有一些关于电力方面的法律规范规定于其他法律之中，《民法典》合同篇设专章规定了供用电合同的相关制度，对供电人、用电人的权利义务作出了规定。《刑法》规定了破坏电力设备等罪名，为发电机组、电网等电力设施的正常运行提供了法律保障。《可再生能源法》中关于鼓励和支持可再生能源发电、用电的规定，为绿色电力的发展提供了重要的法律保障。此外，《节约能源法》对节约用电作了相关规定。

（三）行政法规

行政法规是国务院依据宪法、法律及其职权制定并实施行政管理的法律形式，在完善法律体系和建设法治政府中具有重要地位和作用。行政法规的法律位阶仅次于宪法和法律，它是国家通过行政机关实施行政管理的重要手段。

在《电力法》出台前后，国务院出台了《电网调度管理条例》（1993）《电力供应与使用条例》（1996）和《电力设施保护条例》（1998）。2005年，国务院颁布《电力监管条例》改变了我国电力监管无法可依的局面。国家电力监管委员会成立后，大力加强电力监管法规体系建设，初步形成了以《电力监管条例》为核心的电力监管法规体系。除此之外，为了明确电力安全事故应急处置中电力企业、电力调度机构、重要电力用户以及政府及其有关部门的责任和义务，国务院还于2011年颁布了《电力安全事故应急处置和调查处理条例》。

（四）部门规章

国务院所属各个部门根据宪法、法律和行政法规制定的规范性文件称为部门规章，它也是电力法的渊源之一。多年来，国务院电力行政管理部门制定实施了一大批电力部门规章。从国家级层次的立法来讲，部门规章由于具有数量多、行业性强、可操作等特点，而使其在法律体系中最具法律适用性。

目前由国务院电力管理部门制定的涉及电力的部门规章较多，内容涉及电力纵向管理的各个方面，涵盖电力发展和改革的重要环节，尤其是电力体制改革、电力市场建设、电价与电费改革、电力设施保护等。例如，有关电力监管的部门规章有《电力监管信息公开办法》（2005年）、《电网调度管理条例实施办法》（1994年）、《供用电监督管理办法》（1996年制定，2024年修订）、《供电营业区划分及管理办法》（1996年）；涉及电力市场的部门规章有《电力业务许可证管理规定》（2005年）、《电力市场运营基本规则》（2005年）、《电力市场监管办法》（2005年）、《电力市场技术支持系统功能规范（试行）》（2003年）；调整电价的部门规章有国家发展和改革委员会《上网电价管理暂行办法》（2005年）、《输配电价管理暂行办法》（2005年）、《销售电价管理暂行办法》

（2005年）、《关于继续实行差别电价政策有关问题的通知》（2005年）；涉及供电与用电的部门规章有《供电营业规则》（1996年制定，2024年修订）；规定电力设施保护的有《电力设施保护条例实施细则》（1999年制定，2024年修改），等等。

（五）地方性法规和地方政府规章

地方性法规是指地方国家权力机关及其常设机关为保证宪法、法律和行政法规的遵守和执行，结合本行政区内具体情况和实际需要，依照法律规定的权限通过和颁布的规范性法律文件。例如，我国第一部专门规范反窃电行为的地方性法规——《江西省反窃电办法》于1999年12月1日起施行。

1995年《电力法》颁布以来，各地为贯彻实施《电力法》规定的各项法律制度，根据本地经济社会发展的新形势，先后颁布了相应的地方电力法规。从法律位阶看，包括地方各级人大制定的地方性法规和地方各级政府制定的政府规章两个层次；从立法领域看，包括电网建设的单行立法、电网设施保护的单行立法、反窃电的单行立法和综合性立法四种类型。如《甘肃省电网建设与保护条例》（2012年）《广西壮族自治区电网建设促进办法》（2013年）《浙江省电网设施建设保护和供用电秩序维护条例》（2014年）等，对当地电网建设与保护作了相关规定；《湖南省电力设施保护和供用电秩序维护条例》（2017年修订）《辽宁省电力设施保护条例》（2016年）等，对包括电网在内的电力设施保护作了符合本行政区域发展情况的规定；《黑龙江省反窃电条例》（2018年修订）《江西省反窃电办法》（2012年修订）等，对预防和查处窃电行为作了详细的规定；江苏省、浙江省等地同时结合本地实际制定了《江苏省电力条例》（2020年）《浙江省电力条例》（2022年）等，综合性地方性法规以促进当地电力事业发展，保障电力系统建设和电力安全运行，维护电力投资者、经营者和使用者的合法权益。

这些地方电力法规在电网保护区范围、电网规划责任主体、电网企业普遍服务义务、电力需求侧管理、用电检查与反窃电查处等方面，实现了《电力法》在其行政区域内的具体实施，对于我国电力法律法规的全面实施具有重大意义。

（六）司法解释

最高人民法院的司法解释是法官办案的依据之一，最高人民法院有关电力法律适用的司法解释，对于正确适用法律法规，解决电力疑难、复杂案件具有重要作用。如，2007年最高人民法院公布的《关于审理破坏电力设备刑事案件具体应用法律若干问题的解释》，细化了破坏电力设备刑事案件的相关认定标准，有利于严格防范、打击盗窃、破坏电力设施等违法犯罪行为，保障电力设施安全等。

（七）涉外法规和国际条约

我国颁布的涉外电力法律法规及签订的与电力有关的国际条约也是我国电力法律体系的有机组成部分。

1. 涉外电力法规

我国涉外电力法规，既包括综合性立法如《外商投资法》（2019年）《外汇管理条例》（2008年修订）《对外承包工程管理条例》（2008年）《指导外商投资方向规定》《外商投资产业指导目录》《中西部地区外商投资优势产业目录》等，也包括电力相关法律规定，如《外商投资产业指导目录》鼓励外商投资和经营电站等能源设施，鼓励外商投资电力，鼓励投资单机容量60万千瓦及以上火电、煤炭洁净燃烧发电、热电联产、发电为主的水电、中方控股的核电，以及可再生能源和新能源发电等电站的建设与经营，鼓励外商投资规模容量以上的火电、水电、核电及火电脱硫技术与设备制造，等等。

2. 涉及电力的国际条约

我国缔结或参加的多边国际条约中，海洋能发电涉及《联合国海洋法公约》（中国于1982年签署），燃煤电厂的温室气体排放涉及《联合国气候变化框架公约》（中国于1992年签署），核能发电涉及《及早通报核事故公约》（中国于1986年签署）、《核材料实物保护公约》（1989年对中国生效）、《核事故或辐射紧急情况援助公约》（中国于1986年签署）、《核安全公约》（中国于1994年签署）、《不扩散核武器条约》（中国于1992年加入）、《乏燃料管理安全和放射性废物管理安全联合公约》（中国于2006年加入）等；我国缔结的双边条约、双边协议、协定或议定书中，电力方面涉及《中华人民共和国政府和巴西联邦共和国政府关于电力（包括水电）科技合作协定》（1988年），跨国电网与跨国电力贸易涉及《大湄公河次区域政府间电力贸易协定》（中国于2002年签署）、《中华人民共和国政府和俄罗斯联邦政府关于共同开展能源领域合作的协定》（1996年）、《中华人民共和国国家统计局和美利坚合众国能源部关于能源信息交流合作议定书》（2000年）等。

二、电力法学体系

（一）概述

电力法学是以电力法律、法律现象及其内在的规律为研究内容的科学，它是研究与电力有关问题的专门学科，是关于电力法律问题的知识和理论体系。电力法学是能源法学的一个分支，是以近现代国内外电力法制史和新中国电力立法、电力法治、与电力相关的问题及其内在规律性为研究内容的科学。电力法学既是我国社会主义法学的重要组成部分，又是建立健全我国能源法学的法理基础之一，还是创制完善我国电力法学科体系的理论支撑。

电力法学的建立与完善，应当以电力产业为背景，既要研究规范电力产业整体和各个环节的法律制度和法律理论，又要研究不同时期、不同阶段、不同环节规范电力产业的法律制度和法律理论及其演变；既应当以能源法律体系为基础，注重与能源法律体系的衔接和协调，也应当立足电力法律体系本身，进行具有针对性和具体性的研究。

电力法学的内容十分丰富，根据电力产业运行的不同环节以及电力业务涉及的不同方面，电力法学大致可以分为六个分支，包括电力规划与建设法、电力生产与运行法、电力供应与使用法、电力市场与交易法、电力管理与监管法以及涉外与国际电力法。由于电力规划与建设法和其他相似产业的规划与建设法存在诸多共性，不予赘述，在此，重点阐述其他具有显著行业特色的五个分支。

（二）电力生产与运行法

电力生产与运行法主要以规范电力生产与电力系统运行的法律规范为研究对象。电力生产与运行法对电力生产、电力输配、电力销售等法律定义进行研究，分析和探究电力生产与运行过程中不同主体的法律地位及主体间的权利义务关系。其内容主要包括电力生产管理制度、电力生产合规制度、电力生产安全制度、电力生产污染防治制度、垄断业务与竞争业务相分离制度、业务资质许可制度、电力并网和联网制度、电网调度制度、优先发电权制度、电力辅助服务制度、有序用电制度等。其中，电网调度与管理法律制度以电网的调度与管理为研究内容。电网调度与管理既包括为确保电网安全、优质、经济地运行，电网调度机构依据有关规定对电网的生产运行进行相应的安排和调控，也包括在这个过程中对电网调度系统以及人员职务活动所进行的管理。其具体内容一般包括调度运行管理、调度计划管理、继电保护和安全自动装置管理、电网调度自动化管理、电力通信管理、水电厂水库调度管理、电力系统人员培训管理等。电网调度与管理法对电网调度、电网调度管理的相关法律定义进行研究，重点研究电网调度与管理过程的法律问题，强化电网调度与管理安全和效率保障法律制度，推动电网调度与管理法律制度的创新研究。

（三）电力供应与使用法

电力供应与使用法以电力供应和电力使用为研究对象。电力供应是指电力生产者将电力提供给电力消费者的行为，具体来说是将生产出来的电供应给电力用户的过程，这个过程涉及不同的主体，如发电企业将发出的电直接供应给电力大用户，再如发电企业和电网企业以及其他企业形成的转供电关系。电力使用是与电力供应相对应的一种行为，指一切使用电力满足生产生活需要的行为。电力供应与使用法研究电力供应与使用的不同类型，以及在不同类型下电力供应者和使用者之间的权利义务关系，电力供应者的法律责任、电力使用者的权利保护等问题。

（四）电力市场与交易法

电力市场交易是发电企业与售电公司或电力大用户之间通过市场化方式进行的电

力交易活动的总称。电力市场与交易法主要研究电力作为商品在市场中进行交易产生的法律问题，包括电力市场与电力市场交易的法律内涵、电力市场秩序构建和维护的法治手段、电力商品交易的法律规则、电力商品交易主体的法律地位等。电力市场与交易法不仅涉及电力现货市场和电力中长期交易市场，还涉及辅助服务市场、容量市场以及金融市场。电力市场可分为批发和零售两大类，在批发市场中，电力市场交易有双边协商交易、集中竞价交易、挂牌交易等方式，不同电力交易市场中不同的交易方式是否需要个性化的法律规则去引导和规范也是电力市场与交易法研究不能忽视的重要问题。

（五）电力管理与监管法

电力管理与监管法主要研究国家对电力行业进行行政管理和专业性监管中存在的法律问题，包括电力管理和监管的法律内涵、电力管理和监管的手段和方式等法律制度研究等。其中，电力管理法律制度侧重于一国的电力行政管理体制、管理机构以及管理职责；电力监管法律制度主要指专业监管机构运用法律手段对电力行业进行的经济性监管和社会性监管，如对电力企业实施垄断行为的法律监管、电力企业普遍服务法律监管、电力市场价格法律监管等。

（六）涉外与国际电力法

涉外与国际电力法主要研究电力涉外及国际经济合作中的法律问题，涉及电力投资、电力贸易、电力金融、电力网线、电力科技、电力安全、电力教育、电力环保等诸多领域。涉外与国际电力法不仅要研究我国"引进来"和"走出去"涉及的电力投资、贸易、金融、网线、安全等方面的法律制度，还要研究国际公法、国际私法、国际经济法等与电力相关的内容。涉外与国际电力法不仅要研究国际电力纵向监管过程中产生的法律问题，如跨国电网监管、电力开发利用的环境保护等，也要研究国际电力横向流转过程中产生的法律问题，如跨国电力交易、跨国电力基础设施建设等。

第四节 《电力法》修订与完善

一、《电力法》修订的历程及重点

（一）修订与完善的历程

我国《电力法》制定于 1995 年，当时主要实行计划经济，电力行业采用的是纵向一体化管理体制，同时，电力供应不能满足国民经济发展的需求，在此背景下，《电力法》的立法宗旨侧重于加强电力行政管理，鼓励集资办电，促进电力适当超前发展。该法颁布至今，只经历了三次较小的修改。分别为：2009 年第十一届全国人民代表大会常务委员会第十次会议通过《关于修改部分法律的决定》，对《电力法》进行第一次修正；2015 年，第十二届全国人民代表大会常务委员会第十四次会议通过《修改〈中华人民共和国电力法〉等六部法律的决定》，对《电力法》进行第二次修订；2018 年，第十三届全国人民代表大会常务委员会第七次会议通过《关于修改〈中华人民共和国电力法〉等四部法律的决定》。其中，2009 年的修改仅有"征收""征用"等措辞上的改变；2015 年的修改是为了回应清理工商登记前置审批项目的要求，仅删除了供电营业机构工商登记前取得《供电营业许可证》的要求；2018 年的修改只针对供电营业区的设立和变更程序。这三次修改都没有对《电力法》的主体部分进行实质性的修改，也没有触及电力体制本身。

2003—2007 年，以及 2015、2016、2018 年，国务院或全国人大常委会曾将《电力法》修改列入年度《立法工作计划》。其中，2002 年国务院发布的《电力体制改革方案》，促成了第一次《电力法》修改议程的形成；2015 年中共中央、国务院发布的《关于进一步深化电力体制改革的若干意见》，引发了第二次《电力法》修改议程的形成。需要说明的是，2015 年全国人大常委会曾对《电力法》进行过修改，之所以在 2016 年将《电力法》再次纳入修改议程，是因为 2015 年修改《电力法》主要是为契合国务院开展的先办理营业执照后取得行政许可的"先照后证"改革，立法对电力体制改革并无实质性反映。

（二）修订与完善的重点

1. 完善电力规划法律制度

电力发展规划是政府调控电力供需关系的行动纲领，特别是电力发展规划的约束性指标，在电力管理中尤为重要。我国现行《电力法》第 10 条虽然规定了电力发展规划制度，但规定较为粗疏，没有发挥应有的作用。首先，现行《电力法》对电力发展规划的规定偏重对国民经济和社会发展需要的考虑，虽然提及电力发展应有利于保护环境，但有关规定过于笼统且仅具宣示性；其次，现行《电力法》没有规定电力发展规划与其他规划之间的协调对接关系，没有明确规划制定和实施中有关政府部门的权责和分工，没有关于规划制定程序的规定；再者，基于信息的不对称以及缺乏监督的规划制定权，政府制定的电力发展规划难以充分考虑市场消纳能力，难以做到与电源建设、电网建设和市场需求有效衔接的通盘考虑。由此导致部分电源开发处于无序状态，可再生能源盲目扩张，火电利用小时数逐年下滑，水电、风电、光伏并网争议频发，说明当前的电力发展规划制度并未起到及时调整能源供需平衡、抑制投资过热的目的。究其根源，在于电力规划在规划期内的动态调整机制和即时评价机制的缺失。国家能源局同时作为电力行政主管部门和电力监管部门，一方面要保障电力产业按照电力规划有序发展，另一方面又要按照市场化改革方向，推进电力市场的自由竞争，实现电力市场在电力资源配置中起决定作用，这样就会出现电力规划跟不上市场变化的滞后状态。因此，对于电力管理部门制定的电力发展规划，《电力法》修订时，应当根据能源政策、环境保护、电能供需等因素，构建电力规划动态调整优化机制，设立由第三方主导的规划评估制度，进而从源头规避电力行业的产能过剩、资源浪费和环境破坏。

基于电力规划对于防止投资过热，避免资源浪费，保障电力安全稳定供应方面具有的重要意义，有必要针对规划内容不全面、规划之间不协调、动态调整不及时、独立评估不到位等方面，着手完善电力规划法律制度，即在《电力法》修订中，一是完善规划制定、实施的主体权责和相关程序规定；二是实现全国电力规划与地方电力规划之间、电力规划与能源等规划之间的有效衔接；三是建立电力规划动态调整和独立第三方即时评价等制度，使电力规划充分发挥促进电力高质量发展的作用。

2. 加强绿色电力法律保障

进入 21 世纪来，生态环境问题和气候变化问题已经成为世界各国主要关切问题。从技术发展的背景看，以互联网技术和可再生能源相结合为基础的第三次工业革命已成为各国谋求跨越发展的重要契机，对各国经济社会发展尤其是能源战略和政策产生重要影响。有学者将 21 世纪后的变革定位为以实现经济发展与自然要素消耗脱钩为目标的第四次工业革命（绿色工业革命）❶。第三次工业革命与第四次工业革命的表述虽有所不同，但都将可再生能源作为工业革命的重要支柱之一。发展新能源技术、保障能源发展的可持续性，是国家占领新一轮工业革命制高点的关键。在电力产业发展中，使用清洁的可再生能源发电，推动绿色电力消费成为电力产业优化升级的路径之一，各国电力法规定了对可再生能源发电的促进机制，可再生能源发电上网、并网的保障机制，通过建立绿色电力的交易与可再生能源的消纳机制推动电力产业现代化。

可再生能源对于保护环境、延缓气候变化具有重要的社会价值。然而，可再生能源在发展初期成本高昂，特别是在化石能源发电所产生的环境污染外部成本没有内部化的情况下，可再生能源缺乏市场竞争力。因此需要国家积极实施产业优惠政策，对可再生能源进行必要的扶持。我国《电力法》总则第 5 条对可再生能源进行了概括性规定，第六章"农村电力建设和农业用电"第 48 条规定，国家鼓励和支持农村利用可再生能源，增加农村电力供应。从这些规定可以看出，《电力法》中的可再生能源采纳的是电力振兴的思路，其主要功能是解决农村电力的供给不足，这与我们当前倡导的实现低碳绿色发展的初衷不尽相同。此外，《电力法》第 22 条要求，具有"独立

---

❶ 胡鞍钢：《中国创新绿色发展》，中国人民大学出版社 2012 年版，第 12-13 页。

法人资格"的电力生产企业有权要求并网。然而，《可再生能源法》第14条规定，电网经营企业应当"全额收购电网覆盖范围内的可再生能源电量"，此处并未规定可再生能源发电主体须为"独立法人"。此时，《电力法》的"独立法人"要求就与越来越多的家庭利用光伏提供可再生能源电力的现状不符。理论上讲，电网企业有义务收购符合国家规划和标准的清洁电力。为此，《电力法》修订时，应当将发展可再生能源作为我国推动能源革命的现实路径，在能源发展规划中，将其与其他能源一并规划，并配套制定可再生能源发电全额收购、优先上网和财政补贴的具体细则。考虑到补贴会扭曲价格，造成市场失灵，《电力法》还应当设立补贴的适时退出机制。同时，为了实现环境保护的目的，实践中已经建立的碳排放权交易制度、用能权交易制度、绿色电力证书制度、碳捕获与封存制度、环境保护税等制度，应当适时提炼并纳入《电力法》中。

3. 创设电力市场法制框架

在发达国家电力市场化改革过程中，通过立法规范电力市场是普遍做法。遗憾的是，我国既没有将电力立法作为推动电力市场改革的重要推手，在电力法的修订过程中对电力市场制度规则的研究和提炼也未给予足够重视，而是仅将重点放在对电力改革重要文件精神、原则的提炼"入法"上。

现行《电力法》于1995年制定时，电力被作为准公共产品对待，不以营利为目的，市场发挥作用的空间被极大地压缩；并且，《电力法》制定时"立法的实际工作远远没有能够摆脱计划经济体制所笼罩的阴影"，导致《电力法》在立法思路上以政策为导向，缺乏法治思维，重行政手段而轻经济手段，重国家干预而轻市场自治。

新一轮电力改革，要求发挥电力市场在电力资源配置中的决定作用，从而激发市场公平有序竞争，保障市场主体的合法权利，构建公平竞争秩序，打破垄断。要求政府简政放权，减少不必要的审批环节，避免不当干预、权力寻租等。同时，要根据电力资源的战略性与电力生产的负外部性等特点，明确电力主管部门及其他相关部门在保障电力安全供应、保障电力普遍服务、反垄断、有效监管等方面的职责权限，在科学界定竞争性业务与非竞争性业务的基础上，划分政府调节与市场配置的范围，明确不同部门、不同层级的政府机构的职责分工，强化政府在宏观调控、资源节约、环境保护、市场监管、电力安全、信息与公共服务等方面的职责；要明确政府与企业之间的关系不是单纯的行政管理关系，而是责、权、利相统一的经济管理关系，转变政府职能，改进政府职能实现的方式；要改变以往过度强调行政管理的纵向经济关系而忽视维护公平竞争关系等横向经济关系的规制模式；要将以行政手段为主的规制模式变为以经济手段和法律手段为主的规制模式；要从过度强调威权变为经济集中与经济民主并重。因此，需要通过修订《电力法》，体现新一轮电力改革的精神，对电力市场的法制框架进行顶层设计，不仅仅是确立电力市场建设和发展的基本原则，更要配套构建完善的交易规则。

4. 优化电价与电费法律机制

电价与电费改革是我国新一轮电力改革的核心，但遗憾的是，我国《电力法》并未反映出改革的内容。放开竞争领域价格管制、保障公益性用电价格稳定是构建电力竞争性市场的核心要素。现行《电力法》第五章对"电价与电费"进行了专章规定。其核心是，销售电价根据政府审批，实行"同网同质同价"。而2002年，国务院下发的《关于印发电力体制改革方案的通知》（又称电改"5号文"）规定了发电竞价上网，这样的"半市场、半行政"格局，直接导致电价失真、煤电不联动等问题。通过修改《电力法》第五章关于电价的行政干预已经成为培育电力竞争性市场的关键。其一，放开销售环节的电价管制是电力产业自由化的前提。需要强调的是，在竞争性市场尚未有效运行前，《电力法》第36条确立的"核定成本加合理利润"的定价模式不宜快速转换为彻底的市场定价模式。因为，如果电力市场缺乏有效竞争，市场定价方案势必会受到市场优势地位尤其是寡头垄断企业的影响。当这些寡头垄断企业从价格主管部门接过电力定价权，而且没有"核定成本加合理利润"的定价规则约束，自然可以通过擅自定价从而赚取超额垄断利润，损害公共利益。2017年8月，山西省23家火电企业串通达成并实施直供电价格垄断协议，被国家和陕西省发改委依法查处的事例就表明，由政府定价向市场定价的过渡，仍然离不开公权力的监管和制约；其二，现行《电力法》第37条规定的"上网电价实行同网同质同价"与《可再生能源法》第五章关于可再生能源电价可以高于常规电价的规定相冲突，有待调整；其三，《电力法》第42条规定的用户用电增容收费，因减轻用户负担的需要，已由原国家计委（今国家发改委）、原国家经贸委（今商务部）于2002年下发《关于停止收取供（配）电工程贴费有关问题的通知》，取消了用电增容费，《电力法》应当删除相应的法律规定；其四，政府价格主管部门应当保障公益性或普通居民用电的价格稳定，防止因市场波动造成电价极速上涨而引发的经济或社会动荡。总之，《电力法》的电价形成机制应当是无形之手（市场调节）与有形之手（政府调控）的相结合，才能在释放电力市场竞争潜力的同时，保障社会用电的相对稳定。因此，《电力法》修改的重要内容之一，就是修改电价与电费的计算机制，使输电公司仅根据政府核定的输配电价收取类似于高速公路的"过路费"。

5. 提高电力管理与监管能力

我国《电力法》目前依然过于偏重纵向行政管理，这也是其被诟病为"电力行政管理法"的一个关键原因，即过于强调经济集中而忽视经济自由条件下对市场经济参与者权利的保护。

现行《电力法》第1章"总则"第6条确立了电力监管制度，并于其他各章规定了电力监管部门的监管事项。可以看到，法律条文中规定的电力监管主体十分模糊，而现实中电力监督管理职权比较分散，法律条文中模糊且粗略的规定导致电力监督管理部门职责不清、职能交叉，进而导致在某些事项上监管缺位或者有关部门相互推诿，而在某些事项上存在权力寻租现象而导致企业成本不合理地增加。另外，与《电力法》制定时相比，实际的电力主管部门已发生多次调整。因此，应通过《电力法》的修订，明确电力监管主体，厘清主管部门与其他部门如能源监管部门、价格监管部门的职权分工，明确中央与地方的权力分配。此外，现行《电力法》关于监管部门法律责任的规定仅有一个条文且内容过于粗疏。实践中，一方面，电力领域的很多乱象与监管部门不作为有关，如针对电网企业为了自身利益而压低上网电价，供电企业对用户受电工程直接或间接指定设计单位、施工单位、设备材料供应单位等违法现象未及时发现并查处；另一方面，电力监管部门存在乱作为的问题，如阻碍可再生能源上网、规划不当导致风机脱网事故等。电力监管失灵的案例不胜枚举，却鲜有电力监管部门及其工作人员被依据《电力法》第73条追究法律责任。在《电力法》修改中，应改变以往侧重于追究私人责任而忽视追究政府相关部门及相关公职人员责任的做法，要针对监管失职行为增补适当的、具有可操作性的法律责任追究条款。

6. 确立电力普惠理念与原则

电网经营企业应当履行普遍服务义务，保障公民获得无歧视的电力供应服务。政府对因承担普遍服务义务的企业予以合理补偿或政策优惠。"电力普遍服务"原则是保障《电力法》之社会效益实现的基础。在我国，对"电力普遍服务"概念的首次清晰的表达可追溯至电力体制改革"5号文"，其中要求"国家制定政策，采取措施，确保所有用户都能以合理的价格获得可靠的、持续的基本电力服务"。电力体制改革"9号文"在此基础上要求电网企业"按国家规定履行电力普遍服务义务"。

现行《电力法》第8条、第12条、第26条、第28条、第29条等条款规定，国家帮助、扶持老少边穷地区发展电力事业，支持电力建设，供电企业应保证连续供电、保证供电质量和不得拒绝供电。这些条款可以看作"电力普遍服务"精神的体现，但相关规定既不全面也没有抽象出电力普遍服务的基本概念和原则。因此，在电力法修订过程中，应当注重对"电力普遍服务"理念和基本原则的确认，并在具体条文中明确政府和相关企业在保障电力普遍服务中所承担的义务以及用户获得电力服务的权利，并赋予用户知情权等程序性权利以及无法获取电力服务时获得救济的权利。

二、新发展阶段电力立法重点

（一）保障电力改革和"双碳"目标

自20世纪80年代末以来，发达国家和地区纷纷通过电力立法及完善，推动电力市场化改革，如美国、英国、欧盟等。以欧盟为例，欧盟通过制定《1996 电力市场共同规则指令》《2003 电力市场共同规则指令》《2009 电力市场共同规则指令》实现了在电力生产和销售环节引入竞争、输配电环节实现财务、法律和功能上分离的电力市场化改革目标，通过立法制定统一的核准流程、税收制度、容量分配制度等，以此来提高电力市场的竞争力。可以说，发达国家和地区的电力市场化改革的推进，离不开电力立法的支持。通过立法推动电力市场改革也是发达国家运用法治手段进行行业治理的重要实践。21 世纪以来，全球气候变化成为人类社会发展的重要议题，世界各国将能源转型、减少碳排放视为应对气候变化，在新一轮国际竞争中获得优势地位的新方式。发达国家将电力立法作为推动能源转型的主要手段，如德国通过制定《电力输送法》和《可再生能源优先法》，确保可再生能源电力能够顺利入网，以此提高可再生能源发电比例，降低国内化石能源的依赖度，推动实现能源转型。

我国电力立法肇始于集资办电时期，立法指导思想是开发建设电力，管制主义色彩较强，虽历经三次修改，但并未从立法指导思想和立法原则上进行改动。因此，在新发展阶段的电力立法中，首先，应当从"先改革再立法"转向"边改革边立法""先立法再改革"，这既是建立现代能源治理体系的客观要求，更是建立中国式现代化在法治政府建设方面的具体要求，以电力立法主导、推进电力改革和电力革命；其次，2022 年，我国提出了碳达峰、碳中和的目标，对于电力行业而言，就是走绿色电力发展之路，即通过电力结构调整优化，不断加重绿色电力比重，有计划地采取低碳减排措施，将电力开发利用过程中产生的污染和温室气体排放降低到零排放，实现电力产业绿色发展。同时，应当在吸收发达国家有益经验的基础上，将绿色电力的生产方法、生产过程、绿色电力的质量标准、绿色电力并网规范、绿色电力价格规范、绿色电力销售促进规范等提炼成法律规范，为实现"双碳"目标保驾护航，以国家强制力推动能源转型、推进双碳进程，保障"双碳"目标如期实现。

（二）保障电力安全和经济稳定

电力安全一直以来是电力法的立法重点。电力安全和经济稳定之间是一脉相承，相互贯通的关系。一方面，电力作为国民经济的引擎，确保电力安全供应，就是在为经济行稳致远提供保障；另一方面，经济稳定也能为电力安全创造相应的条件。发达国家在电力立法中十分重视电力安全和维持经济稳定，因为一旦出现供电短缺或电力事故，造成大规模停电，会给居民生活和社会经济带来极大灾难。

2003 年，美国东部和加拿大部分地区遭遇了历史上最大规模的停电，停电范围波及美国八个州和加拿大两个省，5000 万人口失去电力供应，经济损失达到 100 亿美元。事故起源于第一能源公司的一起树线矛盾引起的输电线跳闸事故，由于第一能源公司和区域调度交易机构都没有对事故做出及时反应，潮流转移造成线路连锁跳闸，导致系统崩溃。究其根源，是因为缺乏电网的统一规划、运行的统一协调以及全网统一的安全标准。在吸取美加大停电教训的基础上，美国国会 2005 年通过的《电力法修订案》（EPA2005），规定电力公司必须强制执行统一的 NERC 电网运行标准，意在通过法律制度的设计保障电力安全。

我国的电力立法要始终注重电力安全的制度设计，包括电网调度安全，防止电网不稳定带来的大规模停电，电力供应安全，防止电力短缺带来的供应困难，以电力稳定保障经济稳定。

（三）保障大规模储能和智慧电网建设

以可再生能源发电逐步替代化石能源发电，构建电力开发利用新格局，既是电力发展的客观规律，更是实现中国式现代化之电力现代化的必然要求。然而，这一路径遭遇到大规模储能科技研发和相关新材料、新设备、新设施配套制造的瓶颈。因此，电力立法的重点之一就是要为相关的科技研发及配套硬件的制造提供法律支持和支撑。

智慧电网是指一个完全自动化的供电网络，其中的每一个用户和节点都得到实时监控，并保证从发电厂到用户端电器之间的每一点上的电流和信息的双向流动。智能电网通过广泛应用的分布式智能和宽带通信，以及自动控制系统的集成，能保证市场交易的实时进行和电网上各成员之间的无缝连接及实时互动。

以当代信息技术和能源互联网技术彻底改造现有电力开发利用体系，最大限度地挖掘电力产业发展潜力，将数字化信息网络系统运用到电力资源的开发、输送、存储、转换、利用等环节，将发电、输电、配电、售电、蓄能等服务与电力终端用户的各种电气设备、设施连接在一起，通过智能化控制实现精确供能、对应供能、互助供能和互补供能，将电能利用效率和能力供应安全提高到全产业智能化水平。❶因此，电力立法不仅要构建促进智慧电网发展的法律制度框架，更要将大规模储能投资建设的法律规定纳入其中，通盘考虑，统筹推进。

大规模储能和智慧电网相辅相成，大规模储能和智慧电网是当代电力科技发展的必然结果，也是 21 世纪电力发展的主要方向和主要技术手段，电力立法应当为大规模储能和智慧电网的发展提供强力保障。尤其在智慧电网方面，包括智慧电网技术规范、相关设备参数标准、智能电网系统的接入与安装等均需要构建相关的法律制度。

（四）保障统一大市场和国内国际双循环

通过电力立法规范电力市场秩序，完善电力市场交易机制，统一行业标准，不仅要注重电力市场的建设，更要将电力市场放在全国统一市场的视野中，与全国统一大市场对接，还要考虑电力市场对全国统一大市场建设的基础性保障地位和能源支撑作用；电力国际合作是经济全球化、电力资源要素跨越国界流动的必然要求。在国内国际双循环的体系中，电力资源要素的市场化，既要以国内统一大市场为主，也要实现国内市场与国际市场相互促进；既要增强电力立法在国内电力统一大市场方面的规制规范作用，也要结合国内电力市场与国际电力市场的相互促进。

具体来讲，在规制国内统一的电力大市场，推进国内电力市场与国际电力市场相互促进方面，电力立法应当关注以下几点：首先，规范各层次电力市场秩序，健全中长期、现货交易和辅助服务交易有机衔接的电力市场体系；其次，深化市场机制，降低市场主体制度性交易成本，打破省间壁垒，提高大范围资源配置效率；再者，加快

---

❶ 陈树勇、宋书芳、李兰欣、沈杰：《智能电网技术综述》，《电网技术》2009 年第 8 期。

电力市场标准化建设进程，建立完善的标准体系框架，统一与市场相关的名词概念、数据口径和技术标准；最后，要加快构建跨国电力投资、建设、贸易、融资、工程承包、电网互联、劳动用工等市场交易及管理规则体系和法律法规体系。

思考题：

1. 简述电力法与其他部门法的关系。

2. 对比国内外电力法治发展历程，谈谈国外电力法的制定、修改和完善对我国电力法修改和完善的启示。

3. 简述电力法律关系的特点。

第二章 电力法的立法宗旨与基本原则

《电力法》第一章总则共有九个条文，其基本内容是规定了《电力法》各分则共同适用的基本行为准则和原则。该总则开宗明义地规定了《电力法》的立法宗旨和目的，也可以说是《电力法》的立法原则，即保障和促进电力事业发展的原则，维护电力投资者、经营者和使用者合法权益原则和保障电力安全运行的原则。此三大原则是《电力法》立法的出发点和归宿，贯穿于《电力法》全部内容之中。此外，总则部分还规定了电力事业应当适应国民经济和社会发展的需要并适当超前发展原则，国家鼓励和引导国内外经济组织和个人投资开发电源的原则，谁投资谁收益的原则（第3条），国家保护电力设施的原则（第4条），环境保护原则（第5条），国家对电力事业实行监督管理原则（第6、7条），国家扶持原则（第8条），以及科技进步原则（第9条）等。

第一节 电力法的立法宗旨

立法宗旨，也称立法旨意、立法目的，是指一部法律所要达到的根本目标，或者说所要解决的重大问题。因此，立法宗旨是制定一部法律时的基本指导思想，是一部法律的灵魂。立法宗旨与法律的条文之间是目的与手段的关系，它制约着具体的法律规范的内容。一部法律中的每一具体条文都必须围绕该部法律的立法宗旨而展开，条文的具体内容均不得与立法宗旨相抵触。由于立法宗旨统领着一部法律全部法律规范的价值取向，因此立法宗旨一般都位于一部法律的总则部分，以开宗明义，总揽全局。

一、《电力法》的实然立法宗旨

1996 年施行的《电力法》立足当初行政垂直管理模式和电力短缺现实，在法的内在价值体系构建上追求电力事业的发展和安全运行。《电力法》第一章总则部分，开宗明义地规定了《电力法》的立法宗旨和目的，即保障和促进电力事业发展的原则，维护电力投资者、经营者和使用者合法权益原则与保障电力安全运行。

我国《电力法》的立法宗旨设计，是基于当时电力严重短缺的国情。进入 20 世纪 70 年代后，电力供应与国民经济发展对电力需求之间的失调越来越严重，因缺电造成的拉闸限电日益频繁。在此情形下，立法的首要目的就是要解决制约经济发展的"卡脖子"问题——缺电问题，实现电力与经济的均衡发展。为此国家立法机关经过认真调查，尤其在总结改革、开放以来集资办电、电力生产、供应等方面经验的基础上，制定、公布了《电力法》，并在第 1 条中开宗明义地将"保障和促进电力事业的发展"设定为最基本的宗旨之一。

鉴于当时电力短缺的主要原因在于电源不足，而电源不足又源于国家可用于投资兴建电厂的资金匮乏。将由国家垄断的电源建设予以放开，允许多元投资主体的资金进入的政策应运而生，并由此形成多家办电、联合办电的新格局。这一制度对拓宽电源建设资金渠道，缓解电源紧张状况起到了显著的作用，因此"国家鼓励、引导国内外的经济组织和个人依法投资开发电源，兴办电力生产企业"的制度也为《电力法》所确认。

《电力法》是一部将电力投资、电力建设、电力开发、电力供应推向社会主义市场经济的法律。它对电力投资者、经营者、使用者的关系按市场经济的要求进行了规范，即"维护电力投资者、经营者和使用者的合法权益"。这一护身符充分调动了电力投资者、经营者的积极性，为电力事业的发展提供了强劲动力。

但是随着电力体制改革的推进和电力事业的发展，该宗旨已经与当下对《电力法》所期待的功能定位出现难以衔接之处。该目标只是从电力法作为行政管理法的视角出发，更多的是为了保障电力事业的发展和安全运行，保障的方法是依赖于更多、更详细的电力行政管理规章。维护电力投资者、经营者和使用者的合法权益也以保障电力事业的发展和安全运行为前提，对于电力市场、电能的商品属性等问题未予考虑。这样的价值目标已经不能适应新的电力体制改革的发展趋势，也不符合电力法应是经济法的新的定位。❶

由于《电力法》在制定时还没有电力体制市场化改革的设想，因此也没有为电力行业引入市场竞争机制留下法律空间。当前因为两轮电力市场化改革已经形成的"厂网分开，竞价上网"和"放开两头，管住中间"的新体制，都已经大大突破了《电力法》的有关规定。尽管后来对《电力法》中的若干条款进行过修订，但均与电力体制改革没有关系，故电力体制改革的整体思路也没有反映到《电力法》中，导致电力立法与电力体制改革进度严重脱节。鉴于《电力法》服务于"集资办电"时期的电力体制改革需求，要解决的是电力供应紧张的现实问题，因而其价值偏重保护电力事业本身的发展和电力安全，既缺乏对电力市场交易的关注，也没有对《电力法》的社会效益和环境效益给予足够的重视。❷下一步，需要与时俱进，对《电力法》的立法宗旨加以修改，以体现保障和促进电力体制改革和电力事业健康发展，提高能源效率，保护生态环境的价值取向。

二、《电力法》的应然立法宗旨

（一）应体现保障和促进电力体制改革

现行《电力法》中的具体制度和规定存在与电力市场化改革方向不吻合、发展不相符、政策不衔接之处，立法宗旨应体现为电力体制改革提供引导和支撑，以适应电力市场化发展的需求。

---

❶ 刘宇晖：《对我国电力法体系的构想——以构建和维护竞争性电力市场为价值目标》，《河北法学》2008 年第 7 期。

❷ 李艳芳、吴倩论：《我国〈电力法〉的现代化转型》，《中州学刊》2020 年第 7 期。

现行《电力法》实施后，到目前为止我国启动了两轮电力体制改革。立法机关虽然随后对《电力法》的个别条款和制度进行了修订，但并未触及和反映电力体制改革的成果和改革目标的要求，电力体制改革尚处在探索阶段为由，使得电力法修订迟滞不前。《电力法》修改时，应当为未来的电力市场化改革留下空间，至少不应对未来的电力市场化改革设置障碍，以增强《电力法》的适应性。电力法的立法目的及确立的主要制度和规则必须反映电力体制改革的要求，并为未来持续性的电力体制改革提供法律依据，在保障电力体制持续改革的同时增强法律的稳定性。

电力的生产输送有着明显区别于其他工业生产的特点。电能不能大量储存，电力的产、供、销、用必须同时实现；在整个电力生产经营环节中需要保持电网的稳定安全可靠。所以，如何对电力产业进行市场化改革，如何构建电力市场的问题，明显区别于其他产业，具有十分独特的特点和复杂的过程。

电力产业市场化改革起始于智利这个发展中国家，1982年，智利颁布了新的电力法，开始重组电力产业，将发电厂、输电网、配电网私有化，并建立起批发竞争电力市场。真正使电力产业市场化改革发展成世界性的改革运动的则缘于英国，1990年，大力推进私有化的英国保守党政府对原垂直一体化的英格兰和威尔士的电力产业进行了包括私有化、产业重组和引入市场竞争机制等内容的改革，改革的目标打破垄断、提高效率、降低电价。英国推行全面的电力市场改革后，引起了世界的广泛关注，此后美国、新西兰、澳大利亚，以及北欧的挪威、丹麦、瑞典等国纷纷效仿，形成了席卷全世界的电力产业市场化改革浪潮。

电力产业的放松规制、引入竞争是大势所趋，但目前各发达国家的电力市场模式仍有一些差异，在美国甚至各大区域的电力市场也存在不同模式。现有的电力体制、经济发展水平、政治文化背景等都将影响电力工业的规制与竞争方式，对于中国，电力体制改革将具有更多的特殊性。我国的电力市场化改革可以分为三个阶段，第一阶段（1985—2002年）"集资办电、政企分开"；第二阶段（2002—2012年）"厂网分离"，初步建立我国的电力市场；第三阶段（2013年至今）电力市场化改革步伐加快。

2015 年深化电力体制改革意见为标志的新一轮电力体制改革以顶层设计为主，以各省的市场建设为起步，按照"放开两头，管住中间"的体制框架，有序推进电力体制市场化改革。

2015 年深化电力体制改革确定了"三放开、一独立、三强化"的改革路径以及"管住中间、放开两头"的体制架构，提出区分竞争性和垄断性环节，在发电侧和售电侧开展有效竞争，培育独立的市场主体。新一轮电力体制改革以来，我国电力市场建设稳步推进，市场化交易电量比重大幅提升，初步构建了主体多元、竞争有序的电力交易市场体系，有效促进电力资源优化配置和可再生能源规模化发展。

2019 年 12 月底印发的《中共中央 国务院关于营造更好发展环境支持民营企业改革发展的意见》明确，在电力、电信、铁路、石油、天然气等重点行业和领域，放开竞争性业务，进一步引入市场竞争机制。2020 年 5 月发布的《中共中央 国务院关于新时代加快完善社会主义市场经济体制的意见》提出，稳步推进自然垄断行业改革。

现行《电力法》规定的电力交易仅涉及发电企业与电网企业以及电网企业与用户之间的交易，随着改革中供电侧与售电侧的放开，交易主体的多元化带来复杂多样的交易关系，为落实"保障和促进电力体制改革"的立法宗旨，《电力法》需要对以下具体制度加以修改：其一，对《电力法》规定的"电价实行统一政策，统一定价原则"进行修改，由法律对政府定价、市场定价的范围进行明确，禁止行政权力对市场化定价的不当干预。其二，《电力法》中应当有关于电力交易机构的规定。2015 年深化电力体制改革提出建立相对独立的电力交易机构，《关于电力交易机构组建和规范运行的实施意见》等配套文件则规定了电力交易机构不以营利为目的的公益性质，并通过市场监管、外部审计、外部稽核等方式对该机构进行监管。而要真正实现电力交易机构的规范性和独立性，就应由法律确定其职能定位与组织形式，明确其法律责任，确保其组建和运行的公开、民主、法治化，以完备的规则和制度对其形成约束，防止权力和利益催生电力领域新的垄断与腐败。其三，建议删除《电力法》中关于电力竞争限制的相关条款，增加电力交易市场或电力交易内容，明确电力市场建设原则、参与主体、交易规则以及市场监管等方面的内容，从而能够为电力市场建设和电力交易提供法律依据，为电力改革的有效推进提供保障。这里必须说明的是市场化是改革的方向，而改革的目的是保障经济社会的健康、稳定、持续发展。在改革中我们不应当简单地把电力市场化作为改革的目标，只能作为其手段，电力市场化改革只能因地制宜，实事求是，以电力作为公共性基础行业的特征和提供安全、优质、经济电能产品为目标。电力市场的稳定关系到国计民生，同时由于电能即发即用、难以大规模存储的特殊性，对市场交易机制的成熟程度要求极高。因此，电力改革应坚持市场化方向，形成最佳市场化，保障我国电力工业的健康、稳定和持续发展，向社会提供优质的电能和服务，而不是最大市场化。❶

（二）坚持绿色低碳发展目标

当前，加快发展新能源已成为国际社会推动能源革命、应对全球气候变化的普遍共识和一致行动。温室气体的排放和全球气候变暖问题使全球各国对环境保护的重视程度与日俱增，也推动了能源领域的低碳化转型升级。我国依然面临着较为严峻的降低碳排放的压力。

2020年9月，习近平主席在第七十五届联合国大会一般性辩论上宣布：中国二氧化碳排放力争于2030年前达到峰值，努力争取2060年前实现碳中和。2020年12月，习近平主席在气候雄心峰会上进一步宣布：到2030年，中国单位国内生产总值二氧化碳排放将比2005年下降65%以上，非化石能源占一次能源消费比重将达到25%左右，森林蓄积量将比2005年增加60亿立方米，风电、太阳能发电总装机容量将达到12亿千瓦以上。

2021年10月24日中共中央、国务院印发的《关于完整准确全面贯彻新发展理念做好碳达峰碳中和工作的意见》提出五个方面的主要目标：构建绿色低碳循环发展经济体系；提升能源利用效率；提高非化石能源消费比重；降低二氧化碳排放水平；提升生态系统碳汇能力。

---

❶ 董曦：《市场化进程中的电力法修改》，《中国电力企业管理》，2014年第11期。

截至 2023 年 6 月底，全国水电装机 4.18 亿千瓦，风电装机 3.9 亿千瓦，太阳能发电装机 4.71 亿千瓦，生物质发电装机 0.43 亿千瓦，可再生能源发电总装机突破 13 亿千瓦，达到 13.22 亿千瓦，同比增长 18.2%，约占我国总装机的 48.8%。❶

"碳中和"是指实现全部温室气体净零排放，即温室气体源的排放和碳汇的吸收平衡。而当前大多数国家每年气体源的排放远高于新增碳汇的吸收，因此，实现长期碳中和目标的主要对策是减排，特别是能源系统要实现自身二氧化碳的净零排放。

实现碳达峰、碳中和是经济社会一场广泛而深刻的系统性变革。传统电力行业主要是以火电为主，电力行业 CO_2 的排放量占据我国 CO_2 总排放量的四成左右，其次排放 CO_2 较多的是工业、建筑和交运，电力行业占比是最高的；所以要实现"3060"的"双碳"目标，电力行业必须要转型。2021 年 3 月 15 日，习近平总书记主持召开中央财经委员会第九次会议，提出深化电力体制改革，构建以新能源为主体的新型电力系统，新型电力系统的概念便是基于这样的背景诞生。

碳达峰、碳中和目标的提出，为构建清洁低碳、经济高效的能源体系提出了明确时间表。在保障能源安全前提下，能源系统的清洁转型是实现碳达峰、碳中和的根本途径。一方面要加快清洁能源的开发利用，制定更加积极的新能源发展目标，推动陆上风电和光伏发电全面实现平价无补贴上网；因地制宜开发水电；在安全的前提下，积极有序发展核电；加快抽水蓄能、新型储能等调节性电源建设；进一步优化完善电网建设，推动电网智慧化升级，提高电力系统调节水平。另一方面要完善能源消费双控制度，严格控制能耗强度，合理控制能源消费总量，建立健全用能预算等管理制度，推动能源资源高效配置和利用，深入推进工业、建筑、交通、公共机构等重点领域节能，持续推进乡村电气化，着力提升新基建能效水平。

发展可再生能源是实现电力产业向清洁低碳转型的重要抓手，也是通过电力产业助推全面能源革命的重要一环。"可再生能源电力优先"原则应体现在电力产业的全过

---

❶ 我国可再生能源发电总装机突破 13 亿千瓦，发布时间：2023-07-19，来源：国家能源局。

程，包括优先发展、优先发电、优先收购、优先调度等。《电力法》的法律地位与立法价值影响着《电力法》的基本内容。现行《电力法》第 1 条确立的电力立法目的和价值理念已远不能适应低碳经济背景下的电力工业发展的需要，其缺乏环境保护和电力可持续发展的理念，导致其后的法律条文在电力环保和电力可持续发展上欠缺必要而深入的规定。该法对于低碳电力规划、低碳电力发展战略、电源结构调整、电网建设、电力节约、低碳技术等内容都没有进行相应的规范。❶

2019 年 5 月，国家发展改革委、国家能源局联合发布《关于建立健全可再生能源电力消纳保障机制的通知》（发改能源〔2019〕807 号），明确对各省级行政区域设定可再生能源电力消纳责任权重，并自 2020 年 1 月 1 日起全面进行监测评价和正式考核。各承担消纳责任的市场主体可以通过实际消纳可再生能源电量来完成消纳量。同时，可以通过向超额完成年度消纳量的市场主体购买超额完成的可再生能源电力消纳量或者自愿认购可再生能源绿色电力证书两种补充（替代）方式完成消纳量。

《电力法》虽然在第 5 条第 2 款中规定"国家鼓励和支持利用可再生能源和清洁能源发电"，但这一原则性宣示过于模糊，没有体现可再生能源电力较之其他电力的优先性，《电力法》中也没有其他条文规定或具体制度与之呼应，因而该条款缺乏对制定具体规则的指导作用。《电力法》应当通过修改对此进行回应，规定"电力发展坚持可再生能源电力优先"原则，并通过优先收购与调度可再生能源电力等制度予以实现。以实现与《可再生能源法》有关全额保障性收购的条款相衔接，重点解决可再生能源上网难的问题。

（三）确保电力系统安全

我国政府历来都很重视电力安全生产工作，在"安全第一，预防为主"的总体方针下，使电力安全法规与电力事业同步发展。

电力安全生产被分为两个场域，一为电力安全，主要指电力系统安全，电力行业

---

❶ 周凤翔、曹治国：《我国电力行业低碳发展的政策与法制保障》，《华北电力大学学报》（社会科学版）2013 年第 1 期。

是国家重要基础产业，电力安全事关经济发展和社会稳定。电力安全主要关注的是电力系统安全、应急处置、电力设施保护、电源和电网建设等❶，从电力安全事故角度看，电力安全指的是电力生产或者电网运行中发生的影响电力系统安全运行或者影响电力供应的事故，事故的等级取决于影响电力系统安全运行或者影响电力供应的程度。二为电力生产的安全工作，按电力生产过程中造成的事故，分为人身事故、电网事故、设备事故或者火灾事故，电厂垮坝事故以及严重的停电事故。

目前我国已经全面进入电气化时代，对电力可靠供应的要求很高。一旦电力系统受到破坏产生电力供应事故，会对全社会生产生活造成难以预估的影响。从电能的供应角度，联合国开发计划署将能源安全表述为"在任何时候得以获取充足的、多样的、价格合理的能源，而对环境不会造成不可接受或不可逆转的影响"，这一定义不仅包含对持续供应的要求，还包含对价格和环境的要求。《欧洲电力供应安全指令》则采取狭义解释的方式，将电力安全供应规定为"电力系统供应最终用户电力的能力"。

《电力法》从电力设施保护、电力生产与电网管理、供用电安全与秩序等多面进行了具体规定，以确保电力系统安全稳定运行。强调电力设施受国家保护，禁止任何单位和个人危害电力设施安全或者非法侵占和使用电能；电力生产与电网运行应当遵循安全、优质、经济的原则。电网运行应当连续、稳定，保证供电可靠性；电力企业要加强安全生产管理建立、健全安全生产责任制度；用户受电装置的设计、施工安装和运行管理，应当符合国家标准或者电力行业标准；用户危害供电、用电安全或者扰乱供电、用电秩序，由电力管理部门责令改正，给予警告；情节严重或者拒绝改正的，可以中止供电，可以并处五万元以下的罚款；盗窃电能的，由电力管理部门责令停止违法行为，追缴电费并处应交电费五倍以下的罚款；构成犯罪的，依照刑法有关规定追究刑事责任；盗窃电力设施或者以其他方法破坏电力设施，危害公共安全的，依照刑法有关规定追究刑事责任。

---

❶《国务院办公厅关于加强电力安全工作的通知》，国办发〔2003〕98号，2003年12月5日发布。

在推动互联网、大数据、人工智能、第五代移动通信（5G）等新兴技术与绿色低碳产业深度融合，构建以新能源为主体的新型电力系统，提高电网对高比例可再生能源的消纳和调控能力的过程中，我国电源结构和电网格局发生了重大改变，电力系统安全稳定特性发生了深刻变化。

新型电力系统运行离不开海量的数据交互及各类型数字化平台的支撑，因此数字电网将是承载新型电力系统的最佳形态。数字电网从能源生产到消费的全过程中将采集海量的能源运行数据和用电行为数据，通过对这些数据的分析处理实时调控电力系统，保障电力系统安全可靠、高效节能。与此同时，数据采集、分析、传输与展示将面临严峻的安全问题。

中国当前正积极推动"碳达峰、碳中和"工作，可再生能源跨越式发展已成为各方共识，大规模可再生能源并网消纳会进一步增加电力系统的脆弱性，安全可靠运行压力增大。电力系统安全防护是一项系统工程，从国外经验教训来看，应当通过技术手段增强电网弹性，通过管理体制机制优化保障系统有序运行、增强人为事故防范、增强网络安全防护能力。

第二节　电力法的基本原则

基本原则是法的精神实质，体现了法的指导思想。在进行法律的立、修、废时，必须将基本原则作为依据，绝对不能违背这些抽象的、稳定的准则。在司法适用中，当遇到疑难案件时，基本原则能够为司法者指明方向。它是立法宗旨在法的创制过程中的具体化、实践化。

一、推进全国性电力市场建设

到目前为止，我国的电力市场化改革可以分为三个阶段，第一阶段（1985—2002年）"集资办电、政企分开"；第二阶段（2002—2012年）"厂网分离"，初步发展我国电力市场；第三阶段（2013 年至今）电力市场化改革步伐加快。在 2015 年深化电力体制改革意见及相关配套文件的指导下，我国各级政府、电网企业、电力市场运营机构和有关市场主体，围绕充分发挥市场在配置资源中的决定性作用这一目标，大力推进电力市场建设，在逐步放开发用电计划、扩大中长期交易规模、推进现货交易试点、促进清洁能源消纳等关键问题上取得了重大进展和突破。

2021 年 11 月 24 日召开的中央全面深化改革委员会第 22 次会议指出，"要健全多层次统一电力市场体系，加快建设国家电力市场，引导全国、省（区、市）、区域各层次电力市场协同运行、融合发展，规范统一的交易规则和技术标准，推动形成多元竞争的电力市场格局。"2021 年 1 月 28 日，国家发改委印发《加快建设全国统一电力市场体系的指导意见》（发改体改〔2022〕118 号），明确提出我国将分两个阶段建设全国统一电力市场：到 2025 年，全国统一电力市场体系初步建成，国家市场与省（区、市）/区域市场协同运行，电力中长期、现货、辅助服务市场一体化设计、联合运营，跨省跨区资源市场化配置和绿色电力交易规模显著提高，有利于新能源、储能等发展的市场交易和价格机制初步形成。到 2030 年，全国统一电力市场体系基本建成，适应新型电力系统要求，国家市场与省（区、市）/区域市场联合运行，新能源全面参与市场交易，市场主体平等竞争、自主选择，电力资源在全国范围内得到进一步优化配置。意味着全国性电力市场建设按下了"快进键"，标志着我国电力计划机制将全面走向市场化，新一轮电力体制改革也将顺势走向深入。

由于电能产品的特殊性，且我国各地区之间存在很强的资源互补性，依托电力网络建设一体化的电力市场既有必要性也有可能性。近年来，我国的电能装机容量飞速提升，高压、超高压电网技术已经逐渐成熟，再加上我国电源中心和负荷中心不匹配。所以，我国天然适合构建统一开放的全国电力市场。一方面，我国正处于深化电力市场改革的关键时期，迫切需要构建大范围优化资源配置的电力市场，以解决弃风弃光、打破跨省区交易壁垒等瓶颈问题；另一方面，在放开售电侧的前提下，建成统一电力市场模式后，电能消费者能够在更广阔的空间内选择电能供应商，优化能源资源配置，充分体现电能的市场价值。

2023 年 7 月 11 日，中央全面深化改革委员会第二次会议审议通过了《关于深化电力体制改革加快构建新型电力系统的指导意见》，强调要深化电力体制改革，加快构建清洁低碳、安全充裕、经济高效、供需协同、灵活智能的新型电力系统，更好推动能源生产和消费革命，保障国家能源安全。从 2002 年电改"5 号文"实现厂网分离，到 2015 年电改"9 号文"推进电力市场化交易，再到 2021 年提出建设新型电力系统，以及当前加快构建新型电力系统，改革一直在路上。本次会议分别从电源来源结构、电力安全保障、市场运行、政策手段、技术手段等方面明确了新形势下新型电力系统应具备"五大特征"：清洁低碳、安全充裕、经济高效、供需协同、灵活智能，为"新型电力系统"作出了最明晰的界定和阐述。

二、构建新型电力系统

构建以新能源为主体的新型电力系统，是我国实现碳达峰、碳中和目标的重要支撑。在我国 2020 年 9 月正式向国际社会作出实现"双碳"目标的承诺后，中央进一步提出构建新型电力系统的任务，在把电力系统作为实现"双碳"目标的关键，推动能源自身清洁低碳转型的同时，更加强调电力系统需要深度融入生态—经济—能源—社会构成的整个社会系统中，采取全局性、系统性和整体性的更高视野去思考构建新型电力系统的任务。

新型电力系统核心在于新能源占据主导地位，成为主要能源形式。近年来，我国风电、光伏发电新增装机占当年新增总发电装机的比例基本都在 50% 以上，落实"十四五"可再生能源发展规划，加快推进大型风电光伏基地、大型水电站和抽水蓄能电站等重大项目建设，聚焦能源安全供应和民生保障，努力推动可再生能源高质量跃升发展。可以说，目前我国电力系统正处于新增装机以新能源为主体的发展阶段，到 2035 年前，我国将实现新能源装机为主体、占比超过 50%；到 2060 年前，新能源发电量占比有望超过 50%，实现新能源发电量为主体。

在新发展理念的引领下，我国能源绿色低碳转型的步伐不断加快，风能、太阳能等新能源在能源体系中的占比不断提升，新能源装机数量日益提升，我国的能源结构正在不断调整优化。但随着可再生能源装机规模和利用率不断提升，新能源的波动性、间歇性等技术缺陷日趋凸显，由此产生的电力消纳难、外送难、调峰难等问题严重制约了行业的可持续发展。

随着新能源大规模并入电网，电力系统需要在随机波动的负荷需求与随机波动的电源之间实现能量的供需平衡，其结构形态、运行控制方式以及规划建设与管理都将发生根本性变革，从而形成以新能源电力生产、传输、消费为主体的新一代电力系统。风电、光伏等随机性、波动性强的电源将部分替代火电等确定性可控电源，给电网调节调度、灵活运行带来挑战。而新能源为主、高比例电力电子设备的大面积应用将带来电力系统的运行特性、安全控制和生产模式的根本性改变。

新型电力系统将对经济社会产生重大影响，其本质是为了更好地积极适应高比例可再生能源的发展趋势，进而提升终端电气化率，更好支持温室气体减排。新型电力系统要兼顾清洁低碳、供应安全、价格低廉三重目标，需要相应的体制机制创新。构建以新能源为主体的新型电力系统是一项极具创新性的系统性工程。必须统筹协调各方关系以应对转型过程中面临的诸多严峻挑战。构建新型电力系统既需要技术的创新，也需要体制机制的创新。通过电力市场机制、运行机制、价格机制的不断完善，发挥好市场配置资源的决定性作用和更好地发挥政府作用，加快建设统一开放、竞争有序的且适应新型电力系统的电力市场体系。《电力法》应当通过修改明确支持以新能源为主体的新型电力系统的建设，为其发展壮大保驾护航。

三、强化电力监管

随着中国电力市场的深化改革，市场主体更加多元化、市场交易规模不断扩大，交易品种及交易周期更加丰富，如何科学合理地对电力市场进行监管，从而推动电力市场健康、有序地发展成为亟需解决的问题。

从国外电力监管的经验来看，不论是监管规则及监管内容的设计，还是监管机构及监管机制的确立，都必须以法律为基础。与英美两国的监管法律法规相比，我国尚未形成健全的电力市场监管法律体系。应通过完善电力市场监管的法律法规保证监管机构的合法性和权威性；此外，在赋予监管机构权力时，也应制定相关的法律法规对监管机构的监管程序与监管行为进行规范，从而实现依法依规监管。

电力监管的具体制度安排是由电力产业的特性所决定的，电力产业的特性是电力监管制度存在的基础。电力系统主要由发电厂、输电网、配电网和用户组成，电力生产供应过程包括发电、输电、配电、售电、用电五个紧密相连的环节，随着电力市场的不断发展，发电和售电环节逐渐走向竞争，而输电和配电环节仍然需要保持垄断经营。

在本次改革中，输配电网属于自然垄断的环节，是属于"管住中间"的范围，需要政府进一步强化监管；发电和售电等竞争性环节属于"放开两头"的内容，将逐步向社会放开。在这样的背景下，大量售电公司纷纷成立，多地开展增量配电公司试点，电网企业探索发展转型。对于政府监管机构来说，当前环境下，在充分激发市场活力的同时保障市场稳定有序是监管面临的主要任务。

电力监管涵盖的范围较广，一般而言，电力监管的目标是实现电力市场的公平运转，平衡用电客户、电力企业和政府三个方面的利益。在不同国家地区、不同形式的电力市场下，电力监管有不同的内涵，适用不同的具体方法。电力监管包括经济性监管和社会性监管，现代电力监管体制的基本特征是自然垄断环节强化监管、发电售电环节放松监管。电力监管必须建立完善的体系和制度。电力监管职能的直接承担者是专业的电力监管机构或者政府主管部门，其对电力行业经济进行价格、投资、服务、质量的监管。

长期以来，我国的电力体制实行的是发、输、配、供、售垂直一体化的模式，对售电市场的监管大部分采用自然垄断行业的监管理论，监管的重点在于电价执行是否合规、电能质量是否可靠、供电服务是否达标等。随着增量配电公司和独立售电公司的实质性运营，对不同形式的售电市场监管应分别使用不同的原理和方法。按照电力体制改革的精神，电力市场可分为监管市场和竞争市场，应区分自然垄断环境和竞争环境分别制定不同的监管策略。市场监管的主要目的是保持市场的稳定运行，发挥市场经济的最大效益，保障建立良好的价格机制、实现资源优化配置。

作为我国能源监管的发轫，十几年来电力监管不断探索推进，已成为电力高质量发展的重要推动和保障力量。但是随着新型电力系统的构建以及主体的演变，特别是由此带来的电网能源资源配置的深刻变化，电力监管必须适应新变化、作出新调整。经过多年的实践，我国电力监管以安全监管为重点，以市场监管为核心，围绕价格与成本、电网公平开放、供电服务、业务许可多点发力，不断丰富监管内容，创新监管模式，监管效能日渐提升，监管对电力发展的保障作用日渐彰显。新型电力系统所具有的高比例新能源接入、高弹性电网灵活配置、高度电气化终端负荷多元互动以及电网更高的数字化水平等一系列突出特点，决定了电力监管在监管理念、监管重点、监管方式方面必须做出新的调整❶。

思考题：

1. 如何理解电力法的立法宗旨、立法目的与立法原则的关系？

2. "构建新型电力系统"对电力法的完善会提出哪些要求？

3. "碳达峰、碳中和"目标的提出会对电力法制度带来哪些影响？

---

❶ 卢延国：《监管视角下的新型电力系统》，《中国能源》2021年第8期。

第三章 | 电力规划与建设

电力建设，规划先行。电力规划是电力建设的龙头，电力规划必须根据国民经济和社会发展的需要制定，纳入国民经济和社会发展计划，同时还要落实国土空间规划体系相关要求，做好电力规划与国家、地方发展规划和国土空间规划的精准对接，确保电力规划及时、完整、准确纳入各级国土空间规划，实现电力工业高质量可持续发展。

电力规划引领电力建设，电力建设必须符合电力发展规划，符合国家电力产业政策，电力建设项目使用土地必须依法进行并处理好相邻关系。明确电力设施的产权分界，依法做好电力设施的运行维护，确保电力运行安全。

第一节　电力规划

一、电力规划概述

（一）电力规划的概念

电力规划，亦称为电力发展规划，是以国民经济发展水平和社会发展的实际需要为客观依据，研究一定时期内的电力系统发展和建设方案，是针对电力建设的长远战略方针和部署。它是指导电力工业发展的纲领性文件，是能源规划的重要组成部分，主要包括电力负荷预测、动力资源开发、电源发展规划、电网发展规划等内容。

（二）电力规划的基本原则

电力规划应当根据国民经济和社会发展的需要制定，并纳入国民经济和社会发展计划。电力规划，应当体现合理利用能源、电源与电网配套发展、提高经济效益和有利于环境保护的原则。具体来说主要有以下原则：

1. 统筹兼顾，协调发展

统筹各类电源建设，逐步提高非化石能源消费比重，降低全社会综合用电成本。统筹电源基地开发、外送通道建设和消纳市场，促进源、网、荷、储一体化协同发展。

2. 清洁低碳，绿色发展

坚持生态环境保护优先，坚持发展非煤发电与煤电清洁高效有序利用并举，坚持节能减排。提高电能占终端能源消费的比重，提高发电用煤占煤炭消费总量的比重，提高天然气利用比例。

3. 优化布局，安全发展

坚持经济合理，调整电源布局，优化电网结构。坚守安全底线，科学推进远距离、大容量电力外送，构建规模合理、分层分区、安全可靠的电力系统，提高电力抗灾和应急保障能力。

4. 智能高效，创新发展

加强发输配用交互响应能力建设，构建"互联网+"智能电网。加强系统集成优化，改进调度运行方式，提高电力系统效率。大力推进科技装备创新，探索管理运营新模式，促进转型升级。

5. 深化改革，开放发展

坚持市场化改革方向，健全市场体系，培育市场主体，推进电价改革，提高运营效率，构建有效竞争、公平公正公开的电力市场。坚持开放包容、政府推动、市场主导，充分利用国内国外两个市场、两种资源，实现互利共赢。

6. 保障民生，共享发展

围绕城镇化、农业现代化和美丽乡村建设，以解决电网薄弱问题为重点，提高城乡供电质量，提升人均用电和电力普遍服务水平。在革命老区、民族地区、边疆地区、集中连片贫困地区实施电力精准扶贫。

（三）电力规划的分类

1. 全国电力规划和省级电力规划

从规划的地域范围来看，电力规划可以分为全国电力规划和省级电力规划。全国电力规划指导省级电力规划，省级电力规划服从全国电力和能源规划及省级能源发展规划，全国电力规划和省级电力规划应做到上下衔接，协调统一。

2. 短期规划、中期规划和长期规划

电力规划按照时间分类，可以分为短期规划、中期规划和长期规划。一般来说，规划时间为3~5年的即为短期规划，展望到7~10年的为中期规划，10~15年的为长期规划。由于规划年限的长短是与电力系统的规模和所在地区的国民经济发展计划的年限有关，而且大型工程从立项到建成，需时较长，现在电力规划的时间多为5~15年。

（四）电力规划与其他规划的关系

1. 电力规划与社会经济发展规划

根据《电力法》的规定，电力发展规划应当根据国民经济和社会发展的需要制定，并纳入国民经济和社会发展计划。因此，电力规划必须以社会经济发展总体规划为依据。社会经济发展规划中确定的自然资源条件、产业布局和发展、城市建设布局和功能定位、市政基础设施布局、人口与资源环境建设以及国内经济发展预测，尤其是电力需求预测的数据是决定电力规划中电网规模的重要基础。同时电力规划中的变电站布点、电网结构等必须要考虑社会经济发展规划中的产业布局、城市建设等发展变化而带来的供电能力的优化调整，因此，电力规划尤其是电网规划也是为实现社会经济发展规划服务的。同时，由于社会经济发展规划是一项总体的、综合性规划，其中也必然包含电力规划宏观性、综合性的内容。

2. 电力规划与国土空间规划

2019年5月9日中共中央、国务院印发《关于建立国土空间规划体系并监督实施的若干意见》，提出建立国土空间规划体系，将城乡规划、土地利用规划、主体功能区

规划等融合为统一的国土空间规划，实现"多规合一"。2019年5月28日，自然资源部印发《关于全面开展国土空间规划工作的通知》，对国土空间规划各项工作进行了具体部署，全面启动国土空间规划编制审批和实施管理工作。国土空间规划是国家提出的新时代国土空间规划体系，它由"五级三类四体系"构成，分别指的是全国、省、市、县、镇（乡）五级国土空间规划；总体规划、详细规划、相关专项规划三类规划内容；法规政策体系、技术标准体系、编制审批体系、实施监督体系四类规划运行体系。国土空间规划是空间总体规划，以空间治理和空间结构优化为主要内容，对一定区域国土空间利用在空间和时间上做出的总体安排，是实施国土空间用途管制和生态保护修复的重要依据，是各类专项规划、详细规划的基础和依据，是上级政府对下级政府空间使用的管理要求。国土空间规划包括总体规划、详细规划和相关专项规划。

国土空间规划是国家空间发展的指南、可持续发展的空间蓝图，是各类开发保护建设活动的基本依据。❶电力规划中的电力设施空间布局专项规划是涉及空间利用的电力专项规划，属于国土空间规划的重要组成部分，与国土空间规划的其他各级各类规划一起，构成我国全面、立体化的规划网络。相互关系上，国土空间规划是专项规划的基础，指导和约束包括电力规划在内的各类专项规划，统筹和综合平衡电力规划及其他专项规划的空间需求；电力规划受国土空间规划限制和约束，要遵循国土空间总体规划，不得违背总体规划强制性内容，其主要内容要纳入详细规划。一般是县级以上人民政府电力管理部门作为电力设施空间布局专项规划编制的牵头组织单位，可以根据全省电力发展规划以及国土空间总体规划，依法开展电力设施空间布局专项规划编制，与矿产、湿地、交通、水利、能源、农业、信息、市政及公共服务设施、军事设施、生态环境保护与修复、历史文化保护、防灾减灾等领域的空间性专项规划和上级相关规划保持衔接一致，经同级自然资源主管部门进行国土空间规划"一张图"审查核对后，报本级政府审批，批复后将该专项规划的主要内容叠加到市、县（市）国

---

❶ 参见2019年5月9日中共中央 国务院《关于建立国土空间规划体系并监督实施的若干意见》。

土空间详细规划中。

电力建设，规划先行。对于电力规划而言，要认真落实国土空间规划体系相关要求，做好电力规划与国家、地方发展规划和国土空间规划的精准对接，确保电力规划及时、完整、准确纳入各级国土空间规划，实现电力工业高质量可持续发展。如电力规划在编制过程中需以国土空间规划为基础，电力负荷预测需考虑专项规划中土地的规划性质，从而获取较为准确的负荷预测值，便于为变电站、环网站布点提供依据。同时，变电站、环网站布点需考虑国土空间规划，避开基本农田、生态红线等。

（五）我国电力规划简史

1997年12月，原电力工业部发布了《电力发展规划编制原则》，2001年1月，原国家经贸委发布了第一部全国性电力发展规划《电力工业"十五"规划》。由于种种原因，"十一五"和"十二五"两个五年规划期间国家层面没有发布统一的电力发展规划。2016年5月，国家能源局发布了《电力规划管理办法》，并于同年11月发布了第二部全国性电力发展规划《电力发展"十三五"规划（2016—2020年)》。❶2020年1月6日，国家能源局召开"十四五"电力规划工作启动会议，部署动员"十四五"电力规划研究及编制工作，标志着我国"十四五"电力规划工作正式启动。

二、电力规划的编制与发布

（一）电力规划的编制

1. 电力规划的编制主体

国家能源局是全国电力规划的责任部门，省级能源主管部门是省级电力规划的责

---

❶ 2016年11月7日，国家能源局在京召开新闻发布会，发布了《电力发展"十三五"规划》，其内容涵盖水电、核电、煤电、气电、风电、太阳能发电等各类电源和输配电网，重点阐述"十三五"时期我国电力发展的指导思想和基本原则，明确主要目标和重点任务，通过战略性和导向性的思路和办法，对于发展指标尽可能予以量化，对于发展目标给予清晰明确的描述，该规划是"十三五"电力发展的行动纲领和编制相关专项规划的指导文件、布局重大电力项目的依据，规划期为2016—2020年。

任部门，按照"政府主导、机构研究、咨询论证、多方参与、科学决策"的原则，分别组织编制全国和省级电力规划。

规划编制主要参与者包括：政府部门、研究机构、电力企业、电力行业相关单位和电力规划、环境保护专家等。电力规划研究机构是电力规划研究工作的主要承担单位，受国家能源局、省级能源主管部门委托，开展电力规划专题研究和综合研究。电力企业是电力规划的主要实施主体和安全责任主体，应负责提供规划基础数据，积极承担电力规划的研究课题，提出规划建议，支持和配合规划工作，并按审定的全国、省级电力规划编制企业规划。电力企业联合会等行业协会、学会、科研机构和高校等相关单位，应积极参与配合电力规划工作，向能源主管部门提出研究建议。

2. 电力规划的编制要求

（1）坚持重点统一。电力规划编制要以电力规划综合研究成果为依据，充分吸收电力规划建议，全面落实国家和地方经济社会发展目标要求，深入分析电力工业现状、面临的形势以及政策、资源和生态环境等约束性因素，提出电力发展的指导思想、基本原则、发展目标、重点任务及保障措施。其中全国电力规划应重点提出五年规划期内大型水电（含抽水蓄能）、核电规模及项目建设安排（含投产与开工），风电、光伏（光热）等新能源发电建设规模，煤电基地开发规模，跨省跨区电网项目建设安排（含投产与开工），省内500千伏及以上电网项目建设安排（含投产与开工），以及省内自用煤电、气电规模。省级电力规划应重点明确所属地区的大中型水电（含抽水蓄能）、煤电、气电、核电等项目建设安排（含投产与开工），进一步明确新能源发电的建设规模和布局，提出110千伏（66千伏）及以上电网项目建设安排（含投产和开工）和35千伏及以下电网建设规模。电力规划应在建设规模、投产时序、系统接入和消纳市场等方面统筹衔接水电、煤电、气电、核电、新能源发电等各类电源专项规划，形成协调统一的电力规划。

（2）做好协调统一。电力规划编制中，应通过联席会议、调研走访、专题讨论等机制和方式，加强电力规划与土地利用、城乡建设、环境保护、水资源利用等相关规划的协调，加强电力规划与交通运输、设备制造、供气供热、城市管网等上下游行业规划的协调，加强规划环境影响评价成果与规划草案完善的互动反馈。

（3）做好有效衔接。电力规划应与能源发展总体规划衔接一致，按照省级电力规划服从全国电力规划和省级能源发展规划的原则，通过"两上两下"，对全国电力规划和省级电力规划进行衔接，对送电省电力规划和受电省电力规划进行衔接，保证上下级规划和相关省级规划之间有效衔接、协调统一。

（4）广泛征求意见。电力规划草案形成后，应广泛征求政府部门、电力企业、其他相关单位和专家意见。电力规划上报审定前，宜委托有资质的中介机构进行咨询并提出咨询意见，必要时可依据相关规定举行听证。

（二）电力规划的发布

全国电力规划由国家能源局报经国家发展改革委审定，由国家能源局公开发布。

省级电力规划由省级能源主管部门编制完成报国家能源局衔接并达成一致后，按程序公开发布。

三、电力规划的实施与调整

（一）电力规划的实施

1. 规划与项目核准

电力规划发布后，各级能源主管部门及电力企业应全面落实规划明确的各项任务。已经纳入电力规划或符合规划布局的项目，业主单位可依据规划向国土、城建、环保、水利等部门申请支持性文件；需要核准的，由相应主管部门按程序核准。未纳入电力规划的重大项目、不符合规划布局的电力项目不予核准。特殊情况下，应先调整规划后再行核准。省级能源主管部门年度核准的新能源发电规模不应超过年度开发方案确定的当年开工规模。需要超过时，应及时调整规划并报告主管部门审定。未经核准的

70

电力项目，不得进入电力市场交易，不得纳入电网准许成本并核定输配电价，不得享受电价补贴、税收减免等扶持政策。

2. 规划与项目实施

电力企业应按照发布的电力规划，制定企业发展规划，积极开展规划项目前期工作，有序推进项目建设，保障规划顺利落实。各级政府及能源主管部门应重视和支持电力规划的实施，注重电力规划与土地利用规划和城乡建设规划实施的协调，保障电力建设项目厂址、站址和输电走廊用地。已经纳入电力规划但未按期实施的电源、电网建设项目，项目业主应及时向能源主管部门说明情况。无正当理由不按期实施、并造成严重后果的，能源主管部门应对业主通报批评；属于发电等竞争性领域的，能源主管部门可对无正当理由不按期实施的项目通过招标或协商等方式交由其他投资主体实施。

（二）电力规划的滚动和调整

规划实施过程中，可根据实际情况对电力规划进行适当滚动和调整。电力规划发布2~3年后，国家能源局和省级能源主管部门可根据经济发展情况和规划实施情况对五年规划进行滚动。如遇重大变化，或应电力企业申请，也可由规划编制部门按程序组织对规划具体项目进行调整。

开展电力规划滚动的，应在电力规划执行第2年组织开展专题研究工作，第3年编制滚动规划，并对滚动规划进行评审、审定和发布。

开展电力规划调整的，应委托规划研究机构开展专题研究，经专门机构评估论证后，按程序将新增电力项目纳入规划，或将相关项目调出规划。

全国电力规划滚动调整由国家能源局组织，按程序公开发布（保密内容除外）；省级电力规划滚动调整由省级能源主管部门负责，经与全国规划衔接调整后，按程序公开发布（保密内容除外）。

第二节　电力建设

一、电力建设概述

（一）电力建设的内涵及特点

1.电力建设的内涵

电力建设包括电源建设和电网建设，其中电源建设即发电厂的建设，包含传统电力建设及新能源电力建设，如火力、水力、风能、核能、太阳能、生物能等。电网建设主要包含输电线路和配电网的建设，其建设主体主要是各电网企业。

2.电力建设的特点

由于电力工业的行业特点，使得电力建设具有以下特点：

一是项目投资大。一般的电力建设项目，尤其是新建项目都需要比较庞大的投资。

二是技术密集。电力系统同时具有资金密集和技术密集的特点，专业面广、各项技术发展迅猛。

三是对工程质量要求高。由于电力属于公用事业，对国计民生影响甚大，因此，无论是过去还是现在，对电力工程的质量都提出很高的要求。

四是注重安全生产。无论在工程建设期还是投入运行以后，电力工程的安全都需要给予高度重视。

五是工程进度的控制和工程的经济效益评估十分重要。电力工业正逐步走向市场经济，无论对电力工程本身或者对社会经济生活的影响都要求注重对进度和投资的控制。

（二）电力建设的基本要求

1.电力建设必须符合电力发展规划，符合国家电力产业政策

《电力法》规定：电力建设项目应当符合电力发展规划，符合国家电力产业政策。电力建设项目不得使用国家明令淘汰的电力设备和技术。电力建设项目立项的基本要

求是应当符合电力相关规划和国家产业政策，这既是电力建设合理安排、有序实施的前提，体现相关规划、国家产业政策刚性和权威性，更是国家法律的强制规定。《电力法》规定：电力建设项目不符合电力发展规划、产业政策的，由电力管理部门责令停止建设。因此，电力建设项目不仅要依据规划而行，还应当符合国家相关产业政策，适应能源结构的调整，尤其当前，特别是要符合国家碳达峰、碳中和行动方案、节能减排综合工作方案等国家政策要求，大力发展非化石能源、推动构建新型电力系统，减少能源产业碳足迹，更大力度强化节能降碳。另一方面，电力建设项目要依法依规，及时提交相关政府主管部门依法审批、核准或报送备案。

2. 电力建设工程与环境保护工程必须同步进行

电能在生产、传输、分配到千家万户的各个环节中，需要消耗各类一次能源，如煤炭、水力、核能等，需要占用一定的土地资源，如电厂、变电站建设用地、输电线路通道、杆塔占地等，还会产生一定的噪声。因此，在电力生产和使用及电力工程建设过程中，降低消耗，减少环境影响，优化配置和节约重要战略资源不断，以及减少污染物排放量，保护环境具有重大意义。根据《环境保护法》第41条的规定，电力建设项目中防治污染的设施，应当与主体工程同时设计、同时施工、同时投产使用。防治污染的设施应当符合经批准的环境影响评价文件的要求，不得擅自拆除或者闲置。《电力法》也作了类似规定。

3. 电网配套工程与电源、储能工程项目必须协同一致

电力建设应当统筹电源、储能和电网配套之间的衔接，实现同步规划、同步实施、同步投产。电源和储能项目为协同工程，必须依靠电网送出才能发挥作用。大型电源和储能从纳入规划到核准的时间周期往往比较长，在项目实际决策时，电源（储能）实际需求、周边电网接入条件、接纳能力等边界条件往往会存在较大变化。为防止电网配套建设不适应电源、储能项目建设的状况，满足电网建设与电源、储能建设协调发展的需要，需要结合实际进一步深化论证。政府投资主管部门在电源、储能布局、项目核准时，应当统筹考虑电网配套建设和用户需求情况。在项目规划核准后，电力企业应当合理安排电源、储能项目的建设进度，努力达到同步规划、同步实施、同步投产要求。《电力法》规定：输变电工程、调度通信自动化工程等电网配套工程和环境保护工程，应当与发电工程项目同时设计、同时建设、同时验收、同时投入使用。

4. 电力建设项目使用土地必须依法进行

根据《土地管理法》《城市房地产管理法》等法律规定，我国实行土地用途管制制度。为了公共利益的需要，国家可以征收国有土地上单位和个人的房屋，并依法给予拆迁补偿，维护被征收人的合法权益；征收个人住宅的，还应当保障被征收人的居住条件。土地、房屋的征收关系着国家土地基本管理制度和人民群众的切身利益，电力建设项目涉及土地、房屋征收的，应当依照土地、房屋征收有关法律、法规的规定征收并给予补偿。《电力法》规定，电力建设项目使用土地应当依照有关法律、行政法规的规定办理；依法征收土地的，应当依法支付土地补偿费和安置补偿费，做好迁移居民的安置工作。电力建设应当贯彻切实保护耕地、节约利用土地的原则。

由于电力建设项目种类繁多，实践中，电力线路走廊及地下电缆通道大多不办理征地手续，主要是考虑到杆、塔的杆基、塔基虽然要占用一定的土地资源，但由于占地面积小、线路长、地块多，办理征地手续会带来程序繁琐、证照难以颁发等问题，且架空线路不会影响线下及走廊范围内耕种、人员通行等正常生产生活，因此对线路走廊和地下电缆通道不征地，对土地性质、归属不进行调整，有利于提高项目建设效率，进行一次性补偿，缓解土地资源紧张、化解补偿矛盾，以及线路拆改、停用后土地权益归属问题。为解决各地在线路走廊不征地是否合法的问题，2011 年 6 月 3 日，全国人民代表大会常务委员会法制工作委员会在《对黑龙江省人大法工委关于地方性法规中规定架空输电线路走廊不实行征地是否违法请示的答复意见》（法工办发〔2011〕128 号）中明确"你委 2011 年 4 月 20 日关于地方性法规中规定架空输电线路走廊不实行征地是否违法的请示（黑人大法工委函〔2011〕19 号）收悉。经研究认为，地方性法规根据土地管理法、森林法等相关法律规定，可以规定架空输电线路走廊不实行征地；对因保护架空输电线路走廊，给有关当事人合法权益造成损失的，应当依法给予补偿"，在立法上解决了这一旷日持久的争议问题。目前，江苏、黑龙江、甘肃、湖南、湖北、河南、浙江等多个省份都先后通过相关地方立法，明确了架空电力线路走廊和地下电缆通道建设实行不征地制度。

二、电力建设用地

（一）电力建设用地征收与征用

1. 土地征收

（1）土地征收的概念。土地征收，是指国家为了公共利益的需要，在依法进行补偿的条件下，将集体所有土地及其上权利移转为国家所有的行为。土地征收是将农业用地转化为建设用地的重要制度，许多国家的法律均有相关规定。英国法称之为"强制收买"，法国、德国法称之为"征收"，日本法称之为"土地收买"，美国法称之为"最高土地权的行使"，我国香港法称之为"官地收回"。

（2）土地征收的特征。

第一，土地征收的主体是国家。我国《宪法》第 10 条第 3 款规定："国家为了公共利益的需要，可以依照法律规定对土地实行征收或者征用并给予补偿。"土地征收的主体是特定的，而且只能是国家，其他任何组织和个人均不得享有土地征收权。一方面，只有国家才能够利用公共权力对集体或他人财产进行干预，甚至将其所有权进行强制性移转。另一方面，"为了公共利益的需要"是土地征收的正当依据和唯一合法理由，国家及其授权的政府部门正是公共利益的唯一合法代表。实践中，各级政府的土地管理部门代表国家行使征收权。

第二，土地征收的客体是集体所有土地。我国实行土地的社会主义公有制，土地所有权只能归属于国家或集体。《宪法》第 10 条规定，城市的土地属于国家所有；农村和城市郊区的土地属于集体所有，法律另有规定属于国家所有的除外；宅基地和自留地、自留山也属于集体所有。因此，国家征收土地的对象只能是集体所有的土地。当土地所有权收归国有后，原存在于土地上的用益物权，如土地承包经营权、宅基地使用权，则归于消灭；原建筑于其上的住宅或其他房产，根据"房随地走"的原则亦应一并征收。

第三，土地征收的目的是公共利益之需。我国《宪法》和《民法典》均明确规定国家实施土地征收必须是"为了公共利益的需要"。何为公共利益，法律并无明确界定。一般认为，公共利益是指有关国防、教育、科技、文化、卫生等关系国计民生的利益，其无法在市场中自动实现，需要通过政府的行政行为完成。土地征收虽具有强制性，但并不意味着可以任意为之，否则就是对土地所有者利益的侵害。政府只有在存在公共利益需要时才有权行使土地征收权，也就是说，公共利益是政府行使土地征收权的依据。实践中征收土地的情况常见情形包括：一类是城市建设需要占用农民集体所有的土地；另一类是城市外能源、交通、水利、矿山、军事设施等项目建设占用集体土地的，均需办理征收土地手续。

第四，土地征收是移转土地所有权的行为。在过去很长的一段时间里，我国对征收与征用没有明确的区分，《宪法》和《土地管理法》直接把土地征收称为"征用"。这种表述并不准确，因为征收与征用最大的区分就在于是否发生了所有权的移转。征收作为政府的行政行为，之所以在民事法律中受到规制，是因为其引起了所有权的变动，即原土地所有人的所有权消灭，国家依法原始取得该土地的所有权。剥夺所有权引起的权利或财产的损失是征收问题的关键，如果不发生土地所有权的移转，仅是对土地的使用权作出一定限制，则不属于征收行为。

第五，土地征收具有强制性。土地征收决定以及补偿标准的制定均非基于合意发生，而是基于法律和政府的行政行为发生，这就使其不可避免地具有强制性。在此过程中，国家与集体经济组织的法律地位并不相同，双方为管理与被管理关系。土地征收尽管具有强制性，但政府并非不受监督，可以为所欲为；被征收人也并非仅处于被动地位，没有任何表达意愿的渠道。行政机关应当充分保护被征收人的参与权，依法公告征地有关事项，聆听并认真研究被征地农村集体经济组织、农村村民或者其他权利人对征地补偿、安置方案的不同意见。如果集体经济组织认为政府的征收行为违反法律规定，可以依法提起行政复议或行政诉讼程序，以确认该行政行为的合法性和合理性。

第六，土地征收需给予补偿。在土地征收法律关系中，由于处于被管理地位的被征收人无法与国家相抗衡，对被征收人进行合理的补偿就显得尤为重要。因为这不仅体现了对土地征收权的约束，也是对被征收人失去财产的慰藉。土地征收在实质上发生了财产所有权的转移，尽管这种转移是基于公共利益的需要而无需通过合意发生，因此可将其理解为一种强制交易。但强制交易并非是无偿交易，征收补偿正是土地征收的对价。农民集体所有土地作为集体经济组织成员的基本生产资料，一旦被国家征收，将直接威胁其生存基础。只有合理地安置补偿，才能够保障被征地农民的合法权益。

（3）电力建设用地征收。电力建设用地首要的问题就是土地的征收或征用。在我国，电力建设项目大多属于公共事业性质，是为了公共利益的需要。根据《土地管理法》第45条的规定，为了公共利益的需要，由政府组织实施的能源、交通、水利、通信、邮政等基础设施建设需要用地的，确需征收农民集体所有的土地的，可以依法实施征收。《民法典》第243条规定，"为了公共利益的需要，依照法律规定的权限和程序可以征收集体所有的土地和组织、个人的房屋以及其他不动产。征收集体所有的土地，应当依法及时足额支付土地补偿费、安置补助费以及农村村民住宅、其他地上附着物和青苗等的补偿费用，并安排被征地农民的社会保障费用，保障被征地农民的生活，维护被征地农民的合法权益。"由此可见，电力建设用地征收具有充分的法律依据，对于诸如发电站、变电所等需要长期或者永久性占用土地的电力建设项目，应当也必须依法进行用地征收。《电力法》也有相应的规定，"电力建设项目使用土地，应当依照有关法律、行政法规的规定办理；依法征收土地的，应当依法支付土地补偿费和安置补偿费，做好迁移居民的安置工作。电力建设应当贯彻切实保护耕地、节约利用土地的原则。地方人民政府对电力事业依法使用土地和迁移居民，应当予以支持和协助。"

2. 土地征用

（1）土地征用的概念。土地征用是指国家为了公共利益的需要，依法强制使用集体土地并给予补偿，在使用完毕后再将土地归还集体的一种行为。

在相当长的一段时间里，我国立法和学术界没有区分征收和征用这两个概念。1998 年修订的《土地管理法》第 2 条第 4 款规定："国家为公共利益的需要，可以依法对集体所有的土地实行征用。"当时的《土地管理法实施条例》第 2 条亦规定了国家依法"征用"的土地属于国家所有，而 2019 年修正的《土地管理法》第 57 条则采用了"临时使用"土地的说法。首次在立法上将两者明确区分的是 2004 年通过的宪法修正案，修正后的《宪法》第 10 条第 3 款规定："国家为了公共利益的需要，可以依照法律规定对土地实行征收或者征用并给予补偿。"

（2）征收与征用的异同。征收与征用既有共同点，又存在不同之处。两者都是为了公共利益需要，都要经过法定程序，都要依法给予补偿。但二者也存在如下区别：

第一，适用的前提条件不同。根据《民法典》第 245 条的规定，因抢险救灾、疫情防控等紧急需要，依照法律规定的权限和程序可以征用组织、个人的不动产或者动产。可见，征用只有在紧急状态下才能适用，而征收则不以紧急需要为前提，即使不存在紧急状态，国家为了公共利益的需要也可以进行征收。

第二，适用的对象不同。征收的对象是集体所有的土地和单位、个人的房屋及其他不动产。而征用的对象则是单位、个人的不动产或者动产。可见，征收的对象仅为不动产，而征用的对象可为动产和不动产。

第三，适用的法律效果不同。征收的一个重要的特征在于发生所有权的转移，其客体是不动产的所有权以及附着于所有权之上的其他权利，征收后不存在返还财产的问题。而征用的目的仅在于获得征用财产的临时使用权，并不导致征用财产所有权的移转，在紧急状态消除后，国家应当将所征用财产返还给权利人。这是两者最本质的区别，例如：为建设公用变电站的需要而对农村集体土地及地上附着物进行的征收，原本属于农村集体所有的土地及地上附着物的所有权就发生了转移，这属于典型的征收；而在紧急状态下，如为了防洪需要临时紧急使用公民房屋，在防洪结束后将房屋予以返还的，这就属于征用。

第四，适用的补偿不同。由于征收需要移转财产所有权，而征用仅为对财产的临时使用权，因此两者的补偿标准自不相同。国家在征收时，应当向被征收方支付合理的经济补偿及其他费用，如导致房屋拆迁的，应当保证被征收人的居住条件；如导致农用地收回的，应当保障农民原有的生活水平。在征用的情况下，如果被征用财产在紧急使用后没有毁损、灭失的，应当返还原物，并就该物的使用费进行补偿，该补偿自然远远低于对财产所有权的补偿。当然，如果被征用财产在紧急使用中被毁损、灭失的，则应当按照该物的市场价格予以补偿。

（3）电力建设用地的征用。电力建设用地除了依法征收以外，对于一些临时性用地往往采用征用的方式。《土地管理法》第57条规定，"建设项目施工和地质勘查需要临时使用国有土地或者农民集体所有的土地的，由县级以上人民政府自然资源主管部门批准。其中，在城市规划区内的临时用地，在报批前，应当先经有关城市规划行政主管部门同意。土地使用者应当根据土地权属，与有关自然资源主管部门或者农村集体经济组织、村民委员会签订临时使用土地合同，并按照合同的约定支付临时使用土地补偿费。临时使用土地的使用者应当按照临时使用土地合同约定的用途使用土地，并不得修建永久性建筑物。临时使用土地期限一般不超过二年。"《土地管理法实施条例》第20条规定，建设周期较长的能源、交通、水利等基础设施建设使用的临时用地，期限不超过四年。

（二）电力建设用地使用权

1. 电力建设用地使用权的概念

建设用地使用权是指自然人、法人或非法人组织依法对国家所有的土地享有的建造并保有建筑物、构筑物及其附属设施的用益物权。建设用地使用权人对国家所有的土地依法享有占有、使用和收益的权利，有权自主利用该土地建造并经营建筑物、构筑物及其附属设施。电力建设用地使用权则是指电力建设用地使用权人对国家所有的土地依法享有占有、使用和收益的权利，有权在该土地上建设、运行电力设施并取得收益的权利。

2. 电力建设用地使用权的取得方式

电力建设用地使用权的取得一般有两种方式，按照《民法典》347条的规定，设立建设用地使用权，可以采取出让或者划拨等方式。如果建设用地是国家所有的，那么可以划拨，也可以出让。《土地管理法》第54条规定，"建设单位使用国有土地，应当以出让等有偿使用方式取得；但是，下列建设用地，经县级以上人民政府依法批准，可以以划拨方式取得：①国家机关用地和军事用地；②城市基础设施用地和公益事业用地；③国家重点扶持的能源、交通、水利等基础设施用地；④法律、行政法规规定的其他用地。"

《划拨用地目录》（2001年10月18日国土资源部令第9号）规定对国家重点扶持的能源、交通、水利等基础设施用地项目，可以划拨方式提供土地使用权。对以营利为目的，非国家重点扶持的能源、交通、水利等基础设施用地项目，应当以有偿方式提供土地使用权。同时，该目录详细列出了国家重点扶持的能源、交通、水利等基础设施用地中的电力设施用地名录，包括发（变）电主厂房设施及配套库房设施，输配电线路塔（杆），巡线站、线路工区，线路维护、检修道路等16项电力设施。❶电力建

---

❶《划拨用地目录》列出的电力设施用地名录有：① 发（变）电主厂房设施及配套库房设施。② 发（变）电厂（站）的专用交通设施。③ 配套环保、安全防护设施。④ 火力发电工程配电装置、网控楼、通信楼、微波塔。⑤ 火力发电工程循环水管（沟）、冷却塔（池）、阀门井水工设施。⑥ 火力发电工程燃料供应、供热设施，化学楼、输煤综合楼，启动锅炉房、空压机房。⑦ 火力发电工程乙炔站、制氢（氧）站，化学水处理设施。⑧ 核能发电工程应急给水储存室、循环水泵房、安全用水泵房、循环水进排水口及管沟、加氯间、配电装置。⑨ 核能发电工程燃油储运及油处理设施。⑩ 核能发电工程制氢站及相应设施。⑪ 核能发电工程淡水水源设施，净水设施，污水、废水处理装置。⑫ 新能源发电工程电机，厢变、输电（含专用送出工程）、变电站设施，资源观测设施。⑬ 输配电线路塔（杆），巡线站、线路工区，线路维护、检修道路。⑭ 变（配）电装置，直流输电换流站及接地极。⑮ 输变电、配电工程给排水、水处理等水工设施。⑯ 输变电工区、高压工区。

设用地一般属于公益事业用地，可以采用划拨方式取得建设用地使用权，实践中大多也是采用这种方式。

三、架空电力线路建设用地的法律选择

（一）架空电力线路建设用地面临的法律困境

架空电力线路的建设用地因其路线长、涉及的权利主体多，但是其往往实际占用土地少，既不改变土地的效用，也较少限制土地的收益，故其与发电站、变电站用地存在明显的不同。架空电力线路建设用地尤其是架空电力线路空间通行问题一直以来就是困扰电力企业的一大难题，《物权法》实施以来，民众物权意识的进一步勃兴，极大地增加了电网建设的成本，普遍采用的不征地模式陷入法律困境，我国目前法律没有明确规定架空电力线路通行用地的权利基础是什么。如前所述，目前我国规定电力企业取得土地使用权方式的主要是两个法律：一是《电力法》，二是《土地管理法》，取得方式基本上属于划拨方式取得。上述这些规定存在两个问题：其一，这些法律只是对电力企业非线路设施的建设占地问题做了规定，但没有解决架空电力线路的空间通行用地问题。法律没有区分使用土地与使用空间，没有区分与厂房等设施性质完全不同的各种电缆、电线的通行权取得方式。其二，这些法律只规定了征收或划拨取得方式，没有对其他取得方式作出任何规定。由于征收制度的成本过高，而且电力企业有时根本无需取得土地的所有权；而划拨制度的适用范围又相当狭窄。这两种方式都存在重大缺陷。国家土地管理局1995年《确定土地所有权和使用权的若干规定》第9条规定："国有电力、通信设施用地属于国家所有。但国有电力通信杆塔占用农民集体所有的土地，未办理征用手续的，土地仍属于农民集体所有，对电力通信经营单位可确定为他项权利。"根据这一规定，未办理征地手续的电力线路占地，只能确定他项权利，但这里的他项权利到底是什么，法律一直没有予以明确。国内大多数地区架空电力线路建设均不征收土地，又因项目具有永久性或长期性的特点，也不符合临时征用的规定，对于此类用地权利不宜认定为建设用地使用权。实践中，用地单位在取得建设工程规划许可、线路工程设计符合安全标准、通过环境影响评价，取得项目审批或核准后即可开展建设，亦无须取得建设用地使用权。有学者认为其应纳入"法定地役权"的范畴，并认为，尽管我国法律体系中并没有"法定地役权"的直接规定，但实际上《石油天然气管道保护法》《电力法》《电信条例》等法律法规对财产权的限制机制构成了事实上的"法定地役权"。❶

（二）架空电力线路通行的几种方法

1. 通过征收或征用制度取得权利

（1）征收。如电力企业的地面设施需在集体土地上铺设的，或因电线、电缆的架设，导致一定范围内的土地无法使用的，电力企业则需要征收集体土地。如前所述，电力企业因电力设施的建设而需要征收土地的，符合《民法典》第243条及《土地管理法》第45条的要求。《电力法》对此亦作了明确规定。国外的一些立法也支持了这一点。韩国《电气通信事业法》第39条规定，通信服务商因铺设电力通信或建造附属设施需要，必要时可使用他人土地或定着于土地上的建筑物和工作物、水面、水底。

不过需要注意的是，虽然电力企业的征收符合公共利益，但电力企业只是一个普通的民事主体，它本身并不享有征收的权力，因此，在整个征收程序中，电力企业需要做的只是申请征地和解决补偿问题。依据《土地管理法》第47条的规定，国家征收土地的，依照法定程序批准后，由县级以上地方人民政府予以公告并组织实施。换言之，征收的实施主体并不是电力企业，而是行政机关。

（2）征用。在我国土地归国家所有和集体所有的二元结构下，从公共利益的性质和目的出发，对具体的公共利益予以衡量，将土地征收和土地征用予以恰当划分，将土地征用从土地征收中分离出来，使集体的土地所有权和农户的土地使用权不致遭受国家公权力的不当干预，既是土地立法面临的一项内容，也是保护农地资源进而缓解

---

❶ 于凤瑞：《民法典建设用地使用权分层设立规则释论》，《重庆大学学报（社会科学版）》，中国知网网络首发（2021.7.26）。

人地矛盾的一项措施。如前所述，电力企业通常无法通过征用制度取得架空线缆的通行用地，但这并不排除电力企业在电力建设中使用征用制度。如电力企业在建设过程中，如果需要临时用地的，可以与集体或农民达成临时用地的租赁合同，而不需动用成本极其高昂的征收程序。我国现行土地管理方面的法律将这种情况规定为征用，这种做法有一定的道理。

如果集体或农民不同意电力企业临时用地的，可以选择如下做法：第一，运用相邻权的规定。如果电力企业已经征收了邻地，为建设电网而必须使用邻地的，可以适用《民法典》有关相邻关系的规定，直接使用他人的土地，如果造成损害的，电力企业必须进行损害赔偿；没有造成损害的，则是无偿使用。这种权利是电力企业享有的法定权利。第二，运用协议的方式。如果电力企业没有征收邻地，完全是为了自己的便利或者出于节约施工成本的考虑使用别人的土地的，则需要与集体或者农民达成租赁合同，支付一定的对价以使用土地。第三，运用征用程序。如果集体或者农民要价太高，双方无法达成协议的，电力企业可以申请政府动用征用程序。

2. 通过地役权制度取得权利

（1）地役权概述。地役权是传统民法用益物权中一项重要权利，是按照合同约定利用他人不动产，以提高自己不动产收益的权利。《民法典》第 372 条规定，"地役权人有权按照合同约定，利用他人的不动产，以提高自己的不动产的效益。"地役权具有以下特点：

第一，地役权的主体为不动产的权利人。地役权人是为提高自己不动产的效益而设立地役权。供役地人是在自己的不动产上设置地役权而便利他人行使不动产权利。因此，二者都是不动产的权利人，既可以是不动产的所有权人，如集体土地所有权人，也可以是不动产的使用权人，如建设用地使用权人、宅基地使用权人。

第二，地役权是按照合同设立的。地役权合同是地役权人和供役地权利人之间达成的以设立地役权为目的和内容的合同。设立地役权，当事人应当采取书面形式订立地役权合同。

第三，地役权是利用他人的不动产。在地役权关系中，需役地和供役地属于不同的土地所有权人或者土地使用权人。利用他人的不动产来提高自己不动产的效益是地役权设立的主要目的。所谓利用他人的不动产并不以实际占有他人不动产为要件，而是对他人的不动产设置一定的负担。

第四，地役权是为了提高自己不动产的效益。地役权的设立必须以增加需役地的利用价值和提高其效益为前提。此种效益既包括生活上得到的便利，也包括经济上获得的收益，如为需役地在排水、通行、铺设管线等，还包括精神上或情感上获得的效益，如为需役地上的视野宽广而设定的眺望地役权等。

第五，地役权具有从属性。地役权虽然为独立的一种用益物权，但是与其他用益物权相比，地役权从属于需役地，其目的是提高需役地的效益，必须与需役地相结合而存在。这种从属性主要体现在地役权的存续以需役地的存在为前提，与需役地的所有权或者其他物权相伴相随。

（2）地役权与架空电力线路通行用地。依据我国的法律，如果电力企业要通过这种方式取得架空电力线路通行用地权，应与相对人订立书面合同。地役权自地役权合同生效时设立。当事人要求登记的，可以向登记机构申请地役权登记；未经登记，不得对抗善意第三人。根据《民法典》第373条第2款的规定，地役权合同一般包括下列条款：①当事人的姓名或者名称和住所；②供役地和需役地的位置；③利用目的和方法；④地役权期限；⑤费用及其支付方式；⑥解决争议的方法。特别需要注意的是地役权的期限。地役权的期限由当事人约定，但不得超过土地承包经营权、建设用地使用权等用益物权的剩余期限。在这种情况下，电力企业应选择与集体而不是农民订立地役权合同，因为如果与农民订立合同，则最多只能订立30年的地役权合同；如果与集体订立合同则可以订立无期限的合同，而地役权是可以无期限的。

3. 通过相邻关系制度取得权利

（1）相邻关系概述。相邻关系，是指依据法律规定，两个或两个以上相互毗邻的不动产的所有人或使用人，在行使不动产的所有权或使用权时，因相邻各方应当给予便利和接受限制而发生的权利义务关系。简单地讲，相邻关系就是不动产的相邻各方因行使所有权或使用权而发生的权利义务关系。相邻关系的特征，主要如下：

第一，相邻关系依据法律的规定而产生。依据《民法典》关于相邻关系的规定，一方依法负有义务为他方提供便利，而另一方享有这种便利，并且不需要支付相应的对价，双方也无需就权利的取得本身进行协商，确定对价。由于相邻关系是法律对所有权的强制性限制，所以，相邻关系不适用物权变动的一般规则，也不需要通过订立合同的方式设立，更不需要办理登记。相邻权是依法产生的，不存在设定的问题，也不存在公示的问题。

第二，相邻关系的主体必须是两个或两个以上的人，因为一人不可能构成相邻。相邻关系可以在公民之间，也可以在法人、非法人组织之间，或在公民与法人、非法人组织之间发生。相邻关系是因为主体所有或使用的不动产相邻而发生的，例如因为房屋相邻产生了通风、采光的相邻关系。

第三，相邻关系因主体所有或使用的不动产相邻而发生。如何理解"相邻"？有学者认为，不动产相邻不一定要求两个不动产必须邻接。一方面，相邻关系既包括不动产的地理位置相互邻接，也包括不动产权利的行使所涉及的范围是相互邻近的。例如，上游的人排水必须经过下游的人所使用的土地，尽管当事人之间的不动产并不是相互毗邻的，但其行使权利的范围是相互邻接的。❶

第四，相邻权的内容十分复杂。相邻权因种类不同而具有不同的内容，但是基本上都包括两个方面：一是相邻一方有权要求他方提供必要的便利，他方应给予必要的方便。二是相邻各方行使权利，不得损害他方的合法权益。

---

❶ 王利明：《物权法》，中国人民大学出版社 2015 年第 1 版，第 172 页。

第五，相邻关系的客体主要是行使不动产权利所体现的利益。相邻权的主体必须是相邻不动产的所有人或使用人，对不动产享有合法权益。但相邻权的种类十分复杂，不同的相邻权因其内容不同，权利和义务所指向的对象也不同。

（2）相邻关系与架空电力线路通行用地。对于电力企业而言，通过相邻关系来解决架空线路通行用地问题应该是成本最低的一种模式，但是依据我国现有法律规定，还是存在不小的障碍。首先，在传统民法中，相邻关系必然要以不动产的相邻为前提，虽然近代民法已经把相邻作了更为宽泛的理解，甚至从毗邻扩展到了无形间接的相互影响，但是对于远距离跨区输电线路来说，把变电站或者换流站与输电线路沿线不动产之间的关系纳入相邻关系来调整还是稍显牵强；另，鉴于电力企业在架设电力线路前可能并没有取得不动产的所有权，因此，如果要运用相邻关系来解决线路通行用地的问题，则必然要先解决在先权利的问题。而《民法典》第292条规定的"不动产权利人因建造、修缮建筑物以及铺设电线、电缆、水管、暖气和燃气管线等必须利用相邻土地、建筑物的，该土地、建筑物的权利人应当提供必要的便利"中的不动产也只能是指前述的变电站或者换流站，而不是建设的架空线路本身。

4. 通过空间权取得用地权利

（1）空间权概述。空间权是指权利人在法律、法规规定的范围内，利用地表上下一定范围内的空间，并排除他人干涉的权利。

随着经济与社会的发展，人们对土地的需求量越来越大，土地分层次利用的问题也日益突出。为了适应土地利用由平面向立体化发展的趋势，增加土地分层利用的效用，有的国家和地区在民法地上权中规定空间利用的问题，也有的国家和地区在单行法中涉及空间利用权的内容。1927年美国伊利诺伊州制订的关于铁道上空让渡、租赁的空间权立法是美国历史上第一部关于空间权的立法。1966年日本编纂民法典时，增加空间地上权的内容。世界各国的立法基本上是将其空间权解释一种空间地役权或空间地上权。空间地役权是为行使空间地上权或空间所有权而对其周围的特定空间享有权利。例如，在高压电线通过的一定空间范围内，为避免危险，禁止有工作或建筑物的存在。空间地上权其实就是对空间的建设使用权，与土地上的建设使用权并没有什么不同。空间地役权或者空间地上权，一个强调的是权利人有权排除相对人的物权请求权和债权请求权，一个强调的是权利人使用空间的排他性权利。无论叫什么名称，这种权利的实质都是使用空间的权利。我国并没有引入空间权的概念，立法者认为建设用地使用权得到概念完全可以解决对不同空间土地的利用问题，《民法典》第 345 条规定："建设用地使用权可以在土地的地表、地上或者地下分别设立。"但是，我国城市的土地属于国家所有，农村的土地属于集体所有。土地的性质决定了土地上下空间的所有权分别属于国家和集体。当事人只能通过设定建设用地使用权等用益物权的方式取得对土地以及上下空间的使用，目前集体土地需要征收为国家所有后才能出让。

（2）空间权与架空电力线路通行用地。本来空间权的出现就是为了解决电缆、管道铺设以及地下铁路等建设问题的，但是在我国法律框架下，利用空间权来解决架空输电线路问题仍然是行不通的。如前述，我国法律规定的空间分层利用问题纳入建设用地使用权范畴，而建设用地使用权只是在国有土地上才能享有的权利，该权利在法律上不属于农村集体所有的土地。现实中架空输电线路长距离大跨越，主要就是在广袤的农村土地上。在架空输电线路走廊普遍不征地的情况下，这就意味着电力企业无法在农村土地上取得这种通行用地权利。

5. 通过公共地役权制度取得用地权利

（1）公共地役权概述。公共地役权，是为了公共利益或公众利益的需要而使不动产所有权人或使用权人容忍某种不利益或负担，使国家或公众取得一种要求相关不动产权利人承担一种负担的权利。[1] 公共地役权调整国家、不特定公众或公共利益部门与不动产权利人之间，因公共利益需要而役使不动产或要求不动产权利人忍受某种非利益或负担产生的权利义务关系。现实生活中确有设定公共地役权的必要，其从普通地役权中独立出来，是时代发展的要求，是因为它具有特殊性。公共地役权的特殊性表现在：①公

---

[1] 刘乃忠：《地役权法律制度研究》，中国法制出版社 2007 年，第 49 页。

共地役权的设立的目的是基于公共利益。②公共地役权的供役人是不动产的所有人或使用人。③公共地役权的需役人是不特定的社会公众或国家。④公共地役权的适用范围主要涉及的是供电、通信、无线电和电视台、公安、消防、市政、航空等涉及公共利益的行业。

因为公共地役权的是基于公共利益的需要而产生，它以牺牲某些人的利益而促成公共利益的实现，是平衡公共利益和个人利益的法律手段，因此，一般认为公共地役权的取得以法律直接规定为宜。因是法律直接规定取得，应当亦是无偿的，供役人有一般的容忍义务。但无偿取得该权利并不能剥夺设定公共地役权时受到损害的供役人请求赔偿的权利。

（2）公共地役权与架空电力线路通行用地。我国立法并没有引入公共地役权的概念，但普遍认为我国一些法律规定事实上已经具有了公共地役权的内容。如：《电力法》对电力设施保护区内的农业耕作和施工建设行为作了禁止性规定，《电力设施保护条例》则进一步对保护区的范围作了详细的规定；《石油天然气管道保护法》也对保护区的划定作了明确的规定，同时也规定禁止在保护区内实施危害管道安全的种植、建筑和施工作业等行为；《公路法》一方面划定了公路两旁的控制区范围，另一方面也对该范围内的农业耕作和施工建设活动作了限制性规定。上述法律规定解决了已建成的公共设施的保护问题，但却没有解决诸如架空电力线路的建设用地问题。

有学者认为，依据《城乡规划法》，电网布线的建设单位要经过立项、选定设计单位设计初步路线、规划行政主管部门协调、审核，然后建设单位将正式工程施工图报送规划行政主管部门，经审核同意后核发"建设工程规划许可证"方可开始施工布线。可见，凡是实行各级政府规划方案、依据"建设工程规划许可证"建成的电网，都具有"公共地役权"的性质。因此《城乡规划法》第9条规定了"单位和个人都应当遵守经依法批准并公布的城乡规划，服从规划管理"。铺设电网的合法性即在于此。凡是经过公示的城乡规划方案所列举的输电线路的铺设，是可以对抗线路通过的土地权利人的。电力公司虽为企业法人，但可因《城乡规划法》的施行而享有"公用役权"，依

合程序、合公益的行政审批文件架设电网。❶

四、电力建设中的相邻关系

（一）通行相邻关系

不动产权利人原则上有权禁止他人进入其土地，但他人因通行等必须利用或进入其土地的，不动产权利人应当提供必要的便利。《民法典》第291条规定，"不动产权利人对相邻权利人因通行等必须利用其土地的，应当提供必要的便利。"实践中，部分变电站建设在相对较偏僻的地方，通行条件有一定困难，需要借用他人道路或者土地的情形在所难免，不动产权利人对此应当提供必要的方便。但同时，相邻权利人也应将其权利限制在合理的范围内。一是通过邻地时，应尽量选择最为经济合理的路线。有老路的走老路，权利人不得任意扩宽。没有老路走的，新设通道应以能够通行为限。如果是季节性通过邻地，可不建设固定的道路。二是注意保护相邻地上的财产。从邻地上通行时，应当小心谨慎，不得践踏青苗或毁损地上附着物。三是因客观环境发生变化需要改道通行时，应改由其他更为经济的路线通行。四是通行等给不动产权利人造成损失的，应予赔偿。

（二）相邻土地的利用

电力设施建设点多面广，实践中存在大量的相邻关系问题。利用相邻权利人土地、建筑物的情况包括临时通行，搭建脚手架、工棚、工作平台，堆放建筑材料、挖掘管线地沟等。《民法典》第292条规定，"不动产权利人因建造、修缮建筑物以及铺设电线、电缆、水管、暖气和燃气管线等必须利用相邻土地、建筑物的，该土地、建筑物的权利人应当提供必要的便利。"

1. 施工临时用地

土地权利人因建造、修缮建筑物暂时有必要使用相邻的土地、建筑物的，相邻

---

❶ 李世刚：《论架空输电线路途径他人土地的合法性与补偿问题》，《南阳师范学院学报（社会科学版）》2012年第10期。

的土地、建筑物的权利人应当提供必要的便利。例如，电力企业要修建变电所，有必要在相邻的土地范围内临时搭建脚手架，不动产权利人应提供必要的便利而不能阻拦。同时，占用相邻土地进行施工应当按照约定的范围、期限、用途等使用，施工期满应当及时腾退场地，不能无正当理由长期占用，否则应当承担相应的民事责任。

2. 在邻地上安设电力管线

如果土地或者建筑物权利人必须经过邻人的土地、建筑物才能铺设电线、电缆，邻人应当予以允许，但该权利人应选择损害最小的方法铺设，并对于所造成的损害予以赔偿。实践中，电力设施建设需要利用相邻土地铺设管线的情形大量存在，尤其是在广大的农村地区，一方的入户线路必须利用相邻一方的外墙架设时有发生，不动产权利人应当提供必要的便利。所谓"必须利用"，是指这种利用具有必要性，利用相邻权利人土地、建筑物的理由客观存在并且充分，修建施工是按规定经过了行政审批。铺设电线、电缆往往涉及社会公众利益，如果不利用相邻权利人的土地、建筑物，施工就无法正常开展，不仅可能造成一定的经济损失，而且可能严重影响企业生产和居民生活。相反，如果这种利用不是"必须"的，不动产权利人经过努力可以自己解决，相邻权利人可以拒绝向其提供便利。

（三）相邻不动产之间的不可量物侵害

1. 不可量物侵害概述

不可量物侵害，是指噪声、煤烟、震动、臭气、尘埃、放射性物质等不可量物质侵入邻地造成的干扰性妨碍或损害，在性质上属于物权法上相邻关系的一种类型。❶ 不可量物侵害多发生于相毗邻的不动产所有人（使用人）之间，典型的如小区居民噪声引发的纠纷。不可量物侵害具有以下特点：①难以衡量性。不可量物没有一定、具体形态，不能用传统方式加以计量，但可用专业技术、仪器加以量化或用社会观念加以

---

❶ 梁慧星、陈华彬：《民法学原理：物权法原理》，国家行政学院出版社 1998 年，第 391 页。

判断。②一定程度的危害性。不可量物不同于传统民法上的物，它通常给人们的生活带来不便或者损害，比如噪声会损害人体的听觉系统，对人体健康造成损害。③从物性。不可量物的一个突出特点就是这些物质绝大多数是以"附属物"的方式存在的，如辐射、光、烟尘等不可量物都是由物的缺陷或者行为人的行为作用于某物而引起的。

从 19 世纪开始，现代工业文明在创造巨额财富的同时带来一系列的社会问题。因工商业活动所产生的噪声、煤烟、粉尘、震动、臭气、放射性物质等，严重影响了相邻不动产所有人或利用人对其不动产的享有和利用，对于自然环境也造成极大的破坏。在这种情况下，各国纷纷将不可量物侵害纳入民法调整的范畴。我国《民法典》第 294 条规定，"不动产权利人不得违反国家规定弃置固体废物，排放大气污染物、水污染物、土壤污染物、噪声、光辐射、电磁辐射等有害物质。"

2. 电力建设中的不可量物侵害

电力建设过程中的不可量物侵害主要表现在以下几个方面：①扬尘问题，运输施工材料的车辆会卷起地面上的灰尘，运输的电力建筑材料越多，扬尘也就越多。在施工期间所形成的扬尘不只是来自汽车，在放置材料时也会形成扬尘。②水污染问题，电力建筑工程施工期间产生的水污染主要来自生活用水和雨水等。很多电力建筑工程项目不重视环保工作，生活用水及雨天施工形成的污水等会渗入地下水系统，导致地下水里含有大量的悬浮物和化学物质，从而造成水污染。③噪声问题，电力建筑施工难以避免噪声问题。电力建筑工程中所采用的设备会发出很大的噪声，造成噪声污染。需要明确的是，输电线路只存在电磁环境，即电场强度和磁感应强度，并不会产生电磁辐射。

3. 相邻不动产之间的不可量物侵害与环境污染侵权的关系

《最高人民法院关于审理环境侵权责任纠纷案件适用法律若干问题的解释》第 18 条第 2 款规定："相邻污染侵害纠纷、劳动者在职业活动中因受污染损害发生的纠纷，不适用本解释。"因此，实践中需要正确理解和区分《民法典》第 294 条的规定和环境污染侵权的关系。因环境污染侵权适用无过错责任原则，污染者是否违法被明确排除在环境侵权责任构成要件之外。而《民法典》第294条规定的排放行为构成相邻污染妨害需要"违反国家规定"，将违法性要件作为相邻不动产权利人承担责任的构成要件，基于此，正确区分《民法典》第294条和环境污染侵权，对于受害人能否获得救济意义重大。

最高人民法院认为，《民法典》第294条规定的情形应当限于因相邻不动产的个人或者家庭生活排放污染物，在此情形下，是否合规排放应系认定污染者是否承担民事责任的构成要件之一。因个人或者家庭生活之外的相邻不动产权利人实施的环境侵权行为，包括法人、非法人组织以及自然人在生产经营过程中排放污染物对他人人身或者财产权益造成损害的，不适用本条规定，而应适用《民法典》侵权责任编中关于环境污染侵权的相关规定，即是否合规排放并非认定污染者应否承担民事责任的构成要件，污染者以排污符合国家或者地方污染物排放标准为由主张不承担责任的，人民法院不予支持。概言之，司法实践中区分相邻污染侵害和环境侵权应主要以污染来源是生活污染还是生产污染为标准，同时还应结合相邻权人排污的目的是正常使用不动产还是侧重于生产经营，所侵害的是邻人生活环境还是更广泛意义上的生态环境，其行为是单纯的不动产利用民事行为还是需要接受国家环境行政监管的行为，正确认定案件性质进而正确适用法律。[1]

二维码3-1　雷某与S省电力公司相邻权纠纷案

---

[1] 最高人民法院民法典贯彻实施工作领导小组，《中华人民共和国民法典物权编理解与适用（上）》，人民法院出版社2020年版，第473页。

第三节 电力设施所有权

一、电力设施所有权及产权分界点概述

（一）电力设施所有权概述

1. 电力设施所有权的取得方式

（1）投资建设行为。电力事业投资，实行"谁投资、谁收益"的原则，大部分电力设施由电力企业投资建设，故投资建设是电力企业取得电力设施所有权的主要方式。《民法典》第 231 条规定"因合法建造、拆除房屋等事实行为设立或者消灭物权的，自事实行为成就时发生效力。"第 254 条规定"国防资产属于国家所有。铁路、公路、电力设施、电信设施和油气管道等基础设施，依照法律规定为国家所有的，属于国家所有。"电力设施在竣工验收合格后，即事实行为成就时，其所有权人即已经确定。

（2）划拨和移交。1999 年 1 月 4 日，国务院国发〔1999〕2 号文批转国家经贸委《关于加快农村电力体制改革加强农村电力管理意见的通知》规定，"乡及乡以下农村集体电力资产可采取自愿上交、无偿划拨的方式由县级供电企业管理，并由其承担维护管理费用。由其承担的乡及乡以下农村电网维护管理费用，可据实从严核入电网供电成本，并通过相应调整目录电价解决"。1999 年 5 月 4 日，国家经贸委国经贸厅电力〔1999〕85 号文批转国家电网公司《关于加快乡（镇）电管站改革，实行县（市）乡（镇）电力一体化管理实施意见》规定，"乡镇及以下农村集体电力资产按照自愿上交、无偿划拨的方式全部交县供电企业管理，供电企业必须接收，并由其承担维护管理责任，供电企业通过降低电价作为对农村集体电力资产所有权的补偿。"由此看来，划拨和移交也是取得电力设施产权的两种方式。移交方式还包括一些企业、其他组织的专线客户或者合伙客户的电力资产。

2. 架空电力线路的不动产属性

在法律上，不动产通常被界定为依自然性质或者法律规定不可移动的物，包括土

地及其定着物。通说认为：不动产，即土地以及房屋、林木等土地附着物。[1] 电力设施是物权意义上的物，在未安装投运前当属动产。但已被使用的建筑材料、建筑物装饰材料、为建筑物的功用而加的设备如住宅中的供水排水设施、暖气、煤气、各种电气设备等，都可以基于不动产法的添附规则成为不动产。这一规则也得到了司法实践的认可，在无锡市藕塘华生电力安装站与无锡鑫成金属制品加工有限公司加工合同纠纷二审一案中，无锡市中级人民法院认为，变电所设施应属一经移除，则会引起其他不动产性质、功能、价值发生改变的构筑物附着物，属变电所这一构筑物的附属设施，属不动产范畴。[2]

二维码3-2　无锡市藕塘华生电力安装站与无锡鑫成金属制品加工有限公司加工合同纠纷案二审判决书

而电力设施中的特殊部分架空电力线路是属于动产还是不动产未有定论，我们认为，在我国架空电力线路可以界定为不动产，主要理由如下：

首先，架空电力线路中的电线电缆具有不动产中的定着物的基本属性。从法律上看，主要有以下特征：其一，固定性。架空线缆非毁坏或变更形体不能移动其位置，或虽能移动但耗费很大。其二，继续性或永久性。架空线缆是所有权人以继续、永久的意思附着于土地或空间而为使用的。其三，独立性。土地的权利人与架空线路的线缆的权利人可能完全是分离的，线缆所有人对线缆经过的空间，并没有取得所有权，所以两者是独立的物。

其次，如果把架空电力线路与地面电力设施作为一个整体来看，其属于不动产就更加明显了。因为地面的诸多电力设施属于不动产，这些不动产与架空线缆构成一个

---

[1] 黄薇：《中华人民共和国民法典物权编释义》，法律出版社2020年版，第10页。

[2] 中国裁判文书网，无锡市藕塘华生电力安装站与无锡鑫成金属制品加工有限公司加工合同纠纷二审民事判决书。

整体，协同发挥效用。

界定架空电力线路为不动产的法律意义在于：

第一，可以适用不动产的相邻关系规则，解决线缆所有人和土地权利人、矿产资源权利人的权利冲突。

第二，在物权请求权上因不动产物权不适用诉讼时效，在权利的保护上更有利。

第三，将架空电力线路界定为不动产也不会增加登记的负担。根据《民法典》第231条的规定，架空电力线路因合法的建设行为而自然设立了物权，同时我国的架空电力线路由特定的主体架设经营，亦无需进行登记公示。

（二）产权分界点

1. 产权分界点概述

产权，既是一个经济学上的概念，也是一个法学领域的概念。在本节的叙述里，产权是指财产所有权，即财产所有权人依法对自己合法的财产享有占有、使用、收益和处分的权利。产权分界点即是区分财产所有权归属的点。

电力设施产权分界点有广义和狭义之分。广义的产权分界点是区分所有电力设施，包括发电、输电、供电和用电各个环节中的电力设施所有权归属的分界点，这个分界点在电力生产和经营中具有重要意义，它能够划清发电、输电、供电、用电的不同经营者，确定不同电力设施的所有者。但在电力法的语境里，产权分界点通常指的是狭义，即区分供电部门与用户电气设备所有权归属的分界点。

2. 产权分界点的法律意义

（1）确定物权归属。所有权人对自己的不动产或者动产，依法享有占有、使用、收益和处分的权利。电力设施作为一种财产，其财产所有人可以在其所有权范围内享有上述权利。通常情况下，各物之间都是独立的，在空间上彼此之间能够轻易区分开来，如此车和彼车，一栋楼里的此套房和彼套房。但由于电力的特殊性，电力的发、输、配、售、用各环节均是在一个完整的系统中完成，各环节电力设施共同组成了一个闭环的网络，电力设施共同组成的网络很难直观地对不同主体之间的电力设施作出产权区分，物权归属难以确定。电力设施产权分界点的确立则正好可以解决这一难题，产权分界点有助于明确产权人对电力设施享有的权利和对其物权进行保护，同时在充分发挥定分止争的前提下，促进电力设施物尽其用。

另，与普通的动产交易相比，电能交易在物权变动上具有高度的特殊性，其传播速度之快使得物权变动的时间几乎可以被忽略不计，从生产电能的核电站、火电厂、风电厂，到运输电能的电网企业，到利用电能的电力用户，所有这些环节可以说都是在一瞬间同步进行的，同时这些错综复杂的环节又交织在一起形成了庞大的系统。电力设施的产权界分点事实上也是电能变动的分界点，当电能通过这一分界点之后，在那一瞬间作为标的物的电能就已经完成了交付，其所有权就已经发生了变动。

（2）确定维护管理责任。权利和义务是相伴随的，所有者在享受所有者权利的时候往往也负有一定的义务。从电力设施上来说所有人权人的主要义务就是对电力设施的运行维护管理，产权分界点往往也是维护义务和责任分界点。供电设施的运行维护管理范围，按产权归属确定。责任分界点通常按下列方法确定：

1）公用低压线路供电的，以供电接户线用户端最后支持物为分界点，支持物属供电企业。

2）10千伏及以下公用高压线路供电的，以用户厂界外或配电室前的第一断路器或第一支持物为分界点，第一断路器或第一支持物属供电企业。

3）35千伏及以上公用高压线路供电的，以用户厂界外或用户变电站外第一基电杆为分界点。第一基电杆属供电企业。

4）采用电缆供电的，本着便于维护管理的原则，分界点由供电企业与用户协商确定。

5）产权属于用户且由用户运行维护的线路，以公用线路分支杆或专用线路接引的公用变电站外第一基电杆为分界点，专用线路第一基电杆属用户。在电气上的具体分界点，由供用双方协商确定。

（3）确定侵权责任主体。现行《供电营业规则》第51条对于电力设施侵权责任主体的确定规则作出了规定。该条规定，供电设施侵权所有者对供电设施上发生的事故承担法律责任，但法律法规另有规定的除外。之所以让电力设施的产权人承担电力设施引发事故的法律责任，是因产权人对于该电力设施享有利益，对于电力设施的管理和维护具有实际控制能力。而电力进入谁的产权范围之内就应当由谁负责管理、维护，在某段电力设施上发生的事故，就应由该段电力设施的产权人或者实际管理人承担事故引起的法律责任，故电力设施的产权人，即属于原《侵权责任法》第73条，现《民法典》第1240条规定中的高压危险活动的"经营者"。因此，从这个意义上来说，电力设施的产权分界点就是区分侵权责任主体的分界点。

原《侵权责任法》第73条规定："从事高空、高压、地下挖掘活动或者使用高速轨道运输工具造成他人损害的，经营者应当承担侵权责任"。《民法典》延续了这一法律规则，第1240条作出了同样的规定："从事高空、高压、地下挖掘活动或者使用高速轨道运输工具造成他人损害的，经营者应当承担侵权责任。"可见在高压电力设施造成损害的高度危险责任中，准确界定经营者具有重要的价值，确定了经营者也就确定了责任主体。在有关高压电的法律关系中，虽然是同一个高压电流，但并非只有一个经营者，而是分为发电人、输电人、供电人和用电人四种不同的经营者，高压电流流经某个经营者享有产权的电力设施时，这个经营者就是这个高压电流的经营者。当因高压电发生损害事故，应当依照高压电力设施的产权人为标准，确定侵权责任主体。❶因此，电力设施产权归属或者说是产权分界点就成了区分经营者的关键。

以电力设施的产权为标准来界定高压电的经营者具有充分的理论依据。王利明教授指出，《侵权责任法》第73条所称的经营者，在高压电致人损害的赔偿案件中所指的就是电力设施的产权人，其确定标准就在于产权归属原则。供电设施的产权归属于

---

❶ 杨立新：《高压电力设施损害赔偿责任主体的界定》，《中国应用法学》2017年第1期。

谁，由该设施所引发事故的法律责任也就应当被归责于谁。[1] 立法者的官方释义也采取了同样的立场，认为应当注意到高压电的情形中不同环节往往处于不同主体的产权范围之内，如果高压电的损害是由于工厂内的生产设备所导致的，就应当由工厂的经营者来承担责任。[2] 最高人民法院在"国网山东蓬莱市供电公司与蓬莱市成峰果品有限公司财产损害赔偿纠纷再审"一案中也确认这一规则。[3]

二维码3-3　国网山东蓬莱市供电公司与蓬莱市成峰果品有限公司财产损害赔偿纠纷案再审民事裁定书

（4）确定合同履行地点。合同的履行地点，是合同的主要条款之一，是指当事人双方行使其权利、履行其义务的地点。履行地点往往是确定验收地点的依据，是确定运输费用由谁负担、风险由谁承受的依据，也是确定标的物所有权是否转移的依据。供用电合同的履行地点具体是指供电人将电力的所有权转移于用电人的转移点。根据合同自由的原则，供用电双方可以在供用电合同中约定该履行地点，供用电合同约定了履行地点的，供电人应当按照该约定地点履行供电义务。如果供用电双方对履行地点没有约定或者约定不明确，根据《民法典》第510条的规定，当事人对合同的履行地点没有约定或者约定不明确的，可以协议补充；不能达成补充协议的，按照合同有关条款或者交易习惯确定。如果仍不能确定的，应当适用《民法典》第511条第三项的规定，即：给付货币的，在接受货币一方所有地履行；交付不动产的，在不动产所在地履行；其他标的，在履行义务一方所在地履行。但是，由于电力系统具有网络性，供电人的供电设施与用电

---

[1] 王利明：《侵权责任法研究（下册）》，中国人民大学出版社2011年版，第604-605页。

[2] 王胜明：《中华人民共和国侵权责任法释义》，法律出版社2013年版，第410页。

[3] 中国裁判文书网，国网山东蓬莱市供电公司与蓬莱市成峰果品有限公司财产损害赔偿纠纷申请再审民事裁定书。

人的用电设施通过网络相联结，电力的生产、供应与使用同时完成，且具有连续性，这就使供用电合同的履行地点具有一定的特殊性，很难适用《民法典》第511条的规定。基于此《民法典》第650条直接规定："供用电合同的履行地点，按照当事人约定；当事人没有约定或者约定不明确的，供电设施的产权分界处为履行地点。"

近年来，在电力供应与使用过程中，由于用电人参与电力设施的投资建设，电力设施投资多元化已呈发展趋势，供用电双方根据这一特殊性，在实践中形成并确定了以供电设施的产权分界点作为合同的履行地点。供电设施的产权分界点是划分供电设施所有权归属的分界点，分界点电源侧的供电设施归供电人所有，分界点负荷侧的供电设施归用电人所有。在用电人为单位时，供电设施的产权分界处通常为该单位变电设备的第一个瓷瓶或开关；在用电人为普通居民用户时，供电设施的产权分界点通常为用电计量装置的出线处。上述供电设施的产权分界点为供用电合同的履行地点。以供电设施的产权分界点作为供用电合同的履行地点，对于供用电合同履行和确定供电设施的维护管理义务具有重要的作用。供用电双方应当根据供电设施的产权归属，承担供电设施的安装、维护、检修和管理责任。

二、电力设施的移交与运行维护

（一）电力设施移交

电力设施移交是指用户将具有所有权的电力设施资产移交给电网企业，并由电网企业负责维护管理，一般而言包括所有权移交和运行维护管理义务的移交。主要有两种情形：一是政策性整体移交，如农电体制改革中的农村集体资产的整体移交，以及国有企业职工家属区"三供一业"的分离移交等；二是用户单独将自有产权电力设施移交给电网企业。前者主要是在特定时期、根据特定政策进行的资产整体划转行为；后者一般是单个用户的个别行为，通常是无偿的。无偿接收用户移交的电力资产，一方面，接收方电网企业能以最低成本获得生产经营所需的电力设施，是企业做大做强的有效手段；另一方面，电网企业可凭借自身雄厚的技术实力和管理水平，更加有利于对电力设备进行管理，保障电网安全稳定运行和用户用电权益。

实践中，用户电力设施移交的主体主要有居民小区业主委员会、房地产开发商、地方政府以及大企业用户。其中，企业、居民小区物业管理委员会、房地产开发商和地方政府构成移交主体的主要部分。而用户移交的电力设施主要包括变电站、输配电线路、配电变压器、开闭所以及低压配套设施等。在移交形式上，通常为电网企业与用户签订《资产无偿移交协议》，根据"双方在资产移交清册上签字盖章，资产所有权正式转移"，或"自资产移交日起，接受方即拥有移交资产的所有权"等所有权转移条款，上述移交行为一完成即视为所有权完成转移。如果法律对于移交有特别规定的，还应当按照法律规定办理。

（二）电力设施维护管理

1.电力设施维护管理概述

一般来说，电力企业作为电力设施的产权人，有权对其财产进行管理，同时也有维护的义务。这里的维护管理是指民事主体对其所有的物进行的管理，因管理不善导致他人受到损害的，所有人或管理人需要承担民事侵权责任。

2.电力设施维护管理责任划分

根据《电力供应与使用条例》的规定，电力设施的维护责任主要分为四类：

（1）公用路灯由乡、民族乡、镇人民政府或者县级以上地方人民政府有关部门负责建设，并负责运行维护和交付电费，也可以委托供电企业代为有偿设计、施工和维护管理。

（2）公用供电设施建成投产后，由供电单位统一维护管理。经电力管理部门批准，供电企业可以使用、改造、扩建该供电设施。

（3）共用供电设施的维护管理，由产权单位协商确定，产权单位可自行维护管理，也可以委托供电企业维护管理。

（4）用户专用的供电设施建成投产后，由用户维护管理或者委托供电企业维护管理。

对于用户独资、合资或集资建设的输电、变电、配电等供电设施建成后,其运行维护管理问题,一般按以下规定处理:属于公用性质或占用公用线路规划走廊的,由供电企业统一管理。供电企业应在交接前,与用户协商,就供电设施运行维护管理达成协议。对统一运行维护管理的公用供电设施,供电企业应保留原所有者在上述协议中确认的容量;属于用户专用性质,但不在公用变电站内的供电设施,由用户运行维护管理。如用户运行维护管理确有困难,可与供电企业协商,委托供电企业代为运行维护管理;属于用户共用性质的供电设施,由拥有产权的用户共同运行维护管理。如用户共同运行维护管理确有困难,可与供电企业协商,委托供电企业代为运行维护管理;在公用变电站内由用户投资建设的供电设备,如变压器、通信设备、开关、刀闸等,由供电企业统一经营管理。建成投运前,双方应就运行维护、检修、备品备件等项事宜签订交接协议;属于临时用电等其他性质的供电设施,原则上由产权所有者运行维护管理,或由双方协商确定,并签订协议。

三、居民小区供配电设施的建设、归属、管理与维护

(一)供配电设施的所有权归属

目前,城市居民小区的供配电设施的建设和维护有多种模式,在不同的模式中,出资人并不相同。如有些小区的供电设施产权归小区全体业主所有,高压配电设施的管理及维护由供电部门负责。低压配电设施的日常维护由物业公司负责,费用从物业费中支出,大修则从维修基金中支出。《民法典》第274条规定,建筑区划内的其他公共场所、公用设施和物业服务用房,属于业主共有。在实践中,开发商因开发房地产项目而投资建设供配电设施并最终将房屋进行销售。也就是说,通常情况下,小区的供配电各种设施最终是由全体业主出资的,其所有权应属于全体业主共有。但在实践中也存在电力企业自己投资提供各种供配电设施,或者与用户共同出资建设供配电设施的情形。此时,应适用《电力法》的规定,即"电力事业投资,实行谁投资、谁收益的原则"。故对小区供配电电力设施所有权的最终确认,最基本的法律规则是"投资

与收益一致"。比如《人民防空法》也有类似规定："人民防空工程平时由投资者管理，收益归投资者所有。"我国法律并没有规定电力企业必须投资新建电力电缆等设施，所以应采取"谁投资、谁所有"的模式确定所有权归属。

（二）供用电设施的管理与维护

由于供用电设施的产权归属非常复杂，故其维护管理责任也不能一概而论。

1. 现行法律、规范性文件的矛盾

《电力供应与使用条例》规定："公用供电设施建成投产后，由供电单位统一维护管理。经电力管理部门批准，供电企业可以使用、改造、扩建该供电设施。共用供电设施的维护管理，由产权单位协商确定，产权单位可自行维护管理，也可以委托供电企业维护管理。用户专用的供电设施建成投产后，由用户维护管理或者委托供电企业维护管理。"可见，这一规定区分了公用、共用与专用的供电设施，并对维护的主体作了不同的规定。如果是专用的，供电企业如果没有接受用户的委托，就没有管理维护义务。居民小区供配电设施究竟是属于公用还是共用性质，尚有不同意见。

另外，《电力供应与使用条例》明确规定："用电计量装置安装在供电设施与受电设施的产权分界处。安装在用户处的用电计量装置，由用户负责保护。"依据上述规定，安装在用户处的用电计量装置及表后线产权属用户，应由用户自行维护管理并负责保护。

此外《供电营业规则》第50条还规定："供电设施的运行维护范围，按照产权归属确定。这一规定与《电力供应与使用条例》一致的，即谁享有电力设施的所有权，谁就承担维护的义务。"依据这一规定，开发商投资建设的城市小区电力设施在没有进行资产移交之前，电力企业无需承担管理与维护义务。但是，《物业管理条例》第51条却规定："供水、供电、供气、供热、通信、有线电视等单位，应当依法承担物业管理区域内相关管线和设施设备维修、养护的责任。前款规定的单位因维修、养护等需要，临时占用、挖掘道路、场地的，应当及时恢复原状。"这一规定与《电力供应与使用条例》的规定不同，它没有区分共有与非共用，直接规定供电企业应担管理、维护的义务。

2. 矛盾的解决

电力企业是否有管理、维护供用电设施的法定义务，归根结底就是《电力供应与使用条例》与《物业管理条例》的矛盾如何处理的问题。从性质上看，这两个条例都是国务院制定的行政法规；从制定时间上看，《物业管理条例》制定在后；从内容上看，《电力供应与便用条例》是特别法，《物业管理条例》是一般法。按照《立法法》的内容，同一机关制定的新的一般规定与旧的特别规定不一致时，由制定机关裁决。

思考题：

1. 什么是电力规划？电力规划与国土空间规划之间是什么关系？

2. 电力建设中的相邻关系有哪些类型？

3. 电力设施产权分界点及其法律意义是什么？

第四章 | 电力生产与运行

电力生产是把其他能源，如化石能源、生物质能、风能或太阳能等一次能源转化为电能，电力运行是指对生产出来的电能进行输送、变换和使用管理。电力作为一种清洁的二次能源，由于其存在发、输、配、用须同时进行的技术特性，以及一些其他要求，如环保等，因而需要一整套能满足前述技术规律，且能促进电力生产、运行的法律制度。如为保障电力生产能将电力输送到用户处的并网和联网制度、满足生产消费平衡的电力调度制度、有序用电制度，推进环境保护的可再生能源电力保障收购制度等。

第一节　电力生产与输配

电力生产与输配是整个电力系统最为重要的环节。与此相关的法律制度主要有两个：一是垄断业务与竞争业务相分离；二是业务资质许可。

一、垄断业务与竞争业务相分离

在 1985 年之前，我国电力工业实行发、输、配、供、售一体化的体制，即一个主体从事发、输、配、售的所有业务。这种体制实际上就是一种垄断体制，存在缺乏竞争、效率低下、成本畸高、电力供应不足等诸多弊端。此后开始实行多家办电，允许外商投资电力项目，打破了独家办电的垄断局面。由此又引发了新的问题，即"一是多家办电和一家管网且管网者又兼营电厂的矛盾；二是开放竞争与封闭市场的矛盾。在全国电力供需矛盾缓解之后，占全国发电装机容量一半以上的独立发电公司和其他非国电系统的发电企业，对调度'三公'的要求越来越强烈，希望尽快实现'厂网分开、竞价上网'的改革"。❶为此，2002年2月10日，国务院发布了《关于印发电力体制改革方案的通知》，提出"实行厂网分开。将国家电力公司管理的资产按照发电和电网两类业务划分，并分别进行资产、财务和人员的重组。属地方政府和其他部门管理的电力企业，也要实行厂网分开。以小水电自发自供为主的供电区，要加强电网建设，适时实行厂网分开。"这就意味着对发电和输配电业务进行了分离，由不同的主体分别从事发电业务和输配电业务。

为进一步推进电力体制改革，2015年3月15日，中共中央、国务院发布了《关于进一步深化电力体制改革的若干意见》，提出"鼓励社会资本投资配电业务""鼓励社会资本投资成立售电主体，允许其从发电企业购买电量向用户销售；允许拥有分布式电源的用户或微网系统参与电力交易；鼓励供水、供气、供热等公共服务行业和节能服务公司从事售电业务；允许符合条件的发电企业投资和组建售电主体进入售电市场，从事售电业务。"易言之，就是放开配电业务和售电业务，不再由电网企业独家经营。不过，配电业务的竞争具有一定的特殊性。配电业务离不开特定的配电营业区，为降低配电成本，提升规模效应，一个配电营业区只能由一个配电企业经营。在没有确定配电经营企业之前，大家相互可以竞争，一旦确定配电经营营业区的主体，便只能由该主体经营，对该区域又形成了经营垄断。

两次电力体制改革，对电力生产与运行的影响，概括起来就是"放开两头、管住中间"。所谓"中间"是指输电业务，由电网企业垄断经营。所谓"两头"，其中一头是发电，另一头是配电和售电，均允许竞争。对于竞争业务，各主体可以同时经营，如发电企业可以同时经营配电业务和售电业务。

二、发电与输配电业务资质许可

资质许可属于一种行政许可，2003年制定、2019年修正的《行政许可法》第2条规定，行政许可，是指行政机关根据公民、法人或者其他组织的申请，经依法审

---

❶ 本刊编辑部：《两年来电力体制改革讨论综述》，《中国电力企业管理》2002年第4期。

查，准予其从事特定活动的行为。学界主流观点认为其性质是"赋权与解禁"。"行政许可首先是一种赋权行为，它赋予特定行政相对人从事某种活动的权利和资格，如捕捞、开业、建房等，而不是限权行为。其次，在法规已有禁止规定的情况下，行政许可又属于解禁行为，如持枪、采矿等"。[1] 行政许可的功能有三：一是防止危险；二是合理配置资源；三是提供公信力证明。[2] 电力业务由于存在较高风险，直接关系人身健康、生命财产安全，根据《行政许可法》第 12 条第 1 款"直接涉及国家安全、公共安全、经济宏观调控、生态环境保护以及直接关系人身健康、生命财产安全等特定活动，需要按照法定条件予以批准的事项"的规定，属于需要设立行政许可的事项。

（一）发电业务资质许可

根据不同的标准，对电力生产可以进行不同的分类。从法律角度看，一种有意义的分类就是集中式发电和分布式发电。因为法律对这两种生产方式有不同的要求。

1. 集中式发电业务资质许可

所谓电力的集中式生产是指通过电力生产单位，如水电站、火电厂、核电站等大量生产电力。这种生产方式往往对生产主体的设备、资金、技术、人员数量和素质等都有较高的要求。这种发电方式的优势是能发挥规模效应，产量高，成本低。不足在于发电地址受自然环境影响大，往往远离用电负荷中心，只能通过输电线路进行长距离输送。一旦输电线路因各种原因出现故障，对用户影响很大。

电力法律对集中式发电企业的资质有严格要求。从事集中式电力生产的主体，需要申请行政许可，即向国家能源局及其派出机构申请发电许可，获得发电类电力业务许可证后才能从事电力生产。此类发电企业主要包括：公用电厂、并网运行的自备电厂、监管部门规定的其他发电企业。除豁免情形外，发电企业应在项目完成启动试运

---

[1] 行政法与行政诉讼法学编写组：《行政法与行政诉讼法学》（第二版），高等教育出版社 2018 年版，第 126-127 页。

[2] 刘素英：《行政许可的性质与功能分析》，《现代法学》2009 年第 5 期。

工作后 3 个月内（风电、光伏发电项目应当在并网后 6 个月内）取得电力业务许可证，分批投产的发电项目可分批申请。超过规定时限仍未取得电力业务许可证的，有关机组不得继续发电上网。

要获得发电业务许可证，申请主体需满足两类条件：一类是一般条件，主要包括：①具有法人资格；②具有与申请从事的电力业务相适应的财务能力；③生产运行负责人、技术负责人、安全负责人和财务负责人具有 3 年以上与申请从事的电力业务相适应的工作经历，具有中级以上专业技术任职资格或者岗位培训合格证书；另一类是特殊条件，包括：①发电项目建设经有关主管部门审批或者核准；②发电设施具备发电运行的能力；③发电项目符合环境保护的有关规定和要求。

基于某些因素考虑，如优化营商环境，即使是集中式发电，监管机构也有可能豁免某些发电项目的业务许可证申请或者降低申请要求。如国家能源局《关于贯彻落实"放管服"改革精神优化电力业务许可管理有关事项的通知》（国能发资质〔2020〕22 号）规定，以下发电项目不纳入电力业务许可管理范围：①经能源主管部门以备案（核准）等方式明确的分布式发电项目；②单站装机容量 6 兆瓦（不含）以下的小水电站；③项目装机容量 6 兆瓦（不含）以下的太阳能、风能、生物质能（含垃圾发电）、海洋能、地热能等可再生能源发电项目；④项目装机容量 6 兆瓦（不含）以下的余热余压余气发电、煤矿瓦斯发电等资源综合利用项目；⑤并网运行的非燃煤自备电站，以及所发电量全部自用不上网交易的自备电站。相关企业经营上述发电业务不要求取得发电类电力业务许可证。已取得电力业务许可证的，由国家能源局各派出机构公示注销，公示期不少于 30 日。公示期满且无异议的，办理注销手续。

2. 分布式发电业务资质许可豁免

分布式发电，是指在用户所在场地或附近建设安装、运行方式以用户端自发自用为主、多余电量上网，且在配电网系统平衡调节为特征的发电设施或有电力输出的能量综合梯级利用多联供设施。

分布式发电主要应用于以下领域：①各类企业、工业园区、经济开发区等；②政府机关和事业单位的建筑物或设施；③文化、体育、医疗、教育、交通枢纽等公共建筑物或设施；④商场、宾馆、写字楼等商业建筑物或设施；⑤城市居民小区、住宅楼及独立的住宅建筑物；⑥农村地区村庄和乡镇；⑦偏远农牧区和海岛；⑧适合分布式发电的其他领域。

分布式发电主要包括两大类：一类是分布式的可再生能源电源，如总装机容量 5 万千瓦及以下的小水电站；以各个电压等级接入配电网的风能、太阳能、生物质能、海洋能、地热能等新能源发电；另一类是分布式的资源综合利用型电源，包括：①除煤炭直接燃烧以外的各种废弃物发电，多种能源互补发电，余热余压余气发电、煤矿瓦斯发电等资源综合利用发电；②总装机容量 5 万千瓦及以下的煤层气发电；③综合能源利用效率高于 70% 且电力就地消纳的天然气热电冷联供等。

从事分布式发电，电力法律对主体资质没有特殊要求，企业、专业化能源服务公司和包括个人均可投资建设。监管机构对此类发电业务实行行政许可豁免，因而经营分布式发电的主体不需要申请分布式发电项目发电业务许可证。

用户侧储能是指在用户内部场地或邻近建设的储能设施。用户侧储能接入电网参照分布式发电接入电网。

（二）输配电业务资质许可

电力输配包括电力输送和配送。电力生产出来后，为降低线损，提高输送效率，首先要进行升压，通过输电网将电量输送到远方，再进行降压，然后通过配电网将电量分配给用户。从事输电、配电业务的企业跟发电企业一样，需要申请行政许可，获得输电类或配电类电力业务许可证后才能从事电力输送和配送业务。

以下输电企业需要申请输电类电力业务许可证：①跨区域经营的电网企业；②跨省、自治区、直辖市经营的电网企业；③省、自治区、直辖市电网企业；④监管机构规定的其他企业。要获得输电业务许可证，申请主体需满足两类条件：一类是一般条件，主要包括：①具有法人资格；②具有与申请从事的电力业务相适应的财务能力；③生产运行负责人、技术负责人、安全负责人和财务负责人具有 3 年以上与申请从事的电力业务相适应的工作经历，具有中级以上专业技术任职资格或者岗位培训合格证书。另一类是特殊条件，包括：①输电项目建设经有关主管部门审批或者核准；②具有与申请从事的输电业务相适应的输电网络；③输电项目按照有关规定通过竣工验收；④输电项目符合环境保护的有关规定和要求。

在 2005 年 10 月 13 日《电力业务许可证管理规定》颁布之前，配电业务被视为供电业务的一个组成部分，并没有独立出来。❶ 此规定将输电从供电业务中分离出去，供电业务只包括配电业务和售电业务。2015 年中共中央、国务院发布了《关于进一步深化电力体制改革的若干意见》，又将售电业务从供电业务中分离了出去，供电业务也就仅剩下了配电业务，二者成了同义词。

以下供电企业需要申请供电类电力业务许可证：①省辖市、自治州、盟、地区供电企业；②县、自治县、县级市供电企业；③监管机构规定的其他企业，如拥有配电网运营权的售电公司。要获得供电业务许可证，申请主体需满足两类条件：一类是一般条件，主要是具有法人资格。另一类是特殊条件，包括：①配电网项目经有关政府主管部门核准或审批；②具有与申请从事的电力业务相适应的财务能力，其中资产总额不得低于 2 千万元人民币，注册资本不低于总资产的 20%；③生产运行负责人、技术负责人、安全负责人和财务负责人具有 3 年以上与申请从事的电力业务相适应的工作经历，具有中级以上专业技术任职资格或者岗位培训合格证书；④具有配电区域的划分协议书或意见；⑤具有与申请从事的电力业务相适应的配电网络和营业网点；⑥履行电力社会普遍服务、保底供电服务和无歧视提供配电服务义务，退出配电业务时履行配电网运营权移交义务；⑦无严重失信信用记录，并按照规定要求做出信用承诺，确保诚实守信经营；⑧法律、法规规定的其他条件。拥有配电网运营权的售电公

❶ 如 1994 年 10 月 11 日颁布的《电网调度管理条例实施办法》第 2 条规定，电网包括发电、供电（输电、变电、配电）、受电设施和为保证这些设施正常运行所需的继电保护和安全自动装置、计量装置、电力通信设施、电网调度自动化设施等。电网运行必须实行统一调度、分级管理，以保障电网安全、保护用户利益、适应经济建设和人民生活的用电需要。

司具备向配电区域内现有负荷供电的能力，具有配电网络后续建设规划，承诺供电能力、供电质量符合《供电监管办法》等有关规定，即可申请电力业务许可证，不需待完成配电区域内所有配电网络建设后申请。

正是因为供电属于必须取得行政许可的电力业务，实践中即使用户就位于发电企业边上，发电企业如没有取得供电类电力业务许可证，也不得通过拉专线的方式直接向用户供电。

二维码4-1　国家能源局华中监管局行政处罚决定书

第二节　电力并网、联网与调度

一、电力并网与联网

（一）电力并网

电力生产主体通常只有将自己的电力生产设备与电网企业的输电网相连，才能将生产出来的电能输送给远方的用户，同时也才能接受电力调度机构的调度。这一相连行为就是并网。

从法律的角度看，发电企业首先需要与电网企业签订一个《并网调度协议》。无协议（合同）不得并网运行。2021年12月28日，国家能源局和国家市场监督管理总局联合发布了《并网调度协议示范文本》。

二维码4-2　《并网调度协议示范文本》

该《示范文本》主要针对电厂并入电网调度运行的安全和技术问题，设定了双方应承担的基本义务、必须满足的技术条件和行为规范。对于本文本中所涉及的技术条件，如果国家、行业颁布新的相关行业标准和技术规范，双方应遵从其规定。发电企业除了需要遵守《并网调度协议》约定的义务外，还需要遵守国家有关部门制定的有关并网运行的相关规定。如国家能源局于 2021 年 12 月 21 日颁布的《电力并网运行管理规定》，对运行管理、考核实施、信息披露、监督管理等作了详细规定。

由于电网企业对于输电网属于垄断经营，一旦发电企业提出签订并网协议的要求，根据《民法典》第 494 条第 3 款 "依照法律、行政法规的规定负有作出承诺义务的当事人，不得拒绝对方合理的订立合同要求" 之规定，只要发电企业满足了并网的各种要求，电网企业无正当理由不得拒绝，应当与发电企业签订《并网调度协议》，并不得有下列行为：①拖延接入系统；②拒绝向电源项目业主提供接入电网须知晓的输配电网络的接入位置、可用容量、实际使用容量、出线方式、可用间隔数量等必要信息；③对分布式发电等符合国家要求建设的发电设施，除保证电网和设备安全运行的必要技术要求外，接入适用的技术要求高于国家和行业技术标准、规范；④违规收取不合理服务费用；⑤其他违反电网公平开放的行为。一旦双方就《并网调度协议》达不成一致意见，影响电力交易的正常进行，就会引发并网争议。❶

发电企业并网乍看起来是要通过电网企业的输电网络以及配电网络把已出售的电能输送给用户，以履行自己的合同交付义务。当用户距离发电企业较远时，发电企业通过并网的方式履行电能买卖合同最为经济，此时，会主动要求并网，似乎并网是一种自愿行为，实际上并非如此。向用户供电属于电力业务的一类，只有取得供电类电力业务许可证才可从事。目前有资质从事该业务的主要是电网企业和经营配电网的企业，发电企业一般不具有该资质，只有通过并网才能履行买卖合同。即使用户就在身边，也不能直接向用户供电。如 2013 年颁布的《分布式发电管理办法》第 21 条规定，

---

❶ 如何解决此种争议参见本书第 11 章。

分布式发电以自发自用为主，多余电量上网，电网调剂余缺，不能"隔墙供电"，原因即在此。因此以售电为目的的发电企业并网实际上是强制的。例外的只有那些不向用户售电的发电主体如自备电厂，可以不并网。

（二）电力联网

电力联网是指不同的电网之间进行连接。我国由于地域辽阔，全国电网被分为六大区域电网：东北电网、华北电网、华东电网、华中电网、西北电网和南方电网。前5个电网（一般统称为国家电网）由国家电网有限公司负责运营，后者由南方电网有限责任公司运营。区域电网一般又是由省级和地市级电网组成。除此之外，还包括地方独立电网，即地方独立电网企业所建设运营的电网系统，如蒙西电网，新增配电网、新能源微电网❶等。鉴于电网互联有助于更合理、更经济地开发一次能源，实现不同发电资源的优势互补；有助于降低总的负荷峰值，减少总的装机容量，进而减少投资；有助于在电网系统发生故障时，相互紧急支援，避免发生更大的事故，提高了各电网系统的安全可靠性，减少事故备用；有助于提高供电可靠性、电能质量和运行的经济性，故应当尽力促进电网互联。

根据互联双方身份的不同，电网互联可以分为拥有电力业务许可证的电网企业与电网企业之间的互联，持有电力业务许可证的非电网企业，如微电网企业与电网企业之间的互联，非电网企业之间的互联。

电网互联会涉及双方，可以把二者分为电网互联提出方和接收方。这一划分具有重要的法律意义，因为各自需要承担不同的义务。如提出方需要承担以下一些义务：①确保电网互联项目应符合政府能源主管部门批准的电网发展规划；②电网互联提出方应组织开展电网互联系统设计工作；③在电网互联系统设计工作完成后，电网互联

---

❶《国家能源局关于推进新能源微电网示范项目建设的指导意见》（国能新能〔2015〕265号）认为，新能源微电网是基于局部配电网建设的，风、光、天然气等各类分布式能源多能互补，具备较高新能源电力接入比例，可通过能量存储和优化配置实现本地能源生产与用能负荷基本平衡，可根据需要与公共电网灵活互动且相对独立运行的智慧型能源综合利用局域网。

提出方应向电网企业提交电网互联系统设计方案报告，等等。

接收方——尤其是像国家电网、南方电网这样的大型电网企业相对于提出方而言，通常在电网的规模，影响力上拥有优势，需要承担的更多法律义务。主要包括：①必须持有电力业务许可证、负责电网设施运营、从事输电或配电业务；②必须公平开放电网，接受监管机构的监管，不得从事禁止的行为；③必须建立本企业电网互联相关工作制度，明确提供联网服务的工作部门、工作流程、工作时限，以及负责电网互联配套工程建设的工作部门、工作流程；④披露与电网互联相关的输配电网络的互联位置、可用容量、实际使用容量、出线方式、可用间隔数量等必要信息；⑤对电网互联提出方提交的联网意向书、电网互联系统设计方案报告等及时作出书面回应。

电网互联工程核准（备案）后，电网互联双方一般情况下应于30个工作日内签订互联协议。互联协议应包括互联工程开工时间、投产时间、产权分界点、电力电量计量点、违约责任及赔偿标准等内容。

二、电网调度

（一）电网调度概述

电力系统是一个由众多的发电机组、变压器、开关站、输电线路、负荷等组成庞大系统，为了保障发、输、配、用电的平衡，防止出现系统性安全事故以及电力系统的可靠、经济运行，需要通过调度对整个系统进行指挥和协调。故电网调度就是指调度机构为保障电网的安全、优质、经济运行，对电网运行进行的组织、指挥、指导和协调。

（二）电网调度的基本原则

1. 统一调度、分级管理原则

我国的电网调度目前实行统一调度、分级管理的原则。我国调度机构分为五级：国家电网调度机构（国调）；跨省、自治区、直辖市电网调度机构（网调）；省、自治区、直辖市级电网调度机构（省调）；省辖市级电网调度机构（地调）；县级电网调度机构（县调）。❶因此分级管理是指各级电网调度机构只负责其调度管理范围内的调度工作。统一调度是指由一个调度机构来统一组织某级电网运行方式的编制和实施。在业务上一般包括：①统一组织电网运行方式的编制和执行，包括统一平衡和实施全网发电、输电的合同电量与计划电量，统一平衡和安排全网主要发电、供电设备的检修进度，统一安排全网的主接线方式，统一布置和落实全网安全稳定措施等；②统一指挥全网的运行操作和事故处理；③统一布置和指挥全网的调峰、调频和调压；④统一协调和规定全网继电保护、安全自动装置、调度自动化和通信系统的运行；⑤统一规章制度，统一协调有关电网运行的各种关系；⑥统一进行市场交易电量的安全校核，等等。统一调度、分级管理是一个整体。统一调度以分级管理为基础，分级管理是为了有效地实施统一调度。目的是有效地保证电网的安全、优质、经济运行，最终目的是维护社会的公共利益。

在法律效力上具体表现为：①下级调度机构必须服从上级调度的指挥。②调度机构调度管辖范围内的发电厂、变电站的运行值班单位，必须服从该级调度机构的调度。③各发、输、供电单位必须按照相应调度机构统一安排的设备检修进度组织设备检修。未经调度机构的批准，不能自行改变检修进度。④属于调度管辖范围内的任何设备，未获相应调度机构值班调度员的指令，发电厂、变电站或者下级调度机构的值班人员均不得自行操作或者自行命令操作，等等。

2.三公调度原则

"三公调度"是指公平、公正、公开调度。《电网调度管理条例》并没有直接规定这一原则。因为在发、输、配、售一体化的年代，各主体是一个利益共同体，即使有利益冲突，也可以内部解决，该原则并不重要。在2002年实行厂网分开的改革后，统一的利益共同体分化为不同的利益主体，各发电主体能否获得利益，在于能否售出电力电量，而能否售出电力电量就在于调度。并且，电网企业自己也拥有一部分电厂。

---

❶南方电网公司为四级调度，没有国家调度机构。

实践中，调度不公的问题也时有发生。为解决该问题，当时的电力监管部门于 2003 年颁布了《关于促进电力调度公开、公平、公正的暂行办法》，该办法第 2 条规定，电力公开、公平、公正调度是指电力调度机构遵循国家法律法规，在满足电力系统安全、稳定、经济运行的前提下，按照公平、透明的原则，在调度运行管理、信息披露等方面，平等对待各市场主体。

具体而言，公开原则主要是指调度机构应当及时、真实、准确、完整地披露调度有关的信息。这些信息包括：①电网结构情况，并网运行机组技术性能等基础资料，新建、改建发输电设备投产运行情况；②电网安全运行的主要约束条件，电网重要运行方式的变化情况；③发电设备、重要输变电设备的检修计划及执行情况，主要水电厂（站）来水情况；④年度电力电量需求预测和电网中长期运行方式，电网年度分月负荷预测；电网总发电量、最高最低负荷及负荷变化情况，年、季、月发电量计划安排及执行情况；⑤跨大区、跨省电力、电量交换情况；⑥各发电企业机组的上网电量和年度合同电量完成情况，发电利用小时数，实行峰谷分时电价的，各发电企业峰、谷、平段发电量情况；⑦各发电企业执行调度指令和调度纪律情况，发电机组非计划停运情况，调峰、调频和调压情况；⑧并网发电厂运行考核情况，考核所得电量、资金的使用情况；⑨其他需要披露的信息。

公正原则是指调度机构在形式上、外观上、程序上要公正。如调度机构应当保持中立，不应当与任何发电主体有利益关系。调度机构根据电网运行需要编制电网反事故预案时，应当征求有关发电企业意见。为保证电力系统安全稳定运行而需要发电企业参与的电力系统试验，调度机构应当事先与有关发电企业协商，等等。

公平原则是指调度平等地对待各发电主体，确保各发电主体获得其应当获得的利益。但由于除了正常的电能生产调度外，还存在辅助服务的调度；正常的电能生产，不同类型的电源如火电和风电之间存在巨大差异；就是同一类型电源，如风电之间也存在巨大差异，通过什么指标来衡量调度是否公平，则是一个非常复杂的问题，对其的认识也在不断深化中。总的趋势是从形式正义走向实质正义，即从不考虑主体差异的正义走向考虑主体差异的正义。如对于火电电能生产,曾经一度仅以年度合同发电量的完成率作为公平的衡量指标,只要各发电主体的年度合同发电量的完成率相同,就属公平。但后来的研究发现,由于一年内火电的原材料,煤炭的价格会不断变化,即使年度合同发电量的完成率相同,但各发电主体每个月的发电量仍可能存在巨大差异,进而影响到成本和利润,导致最后的收益不同。于是就提出评价指标不仅要看年度合同发电量的完成率,还要看它的履行过程,要力争做到同类型机组利润水平大体相当。[1] 再如,由于新能源的波动性、随机性,电网安全运行与新能源高效消纳矛盾日益突出。在新能源场站资源、设备和其他因素存在差异的情况下,公平调度评价指标中必须考虑资源、设备差异化以及其他因素对新能源电站出力的影响。理论上,对于风能有功功率的调度,就提出了如下的公正性评价指标。①同区域、同类型风机,利用小时数大体平衡;②弃风率—弃风损失电量与年理论总发电量的比值应大体平衡。③风电场设计利用小时数等比例平衡原则,即指在弃风条件下,设计利用小时数高的风电场优先发电。④绝对实时容量平衡方法,指不考虑风电的不同时性,在任意时刻完全按照电网接纳能力,等比例增大风电接纳或等比例弃风。⑤年度计划利用小时数平衡,由上级主管部门按照负荷预测、电网结构、机组类型情况,对同地区、同类型机组给定1个小时数,或综合考虑各因素后在年初给每个风电场制订1个年度利用小时数,由电网公司保证各风电场利用小时数的完成。⑥限电期容量比例平衡原则是指风电场在电网不弃风期间,风电场发电不计入利用小时数统计,在弃风时段内,电网按照风电场装机容量比例等额限电。⑦综合排名优先级平衡,按照风电场是否满足电网管理、技术要求等条件,综合考虑中短期预测准确率、是否具备自动发电控制及自动无功控制功能、低电压过渡能力及运行情况,制订风电场综合排名优先级或综合系数,按照系数或风电场优先级进行有功功率分配。⑧电力市场竞价原则平衡,价格低

---

[1] 魏学好、胡朝阳、杨莉:《对"三公"调度现有评价指标的思考和建议》,《电力系统自动化》2012年第20期。

的多分配。❶

（三）电网调度权的法律性质

从技术上讲，只要存在电力系统，就必须存在电网调度。为实现电力系统的安全、优质、经济运行，就必须严格执行统一调度、分级管理制度。电网调度机构的调度权就必须得有权威性和强制力。从法律的角度看，电网调度权是权利还是权力就成为不可回避的问题。

在1993年颁布、实施《电网调度管理条例》时，我国电力行业还处于发、输、配、售一体化，政企不分的时代。电力工业部既是行政机关，也是经营者。电网调度权也归其享有，自然而然地就将电网调度权定性为行政权力。该条例第6条规定，国务院电力行政主管部门主管电网调度工作。第28条规定，调度机构对于超计划用电的用户应当予以警告；经警告，仍未按照计划用电的，调度机构可以发布限电指令，并可以强行扣还电力、电量；当超计划用电威胁电网安全运行时，调度机构可以部分或者全部暂时停止供电。这两条清晰地展现了电网调度权的权力特性。实务部门的人也认为："这个时期的电网调度机构是独立于电网生产系统之外的，纯行政管理单位，履行政府部门赋予的电网调度行政职能。"❷

随着电力工业部在1998年被撤销，2002、2015年两次电力体制改革，我国电力体制发生翻天覆地的变化。电网调度权虽然一直保留在电网企业内部，但电网企业早已不是行政机关，不得再享有和行使行政职权。由此带来的一个麻烦法律问题是：电网调度权的法律性质是什么，民事权利还是行政权力？与此紧密相连的另一个问题是：电网调度机构与电网企业的关系，即电网调度机构是继续与电网企业保持一体化还是独立出去？如果电网调度权是行政权力，调度机构绝对应当从电网企业里独立出去。如果是民事权利，调度机构是继续保留在电网企业里还是独立出去可以作进一步的商榷。反过

---

❶ 郭琦、景志滨、高政南、杭晨辉：《蒙西电网风力发电三公调度方法研究》,《内蒙古电力技术》2014年第5期。

❷ 蒋存勇：《电网调度的历史沿革及未来发展探析》,《电力设备管理》2020年第9期。

来，如果电网调度权被放置于某一民事主体身上，则说明其不是行政权力。

对电网调度权的法律性质问题，目前有两种观点：一种观点主张，应维持调度机构与电网企业一体化的现状不变，即调度不独立。主要理由是：①印度 2012 年 7 月发生的大停电事故，主要原因之一就是印度电网调度管理主体分散、电网运行标准低，统一调度能力不足是大停电事故发生的深层原因。②我国应进一步加强供电网络基础设施建设，强化各级电网和调度的一体化运行机制，提升电网调度运行水平和安全保障能力。❶③电网调度一体化是我国电网发展与能源安全的体制优势与重要保障。④在确保电网公平开放、市场公平交易的基础上，保持电网调度一体化管理，充分发挥电网规模效益，形成"多买方–多卖方"的市场竞争格局，逐步构建科学高效的电力市场体系，能够实现促进电力工业科学发展、保障电力安全可靠供应、提升资源配置效率和效益、降低改革成本和风险等目的。⑤电力现货市场是整个电力市场体系建设的重要环节，目前推进的现货试点都是由调度机构负责组织实施。日前市场和实时市场对于保障电网安全运行和电力实时平衡具有重要作用，应由调度机构负责建设和运营管理，交易机构负责中长期市场建设和运营，这样的职责界面划分是与电力的商品特性和电力生产特点相适应的，符合我国电力系统实际情况，而且运行实践证明，这样的分工是协调、高效的。⑥我国电网处于快速发展过程中，结构变化大，风电、光伏等清洁能源的波动性、随机性决定了其消纳问题必须依靠日前和实时调度解决。将调度与电网分离，不仅会增加电网安全运行的风险，而且还会增加电力系统实时平衡的难度和成本。❷以上论述虽然不是从法律的角度切入的，但这种观点同时也认为，"市场化运营后，行政背景将不复存在，约束双方行为的将是购售电合同和并网调度协议。"❸因此，从法律的角度看，即认为电网调度权是一种民事权利。

另一种观点则主张，调度机构作为电力市场的运营机构独立于电网企业——至

---

❶ 张小军、魏玢：《坚持电网调度一体化管理》，《中国电力企业管理》2012 年第 9 期。

❷ 王旭辉：《应坚持电网调度一体化不动摇》，《电力设备管理》2019 年第 9 期。

❸ 赵自刚：《电力市场中电网调度机构应注意的问题》，《华北电力技术》2001 年第 2 期。

少是部分功能独立于电网企业，避免运动员兼任裁判员的现象发生，即调度应当独立。该观点的主要理由是：①调度权属于公权力，由电力行政主管部门行使；调度机构由主管部门直接领导，代表管理部门行使调度权。②"电网调度机构"≠"电网企业的调度机构"，"电网调度机构"负责整个电力系统包括发电、供电、受电设施（包括用户）等的调度，并不隶属于电网企业。即使是电网企业的"供电设备"检修，也应当服从调度机构的统一安排！这也从一个侧面说明了调度机构的独立性，以及与电网企业之间的关系。③调度机构享有特殊的权力，受到专门的监管。《电力监管条例》等法律也是对调度机构的监管做出了特殊安排，将调度机构与电力企业并列，体现了调度机构的特殊性、独立性。比如2005年颁布、实施的《电力监管条例》第17条规定，电力监管机构对电力企业、电力调度交易机构执行电力市场运行规则的情况，以及电力调度交易机构执行电力调度规则的情况实施监管。❶易言之，该观点认为电网调度权就是一种行政权力，归调度机构享有，调度机构应当从电网企业中独立出去。

那电网调度权到底是民事权利还是行政权力呢？我们认为需要从电网调度的功能入手。电网调度的存在是由电力工业的技术特点决定的，随着电力系统的形成而发展起来的。1879年，上海公共租界点亮第一盏电灯。此时显然无需调度。1882年7月26日，中国第一家发电公司——上海电气公司正式投入商业化运营，15盏电灯在上海点亮。这一天，中国电力工业正式起步。在电力工业发展初期，电力线路仅仅作为发电厂和用电负荷之间的连接线，并未形成电力网络。这个时期的电力调度往往设置在发电厂内。❷并非我们今天所说的电网调度。随着用电负荷的飞速增长，电源的种类不断增加，电网逐渐形成并扩大，需要通过调度对发电量进行分配和调剂，减少浪费，满足用电量的峰谷变化，提高用电效率，从而更好地保障供电电压、频率稳定，确保电力供应的

---

❶《法律视角看电力调度：作为电力市场运营机构应独立于电网企业》，微信公众号"电力法律观察"。

❷ 中国电机工程学会、北京电机工程学会：《智慧调控》，中国电力出版社2018年版，第15页。

连续性和稳定性。易言之，电网调度是提高电网经济性的最佳方式。既然有利，各主体自然会主动要求并网并接受调度，因此，此时电力调度主要通过企业之间的商业协议来实现。从法律的角度看，电力调度权无疑是一种民事权利。发电主体可以选择并网接受调度，并通过协议约定双方的权利义务；也可以选择不并网，不接受调度，如自备电厂，自发自用的分布式发电等。

不过，随着电网的覆盖面越来越大，接入的发电主体和用户越来越多，结构也越来越复杂，电网经济性之外的安全性问题也随之日益凸显。鉴于电网的网络特性，城门失火会殃及池鱼，波及众多的不特定用户的人身、财产安全，而电网调度是保障电网安全的重要手段，相应地也就被赋予了越来越多的公共属性。再加上电网调度确实存在必须绝对服从的要求，与行政权力的强制性很相似，电网调度权是一种公权力的观点也随之诞生。

但问题是电网调度权属于何种公权力呢？公权力，是由特定共同体（国家、社会、国际等）依一定的规则和程序授予的，由共同体组织管理机构行使的，能影响其相对人权利义务的职权和职责的总称。按照公权力的享有主体，可以分为国家公权力、社会公权力和国际公权力。国家公权力是随着国家的产生而形成的一种公权力，是实现国家职能的途径，各类国家机关是国家公权力的组织载体。[1] 鉴于电网调度权系公权力论者认为该权力应由行政机关享有，可见具体指的是国家公权力。行政权力必须通过行政行为来行使。行政法学界通常将行政行为分为受益行政行为、负担行政行为和行政机关的其他行为。受益行政行为具体包括行政给付和行政许可；行政负担行为包括行政处罚、行政征收和征用、行政强制、行政命令。其他行为包括行政规划、行政指导、行政协议、行政确认、行政调查、行政检查。电网调度给各电力业务主体带来经济利益和安全利益，最有可能属于行政受益行为。但"行政给付系指行政主体根据相对人的申请，依据国家法规，考虑相对人的具体条件，而决定无偿给予一定财物的行

---

[1] 蔡乐渭：《论国家监察视野下公权力的内涵、类别与范围》，《河南社会科学》2018 年第 8 期。

政行为。"❶行政许可"是指特定的行政主体根据行政相对人的申请，经依法审查，作出准予或不准予其从事特定活动之决定的行政行为。"电网调度显然与二者不符，因而既不是行政许可行为，也不是行政给付行为。

电力系统中的各主体都需要严格执行调度机构发出的指令，该指令是不是行政命令呢？"行政命令指行政主体依职权为特定的行政相对人设定公法义务的行政行为。"❷行政命令包括以下要素：第一，行政命令由行政主体作出；第二，行政命令是设定义务或规则的行为；第三，行政命令是一种单方的意思表示；第四，行政命令会对行政相对人形成刚性的拘束力；第五，行政命令是一种依职权的行为。❸根据其功能和目的的差异，行政命令可以分为规则性行政命令和补救性行政命令两种类型。规则性命令是针对非违法行政相对人的行政命令，其目的是将行政立法和行政规定为行政相对人设定的一般性的抽象的公法义务进行具体化和补充。补救性行政命令是针对违法的行政相对人作出的要求其补救其违法行为的行政命令，其目的是对行政相对人违反其公法的作为义务进行补救。❹电网调度行为显然不能归入补救性行政命令，那是否属于规则性命令呢？也不属于。尽管《电网调度管理条例》第25条规定，并网运行的发电厂或者电网，必须服从调度机构的统一调度。可以视为行政立法或行政规定为行政相对人设定了一般的、抽象公法义务。但这一义务需要满足一个前提条件，那就是第26条的规定，即需要并网运行的发电厂与电网之间以及电网与电网之间，应当在并网前根据平等互利、协商一致的原则签订并网协议并严格执行。并且这种协议还可以解除，一旦发电主体与甲调度机构解除了协议，改与乙调度机构签署调度协议，就可以不再接受甲调度机构的调度。而行政机关发布行政命令时，完全不需要与行政相对人签订

❶ 行政法与行政诉讼法学编写组：《行政法与行政诉讼法学》（第二版），高等教育出版社2018年版，第124页。

❷ 徐以祥：《论生态环境损害的行政命令救济》，《政治与法律》2019年第9期。

❸ 胡晓军：《行政命令研究——从行政行为形态的视角》，法律出版社2017年版，第118-120页。

❹ 胡晓军：《行政命令研究——从行政行为形态的视角》，法律出版社2017年版，第113-114页。

协议。因此，调度命令不是行政命令。

发电主体与电网调度机构之间签订的协议，有无可能属于行政协议呢？最高人民法院颁布的，于 2020 年 1 月 1 日起施行的《关于审理行政协议案件若干问题的规定》第 1 条规定，行政机关为了实现行政管理或者公共服务目标，与公民、法人或者其他组织协商订立的具有行政法上权利义务内容的协议，属于行政诉讼法第 12 条第 1 款第 11 项规定的行政协议。"行政合同的缔结以行政权的行使或行政职责的履行为前提。"❶换言之，行政机关履行职责在先，签订行政合同在后。即使是签订合同，也不需要与所有的相对人签订，仅与其中有需要的相对人签订即可。但电网调度机构在与发电企业签订合同之前不存在对其的调度，属于签订合同在先，履行调度职能在后，且需要与所有并网的发电主体签订。此乃不符之一。

不符之二是合同的目的。电网调度具有两个职能：提高经济效率和保障安全。第一个职能显然不属于行政管理或公共服务的范畴。只有第二个才属于。那第二个职能目前是否由安身于电网企业内部的调度机构来行使呢？会影响到公共利益的、严重的电网安全事故的主要有两种：大面积停电和因电力供应严重不足需要限电。根据现有规定，在这两种情形下，电力调度机构并不享有调度权，此时的调度权已经归属了政府这一行政机关。

2007 年 11 月 1 日开始施行的《国家突发事件应对法》第 7 条规定，县级人民政府对本行政区域内突发事件的应对工作负责；涉及两个以上行政区域的，由有关行政区域共同的上一级人民政府负责，或者由各有关行政区域的上一级人民政府共同负责。突发事件发生后，发生地县级人民政府应当立即采取措施控制事态发展，组织开展应急救援和处置工作，并立即向上一级人民政府报告，必要时可以越级上报。突发事件发生地县级人民政府不能消除或者不能有效控制突发事件引起的严重社会危害的，应当及时向上级人民政府报告。上级人民政府应当及时采取措施，统一领导应急处置工

---

❶ 叶必丰：《行政合同的司法探索及其态度》，《法学评论》2014 年第 1 期。

作。法律、行政法规规定由国务院有关部门对突发事件的应对工作负责的，从其规定；地方人民政府应当积极配合并提供必要的支持。国务院办公厅于 2015 年 11 月 13 日颁布的《关于印发国家大面积停电事件应急预案的通知》规定的指挥机构包括国家的、地方层面和现场指挥机构。电网调度机构并不属于指挥机构，而是在指挥机构的领导下开展工作。2.4 条明确规定，电力企业（包括电网企业、发电企业等，下同）建立健全应急指挥机构，在政府组织指挥机构领导下开展大面积停电事件应对工作。电网调度工作按照《电网调度管理条例》及相关规程执行。易言之，此时的电网调度机构自身并不能发出任何指令，只能执行政府指挥机构发出的指令。

在电网供电能力不足，需要限电时，调度机构也不能随意调度，必须根据地方政府事先批准的限电序位表进行调度。1994 年 10 月颁布的《电网调度管理条例实施办法》第 26 条规定，省级电网管理部门、省辖市级电网管理部门、县级电网管理部门应当根据本级人民政府的生产调度部门的要求、用户的特点和电网安全运行的需要，提出事故及超计划用电的限电序位表，经本级人民政府的生产调度部门审核，报本级人民政府批准后（自报送本级人民政府的生产调度部门起，如果三十天内没有批复，即可按电网管理部门上报的序位表执行），由有关电网调度机构执行，并抄送该电网管理部门的上一级电网管理部门。也就是说，电网调度机构没有自行决定限电序位表的权限。

此外，考察一下国外的电网调度权的栖身之处也可发现，很多国家并没有将其视为行政权力。国外电网调度权的栖身之处有四种模式：①开放电网模式，指电网所有者、调度机构和交易机构为一体化公司，按照法律要求开放电网。②独立系统运行机构模式，指调度机构和交易机构一体化（ISO/PX），独立于电网资产拥有者。③输电公司模式，指调度机构和电网所有者一体（TSO），交易机构独立。④各自独立模式，指调度机构、交易机构、输电公司三者各自独立的模式。❶

---

❶ 董军：《输配电业务模式的国际比较》，《中国电力企业管理》2009 年第 5 期。

在确定了电网调度权不是行政权力后，就可以得出其是民事权利的结论，但还需要解释发电主体为什么必须严格执行调度机构的调度指令呢？民事权利具有强制力吗？调度机构能否放弃调度权利？前两个问题比较好回答，所有的民事权利都具有强制力，依据合同产生的民事权利自然也不例外，合同即枷锁的法谚以及合同中约定的责任是法官裁判的依据就是明证。对于第三个问题，首先必须明确的是调度机构的调度权肯定不能随意放弃。至于其中的原因，则涉及对私法自治的限制问题。权利可以放弃的观点建立在19世纪近代民法私法自治的基础上。所谓的"私法自治是指民事主体依法享有在法定范围内的广泛的行为自由，并可以根据自己的意志产生、变更、消灭民事法律关系。"❶私法自治与抽象的人格、财产权保护的绝对化、自己责任共同构成了近代民法的模式。到了20世纪后，由于社会环境发生了巨大变化，个人中心主义让位给了社会本位主义，现代民法的模式相应地演变为了限制私法自治、限制财产所有权、具体的人格和社会责任。❷限制私法自治的典型表现之一就是将管制的触角首先伸向民事基本法当中。例如，在物权法领域，所有权绝对原则受到限制，物权的绝对性有所弱化，尊重公共利益、增进社会福祉和禁止权利滥用成为行使所有权的指导原则。在合同法领域，合同自由原则受到多重限制。其中，强制缔约制度的设立对电力、电信、天然气、公共运输等垄断企业所享有的"是否订立合同的自由"及"和谁订立合同的自由"进行限制乃至禁止；强制性合同条款的设立和格式条款的法律规制是对当事人"确定合同内容的自由"的限制；情事变更原则的确立，则不仅是对"变更和解除合同的自由"的限制，而且使法官对合同的干预之手直接伸向合同内部；在侵权法领域，过错责任原则也已独木难支，大量的侵权案件必须适用过错推定原则和无过错责任原则。❸典型表现之二是很多国家在其民法体系中提出了"权利不得滥用"的行使

---

❶ 董学立：《民法基本原则研究》，法律出版社2011年版，第120页。

❷ 梁慧星：《从近代民法到现代民法》，中国法制出版社2000年版，第173-182页。

❸ 钟瑞栋：《"私法公法化"的反思与超越——兼论公法与私法接轨的规范配置》，《法商研究》2013年第4期。

要求。如我国《民法典》第 132 条规定，民事主体不得滥用民事权利损害国家利益、社会公共利益或者他人合法权益。虽然滥用权利的方式主要是作为，但也有不作为的方式。如今对某些权利已明确规定不得放弃。如对于法定担保权之建设工程价款优先受偿权就不得随意放弃。自 2021 年 1 月 1 日起施行的《最高人民法院关于审理建设工程施工合同纠纷案件适用法律问题的解释（一）》第 42 条规定，发包人与承包人约定放弃或者限制建设工程价款优先受偿权，损害建筑工人利益，发包人根据该约定主张承包人不享有建设工程价款优先受偿权的，人民法院不予支持。现在虽无明确的禁止放弃调度权利的规定，但从法理上分析，如允许调度机构随意放弃调度权利，会影响到调度合同以外主体，如不特定用户的利益，进而影响社会公共利益，因此不可以。

在明确电网调度权的民事权利性质后，至于调度机构是继续留在电网企业里还是独立出去，是一个可以继续探讨的问题，但不再是一个法律问题。

第三节　优先发电权

一、优先发电权的含义

发电权这一概念，主要包含在发电权交易概念中。其含义是什么，目前尚未达成共识。有学者认为，发电权包含两个层面的含义：一是发电企业被许可上网发电的权利（简称发电权利）。拥有发电权利，表明发电企业具备了并网发电的资格；二是发电企业被许可或者拥有的发电份额。同时也认为第一层含义的发电权，即"发电权利"是不可交易的；第二层含义的发电权，即"发电份额"是可交易的。[1] 也有学者认为，发电权是发电企业在合同市场、日前市场等市场中通过竞争获得的发电许可份额，发电企业获得发电权的同时，意味着获得了按照某种约定发电并被收购的权力。[2]

---

[1] 陈连凯：《电力市场环境下节能发电调度研究》，武汉大学 2010 年博士学位论文，第 62 页。

[2] 艾东平：《电力市场发电权交易及相关问题的研究》，华北电力大学 2011 年博士学位论文，第 15 页。

鉴于权利能直接给主体带来利益，因此发电资格并不是发电权。考虑到能够给发电企业直接带来利益只能是发电量，结合2008年3月颁布的《发电权交易监管暂行办法》第4条规定，发电权交易是指以市场方式实现发电机组、发电厂之间电量替代的交易行为。我们认为，发电权是指发电企业通过各种方式获得的发电电量。发电电量的获得从来源上看，主要包括两个：一是发电企业通过市场竞争的方式获得；二是相关政府部门从企业的发展和稳定电力市场的角度出发，按照一定的分配原则向未参与市场竞价的发电企业下达电力生产额度计划。[1]后者包括基础电量和优先发电电量。基础电量是指由非市场用户用电量和按照框架协议执行的外送电量所决定的发电企业发电量。

如果彻底市场化了，那么发电企业获取的发电量都应当来自市场。但市场不是万能的，出于对环保、电力系统经济运行的考虑，必须给部分发电主体一定的发电量，并保障其优先出售获取利益，这就是优先发电电量。从法律的角度看，就是优先发电权。国家发改委、国家能源局于2015年公布的《关于有序放开发用电计划的实施意见》规定，优先发电是指按照政府定价或同等优先原则，优先出售电力电量。因此，优先发电权实际上就是指发电主体优先于其他发电主体出售电力电量的权利。

按照目的，优先发电权可以分为以下几类：①为落实国家环保战略的优先权，如利用清洁能源，以及余热、余压、余气、煤层气等资源综合利用而获得的发电量。②为保障电网安全的优先权，如用于保障电网调峰、调频、电压支撑而获得的发电量。③为保障民生的优先权，如符合供热方式合理、实现在线监测并符合环保等要求的热电联产机组在采暖期按"以热定电"原则而获得的发电量。④为输电资源充分利用的优先权，如贯彻跨区跨省输电资源利用而获得的发电量。⑤为落实其他国家和地方政策的优先权，如贫困地区机组、超低排放燃煤机组、各类考核优良机组奖励等而获得的发电量。

---

[1] 李春刚：《低碳发展需要的发电权交易模型研究》，华北电力大学2014硕士学位论文，第6页。

按照谁更优先，优先权发电权又可以分为一类和二类优先权。一类优先发电权包括：①纳入规划的风能、太阳能、生物质能等可再生能源发电优先权；②为满足电网安全需要，进行调峰调频的优先发电权；③为保障供热需要，热电联产机组在采暖期实行"以热定电"的优先发电权。二类优先发电权包括：①跨区跨省送受电中的国家计划、地方政府协议送电量优先发电权；②水电、核电机组优先发电权；③余热余压余气发电、超低排放燃煤机组优先发电权。

二、优先发电权的实现

优先发电权的利益目前主要通过两种方式实现，一种是"保量限价"，优先发电计划电量通过市场化方式形成价格后全额收购。如通过招标形成价格，然后再优先调度，将电量卖给电网企业。一种是"保量保价"，即优先发电计划电量由电网企业按照政府定价全额收购。在各类优先发电权中，可再生能源发电的环境正外部性最高，因此首先应当确保优先收购此类电量。为实现这一目标，2005年制定的《可再生能源法》第14条中专门设计了全额保障性收购制度，❶2009年对该条又进行了修改。❷为落实该制度，国家发展改革委在2016年又制定了《可再生能源发电全额保障性收购管理办法》。根据这些规定，可再生能源发电全额保障性收购是指电网企业（含电力调度机构）根

---

❶ 2005年制定的《可再生能源法》第14条　电网企业应当与依法取得行政许可或者报送备案的可再生能源发电企业签订并网协议，全额收购其电网覆盖范围内可再生能源并网发电项目的上网电量，并为可再生能源发电提供上网服务。

❷ 2009年修改的《可再生能源法》第14条　国家实行可再生能源发电全额保障性收购制度。

国务院能源主管部门会同国家电力监管机构和国务院财政部门，按照全国可再生能源开发利用规划，确定在规划期内应当达到的可再生能源发电量占全部发电量的比重，制定电网企业优先调度和全额收购可再生能源发电的具体办法，并由国务院能源主管部门会同国家电力监管机构在年度中督促落实。

电网企业应当与按照可再生能源开发利用规划建设，依法取得行政许可或者报送备案的可再生能源发电企业签订并网协议，全额收购其电网覆盖范围内符合并网技术标准的可再生能源并网发电项目的上网电量。发电企业有义务配合电网企业保障电网安全。

电网企业应当加强电网建设，扩大可再生能源电力配置范围，发展和应用智能电网、储能等技术，完善电网运行管理，提高吸纳可再生能源电力的能力，为可再生能源发电提供上网服务。

据国家确定的上网标杆电价和保障性收购利用小时数，结合市场竞争机制，通过落实优先发电制度，在确保供电安全的前提下，全额收购规划范围内的可再生能源发电项目的上网电量。承担全额保障性收购的义务主体是电网企业。具体义务包括：①建设可再生能源发电配套送出工程的义务；②加强输配电设备和技术支持系统的维护，确保可再生能源发电全额上网；③优先调度义务；④及时结算电费的义务。但电网企业履行前述义务的前提条件是：①可再生能源发电项目已列入国家规划；②通过了行政许可，取得了发电类业务许可证，或者已报送备案；③项目在相应的电网覆盖范围内；④符合并网要求并与电网企业签订了并网调度协议；⑤配合电网企业保障电网安全。

电网企业因履行全额保障性收购制度会增加两类费用：一是可能要支付比从竞争性发电企业购电更高的费用；二是建设和运维专门的输电网络而产生的费用。为弥补这些费用，《可再生能源法》设立了三个制度：一是电费附加，即电网企业全额收购可再生能源电量所发生的费用，高于按照常规能源发电平均上网电价计算所发生费用之间的差额，由在全国范围对销售电量征收可再生能源电价附加补偿；二是计入销售成本，即电网企业为收购可再生能源电量而支付的合理的接网费用以及其他合理的相关费用，可以计入电网企业输电成本，并从销售电价中回收；三是可再生能源基金补贴，对于前述的合理的接网费用以及其他合理的相关费用，电网企业不能通过销售电价回收的，可以申请可再生能源发展基金补助。

实践中，全额保障性收购制度并没有得到全面贯彻落实，弃风弃光现象时有发生。根本原因在于全额保障性收购制度只是要求电网企业全部收购，但没有考虑电网企业的销售问题，即没有考虑收购和销售能否保持平衡。除了可再生能源发电需要全额收购外，还有大量的其他发电企业也需要全额收购，当收购量大于销售量时，波动性强、稳定性差的可再生能源电量很不受电网企业欢迎。尤其是当2015年电力体制改革后，电网企业的盈利模式要从统购统销变为收取过网费，其收购能力进一步下降，由电网企业承担全额保障性收购义务的制度必须进行改革，需重新确定此类优先发电权的义务承担主体。基于此，国家能源主管部门便提出了可再生能源消纳责任权重制度。其总思路是以市场化手段加快可再生能源消纳力度，打破省间壁垒，实现可再生能源跨省跨区消纳，重构了消纳主体。承担消纳责任的第一类市场主体为各类直接向电力用户供/售电的电网企业、独立售电公司、拥有配电网运营权的售电公司；第二类市场主体为通过电力批发市场购电的电力用户和拥有自备电厂的企业。各承担消纳责任的市场主体以实际消纳可再生能源电量为主要方式完成消纳量，同时可通过以下补充（替代）方式完成消纳量。①向超额完成年度消纳量的市场主体购买其超额完成的可再生能源电力消纳量，双方自主确定转让（或交易）价格。②自愿认购可再生能源绿色电力证书，绿证对应的可再生能源电量等量记为消纳量。❶2024年2月，国家发改委通过了《全额保障性收购可再生能源电量监管方法》，把可再生能源发电项目的上网电量分为保障性收购电量和市场交易电量两部分。其中保障性收购电量由电力市场相关成员承担收购义务，电网企业不再单独承担收购义务，而是组织电力市场相关成员进行保障性收购电量的消纳❷。

第四节　电力辅助服务与有序用电

一、电力辅助服务

电力生产与运行除了电能的发、输、配、用外，还有一个重要的业务，即电力辅助服务。电力辅助服务是指为维持电力系统安全稳定运行，保证电能质量，促进清洁能源消纳，除正常电能生产、输送、使用外，由火电、水电、核电、风电、光伏发电、光热发电、抽水蓄能、自备电厂等发电侧并网主体，电化学、压缩空气、飞轮等新型储能，传统高载能工业负荷、工商业可中断负荷、电动汽车充电网络等能够响应电力调度指令的可调节负荷（含通过聚合商、虚拟电厂等形式聚合）提供的服务。

---

❶ 具体内容参见国家发展改革委　国家能源局《关于建立健全可再生能源电力消纳保障机制的通知》，发改能源〔2019〕807号。

❷ 具体内容参见国家发展改革委《全额保障性收购可再生能源电量监管办法》（2024年第15号令）

电力辅助服务的提供义务主体包括三类：发电侧并网主体、新型储能与用户可调节负荷。发电侧并网主体包括常规发电（火电、水电、核电）、新能源发电（风电、光伏发电、光热发电）、抽水蓄能、自备电厂等发电主体；新型储能包括电化学储能、压缩空气储能、飞轮储能等；用户可调节负荷包括传统高载能工业负荷、工商业可中断负荷、电动汽车充电网络等能够响应电力调度指令的可调节负荷，此外，负荷聚合商、虚拟电厂等可通过聚合需求侧资源，作为独立主体提供辅助服务。

电力辅助服务根据服务内容分为有功平衡服务、无功平衡服务和事故应急及恢复服务。有功平衡服务包括调频、调峰、备用、转动惯量、爬坡等电力辅助服务。无功平衡服务即电压控制服务，是指为保障电力系统电压稳定，并网主体根据调度下达的电压、无功出力等控制调节指令，通过自动电压控制、调相运行等方式，向电网注入、吸收无功功率，或调整无功功率分布所提供的服务。事故应急及恢复服务包括稳定切机服务、稳定切负荷服务和黑启动服务。❶

电力辅助服务根据有无收益，可以分为基本电力辅助服务和有偿电力辅助服务。基本电力辅助服务为并网主体义务提供，没有补偿。有偿电力辅助服务可通过固定补偿或市场化方式获得回报。其中固定补偿方式按"补偿成本、合理收益"的原则确定补偿力度；市场化定价方式包括集中竞价、公开招标、挂牌、拍卖、双边协商等。

电力辅助服务提供方需承担的义务包括：①向电力调度机构申报基础技术参数以确定电力辅助服务能力，或满足相关技术参数指标的要求。②所提供的电力辅助服务应达到规定标准。③通过采取购买调峰资源或调峰服务方式建设的可再生能源发电项目，入市前项目主体应向调度机构申报承担电力辅助服务责任的主体，并报国家能源局派出机构备案。④电力用户签订的带负荷曲线电能量交易合同中应明确承担电力辅助服务的责任和费用等相关条款，并满足所参与电力辅助服务的技术要求。

---

❶ 各术语的含义参见国家能源局制定的《电力辅助服务管理办法》。

二、有序用电

有序用电，是指在电力供应不足、突发事件等情况下，通过行政措施、经济手段、技术方法，依法控制部分用电需求，维护供用电秩序平稳的管理工作。

有序用电由于涉及控制用电，对用户的利益会造成重大影响，当通过行政手段控制用电时，由于不考虑用户的意愿，因而就需要事先制定有序用电方案，让用户提前知晓。该方案的制定主体是各省级和地市电力运行主管部门，电网企业是有序用电工作的重要实施主体；电力用户是有序用电的参与主体。各省级电力运行主管部门应组织指导省级电网企业等相关单位，根据年度电力供需平衡预测和国家有关政策，确定年度有序用电调控指标，并分解下达各地市电力运行主管部门。各地市电力运行主管部门应组织指导电网企业，根据调控指标编制本地区年度有序用电方案。地市级有序用电方案应定用户、定负荷、定线路。各省级电力运行主管部门应汇总各地市有序用电方案，编制本地区年度有序用电方案，并报本级人民政府、国家发展和改革委员会备案。

编制年度有序用电方案原则上应按照先错峰、后避峰、再限电、最后拉闸的顺序安排电力电量平衡。[1] 编制有序用电方案原则上优先保障以下用电：①应急指挥和处置部门，主要指党政军机关，广播、电视、电信、交通、监狱等关系国家安全和社会秩序的用户；②危险化学品生产、矿井等停电将导致重大人身伤害或设备严重损坏企业的保安负荷；③重大社会活动场所、医院、金融机构、学校等关系群众生命财产安全的用户；④供水、供热、供能等基础设施用户；⑤居民生活，排灌、化肥生产等农业生产用电；⑥国家重点工程、军工企业。原则上重点限制以下用电：①违规建成或在建项目；②产业结构调整目录中淘汰类、限制类企业；③单位产品能耗高于国家或地方强制性能耗限额标准的企业；④景观照明、亮化工程；⑤其他高耗能、高排放企业。实践中，有序用电方案都是每年调整更新一次。

---

[1] 相关术语的含义可参见《有序用电管理办法》第32条。

二维码4-3 2021年河北省有序用电方案

有序用电的实施一般分为以下几个阶段：一是预警发布。原则上按照电力或电量缺口占当期最大用电需求比例的不同，预警信号分为四个等级：Ⅰ级：特别严重（红色、20%以上）；Ⅱ级：严重（橙色、10%~20%）；Ⅲ级：较重（黄色、5%~10%）；Ⅳ级：一般（蓝色、5%以下）。各省级电网企业应密切跟踪电力供需变化，预计因各种原因导致电力供应出现缺口的，应及时报告相关省级电力运行主管部门。各省级电力运行主管部门应根据电力供需情况，经过研判后，及时发布预警信息。有序用电预警后，各级电力运行主管部门会同当地供电企业立即通知相关电力用户做好执行有序用电方案的准备，有关重要电力用户要及时检查备用和保安电源，落实各项安全保障措施。二是发布启动有序用电方案的通知。三是执行有序用电方案。在实施有序用电方案期间，各级电力运行主管部门应当与电网企业建立顺畅的信息沟通机制，加强工作联络和信息交流，及时向本级人民政府汇报当地有序用电执行情况。电网企业应在电力运行主管部门指导下加强网省间余缺调剂和相互支援。发电企业应加强设备运行维护和燃料储运。电力用户应加强节电管理，有序用电方案涉及的用户应按要求采取相应措施。除紧急情况外，在对用户实施、变更、取消有序用电措施前，电网企业应通过公告、电话、传真、短信等方式履行告知义务。

在有序用电中，最严厉的手段就是限电和拉闸。先对哪些主体，后对哪些主体限电和拉闸的次序就是限电序位。鉴于其对社会主体的影响太大，因此需要事先制定限电序位表并经当地政府审批。在真正需要限电和拉闸时，必须按照审批后的限电序位表进行。

二维码4-4　宁夏2021年
电网事故拉闸限电序位表

思考题:

1. 您认为电网调度权的法律性质是什么?

2. 您认为可再生能源电量全额收购制度应当如何设计?

3. 您认为应当根据哪些指标来评判电网调度是否公平?

第五章 | 电力供应与使用

一般认为，供用电合同是一种特殊类型的买卖合同。[1] 买卖合同的有关规则，对于供用电合同有参照适用的效力。[2] 电力（亦称电能）也是民法上的"物"，[3] 电力供应与使用符合一般商品买卖的特点，一方出售电力这种商品、另一方购买电力这种商品，电力供应与使用就是持续不断的商品买卖过程；另一方面，这种电力的交付需要经由电网完成，要保持电力的连续稳定供应，保持电网的安全稳定运行至关重要，电力的供应与使用势必受到时间及空间上的限制。这种电力供应与使用上的特殊性，体现在法律制度上就形成了不同于普通商品买卖的特殊要求，如用电检查、安全用电、有序用电等。

现代社会电力已经是人们的基本生活所需，获得电力事关公民的生存权与发展权以及营业自由，[4] 因此保障公民获得电力供应也是保障公民的基本人权，电力普遍服务具有其特殊价值。电力从发电厂输送到用户需要经由电网完成，电网具有自然垄断属性，法律制度在体现和保护这种自然垄断的同时，又必须防止其被滥用，供电营业区制度及强制缔约义务正是这一特性的体现。由于电力的供给关系到重大公共利益，保持供电与用电的安全是公共利益的必然要求，用电检查即是保障公共安全的有效措施。供电企业对用户供电、断电不可率性而为，用户则需承担安全用电义务、按期付费义务、必要时限

---

[1] 王利明：《中国民法典评注（合同篇）》（二），人民法院出版社 2021 年版，第 702 页；谢鸿飞、朱广新：《民法典评注·合同编·典型合同与准合同（1）》，中国法制出版社 2020 年版，第 260 页。

[2] 最高人民法院民法典贯彻实施工作领导小组编：《中华人民共和国民法典合同编理解与适用〔二〕》，人民法院出版社 2020 年版，第 1137 页。

[3] 王利明：《物权法研究》（上卷），中国人民大学出版社 2018 年版，第 63 页。

[4] 李大勇：《作为行政强制执行手段的断水、断电》，《行政法学研究》2013 年第 3 期。

制供给或中断供给的容忍义务。❶ 正是由于电力的供应与使用关系到重大公共利益，因此其不仅仅是供电企业与电力用户之间的意思自治，更是受到公权力的深度干预，供用电合同的电价、电能质量、用电安全、停电事由、违约责任等均受到公法的诸多制约，合同的签订与履行还受到电力管理部门的监督及电力监管机构的监管。

第一节　供用电合同

供电人是与用电人相对的主体。在电力用户获得电力的关系主体中，用户为获得和使用电力的用电人，向用户供给和交付电力的主体为供电人。供用电合同关系是二者之间基本的法律关系。

供用电合同作为合同的一种，既具有合同的一般特征，也具有其特殊性，并受到了公法及公权力的深度干预。尤其是其中的特殊性，体现了合同自由与契约正义之间的平衡、体现了私权行为的公法化、体现了特许经营与普通合同的融合。

一、供用电合同的概念

《民法典》合同编第十章"供用电、水、气、热力合同"第648条将供用电合同定义为：供用电合同是供电人向用电人供电，用电人支付电费的合同。

《民法典》合同编及1999年颁布的《合同法》将供用电、水、气、热力合同独立于买卖合同，作为单独的一种有名合同来加以规定，主要是因为这类合同在合同性质、合同主体、合同标的物、合同履行方式等方面具有显著特殊性。一般认为，供用电合同是一种特殊类型的买卖合同，❷ 兼具买卖合同和服务合同的性质。2015年中共中央、国务院印发深化电力体制改革意见，开启了电力市场化改革，改革之主要内容是在发

---

❶ 王雷：《论容忍义务在我国民法典中的体系位置》，《河南财经政法大学学报》2017年第1期。

❷ 王书生：《电力法实施疑难问题研究》，中国政法大学出版社2014年版，第59页；王利明编：《中国民法典评注（合同篇）》（二），人民法院出版社2021年版，第702页。

电侧和售电侧开展有效竞争，由此出现售电人（卖方）与供电人相分离，即卖方与交付电能的供电人分属不同的主体，对于传统意义上的供用电合同关系发生了较大改变。在供电人不再是卖方的情况下，作为电能交付者的供电人与用电人之间仍然存在供用电合同关系，此时的供用电合同剥离了买卖关系而余下有电能交付使用的服务关系。又因供用电合同与电力普遍服务、强制缔约、连续供电、有序用电、保底服务等密不可分，供电人随时都有可能成为卖方，因而作为电力的卖方和交付者的二者合一身份仍将长期存在，《民法典》中的供用电合同法律规范仍具有独立的、普遍的、长期的适用性。

二、供用电合同的特征

（一）供用电合同具有公益性

供用电合同属于公用事业服务类合同，供电企业不是纯粹以营利为目的而成立的企业，而是国家特许其经营、以满足人们生产生活等社会活动对电力的需求为目的而设立的企业。虽然供电人也在供电业务中获得利益，但设立此类企业、许可其开展供电业务的主要目的不是为了让供电人营利，而主要是为了满足人民生产、生活的基本需求，具有鲜明的公益性。[1] 公共性是公共企业的本质属性，[2] 其主要职责在于为社会经济发展和公众生产生活提供质高价廉的公共产品和服务。这决定了公共企业承担着一定的公共责任，不以效率和经济利益最大化为唯一价值追求，[3] 甚至不是其主要目标，"公共企业某种程度上是以效率和经济利益一定程度的牺牲为代价来换取公共利益和公共责任"。[4] 基于此，国家对供用电合同的订立、中止、解除及供电用电安全、供电质量、电价、连续供电、停止（中止、限制）供电等均有严格限制，且对供电人的供

---

❶ 崔建远：《合同法》，法律出版社 2016 年版，第 318 页。

❷ 张树义：《公共企业的社会责任》，《检察日报》2007 年 2 月 14 日，第 6 版。

❸ 胡改蓉：《论公共企业的法律属性》，《中国法学》2017 年 3 期。

❹ 李辉生：《论公共企业的公共责任》，《中国行政管理》2006 年第 7 期。

电服务实行专门的行政监管。供用电合同的签订及履行不仅与合同双方利益密切相关，也直接影响到公共利益，因此一方的违约不但要承担民事责任，还要承担行政责任，公权力介入供用电关系的全过程。公私法融合渗透、私权行为公法化在供用电合同的签订与履行中得到了充分体现。

（二）供用电合同具有买卖合同与服务合同的双重性

在传统的供电模式下，供用电合同本质上为一种特殊的买卖合同，但在参与电力直接交易的用户向不拥有配电网运营权的发电企业或售电公司购电的情形，完整的电力买卖被拆分成售电和配电两个环节，供用电合同调整配电关系，体现出服务合同的属性。❶供用电合同既可以同时包含买卖和服务两部分、也可以只包含服务部分，但如只包含买卖部分则无法体现供电的自然垄断属性，因而不能称为供用电合同。因此，供用电合同的服务性是其最为本质的特征。供用电合同体现出诸多服务合同的特性：服务的提供和消费同时进行；电力虽属物，难以像物一样贮藏库存，通常也不贮藏而是随时使用随时供应；即使供用电合同无效，电力也因消耗而无法复原、返还；服务的提供受到服务人特质的制约，所以服务合同通常应当亲自履行，电力的供应依赖于配电网，亦不应由第三人代为履行。❷

（三）供用电合同为双务、有偿、诺成性合同

卖方（供电人）的合同义务是按照国家规定的标准和合同约定，向买方（用电人）转移电力这一财产的所有权；买方（用电人）的合同义务是根据在合同约定时间内，按照合同约定的价款及用电量支付相应费用。买卖合同的有关规则，对于供用电合同有参照适用的效力。供电人与用电人应当根据平等自愿、协商一致的原则，按照《电力供应与使用条例》及部门规章《供电营业规则》签订供用电合同，确定双方的权利和义务。在电力买卖与电力交付相分离、供用电合同表现为电力交付的服务合同，此

---

❶ 王文军：《电力直接交易背景下〈民法典〉供用电合同制度新解》，《法学杂志》2022 年第 2 期。

❷ 周江洪：《服务合同在我国民法典中的定位及其制度构建》，《法学》2008 年第 1 期。

时供电人应向用户交付电力、而用户须支付输配电价等服务费用。❶

（四）供用电合同主体具有用电人的广泛性及供电人的单一性

供用电合同主体的鲜明特征是：供电主体单一，而用电主体广泛。作为合同一方的供电人是指供电企业或依法取得供电营业许可的其他单位。电力作为现代社会生活生产的必需品，作为合同买方的用电人具有广泛性，既可以是自然人、普通家庭、社会大众，也可以是法人、非法人组织。

（五）供用电合同标的物为电力

根据《民法典》总则编第115条规定，物权包括物和权利，其中的物包括不动产和动产。学界对"物"的定义，是指除人身外能够为人力所支配、独立满足人类社会生活需要的有体物及自然力。❷电、热、气、声、光等以无形态表现的自然力或能量虽然没有固定的实体形态，但也属于民法中"物"的范畴。供用电合同中的所说的电力，属于一种能量形态，故又称之为电能。

（六）供用电合同在标的履行方式上属于继续性合同

对于用电人来说，电力无法大量保存，因此在供用电合同的履行中，标的物电力生产、交付、使用同时进行、同时完成。也就是说，只有供电人的交付与用电人的使用同步，交付一旦停止则使用也立即停止，反过来也是如此。与一般的买卖合同相比，这种履行方式不是一次性的或者分期分次完成，而是处于持续履行状态，即便未发生实际交付时也保持即时可交付状态。供用电合同的继续性特点，决定了保持持续可交付状态、以及交付的时空差异等具有了特殊价值。又基于此属性，形成了两部制电价机制、系统备用机制、电网安全约束机制、峰谷分时电价机制、阻塞管理机制、需求侧管理机制、负荷管理机制、用电检查机制等。

（七）供用电合同在形式上多采用格式合同

由于用电人的广泛性、不特定性，要求供电人与每一个用电人分别磋商订立合

---

❶ 王重阳：《电力法治焦点难点探析》，中国电力出版社2012年版，第47—59页。

❷ 王泽鉴：《民法总则》，北京大学出版社2009年版，第168页。

同，对于供电人来说成本过高。而且由于供用电合同的主要条款如电价、供电质量等均由国家统一规定而不是双方可以协商的内容，因此供用电合同一般表现为格式合同，用电人几乎仅有选择订立或不订立合同的权利、而不具有对合同主要内容进行变更的权利。

三、法律法规对供用电合同的规定 ❶

（一）《民法典》对供用电合同的规定及历史沿革

我国最早在 1981 年颁布的《经济合同法》中，就把供用电合同作为 9 类有名合同之一予以了专门的规定，该法第 21 条规定"供用电合同，根据用电方需要和电力可供量签订。合同中应明确规定电力、电量、用电时间和违约责任等条款"，并在第 42 条规定了违反供用电合同的责任，同时明确"违反供用水合同、供用气合同的责任，可参照本条规定处理"。1999 年颁布的《合同法》，将"供用电、水、气、热力合同"作为 15 类有名合同之一单设一章，并扩展为 9 个法条。2020 年颁布的《民法典》合同编中，承接了《合同法》的"供用电、水、气、热力合同"章，在内容上则进一步明确了供电人的强制缔约义务和供电人中止供电的通知义务。❷

（二）电力法律法规对供用电合同的规定

1995 年颁布的《电力法》对于供用电相关的内容作出了较多的规定，并设有"电力供应与使用"一章。该法明确了电力供应与使用应当遵循的基本原则和基本内容，从而明确了供用电合同的基本内容。1996 年国务院颁布的行政法规《电力供应与使用条例》对供用电作出了系统性的规定，确定了供用电合同的主要条款及违约责任等。1996 年原电力工业部发布部门规章《供电营业规则》，对涉及供电方式、新装、增容与

---

❶ 王书生：《电力法实施疑难问题研究》，中国政法大学出版社 2014 年版，第 59-63 页。

❷ 强制缔约义务，参见《民法典》第 648 条第 2 款："向社会公众供电的供电人，不得拒绝用电人合理的订立合同要求"；中止供电通知义务，参见《民法典》第 654 条第 2 款："供电人依据前款规定中止供电的，应当事先通知用电人"。

变更用电、受电设施建设与维护管理、供电质量与安全供用电、用电计量与电费计收、并网电厂、供用电合同与违约责任、窃电的制止与处理等一系列与供用电合同签订及履行中的事项，作出了较为完备的规定。之后，随着社会经济的发展，国务院相关部门陆续发布通知等对其中的部分内容适时作出了调整。

（三）地方性法规对供用电合同的规定

《电力法》颁布以后，不少省、自治区纷纷结合本地的实际，制定涉及电力的地方性法规和地方政府规章，成为电力法律法规体系的重要组成部分。截至 2018 年年底，全国地方电力立法共有 88 部。[1]这其中不乏供用电方面的内容。2004 年 3 月云南省第十届人大常委会第八次会议审议通过的《云南省供用电条例》为我国第一部专门规范供用电关系的地方性法规。此后，十多个省（自治区、直辖市）相继出台以"供用电"或"供用电秩序维护"为名的综合性法规或规章，其内容均涉及供用电事项。

（四）其他法律法规涉及供用电合同签订与履行的规定

由于电力在现代社会生活中的广泛性、普遍性，涉及供用电合同签订与履行相关的禁止供电、中止供电还成为社会管理的有效措施，[2]这些措施体现在其他专门性法律法规之中。专门性法律如《安全生产法》（2021 年修正）第 70 条规定，对存在重大事故隐患、有发生生产安全事故的现实危险的生产经营单位可以采取停止供电等措施。[3]

---

[1] 王学棉，等：《地方电力立法研究》，中国政法大学出版社 2019 年版，第 9 页。

[2] 吴德松、王学棉：《行政机关强制停电的行为属性及法律责任探究》，《海峡法学》2021 第 3 期。

[3]《安全生产法》（2021 年修正）第 70 条："负有安全生产监督管理职责的部门依法对存在重大事故隐患的生产经营单位作出停产停业、停止施工、停止使用相关设施或者设备的决定，生产经营单位应当依法执行，及时消除事故隐患。生产经营单位拒不执行，有发生生产安全事故的现实危险的，在保证安全的前提下，经本部门主要负责人批准，负有安全生产监督管理职责的部门可以采取通知有关单位停止供电、停止供应民用爆炸物品等措施，强制生产经营单位履行决定。通知应当采用书面形式，有关单位应当予以配合。负有安全生产监督管理职责的部门依照前款规定采取停止供电措施，除有危及生产安全的紧急情形外，应当提前二十四小时通知生产经营单位。生产经营单位依法履行行政决定、采取相应措施消除事故隐患的。"

地方性法规如《北京市城乡规划条例》（2021年修正）第65条规定，供电单位对没有规划许可证件的建设工程不得供电等。❶

四、供用电合同实务中的疑难问题

（一）关于"供电人"和"用电人"的主体范围

（1）供电人：《民法典》称之为"供电人"，《电力法》等称之为"供电企业"，后续又有"配电公司"或"具有配电网经营业务的售电公司"。"供电人"这一主体范围应当如何理解？有的认为"供电人是指供电企业或者依法取得供电营业资格的非法人组织"，❷但未对"取得供电营业资格的非法人组织"进一步明确，我们可以将其理解为供电企业的非法人分支机构。《民法典》中的"供电人"是相对用电人（即电力用户）的概念，即向电力用户提供、交付电力的民事主体，《民法典》所称的"供电人"与《电力法》所称的"供电企业"是统一的。向电力用户交付电力的主体包括有电网企业、配电公司，二者均具有电网经营业务、均具有自然垄断属性、均应当为"供电人"或"供电企业"。在交付电能与售电分离的情况下，由于不具有配电网经营业务的、纯粹的售电公司售电但不负责向用户交付电能，因此不称其为供电人。有的观点认为，独立的纯售电公司也是供电主体（即供电人），❸此说法有待商榷。

（2）用电人：《民法典》称之为"用电人"，《电力法》等称之为"电力用户"，它既可以是自然人、也可以是企业法人、事业法人与非法人组织等。用电通常依附于房

---

❶《北京市城乡规划条例》（2021年修正）第65条："市政公用服务单位办理供水、供电、供气、供热、通信等服务手续时，应当查验建设工程的规划许可证件或者不动产登记证明，对没有规划许可证件或者不动产登记证明的，不得提供相应服务；未取得规划许可的建设项目进行施工的，市政公用服务单位及其他单位不得提供施工用水、用电。对没有规划许可证件或者不动产登记证明，已办理相关服务手续或者提供服务的，市政公用服务单位应当采取合理措施予以纠正。"

❷ 王利明：《中国民法典评注（合同篇）》（二），人民法院出版社2021年版，第703页。

❸ 谢鸿飞、朱广新：《民法典评注·合同编·典型合同与准合同（1）》，中国法制出版社2020年版，第261页。

屋等处所而存在，但房屋、处所等又因为出租，或者自然人家庭成员的变化而发生实际使用人与名义使用人的不一致，此时的名义用电人与实际用电人并不一致，在二者行使用电人权利（例如要求中止供用电合同的履行）或履行用电人义务发生分歧时，究竟谁是"用电人"则不无疑问。司法实践中，分别有认为名义用电人、实际用电人为"用电人"的裁判。●

（二）关于"转供电"主体的法律地位

转供电存在两类情形：一是委托转供电，即《供电营业规则》第16条所称的转供电。❷ 此时转供电主体是受供电企业的委托对用户进行供电，供电企业与转供电主体之间构成委托代理关系，被转供电的用户为用电人，供电人依然是供电企业。这类转供电的法律关系清晰，现实中争议不多。二是"专变用户"向"最终用户"供电，即《供电营业规则》第17条所称的非电网直供电。从供电企业与电力用户的关系来看，"专变用户"作为一个主体与供电企业签订供用电合同，应当不违反法律法规的禁止性规定，例如一个小区的开发商、业主委员会或者物业公司、商业综合体等；但该专变用户再向最终用户如小区的众多住户、工商业者等供电。此时，转供电的主体相对于供电企业而言是"用电人"，相对最终用户而言则是"供电人"。❸ 实务中有司法裁判认

● 某电子有限公司诉某供电局供用电合同纠纷案，广东省广州市中级人民法院（2016）粤01民终13881号民事判决书；罗某某诉某供电公司供用电合同纠纷案，湖北省荆门市中级人民法院（2018）鄂民终1049号民事判决书。

❷《供电营业规则》第16条："用户不得自行转供电。在公用供电设施尚未到达的地区，供电企业征得该地区有供电能力的直供用户同意，可采用委托方式向其附近的用户转供电力，但不得委托重要的国防军工用户转供电。委托转供电应遵守下列规定：（一）供电企业与委托转供户（以下简称转供户）……签订协议。（二）转供区域内的用户（以下简称被转供户），视同供电企业的直供户，与直供户享有同样的用电权利，其一切用电事宜按直供户的规定办理。（三）向被转供户供电的公用线路与变压器的损耗电量应由供电企业负担，不得摊入被转供户用电量中……（五）委托的费用，按委托的业务项目的多少，由双方协商确定。"

❸ 亦有观点认为作为转供电主体的物业或开发商并非业主的供电人。参见：谢鸿飞、朱广新编，《民法典评注·合同编·典型合同与准合同（1）》，中国法制出版社2020年版，第261-262页。

定物业公司与业主存在供用电合同关系，❶因此物业公司是为供电人；也有的认为物业公司不是最终用户，其只是业主的代理人，供用电合同存在于业主与供电企业之间。❷

在"专变用户"的转供电关系中，法律关系复杂，往往在供电人、转供电人、最终用电人之间产生矛盾：一是转供电人从中加收较高的转供电电费，加重了最终用电人的负担；二是转供电人如不加收费用，则其投资成本和运维成本无从回收、或以物业费的形式收取；❸三是转供电人从最终用户收取电费后，未向供电人足额、及时缴纳电费，供电人实施停电措施后使得交纳了电费的最终用户却无电可用，损害了其供电人、最终用户的合法权益；四是部分最终用户欠费，致使转供电主体的物业公司经营困难。❹而且，由于电力监管部门没有为转供电人颁发供电业务许可证，属于电力监管的"真空"地带。为避免转供电中出现这些问题，现实中的解决办法则是将由转供电主体管理的、业主专有或共有的配电资产移交供电企业，供电企业接收后直接向最终用户供电，从而消除转供电这一中间主体。但实际执行中亦有难如人意之处：一是配电设施构成建筑物整体的一部分客观上难以分割移交（如车站、机场、码头），以及业主不愿意移交或不能形成移交决定，致使移交不能；二是供电企业不愿意接收，致使移交不能；三是移交双方均愿意，但移交的具体内容达不成一致，致使移交不能。在没有移交供电企业的情况下，供电企业亦不能另行建设配电设施自行向最终用户直接供电，一方面违背了配电网的自然垄断特性，既不安全也不经济；另一方面这种供电方式必定要利用其他权利人的不动产或动产等，势必侵犯了转供电主体的经营权及他人的财产权。如果一一协商则难度大、成本高，实施困难。

❶ 钟建林：《运用日常生活经验推定案件事实》，北大法宝专题参考库。

❷ 尤冰宁：《物业公司在物业管理中的法律地位——一起物业公司停电案引起的法律思考》，《人民司法》2005年第11期。

❸ 杨晓冉：《转供电加价清理仍待加力》，《中国能源报》2022年3月21日，第12版。

❹ 尤冰宁：《物业公司在物业管理中的法律地位——一起物业公司停电案引起的法律思考》，《人民司法》2005年第11期。

第二节　供电营业区

电网的自然垄断属性决定了在一定的地域空间内只能有一个供电主体，体现这种自然垄断属性的法律制度即供电营业区制度。国家以划分供电营业区、颁发供电业务许可证的方式，特许供电人在一定区域范围内投资、经营电网业务和供给电力。根据《行政许可法》（2019 年修正）第 12 条的规定，对"有限自然资源开发利用、公共资源配置以及直接关系公共利益的特定行业的市场准入等，需要赋予特定权利的事项"可以设定行政许可，作为向社会公众提供电力，且直接关系公共利益的供电业务即属于此类行政许可事项。

一、概念及特征

供电营业区是指向用户供应并销售电能的地域。经国家核准的供电营业区，是电网经营企业或者供电企业依法专营电力的地域。❶

供电营业区具有如下特征：

（1）供电营业区赋予了供电企业以垄断经营的权利。供电营业区是供电企业专营电力的地域，《电力法》（2018 年修正）第 25 条规定，"一个供电营业区内只设立一个供电营业机构"，因此供电营业区实质上是国家赋予供电企业以垄断经营的权利。电网具有显著的自然垄断特性，主要体现在电网的规模经济性、密度经济性和固定成本沉淀性等方面：首先，电网建设规模的扩大可以使其网络覆盖到更多的供电区域，从而增加电网的收益，降低每一位用户所承担的平均固定成本，取得规模经济效益；其次，电网覆盖率越大，网络的参与者越多，电网的价值越高，使用者数量的增加意味着该电网的网络使用"密度"的增加，因此也被称为密度经济，这决定了输电网的唯一特性，任何重复性建设都将会降低密度经济，使社会资源遭到浪费，造成不必要的损失；

---

❶《供电营业区划分及管理办法》第 2 条。

固定成本沉淀性是指输配电设施的建设投入和其设施的专用性极强，几乎不存在退出市场的可能性，这也是维持电力行业自然垄断属性的一个重要原因。❶ 因此，供电行业是一个具有典型自然垄断性的行业。这种自然垄断属性需要在法律上得到确认与体现，供电营业区制度正是电网自然垄断属性在法律上的体现。

（2）供电营业区对供电企业课以强制缔约等义务。供电营业区是供电企业垄断经营的载体，在供电营业区内供电企业享有垄断经营的权利的同时，也必须承担相应义务，主要包括强制缔约义务（《电力法》第26条）、连续安全供电义务（《电力法》第29条）、保底供电服务义务、抢险救灾紧急供电义务（《电力法》第30条）、执行计划用电和有序用电义务（《电力法》第34条）等。

二、供电营业区的性质

供电营业区确定的实际上是国家授予电网企业的一种特许经营权。这种权利既然为特许权，自然具有排他性。❷ 为体现电网的自然垄断属性，需要在法律制度上保障电网企业的垄断经营，同时赋予其基于垄断所应当担负的责任，这种法律制度即供电营业区。综合考虑电网的结构和供电合理性等因素，一定的地域范围内只允许设立一个供电专营机构，该机构获得垄断经营的权利，承担因垄断经营而应当承担的义务。

三、供电营业区与配电区域的关系

随着电力体制改革的推进，在有关规范性文件中出现了"配电区域"一词。如《增量配电业务配电区域划分实施办法（试行）》第二条规定，❸ "本办法所称增量配电业

❶ 刘秀丽：《国有自然垄断行业反垄断规制路径研究——以电力行业为例》，《上海市经济管理干部学院学报》2017第2期。

❷ 赵忠龙：《电力法的理念与治理机制研究》，知识产权出版社2018年版，第101页。

❸ 国家发展改革委、国家能源局《关于印发〈增量配电业务配电区域划分实施办法〉（试行）的通知》，发改能源规〔2018〕424号。

务配电区域（以下简称配电区域）是指拥有配电网运营权的售电公司向用户配送电能，并依法经营的区域"。配电区域其本质即是供电营业区，二者均是基于电网的自然垄断属性，所具有的在一定地域范围内的垄断经营的权利、并承担作为垄断经营者的义务，其职责相同、权利义务一致。

四、供电营业区与售电公司的关系

供电营业区是电网供电业务垄断经营的具体载体，属于电力体制改革"管住中间"所指的中间部分；但不具有配电网经营业务的售电公司（即单纯的售电公司）却是属于"放开两头"的部分，在供电与售电相分离的情形下，售电公司的售电业务不具有自然垄断属性，因此其经营区域并不局限在某一具体的供电营业区域，一个售电公司可以在多个供电营业区内开展售电业务，一个供电营业区内可以有多个售电公司开展售电等业务。

第三节　电力普遍服务

一、电力普遍服务的起源

普遍服务是一个主要适用于管制工业领域的经济、法律及商业术语，意指向所有居民提供基准水平的服务。普遍服务（Universal Service）一词最早出现在 20 世纪初美国电信领域。AT&T 总裁威尔（Theodore Vail）在 1907 年的年度报告中首次提出"普遍服务"，并在翌年以"一套网络，一种政策，普遍服务"（One Network，One Policy，Universal Service）的广告词形式出现于公众媒体。[1]电信普遍服务概念开始在各国电信行业流行，世界各国纷纷制定自己的电信普遍服务内容和目标。20 世纪 80 年代末，国际经济合作与发展组织在"普遍服务和电信资费的改革"报告中，将电信普遍服务定

---

[1] 苏苗罕：《能源普遍服务的法理与制度研究》，《法治研究》2007 年第 10 期。

义为"任何人在任何地方任何时候都能以承担得起的价格享受电信服务，而且服务质量和资费一视同仁。"❶ 美国 1996 年电信法案（Telecommunications Act）阐释了普遍服务的三个目标：①促进以公平、合理及可负担价格获得优质服务的可能性；②在全国范围内提高先进电信服务的使用率；③力争使所有消费者（包括低收入者、农村居民、海岛居民以及高生活成本地区居民）都能以一个可以与城市水平加以合理比较的价格获得此种服务。后来，普遍服务又逐渐被应用于邮政、交通、能源等领域，❷ 这些领域所提供的是公共产品或服务，所提供的产品及服务均是人们生产生活所必需。

电力普遍服务在我国虽是近年来新出现的理念，但其在实践中却早已有之。1994年，为了解决老少边穷地区用电难的问题，当时国家计委、国家经贸委、电力部联合推出"电力扶贫共富工程"，采取"国家补一部分，各级政府补助一部分，乡镇集体和用户分别自筹一部分"的办法，使得我国农村纳入电力普遍服务范围的用电人口以平均每年新增 1200 万的速度递增，取得了积极的成效。❸1995 年颁布的《电力法》第 8 条规定，国家帮助和扶持少数民族地区、边远地区和贫困地区发展电力事业。实践中，农电"三为服务"、❹ "村村通电"工程、"两改一同价"工程等，❺ 都是电力普遍服务政策的具体体现。

我国《电力法》（2018 年修正）第 8 条、第 12 条、第 28 条、第 29 条等规定国家帮助、扶持老少边穷地区发展电力事业，支持电力建设，供电企业应保证连续供电、保证供电质量和不得拒绝供电，这些条款可以看作"电力普遍服务"的体现，但相关规定既不全面、也没有抽象出电力普遍服务的基本概念和原则地位。在我国，对"电

---

❶ 阙光辉：《我国电力普遍服务问题研究》，《电力技术经济》2006 年第 5 期。

❷ 曾鸣、张艳馥：《谈电力社会普遍服务》，《中国电力报》2007 年 2 月 6 日，第 4 版。

❸ 苏苗罕：《能源普遍服务的法理与制度研究》，《法治研究》2007 年第 10 期。

❹ 1991 年原能源部下达《开展电力"为农业、为农民、为农村经济发展服务"达标竞赛的通知》，提出县级供电企业电力建设与发展要为农村、为农民、为农村经济服务，即"三为服务"。

❺《国务院办公厅转发国家计委关于改造农村电网改革农电管理体制实现城乡同网同价请示的通知》国办发〔1998〕134 号，简称"两改一同价"。

力普遍服务"概念的首次清晰表达可追溯至 2002 年国务院印发的电力体制改革方案，明确规定国家电力监管委员会的主要职责之一就是"负责监督社会普遍服务政策的实施"。

二、电力普遍服务的概念及特征

原国家电力监管委员会将我国电力社会普遍服务定义为"国家制定政策，采取措施，确保所有用户都能以合理的价格，获得可靠的、持续的基本电力服务"。根据这一定义，我国电力社会普遍服务包括三层含义：第一，可获得性，即公民应当得到电力服务，无论其所处的地理位置等；第二，非歧视性，即所有用户都应当被同等对待；第三，可承受性，即服务的价格应当为大多数用户所能接受。❶以国家对公民的义务而言，普遍服务的标的物是基于基本生活所需的电力供应，超出基本生活所需的部分不属于普遍服务的范围，可以通过强制缔约义务予以保障。

与普遍服务义务类似的一个概念是强制缔约义务，电力供应的强制缔约义务体现在《电力法》（2018 年修正）第 26 条第 1 款及《民法典》第 648 条第 2 款。强制缔约的电力用户往往在普遍服务的范围之内，二者存在诸多相似之处，但普遍服务义务异于强制缔约义务。普遍服务的义务主体是国家或政府、实施主体可以是供电企业或其他主体，服务对象是无电区域或者高使用成本的电力用户，服务标准限于基本生活所需；而强制缔约的义务主体、实施主体均是供电企业，服务对象是配电网已覆盖区域的电力用户，服务标准达到或超出人们基本生活所需。另外，公民获得普遍服务不需要其他正当理由，但对于强制缔约供电企业如有合理理由可以拒绝提供服务。

三、电力普遍服务的权利义务来源

现代社会中，电力与人们的生产、生活息息相关。如果说农耕社会电力还是人们

---

❶ 曾鸣、张艳馥：《谈电力社会普遍服务》，《中国电力报》2007 年 2 月 6 日，第 4 版。

可有可无的"奢侈品",在现代社会则日益成为必不可少的"必需品"。人们能否在获得电力上得到适当水准的保障,关系到基本生存权、发展权与营业自由。❶

我国《宪法》(2018 年修正)第 33 条规定"国家尊重和保障人权"。生存权是人权的重要内容,其保护领域包含公用物品的给付。❷"生存照顾"一直被视作国家负有给付义务的正当性来源,涉及公民生存所必需的给付,都涵盖在生存照顾的范围之内。❸ 生存权不仅是防御国家随意剥夺生命的防御性人权,同时它也是具有积极意义的请求国家照顾、维系其生命之权利❹,涉及公民生存所必需的给付都涵盖在生存照顾的范围之内,政府负有一种普遍性、无因性的义务。构建普遍服务体系的理想追求,就是要使任何人能够在任何地方、任何时候都享有平等的基本权利,都能以承担得起的价格享受基本公共服务,分享现代化成果。❺《世界人权宣言》第 25 条和《经济社会和文化公约》第 11 条规定,基本人权包括持久地取得"烹调、取暖、照明能源、卫生设备"等获得食物、住房、服务与基础设施的权利。在现代社会,电力的共同必要性越来越明显,对电力的需求成为现代社会个体生存和发展的基本要求。

四、电力普遍服务的制度框架

由于电力普遍服务涉及保障公民基本权利,它是国家应当予以保障的社会公共产品,属于给付行政的范畴,因此为国民提供普遍服务是国家义务。这种国家义务包括建立普遍服务制度、制定普遍服务的保障标准、募集普遍服务所需要保障资金、确定普遍服务的实施主体,以及承担普遍服务的保底责任。目前,我国电力普遍服务体系尚未能有效建立,承担普遍服务的义务主体单一,普遍服务的对象范围和服务内容不

---

❶ 许正中:《社会普遍服务体系:中国改革话语中的"万向节"》,《学术前沿》2012 年第 5 期。

❷ 汪进元:《论生存权的保护领域和实现途径》,《法学评论》2010 年第 5 期。

❸ 李大勇:《作为行政强制执行手段的断水、断电》,《行政法学研究》2013 年 3 期。

❹ 陈新民:《宪法释论》,三民书局 1990 年版,第 305 页。

❺ 宋华琳:《营业自由及其限制——以药店距离限制事件为楔子》,《华东政法大学学报》2008 年第 2 期。

明晰，普遍服务的补偿依赖于交叉补贴从而给工商业电力用户增加了负担。

国家是保障公民电力普遍服务的义务主体，而电力普遍服务的实施主体可以是多元的。其中，作为供电企业因其自然垄断属性而具有承担所在区域内电力普遍服务的便利条件，因而是电力普遍服务的主要实施主体。例如在配电网覆盖范围内保障农村电力供应、保障贫困人员的电力供应，由所在供电企业担负普遍服务的实施责任无疑是最为便利和经济的。对于配电网有效覆盖区域之外的电力普遍服务，则可以由多元化的主体承担。例如对人烟稀少的海岛供电、对人迹罕至的"悬崖村"供电，既可以由电网企业承担也可以由其他主体承担，甚至直接由当地政府供给电力，在实现方式上既可以是铺设海底电缆或架设电力线路供电，也可以是"小水电"、柴油机发电或风力、光伏发电等。

从域外典型国家的电力普遍服务制度来看，美国较早开展电力普遍服务法律制度建设，1978 年出台了《公用事业规制政策法案》，1992 年颁布了《能源政策法案》，形成了体系化的电力普遍服务法律制度。具体来说，美国电力普遍服务法律义务履行主体是有所区别的。在美国，城镇和周边地区的电力普遍服务供给主要由电力公司承担，在农村地区则主要由专门的农村电力合作社负责实施。同时，美国政府通过各种政策优先保障农村地区的电力供给优惠，甚至规定政府拥有的水电站要优先供给农村合作社。符合标准的贫困人口甚至可以不受电价的影响长期享受固定费率政策，接受补贴。通过这种政企分开的分级分类管理方式，实现了对弱势群体提供必要电力普遍服务的目的。与美国的国家主导不同，日本的电力事业服务主要由具有垄断地位的民营企业履行。为了确保企业能够自觉履行电力普遍服务法律义务，日本颁布了《电气事业法》，该法主要规制电力企业对低收入居民用电的正当性满足。但该法并没有对企业的供电标准等作严格要求，而是把这个权利交给企业自身。针对弱势群体，该法也提出要以何种标准予以优惠，但企业对此有极大自主权。政府的权力仅是在必要时筹建基金。普遍服务基金制度是发达国家促进企业履行普遍服务义务的重要激励措施，并且已成为政府普遍服务法律义务的重要内容。概言之，主要发达国家或典型发展中国家均重视普遍服务制度建设，在企业法律义务问题上多采取强制与激励并举的方式来督促其履行。这些方式包括在法律法规中明确企业的义务以及建立较为完善的基金制度等。在义务主体问题上，政府和企业作为普遍服务义务的双重主体，而政府处于一种调控和管理主体地位。❶

电力普遍服务的义务主体主要有：

（一）政府

电力普遍服务法律义务的设定是为了维护公民基本的生存权与发展权。电力需求归根结底已经成为公民对生存权和发展权的普遍诉求，国家应当充分尊重这种诉求，并通过国家强制力予以保障，使公民可以用得上电、用得起电。各级政府应当担负履行电力普遍服务的义务。

（二）供电企业

供电企业是电力普遍服务法律义务的具体执行主体，在电力普遍服务义务的具体内容上则应当是提供具体的服务，而不是代替国家执行调控性质普遍服务义务。供电企业作为电力普遍服务政策的具体执行者，所要履行的具体义务主要有：一是在供电营业区内提供合乎要求的电力服务。这包括在合理的范围内，依据政府制定的电力法律法规，向任何符合法定条件的自然人或法人提供电力服务的义务。二是在供电营业区内保障特定群体的基本电力供给。例如，依法对符合贫困条件的居民提供基本的电力服务。三是依法利用补贴以及收取并缴纳基金义务。例如，在提供廉价电力、不间断供电以及无差别供电的同时，应当及时获取相应补贴，并用于维持正常运营；同时依法向符合收费标准的使用者收取一定比例的基金费用，向国家设立的电力普遍服务基金缴纳相应比例的费用。此外，还应当包括其他普遍服务义务，如努力降低用电成本、提供更加可靠便利的电力服务等。

（三）其他主体

在电力市场化的条件下，电力普遍服务亦可通过市场化的方式实现，从而降低服务成本，提高服务质效。对于承担了普遍服务的售电公司，根据其承担服务的多少获

---

❶ 吴鹏：《电力法上的普遍服务法律义务探析》，《法治社会》2018 年第 1 期。

得相应的补贴。在偏远边区，政府可以通过购买电力服务的方式选择市场主体履行普遍服务义务。对有条件的地方，政府以"微电网"特许经营的方式特许市场主体经营微电网，承担电力普遍服务义务。

第四节　强制缔约

《民法典》合同编第十章"供用电、水、气、热力合同"对供用电相关法律关系作出了规制，其中第648条第2款规定"向社会公众供电的供电人，不得拒绝用电人合理的订立合同要求"，从而在民法上确立了供电人的强制缔约义务。此前，《电力法》（2018年修正）第26条规定"供电营业区内的供电营业机构，对本营业区内的用户有按照国家规定供电的义务；不得违反国家规定对其营业区内申请用电的单位和个人拒绝供电"，该法条较早地在公用事业领域确立了强制供电的义务。同时，《反垄断法》（2022年修正）第22条规定，"禁止具有市场支配地位的经营者从事下列滥用市场支配地位的行为……（三）没有正当理由，拒绝与交易相对人进行交易"，从反垄断的角度规制了处于垄断地位的供电企业以强制缔约义务。

一、概念与特征

（一）概念

强制缔约是指合同的订立不以双方当事人的合意为要件，只要一方当事人提出缔结合同的请求，另一方当事人就负有法定的、与之缔结合同的义务。[1]强制缔约是对合同自由的限制，缔约自由是合同自由的当然内容，系指当事人有权决定是否缔约；但强制缔约当事人负有必须发出订立合同之意思表示的法定义务。[2]

在强制缔约中，缔约的一方必须至少具有订立合同的意思表示，对另一方可采取

---

[1] 王利明：《中国民法典评注（合同篇）》（二），人民法院出版社2021年版，第703页。
[2] 王利明：《合同法研究》（第一卷），中国人民大学出版社2018年版，第309-310页。

拟制或默示推定的方式，因此强制缔约仍然是法律行为制度的一部分，而不是法定的债。❶ 这在《电力法》第 26 条第 2 款即有体现，该款规定"申请新装用电、临时用电、增加用电容量、变更用电和终止用电，应当依照规定的程序办理手续"，用电人办理手续过程即是其订立合同的意思表示过程。由此可见，在强制缔约中，合同在形式上仍然是当事人双方进行磋商、意思表达一致的产物，强制缔约并没有从根本上否定意思自治的基本规则。强制缔约制度并非对合同自由的否定，而是在特殊情况下的例外规定，是在合同自由原则下的调整，二者不是非此即彼的关系。❷ 合同自由需要合同公正来修正，合同公正又是以合同自由为前提的。❸

（二）特征

供用电合同的强制缔约具有如下特征：

（1）强制缔约具有法定性。供用电合同强制缔约的义务来源于《民法典》《电力法》及《反垄断法》的规定。强制缔约作为对合同法中合同自由基本原则的修正，应依法确定契约的义务主体、义务内容等，而不能仅凭借行政命令对企业附加强制义务。《电力供应与使用条例》（2019 年修正）第 11 条规定了电力行政机关可以指定本无供电义务的供电企业向特定地区用户供电，这一供电义务来源是电力主管部门的行政命令，与《电力法》（2018 年修正）第 26 条确定的供电企业对供电营业区内用户所负的供电义务明显不同。一般认为，这种依行政命令签订的合同为"强制性契约"，这种具有强制性契约性质的行政命令不能成为强制缔约的依据。❹

（2）强制缔约的方式为强制承诺。强制缔约一般包括强制要约和强制承诺：所谓强制要约，是指法律对民事主体施加的、应该向他人发出要约的强制缔约方式；所谓

---

❶ 朱岩：《强制缔约制度研究》，《清华法学》2011 年第 1 期。

❷ 于文轩：《论电力法上的强制缔约制度》，《法治社会》2018 年第 1 期。

❸〔德〕卡尔·拉伦茨：《德国民法通论》（上），王晓晔等译，法律出版社 2003 年版，第 63-64 页。

❹ 于文轩：《论电力法上的强制缔约制度》，《法治社会》2018 年第 1 期。

强制承诺，是指法律对民事主体施加的、对相对人提出的要约应该予以承诺的强制缔约方式。[1]《民法典》第648条、《电力法》（2018年修正）第26条、《反垄断法》（2022年修正）第22条所确立的强制缔约均属于强制承诺。

（3）强制缔约具有相对性。强制缔约义务并不是绝对的，若供电人有正当的理由，可以拒绝相对人的订约请求或拒绝与其订立契约。

二、法理根源

强制缔约的法理根源是契约正义。"现代契约法的中心问题，已不是契约自由而是契约正义的问题。约款内容的规制、消费者的保护、对新的契约类型的调整、附随义务理论等与其说是自由的问题，不如说是正义的问题。"[2]

现代社会中，电、水、气、热力等均属于人们生产生活的必需品，皆属于公用事业服务范畴。《民法典》遂将供电、供水、供气、供热归集为同一类的有名合同。公用事业服务领域的强制缔约义务源自其公益性，这些公共服务是人们维系正常生产生活所必需的，社会公众与此类服务的提供者具有信赖关系。这些公用事业企业往往处于垄断地位，对于公众而言只存在唯一的交易对象而不具有替代性，在此情形下如强调合同双方的合意则势必使弱势的一方处于不利地位、并导致处于垄断地位的一方滥用其优势地位。为保障社会公众的基本需求，平衡双方的不平等，法律不得不介入原本应由双方自由协商的契约关系中，对强势的一方课义务、施加必要的限制，以防范供电人滥用优势地位不顾及社会整体利益和整体福祉。[3]我国台湾学者王泽鉴即指出："契约自由应受限制，为事理之当然。"[4]

---

[1] 郭鸣：《强制缔约制度基本问题》，《厦门大学法律评论》第十四辑（2007年下卷），厦门大学出版社2007年12月版，第36-61页。

[2] 王晨：《日本契约法的现状与课题》，《外国法译评》1995年第2期；赵忠龙著：《电力法的理念与治理机制研究》，知识产权出版社2018年版，第158页。

[3] 唐敏：《反思与重构：电网企业强制缔约义务立法完善研究》，《华东电力》2009年第7期。

[4] 王泽鉴：《债法原理》，中国政法大学出版社2001年版，第74页。

在供用电关系中，强制缔约限制供电企业缔结契约和选择合同相对人的自由，是对纯然的形式上的合同自由的纠偏，旨在通过对个人利益与社会利益的平衡达到契约实质正义。❶

三、强制缔约下供电企业的正当权利

强制缔约最主要的制度价值，在于避免供电企业等自然垄断企业利用市场优势地位实行差别对待、歧视等损害市场公正的行为，但这并不意味着对企业合法权利的忽视。❷ 强制缔约并非供电人对用电人所有的订立供用电合同的要求均有订立和履行的义务。《民法典》第 648 条规定的是不得拒绝用电人"合理的"订立合同要求，《反垄断法》（2022 年修正）第 22 条规定的是"没有正当理由"不得拒绝与交易相对人进行交易，供电人对于用电人不合理的要求是可以豁免强制缔约义务的，也不构成滥用市场支配地位。此种合理性可根据缔约义务人的服务区域、能力以及服务时间等方面综合确定。例如，由于供电企业具有明确的供电营业区，用户无特殊情况不应向不在其供电服务范围的供电企业申请供电，否则供电企业有权拒绝；再如，某些对于供电种类或者电量有特殊要求的用户，也不应要求仅拥有一般供电能力的企业与其强制缔约。❸ 何为"正当理由"应当结合法律规范的目的与客观情势等予以综合考察。❹

《电力供应与使用条例》（2018 年修正）第 20 条规定"供电方式应当按照安全、可靠、经济、合理和便于管理的原则，由电力供应与使用双方根据国家有关规定以及电网规划、用电需求和当地供电条件等因素协商确定"，实践中即有认为用户的用电需求不符合供电安全等原则而豁免供电人强制缔约责任的司法裁判。在彭某某诉某供电公

---

❶ 于文轩：《论电力法上的强制缔约制度》，《法治社会》2018 年第 1 期。

❷ 于文轩：《论电力法上的强制缔约制度》，《法治社会》2018 年第 1 期。

❸ 于文轩：《论电力法上的强制缔约制度》，《法治社会》2018 年第 1 期。

❹ 冉克平：《论强制缔约制度》，《政治与法律》2009 年第 11 期。

司合同纠纷案中，法院认为供电公司已与包括案涉商铺在内的商业区域的开发商或其承租方签订了专变用户供电合同，统一对包括案涉商铺在内的商业区域供电，该商业区域整体可正常用电，虽然供电公司并非给案涉商铺直接供电，但该种供电方式并不违反法律规定，彭某某申请供电公司另行单独供电，不符合"安全、可靠、经济、合理和便于管理的原则"，该请求不合理。❶

供电企业不予供电法定的理由应当是豁免强制缔约义务的正当理由。地方立法如《广西壮族自治区供电用电办法》（2016 年修正）第 13 条第二款规定："有下列情形之一的，供电企业不予供电：①用户的电力设施不符合国家或者行业标准；②用电地址在电力设施保护范围内；③非供电企业原因导致不能供电；④不具备供电条件；⑤法律、法规、规章禁止或者限制供电的其他情形"。又如《北京市城乡规划条例》（2021 年修正）第 65 条规定，供电单位对没有规划许可证件的建设工程不得供电等。❷

供电人对用电人的合理订约要求"不得拒绝"，何为"拒绝"亦有待明晰。如果供电人愿意为用电人供电，但双方无法就供用电合同的内容达成合意，因而未履行订约义务，此时是否构成对强制缔约义务的违反，则涉及强制缔约的内容限制问题。在目前的供电实务中，判断供电人拒绝承诺的标准为供电人"不提供供电方案或不与用电申请人协商"，如果供电人已经受理用电申请并就此提出供电方案并与用电申请人协商，则不构成"拒绝"用电人的请求。这一标准具有一定的合理性，强制缔约义务限制的是缔约义务人选择合同相对人的自由，而非限制决定合同内容的自由，签订合同的前提仍然是双方协商一致。如果双方未能达成一致，可视为用电人提出的订约请求

---

❶ 彭某某诉某供电公司合同纠纷案，湖南省张家界市中级人民法院（2021）湘 08 民终 487 号民事裁定书、湖南省高级人民法院（2022）湘民申 2480 号民事裁定书。

❷《北京市城乡规划条例》（2021 年修正）第 65 条："市政公用服务单位办理供水、供电、供气、供热、通信等服务手续时，应当查验建设工程的规划许可证件或者不动产登记证明，对没有规划许可证件或者不动产登记证明的，不得提供相应服务；未取得规划许可的建设项目进行施工的，市政公用服务单位及其他单位不得提供施工用水、用电。对没有规划许可证件或者不动产登记证明，已办理相关服务手续或者提供服务的，市政公用服务单位应当采取合理措施予以纠正。"

不合理。[1] 在陈某某诉某供电公司供用电合同案中，用电人因与物业产生纠纷，物业中断供电；其后用电人向供电公司单独申请供电，供电人要求用电人负担安装线路、变压器等用电设施费用 20 万元。用电人认为该要求不合理，起诉要求供电人承担强制缔约义务。法院认为，供电人履行强制缔约的前提是与用电人就供用电合同内容协商一致，现双方未能就合同内容协商一致，用电人要求供电人履行强制缔约义务，无法律依据。[2] 不过，对于供电人提出的供电方案等，法院同样应审查其合理性，避免供电人利用不合理的条件变相逃避其强制缔约义务。《反垄断法》（2022 年修正）第 22 条亦将"附加其他不合理的交易条件"列为具有市场支配地位经营者的禁止性行为。

四、违反强制缔约义务的法律责任[3]

与强制缔约有关的法律责任主要包括行政责任和民事责任。

（一）行政责任

行政责任体现在两个方面：一是《电力法》对拒绝供电规定了由电力管理部门责令改正、给予警告，情节严重的对有关主管人员和直接责任人员给予行政处分；[4] 二是《反垄断法》对滥用市场支配地位规定了由反垄断执法机构责令停止违法行为、没收违法所得、并处罚款的行政法律责任。[5]

---

[1] 谢鸿飞、朱广新：《民法典评注·合同编·典型合同与准合同（1）》，中国法制出版社 2020 年版，第 267—268 页。

[2] 陈某某诉某供电公司用电合同纠纷案，山东省济南市中级人民法院（2017）鲁 01 民终 1739 号民事判决书。

[3] 于文轩：《论电力法上的强制缔约制度》，《法治社会》2018 年第 1 期。

[4] 《电力法》（2018 年修正）第 64 条：违反本法第二十六条、第二十九条规定，拒绝供电或者中断供电的，由电力管理部门责令改正，给予警告；情节严重的，对有关主管人员和直接责任人员给予行政处分。

[5] 《反垄断法》（2022 年修正）第 57 条：经营者违反本法规定，滥用市场支配地位的，由反垄断执法机构责令停止违法行为，没收违法所得，并处上一年度销售额百分之一以上百分之十以下的罚款。

（二）民事责任

1.承担民事责任的性质

对于该民事责任的性质，目前存在不同观点：有观点认为，违反强制缔约确定的义务，造成他人损害，应该向相对人承担侵权损害赔偿责任；❶也有观点认为违背强制缔约义务造成了缔约相对人的信赖利益损失，应承担缔约过失责任。❷在实务中，甚至有法院将供电人违反强制缔约义务产生的损害赔偿责任作为"违约责任"，如在"庄某某诉某供电公司供用电合同纠纷案"中，法院认为用电人已向供电人申请用电，但供电人无正当理由拒绝为用电人供电，其依法应承担违约责任，遂判决供电人向用电人赔偿经济损失10万元。❸较之于侵权责任而言，缔约过失责任更为适当，原因在于强制缔约义务产生于合同订立之前，在本质上为先合同义务，违反先合同义务不会导致相对人合同利益的损失，只会造成相对人信赖利益的损失。在供用电合同中，相对人基于对供电人强制缔约义务的信赖向供电人申请供电并作相应的受电或其他准备，供电人违反其强制缔约义务将直接导致相对人信赖利益的损失，属缔约过失责任。❹缔约过失责任是指在合同订立过程中，一方因故意或过失违背其依诚实信用原则所应尽的义务，使合同未成立、被撤销或无效而导致另一方信赖利益的损失时应承担的民事责任。❺

2.过错推定原则的适用及举证责任分配

供电企业违反强制缔约义务有时并非出于过错，即使其存在过错用电申请人也往往无法举证。因此，在供电企业是否违反强制缔约义务进行责任认定时，应采用过错

---

❶ 杨崇森：《私法自治之流弊及其修正》，郑玉波主编《民法总则论文选辑》（上），台北五南图书出版公司1984年版，第138-139页；孙森焱：《民法债权编总论》（上册），法律出版社2006年版，第37页。

❷ 王利明：《合同法研究》（第一卷），中国人民大学出版社2002年版，第333页。

❸ 庄某某诉某供电公司供用电合同纠纷案，广东省东莞市第二人民法院（2014）东二法沙民二初字第100号民事判决书。

❹ 谢鸿飞、朱广新：《民法典评注·合同编·典型合同与准合同（1）》，中国法制出版社2020年版，第268页。

❺ 杨立新：《中国合同责任研究》（下），《河南省政法管理干部学院学报》2000年第2期。

推定原则。在举证责任分配上，用电申请人只需要证明存在供电企业不与其签订供用电合同的事实即可，供电企业则须证明其拒绝缔约具有充分的正当理由。

3.承担法律责任的方式

签订供用电合同及损害赔偿是承担民事法律责任的主要方式。首选的责任承担方式应为签订供用电合同，如前述"庄某某诉某供电公司供用电合同纠纷案"，法院判决供电公司与庄某某建立供用电合同关系并对其厂房、宿舍供电。由于将违反强制缔约义务的法律性质界定为缔约过失责任，所以损害赔偿主要是赔偿缔约相对人信赖利益的部分，其范围包括直接损失与间接损失。直接损失可以包括为准备履约所支付的费用，间接损失则包括因逾期签订供用电合同而丧失的可得利益。

第五节　用电检查

《电力法》第32条、第33条规定，供电企业"有权"对电力用户危害供电、用电安全和扰乱供电、用电秩序的行为予以制止，用户对供电企业查电人员和抄表收费人员依法履行职责提供方便。这一规定确立了用电检查这一法律制度。随后，原电力工业部于1996年发布《用电检查管理办法》，进一步明确了用电检查的内容、方法、程序和处理等，该办法后于2016年废止。地方性电力法规中亦不乏"用电检查"方面的条款。用电检查无论是理论上还是实务中一直存在争议，主要分歧在于供电企业的用电检查权究竟是法律赋予供电企业的一项行政权力还是本身固有的民事权利。❶

一、用电检查的概念

用电检查是供电企业对电力用户的用电情况进行检查，以确认电力用户使用电力是否符合相关的使用规范、安全规范和是否存在盗窃电力的行为，目的是确保电力的

---

❶ 赵忠龙：《电力法的理念与治理机制研究》，知识产权出版社2018年版，第162-166页。

安全运行和正常的用电秩序。❶相应地，供电企业具有的这项权能（权利或权力）称之为用电检查权。

用电检查这一权能源于供电企业与用户电力设备的互联互通、相互影响及供用电关系的继续性特点。由于供电企业的电网与用户的用电设备通过电力线路互联互通，用户的用电安全不仅影响用户自身的安全，更是影响到电网的安全、以及其他不特定用户的安全，因此供电企业有必要监督用户安全用电，这既是维护供电企业利益的需要、也是维护公共利益的需要，这种监督需要通过用电检查来实现。同时，由于电能在供电企业与用户之间持续进行，其实际交付情况如何、对标的物电能的计量是否处于准确计量的状态、用户是否存在不诚信的用电行为等，有必要定期或不定期地进行检查。另外，供电企业通过用电检查，还可以为用户提供安全用电、合理用电等方面的指导和服务。❷

二、用电检查的主要内容

《用电检查管理办法》虽已废止，但该项工作并非不能开展。该办法第四条逐一载明了用电检查的具体内容，但其中的部分内容不应纳入用电检查的工作范围，或者由于国家管理方式的转变其工作内容也应相应调整：一是用电前的预备行为，由于用电检查是对用户用电过程中的情况进行检查，故用电前的预备行为（如用户受电工程施工质量检验等）不应纳入用电检查之列；二是已由其他管理方式取代的事项，包括对用户执行计划用电、节约用电情况的检查，这在电力严重短缺的计划经济时代十分必要，现在则已由供电紧张时实施的"有序用电"所取代，❸实施有序用电的有权机关为当地人民政府，供电企业有协助配合执行的义务，而无权对用户执行有序用电情况进

---

❶ 王书生：《电力法实施疑难问题研究》，中国政法大学出版社 2014 年版，第 161 页。

❷ 王书生：《电力法实施疑难问题研究》，中国政法大学出版社 2014 年版，第 161 页。

❸《供电监管办法》第 13 条：电力监管机构对供电企业实施停电、限电或者中止供电的情况进行监管……因电网发生故障或者电力供需紧张等原因需要停电、限电的，供电企业应当按照所在地人民政府批准的有序用电方案或者事故应急处置方案执行。

160

行检查；三是用户生产经营范围内的事项，《安全生产法》明确了生产经营单位对自身生产经营安全承担主体责任，因此生产经营单位包括用户保安电源和非电性质的保安措施、用户反事故措施、用户进网作业电工的资格及进网作业安全状况和作业安全保障措施等，无需纳入供电企业对用户进行用电检查的范围；四是本来属于用户自身而供电企业提供额外服务的事项，即该办法第5条的"用户要求帮助检查"部分。去除上述部分，用电检查主要有如下内容：

（1）用户用电安全方面的检查。包括：用户受（送）电装置中电气设备运行安全状况，电力负荷控制装置、继电保护和自动装置、调度通信等安全运行状况，用户受电端电能质量状况；用户并网电源、自备电源并网安全状况。

（2）供用电合同履行情况的检查。包括：用电计量装置运行状况，供用电合同及有关协议履行的情况，用户违章用电情况和窃电行为。

三、用电检查与供用电监督检查的区别 ❶

与用电检查这一概念极易混淆的是供用电监督检查。供用电监督检查是供用电监督检查机构对电力企业和用户执行电力法律、法规和规章的情况进行监督和检查，对供电企业和电力用户之间的供用电关系进行协调并依法作出处理的行政执法行为和其他相关行为。

供用电监督检查的法律渊源有四：一是《电力法》（2018年修正）第56条，"电力管理部门依法对电力企业和用户执行电力法律、行政法规的情况进行监督检查"；二是《电力供应与使用条例》（2019年修正）第36条，"电力管理部门应当加强对供电、用电的监督和管理。供电、用电监督检查人员必须具备相应的条件。供电、用电监督检查工作人员执行公务时，应当出示证件。供电、用电监督检查管理的具体办法，由

---

❶ 吕振勇：《电力法教程》，中国电力出版社1998年版，第394-395页；王书生：《电力法实施疑难问题研究》，中国政法大学出版社2014年版，第164-166页；汪榕生：《用电检查的法律分析》，《国家电网》2009年第5期。

国务院电力管理部门另行制定";三是《供用电监督管理办法》(2011 年修正),为规制电力管理部门对供电、用电的监督而制定的部门规章;四是《电力监管条例》第 4 条,"国务院电力监管机构依照本条例和国务院有关规定,履行电力监管和行政执法职能;国务院有关部门依照有关法律、行政法规和国务院有关规定,履行相关的监管职能和行政执法职能"。

用电检查与供用电监督检查二者的区别在于:

(1)检查的性质不同。用电检查是供电企业对用户用电情况的检查,其性质是供电企业一种民事行为,只代表企业。而监督检查是电力管理部门依法进行的、具有行政法律效力的具体行政行为。

(2)检查的主体不同。用电检查的主体是电力企业,而监督检查的主体则是电力管理部门和电力监管机构。

(3)检查的对象不同。用电检查的对象是由该供电企业直接供电的电力用户,非由其直接供电的电力用户供电企业无权检查,在存在趸售区、自供区时尤其如此;电力监督检查的对象既包括供电企业,也包括电力用户,还包括对电力企业与用户之间的供用电关系进行协调等。

(4)检查的内容不同。用电检查只检查用户的用电情况,而供用电监督检查涉及电力企业和用户执行电力法律、行政法规的情况。

(5)检查的法律后果不同。二者的检查只是过程性行为,随之而来的法律后果则大相径庭:用电检查的后果是供电企业要求用户消除安全隐患以免危及公用电网的安全,或者退还、追补计量差错部分的电费或违约电费;供用电监督检查的后果则是电力管理部门或者电力监管机构责令改正违法行为、处以停电的行政强制或者行政处罚。

四、用电检查的行为属性分析

用电检查是为供电企业对用户用电安全状况、供用电合同标的物交付情况、用户履约情况进行监督的过程性行为,后续将视用电检查情况作出进一步的处理,如要求用户消除安全隐患、退还及追补计量差错部分的电费及要求用户承担违约责任等。供电企业通过用电检查这一行为，为后续的声索主张提供事实依据，从而形成一项完整的民事请求权。这种请求权的实现方式有自力救济（如要求用户消除用电隐患、支付违约用电费用、中止合同履行）、行政救济（如请求电力管理部门作处理）和司法救济（如向法院起诉请求消除危险、排除妨害、赔偿损失、承担违约责任等）。供电企业开展用电检查是基于供用电合同的、履约过程中的履约监督与违约抗辩，用电检查权的基础性权利为民事主体所固有的民事权利，而非行政权力、亦非法律赋予供电企业的一项特殊权利。❶ 因此，用电检查是供电企业行使民事权利的具体方式，是一种过程性民事行为；用电检查权是包含相邻权、抗辩权及履约监督权在内的多项民事权利所构成的复合性民事权利，❷ 亦即"权利束"。用电检查权作为一项民事权利，尽管部门规章的《用电检查管理办法》废止了，但其赖以行使的民事法律规范依然存在，供电企业依然可以依据民事法律规范开展用电检查工作。至于供电企业具体如何开展，由实施该行为的供电企业就如何实施进行规范即可。用电检查中的事项属于供电企业与用户之间通过"意思自治"可以实现的事项，但基于"契约正义"由公法作出规制亦有必要，用电检查的诸多内容已纳入《供电营业规则》的规制范围，例如针对用户拒绝检查、危害供用电安全、拖欠电费、窃电等情形规定了供电企业可以中止供电等；而用户对供电企业的履约监督亦纳入《供电监管办法》中电力监管机构的监管范围。

从用电检查的主体来看，供电企业作为企业，不具有行政管理的职权，行使电力行政管理权力的为电力管理部门；从用电检查的对象来看，供电企业的用电检查限于与其存在供用电关系的电力用户，即便是处于同一行政区划范围内、但对非该供电企

<hr>

❶ 有论者认为用电检查是特殊的民事行为、法定的权利。参见：汪榕生：《用电检查的法律分析》，《国家电网》2009 年第 5 期；王书生：《电力法实施疑难问题研究》，中国政法大学出版社 2014 年版，第 160 页；赵忠龙：《电力法的理念与治理机制研究》，知识产权出版社 2018 年版，第 166 页。

❷ 吴德松、刘思思：《"用电检查"之法律属性辨析》，《中国应用法学》2017 年第 3 期；吴德松、刘思思：《"用电检查"之法律属性辨析》，《中国电力企业管理》2017 年第 2 期。

业供电的电力用户依然无权检查，而作为电力管理部门的行政机关无此限制；从用电检查的内容来看，用电检查的事项为供用电合同履行过程中的履约事项，至于超出供用电合同履约之外的事项则不在检查之内；从检查的方式上看，供电企业在用户拒绝提供方便的情况下不能采取强制措施，只能请求公权力机关依职权进行调查处理；从检查后果的处理来看到，供电企业对用户仅享有违约请求权、违约抗辩权，而违约之外的违法追究则须另由行政机关作出处理。因此，用电检查权在其法律属性上只能是民事权利，供电企业也只可在民事权利的范围内开展用电检查。云南省高级人民法院2016年发布的《关于审理高压电触电人身损害赔偿案件有关法律适用问题的意见的会议纪要》中即表明，"电力企业依照法律、法规及合同约定实施的用电检查行为是民事法律行为。"[1] 在某百货公司诉某供电公司用电检查大队中止供电纠纷一案中，法院裁判认为供电公司的经济性质为国有企业而并非国家行政机关，且《电力法》也未授权其行使行政管理职权，百货公司对供电公司所属用电检查大队作出的中止供电通知不服提起行政诉讼，不符合行政案件的起诉条件，[2] 从行为主体上否定了供电企业行使用电检查权为行政权力。在喻某某诉某区政府电力行政复议一案中，法院裁判认为某供电公司开展的用电检查及中止供电行为是基于民事合同违约责任约定而行使的权利，并不是行政行为，从行为属性上否定了供电企业的用电检查的行为为行政行为。[3]

作为民事权利而言，权利并非职责、更非义务。民事权利与义务通常是对等的，一方的权利就是另一方的义务，在用电检查中表现为供电企业有检查的权利、电力用户有提供方便的义务；反之，用户亦有监督供用电合同履行的权利，供电企业亦有提供方便的义务。《民法典》第651条规定"供电人应当按照国家规定的供电质量标准和

---

❶《关于审理高压电触电人身损害赔偿案件有关法律适用问题的意见的会议纪要》，云南省高级人民法院云高法〔2016〕194号。

❷ 某百货公司诉某供电公司用电检查大队中止供电纠纷案，辽宁省沈阳市中级人民法院（2005）沈行终字第27号行政裁定书。

❸ 喻某某因诉某区政府电力行政复议一案，重庆市高级人民法院（2020）渝行终467号行政判决书。

约定安全供电。供电人未按照国家规定的供电质量标准和约定安全供电，造成用电人损失的，应当承担赔偿责任"，第655条同时规定"用电人应当按照国家有关规定和当事人的约定安全、节约和计划用电。用电人未按照国家有关规定和当事人的约定用电，造成供电人损失的，应当承担赔偿责任"。此两条法条充分体现了供用电合同双方作为民事主体在行使民事权利上的对等性，并且其中也隐含了供用电双方完全对等的互相监督履约的权利。

作为民事权利通常是可以放弃的，放弃的后果则是自身利益受损、但不是替对方承担责任。申言之，权利既可以行使、也可以不行使；如果行使，则与相对人之间的某种义务对应，如用电人有配合用电检查的义务；如果不行使，行使主体并不负担某种不作为的消极评价，即供电人未行使用电检查行为，此时发生用电人设施故障导致财产损害时，应由用电人或者责任方承担，而与供电人未进行用电检查的行为无关。❶在司法实务中，法院往往将用电检查这一权利认定为供电企业的义务和职责，据此判处供电企业承担侵权责任，❷这在民事权利法律属性的认知上存在偏差。

五、地方电力立法的探索

正因为长期受到用电检查这一问题的困扰，在地方电力立法中进行了积极探索，以厘清权能边界。其中颇具代表性的是2020年颁布的《江苏省电力条例》和2022年颁布的《浙江省电力条例》，这两部地方性法规有关用电检查的主要内容是：一是明确了用户自身的用电安全主体责任。《江苏省电力条例》规定"用户应当对其设备的用电安全负责。用户应当定期进行用电设备和保护装置的检查、检修和试验，消除设备安全隐患，预防用电设备安全事故发生；用电设备危及人身和电力运行安全时，应当立

---

❶ 吴淑彬，等：《供电企业用电检查权的法律性质辨析》，《农电管理》2018年第3期。

❷ 案例参见：陈某某等诉某供电公司触电人身损害责任纠纷案，河南省开封市中级人民法院（2020）豫02民终1130号民事裁判书；黎某某等诉某供电局触电人身损害责任纠纷案，海南省高级人民法院（2016）琼民中430号民事裁定书。

即检修或者停用。重要电力用户应当按照相关技术标准和有关规定，配备多路电源、自备应急电源或者采取其他应急保安措施"，《浙江省电力条例》规定"用户对其用电设施设备的安全负责，预防安全事故发生；用电设施设备危及人身安全或者电力运行安全的，应当立即检修、停用"，二者均明确了用户对其用电设施设备的安全责任。二是区别了用电检查与供用电监督检查两种不同类型的行为。《浙江省电力条例》规定"电力管理部门应当对用户用电设施设备定期组织检查；发现安全隐患的，应当出具书面整改通知书，并督促用户及时消除用电安全隐患"，同时规定"供电企业在抄表收费、电力设施巡查中发现用电信息异常、电力设施运行异常，可能因用户用电行为或者用户用电设施设备引发的，可以对用户下列设施设备及其运行状况进行检查"，区分了两种不同类型的检查。三是明确了用电检查的附带要求。《江苏省电力条例》规定"供电企业对用户开展用电安全检查时，应当出示有关证件，用户应当予以配合……供电企业应当书面向用户反馈检查结果，并提供技术指导，存在用电安全隐患的，用户应当及时消除"，《浙江省电力条例》规定"供电企业对用户用电设施设备及其运行状况进行检查的，应当出示有关证件，用户应当予以配合。用户用电设施设备存在用电安全隐患的，供电企业应当书面向用户反馈检查结果；用户应当及时予以消除，供电企业应当提供技术指导"，二者均明确了供电企业用电检查的外观形式要求、用户的配合检查义务、检查结果的运用等。

第六节　中止供电

供用电合同作为继续性合同，兼之合同标的物的电力在人们生产生活中的基础性作用，决定了合同的中止和终止既不可避免、又有其自身的特点，因而需要受到诸多约束。供用电合同中止、终止的效果就是中止供电或停止供电，因此在若干法律法规中对中止供电及停止供电作出了规制。又因为电力供应关联的社会关系十分广泛，一些与供用电合同不存在直接相关性的主体，也可借助中止供电或停限电来实现其管理目的，从而赋予了中止供电或停限电以更丰富的内涵。

现行的法律、行政法规及地方性法规（包括电力法律法规和其他法律法规）中，较为分散地设立了供电企业对电力用户实施停电、限电的若干规则。有权作出停限电决定的主体既有供电企业，也有电力管理部门和其他行政机关；在对停电的称谓上有"停电""断电""停止供电""中断供电""中止供电""终止供电""暂停电力供应"与"限电""限制用电""限制供电""截断电力"等不同名称。现行电力法律法规无论在适用情形还是法律效力上均未严格地区别中止供电、中断供电和停止供电等，❶从理论上说，"中止"与"停止"的区别在于，中止是暂时性的、临时性的，停止则是永久性的，因此"中止供电"表述更准确，"停电"则与"停止供电"同义，是生活用语。❷"限电""限制用电""限制供电"则并未完全断绝电力供应，从而在行为效果上与完全断绝电力供应的停止供电、中断供电等有所不同。为表述方便，分别将以上情形通称为中止供电与限电。

还有一类情形称之为"有序用电"，则是指在电力供应不足、突发事件等情况下，通过行政措施、经济手段、技术方法，依法控制部分用电需求，维护供用电秩序平稳的管理工作。❸有序用电亦属于导致中止供电及限电的直接原因，它与上述中止供电及限电事由存在交叉。

一、中止供电类型❹

依据中止供电事由是否与供用电关系直接相关，可区分为直接相关类与间接相关

---

❶ 王文军：《电力直接交易背景下〈民法典〉供用电合同制度新解》，《法学杂志》2022 年第 2 期；赵忠龙：《电力法的理念与治理机制研究》，知识产权出版社 2018 年版，第 101 页。

❷ 赵忠龙：《电力法的理念与治理机制研究》，知识产权出版社 2018 年版，第 168 页。

❸ 《有序用电管理办法》第 3 条：本办法所称有序用电，是指在电力供应不足、突发事件等情况下，通过行政措施、经济手段、技术方法，依法控制部分用电需求，维护供用电秩序平稳的管理工作。

❹ 吴德松：《公用事业服务拒绝供给之制度解析》，《海峡法学》2022 年第 4 期。

类中止供电。

（一）直接相关类中止供电

该类事由与供用电活动的固有服务与管理直接相关，立法之目的是规制供用电活动自身所固有的问题。例如《民法典》第 652 条、第 654 条，《电力法》（2018 年修正）第 65 条，《电力供应与使用条例》（2019 年修正）第 39 条、第 40 条。

该类拒绝供给又可进一步细分为两个分支：基于行政强制的"强制拒供"及基于民事关系的"民事拒供"。前者为电力法律法规等专门法设定的、出于供用电活动自身行政管理的需要而作出的停限电立法安排，如《电力法》第 65 条，中止供电的事由是电力用户危害供电、用电安全或者扰乱供电、用电秩序，决定的主体是电力管理部门；后者为民法或者电力法律法规设定的、作为民事主体的供电企业出于供用电关系的抗辩事由而作出的停限电立法安排，如《民法典》第 652 条、第 654 条，《电力供应与使用条例》第 39 条、第 40 条，中止供电事由是用户不具备供电条件或者用户欠缴电费，决定的主体是供电企业。

（二）间接相关类中止供电

该类事由与供用电活动的固有服务与管理不直接相关，立法之目的是规制与供用电活动自身无关的其他公共管理问题，如城乡建设、生态环境、安全生产、火灾处置、水资源保护等。❶

该类情形由行政机关作出中止供电与停限电的行政决定，一般由供电企业协助执行。停限电的决定主体是行政机关，协助执行主体为供电企业；停限电事由是存在安全生产事故隐患、发生突发事件以及存在违法建设、环境违法情形等。这一类的全国性法律有前述《安全生产法》（2021 年修正）第 70 条、《消防法》（2021 年修正）第 45 条等；地方性法规有《浙江省水污染防治条例》（2020 年修正）第 51 条、《上饶市城市管理条例》第 15 条、《江苏省电力条例》第 50 条的部分情形等。

---

❶ 吴德松、王学棉：《行政机关强制停电的行为属性及法律责任探究》，《海峡法学》2021 年第 3 期。

本节仅分析直接相关类的、基于民事关系的中止供电类型，也即供用电合同履行中的中止供电事项。

二、供用电合同履行中的中止供电情形

《民法典》第 652 条、653 条、654 条分别规定了中止供电的几类事由。《民法典》第 652 条和《电力法》第 29 条对中止供电的事由作出了一致的规定，即供电企业因供电设施计划检修、临时检修、依法限电或者用电人违法用电等原因，需要中断供电时，应当按照国家有关规定事先通知用电人。《民法典》第 653 条规定了自然灾害等原因断电的处理，不可抗力和紧急避险亦是较为多见的中止供电情形。《民法典》第 654 条规定了用电人逾期不支付电费情形下的中止供电。根据中止供电和停限电的发生原因，可以将其区分为检修停电、用电人违约停电、不可抗力及紧急避险停电、依法限电四种情形。依法限电与不可抗力、紧急避险等中止供电情形存在交叉，将另行阐述。

（一）检修停电

具体包括供电企业的计划检修停电与临时检修停电：计划停电是指供电企业对电力设备进行例行性检修，或者发现设备存在隐患但预计尚能稳定运行一段时间，从而提前准备检修并在检修时实施的停电；临时检修停电是指供电企业因为新发现电力设备隐患且有检修的紧迫性，从而在检修时实施的停电。二者的差别在于时间的紧迫性不同，由于紧迫性不同供电企业可以提前公告或通知用户的合理时限就存在差别，行政法规的《电力供应与使用条例》第 28 条分别对事先通知用户或进行公告的时限作出了不同的要求。❶

检修停电为受某一电力设备故障影响的、局部性的停电，且由于预先作出安排，一般来说停电影响的范围较小。此类停电的决定和实施主体均为供电企业。检修停电情况下，供电企业依法履行了事先通知或公告的义务，则供电企业不承担责任。❷ 这种

---

❶ 部门规章的《供电营业规则》第 71 条的规定与此一致。

❷ 赵忠龙：《电力法的理念与治理机制研究》，知识产权出版社 2018 年版，第 171 页。

事先通知或公告的义务源自民法上的合同附随义务。❶

（二）用户违约停电

用户违约停电指的是用户因其危害供用电安全、扰乱供用电秩序以及未按时交纳电费、盗窃电能等而导致供电企业实施的停电。《民法典》第652条所规定的"用电人违法用电"，一般来说违法用电的查处主体是国家行政机关的电力管理部门，不属于作为供用电合同民事主体的供电企业行使权利的范围；但由于违法用电同时也违反了供用电合同的约定，损害了供电企业的民事权益，供电企业可以依据约定中止停电，因此属于违约用电而中止供电的一类。

用户违约停电包括有：一是危害供用电安全、扰乱供用电秩序而中止供电，《电力供应与使用条例》第30条、部门规章《供电营业规则》第69条作出了具体的规定；二是用户逾期不支付电费而中止供电，即《民法典》第654条规定的情形，《电力供应与使用条例》第39条、《供电营业规则》第70条作出了具体规定；三是用户窃电而中止供电，窃电既是违法行为、也是违约行为，在违约责任的承担上，《供电营业规则》第104条规定供电企业可当场中止供电、用户须补交电费和违约使用电费。

此类停电针对的对象是具体的个体，停电影响的范围小。此类停电的决定和实施主体均为供电企业，在法律属性上为供电企业的私力救济措施，与《电力法》第65条作为行政措施的强制停电具有明显的不同。

（三）不可抗力和紧急避险停电

（1）不可抗力情形下的中止供电。《民法典》第653条规定，"因自然灾害等原因断电，供电人应当按照国家有关规定及时抢修；未及时抢修，造成用电人损失的，应当承担赔偿责任。"自然灾害等属于民法意义上的不可抗力，《民法典》第180条规定："因不可抗力不能履行民事义务的，不承担民事责任。法律另有规定的，依照其规定。"同时，《民法典》第590条规定，"当事人一方因不可抗力不能履行合同的，根据不可

---

❶ 参见《民法典》第509条第2款：当事人应当遵循诚信原则，根据合同的性质、目的和交易习惯履行通知、协助、保密等义务。

抗力的影响，部分或者全部免除责任，但是法律另有规定的除外。因不可抗力不能履行合同的，应当及时通知对方，以减轻可能给对方造成的损失，并应当在合理期限内提供证明。"结合上述法律规定，因自然灾害等不可抗力致使供电企业中止供电的，根据不可抗力的影响程度部分或者全部免除供电人供电责任，但供电企业负有通知用户的义务、及时抢修恢复供电的义务。未通知、未及时抢修造成用电人损失的应当承担适当的损害赔偿责任，此属于侵权责任。一般而言，发生较大自然灾害而涉及中止供电的用户众多，供电企业灾后抢修的工作量大，人们对于发生自然灾害的客观事实往往众所周知，在已通知或公告的情况下如再一一向用户提供灾害证明既不可行、也无必要，但对于用户有此需要者则另当别论。

（2）紧急避险情形下的中止供电。此类中止供电与第三人过错、不可抗力、电力运行事故直接导致的中止供电的不同之处在于：前者是直接导致了中止供电的结果，后者并未导致直接中止供电的结果、但后续紧急避险措施导致了中止供电的结果。具体包括有：①因第三人原因造成电力设备受损、采取避险措施而中止供电，包括其他用户的不安全用电、电力设施遭受到第三人损坏等实施避险；②电力设施因自然原因受损、采取避险措施而中止供电，如遭遇雷击、台风等而实施避险；③因发生电力运行事故、采取避险措施而中止供电。《民法典》第182条规定，"因紧急避险造成损害的，由引起险情发生的人承担民事责任。危险由自然原因引起的，紧急避险人不承担民事责任，可以给予适当补偿。"因此，在紧急避险而实施中止供电的情形下，属于第三人原因造成险情的则应由第三人承担民事赔偿责任，作为紧急避险人的供电企业不承担责任；属于由自然原因引起险情的则作为紧急避险人的供电企业不承担民事责任，但可以给予受损者以适当补偿；属于电力运行事故引发险情则由引发险情的主体承担侵权责任，供电企业是否承担责任视其有无引发险情而定。❶《民法典》第182条

---

❶ "电力运行事故"这一概念尚不清晰，司法实践中它被理解为一切与电力运行有关的事故，包括电力企业的责任事故、不可抗力、外力破坏造成的事故以及其他意外事故。参见：赵忠龙：《电力法的理念与治理机制研究》，知识产权出版社2018年版，第183-186页。

第 3 款同时规定，"紧急避险采取措施不当或者超过必要的限度，造成不应有的损害的，紧急避险人应当承担适当的民事责任"，供电企业对上述险情采取的紧急避险措施如超过了必要的限度造成损害的，也应承担适当的民事责任。此类停电与供电企业的意志无关，具有被动性和紧迫性。这类停电针对的对象是不特定的个体，停电范围较大。

三、"依法限电"情形下的中止供电

"依法限电"包括有两种情形：一是电力供给不足或者发生电力运行事故，必须限制一部分用户的用电需求以实现供需平衡，业内称之为"计划用电"或"有序用电"；二是其他法律法规设定的、行政机关对用户因其与供用电不相关的其他违法行为而限制其用电，即前述间接相关类中止供电与限电，亦可称之为行政机关强制停（限）电。《民法典》第 652 条所称的"依法限电"应指前者，即电力供给不足和发生电力运行事故情况下的"有序用电"，而不包括行政机关强制停（限）电，后者属于行政法律规范的调整范围。

我国在电力供给严重短缺的时代，对于有限电力资源的分配实行的是计划用电。即便是在电力供给不再紧张的情况下保留计划用电依然具有现实意义，因为电力供给在某些时段、局部地区或者紧急状态下，当出现电力短缺时计划用电仍然是最为直接有效的调控手段。《电力法》第 24 条、第 34 条，《电力供应与使用条例》第 5 条、第 29 条，《供电营业规则》第 69 条，《电网调度管理条例》（2011 修订）第 5 条、第 28 条等依然保留着计划用电的规定，《民法典》第 655 条也有如此规定："用电人应当按照国家有关规定和当事人的约定安全、节约和计划用电"。由此可见，计划用电在保障电力供应中具有"兜底"的作用。与计划用电略有不同的是，有序用电既包括计划用电、还包括非计划的管控手段，计划手段如有序用电调控指标、限电序位方案，非计划管控手段如经济补贴、可中断负荷电价、高可靠性电价等。❶ 因此，有序用电可以说是

---

❶《有序用电管理办法》，国家发展改革委员会 2011 年发布，发改运行〔2011〕832 号。

计划用电的升级版，是"计划用电＋需求侧管理"的结合体。无论是计划用电还是有序用电，均需要对电力用户的用电实行一定的限制，包括中止供电（拉闸）和限电。❶

根据《有序用电管理办法》第3条的定义，有序用电是指在电力供应不足、突发事件等情况下，通过行政措施、经济手段、技术方法，依法控制部分用电需求，维护供用电秩序平稳的管理工作。有序用电具有如下特征：一是有序用电的主管部门，为县级以上人民政府电力运行主管部门；二是年度有序方案编制主体，为各地市电力运行主管部门和省级电力运行主管部门；三是年度有序用电方案发布主体，为各级电力运行主管部门；四是有序用电的启动主体，为省级电力运行主管部门；五是有序用电的监督主体，为各地电力运行主管部门；六是有序用电的实施主体，为供电企业，电力用户则有支持配合的义务。从这些特征可以看出，有序用电是各级电力运行主管部门主导、组织、监督，具体由供电企业实施的、电力用户配合的一项行政管理活动，因此其性质为行政管理行为。其中所称的"突发事件"，从语义上理解应指自然灾害、电力设施外力破坏、电力运行事故等，而非指《突发事件应对法》中的事故灾难、公共卫生事件和社会安全事件。❷"依法限电"或"有序用电"并不成其为供用电双方之间具有独立性的中止供电事由，它源自于行政命令或者行政决定，并非供用电双方的意志，属于行政法律关系调整的范围。其中包含的计划用电不属于民事法律行为，包含的发生自然灾害、电力设施外力破坏、电力运行事故而导致中止供电的情形则与前文述及的不可抗力、紧急避险等民事事由存在竞合。

思考题：

1. 阅读《转供电加价清理仍待加力》一文（作者杨晓冉，载《中国能源报》2022

---

❶ 根据《有序用电管理办法》第32条的定义：限电，是指在特定时段限制某些用户的部分或全部用电需求；拉闸，是指各级调度机构发布调度命令，切除部分用电负荷。

❷《突发事件应对法》第3条第1款：本法所称突发事件，是指突然发生，造成或者可能造成严重社会危害，需要采取应急处置措施予以应对的自然灾害、事故灾难、公共卫生事件和社会安全事件。

年 3 月 21 日，第 12 版）。根据以上报道，你如何看待转供电问题？这一问题该如何解决？

二维码 5-1　转供电加价清理仍待加力

2. 试述公私法融合（"公法私法化"及"私法公法化"）在电力立法中的主要表现。

第六章 | 电力市场法律体系 ❶

　　电力工业的初期是充满竞争的。1882 年 9 月 4 日，爱迪生在纽约曼哈顿的珍珠街发电厂投运，点亮了 400 盏电灯。到 1882 年年底，爱迪生公司拥有 500 个客户，为 10 000 多盏灯泡供电。1884 年底，在宾州、麻省、俄亥俄出现了 20 多家电灯公司。早期的电力公司规模小而分散，在电力发源地之一的芝加哥市，1892 年就存在 40 多家电力公司。随着高压长距离输电、大容量机组的出现，电网规模不断扩大，电力公司不断兼并，逐渐形成了垄断经营，并主导电力工业发展近百年。❷20 世纪末，在西方经济全面解除管制的大背景下，电力工业的垄断变得格外引人瞩目，其弊端饱受争议。20 世纪 90 年代，首先在西欧开始的电力市场化改革，很快被推广到了美国、大洋洲一些电力公司。电力市场的运营模式及其改革历程各异，各国的电力公司在开发自己的电力市场时，都根据自己的特点而有所不同。电力市场处于不断探索完善的进程之中。

　　改革开放以来，我国的电力体制经历了三次改革，市场化是电力体制改革的长期目标。1980 年以前，我国电力行业基本实行集中统一的计划管理制度，电力供应长期紧张。1981—1985 年期间，电力行业实施"调整、改革、整顿、改进"的新八字方针，促使了电力事业的蓬勃发展。1987 年电力体制改革提出了"政企分开、省为实体、联合电网、统一调度、集资办电"的"二十字方针"和"因地因网制宜"的电力改革与发展方针，极大地促进了发电相关领域的发展，❸ 为第一次电力体制改革。

　　2002 年 2 月，国务院下发《关于印发电力体制改革方案的通知》（国发〔2002〕5

---

❶ 本章相关内容来源于：国家电力调度控制中心编，《电力现货市场 101 问》，中国电力出版社 2021 年版；陈向群等：《电力交易工作问答》，中国电力出版社 2021 年版。

❷ 谢开，《美国电力市场运行与监管实例分析》，中国电力出版社 2017 年版，第 1-5 页。

❸ 蒋楠：《浅谈我国电力体制改革背景下电力法律体系构建》，《法制与社会》2021 年第 2 期。

号），对电力工业实施以"厂网分开、竞价上网、打破垄断、引入竞争"为主要内容的电力体制改革，标志着我国电力工业进入了市场化改革的新时期，为第二次电力体制改革。

2015年3月，中共中央、国务院印发《关于进一步深化电力体制改革的若干意见》（中发〔2015〕9号），启动了第三次电力体制改革。此次改革的重点是"管住中间、放开两头"，区分竞争性和垄断性环节，在发电侧和售电侧开展有效竞争，有序放开输配以外的竞争性环节电价、有序向社会资本开放配售电业务、有序放开公益性和调节性以外的发用电计划，构建主体多元、竞争有序的电力交易格局，形成适应市场要求的电价机制，使市场在资源配置中起决定性作用。

第一节　电力市场的特征及法律体系构成

一、电力市场的概念

电力市场，又称电力交易市场，是指由电力系统中的发电、输电、配电、用电等各参与主体通过协商、竞价等方式，就电能及其相关服务的生产、消费进行交易，通过市场竞争确定其价格和数量。[1]电力市场包括广义和狭义两种含义：广义的电力市场泛指电力流通交换领域，它包括发电、输电、配电全部由一家电力公司经营的、垂直一体化下的垄断型市场；狭义的电力市场仅指现代竞争性的电力市场，它包括发电竞价、输电网和配电网开放、全部用户获得买电的选择权，通过开放、竞争等市场手段实现电力能源资源的优化配置。前述定义即为狭义的电力市场，目前广泛讨论的电力市场即指狭义的电力市场。狭义的电力市场又是一个具体的执行系统，包括电力交易机构、交易管理系统、计量和结算系统、信息和通信系统等。

电力市场又由多个细分市场构成。根据交易数量和额度、市场性质、交易品种、交易周期、竞争模式等维度，一般划分为如下细分市场：按交易数量和额度，可分为

---

[1]《中国电力百科全书》编辑委员会：《中国电力百科全书·电力系统卷》（第三版），中国电力出版社2014年版，第61页。

电力批发市场和电力零售市场；按市场性质，可分为实物市场与金融市场；按交易品种，可分为电能量市场、发电容量市场、电力辅助服务市场和输电权市场；按交易周期长短，可分为电力现货市场和电力中长期市场；按竞争模式，可分为单边市场和双边市场。

我国电力市场首先开展的是电力中长期交易。2017 年、2021 年启动电力现货市场第一批、第二批试点，并要求非试点地区尽快开展现货市场建设工作。[1]2021 年 11 月，启动省间现货交易的试运行。[2]2021 年 12 月，国家能源局将《并网发电厂辅助服务管理暂行办法》修订为《电力辅助服务管理办法》，开启辅助服务市场化的试点。[3]我国电力中长期市场、现货市场、辅助服务市场建设正在统筹推进。

二、电力市场的主要特征及其法律体系特点

电力工业的技术特性和电力商品的特殊性，决定了电力市场的固有特征。电力市场法律体系需要反映电力市场的固有特性。

（1）电力市场具有快速性和无仓储性。电能的生产、传输、使用瞬时同时完成的，服从基尔霍夫第一定律（电流节点定律），即在任何一个集总参数电路中的任一节点，在任一时刻通过该节点的所有支路电流的矢量和恒等于零，这一特性决定了电力市场的无仓储性。这种快速性和无仓储性，决定电力市场中现货交易的"出清"电价形成机制，这一机制影响市场主体的报价行为、运行效率和市场力，是电力市场顶层设计的重点，也是电力市场一项独特的法律制度。

（2）电力市场具有网络产业特性。无仓储性的市场供需关系以及整个销售的网络性特征，既是市场特征，也是技术特征。因此，电力市场的建设和运营，不仅要从社

---

[1] 国家发展改革委、国家能源局：《关于开展电力现货市场建设试点工作的通知》，发改办能源〔2017〕1453 号；《关于进一步做好电力现货市场建设试点工作的通知》，发改办体改〔2021〕339 号；《关于加快推进电力现货市场建设工作的通知》，发改办体改〔2022〕129 号。

[2] 国家发展改革委办公厅、国家能源局综合司《关于国家电网有限公司省间电力现货市场交易规则的复函》，发改办体改〔2021〕837 号。

[3] 国家能源局《关于印发〈电力辅助服务管理办法〉的通知》，国能发监管规〔2021〕61 号。

会、政治、经济等方面全方位考虑，更需要遵循电网运行的客观规律，充分考虑电力工业的技术特性。输变电费制度、安全校核制度、阻塞管理制度在保障电网安全稳定运行上具有特殊重要的地位，是电力市场法律体系的又一个显著特点。

（3）电力市场服务的广泛性及其产品的不可替代性。电力与社会经济的紧密联动性决定了电力市场的社会性和重要性，电能既然是商品，就必须遵循市场规律，它的价格就要遵循价值规律，但又要兼顾社会的承受能力。因此，非市场化交易下的供电保障机制、防控市场力的价格帽机制，以及市场失效下的保底服务机制，是电力市场法律体系的第三个显著特点。

（4）电力市场与生态环境的关联性。电力市场具有明显的经济外部性，电力市场与生态环境之间的关联性表现在电力的供给与对电能的需求两方面。风、光等可再生能源较之于化石能源具有生态环境价值，但其较高的发电成本、所提供电能的不稳定，又与用电需求上追求的低成本、稳定性不相容。科学有序的电力市场，有利于降低发电煤耗，有利于充分利用清洁能源，有利于引导用户合理消费电能。确保市场因素与生态环境因素的衔接协调是电力法律体系的第四个显著特点。

三、电力市场法律体系的构成

伴随着电力市场的发展，完善的法律体系必不可少。这一法律体系主要涵盖市场组织、市场运行、市场保障等三个方面。市场组织方面包括市场主体制度、市场组织架构、交易品种类型等；市场运行包括输配电价规则、各交易类型的交易规则、交易计量与结算规则、可再生能源消纳规则、电网安全约束规则等；市场保障方面包括非市场交易下的供电规则、市场失灵下的保底服务规则、信息公开规则、市场监管规则等。

我国自 2015 年中共中央、国务院深化电力体制改革发布以来，相继发布了涉及电力体制改革的若干部门规章和规章以下规范性文件。目前的电力体制改革尚处于政策主导阶段，电力市场还在不断探索之中，已颁布的部门规章及规章以下规范性文件其位阶较低，电力市场法律体系尚未建立。

第二节　电力市场组织体系

电力市场的组织架构包括电力市场成员和电力市场监管机构。电力市场成员即电力市场的各参与方，包括电力交易的市场主体、电力传输交付的电网主体、辅助服务主体、市场监管主体。其各自的角色如下：

一、市场成员

电力市场成员包括发电企业、电网企业（含输电、配电企业）、售电公司、电力交易机构、电力用户、储能企业等。[1] 其中发电企业和电力用户是电力交易的卖方和买方；电网企业负责买卖电能的传输与交付；电力交易机构是电能交易的场所，负责组织买卖双方开展电力交易。

（1）发电企业：是电能产品的生产者，作为卖方将其生产出的电力通过市场交易予以卖出。为实现其目的，其需要获得公平的输电服务和电网接入服务，实现电能的物理传输和交付，获得价款。

（2）电力用户：是电能产品的消费者，作为买方通过电力市场买入电能并使用。为实现其目的，其需要获得公平的输配电服务和电网接入服务，获得电能的实际交付，支付购电价款、输配电费用等。中小电力用户（又称零售用户）因其购买的电量少，加之缺乏电力市场的专业知识与能力，一般不宜直接作为市场主体购买电力，而宜通过售电公司代理购电或者不参加电力市场交易。

（3）售电公司：是发电企业与电力用户之间的中间商，既可以代理电力用户购买电能，也可以代理发电企业卖出电能，还可以作为经销商一边买入、一边卖出电能，以及为用户提供增值服务等。

---

[1]《电力中长期交易基本规则》，国家发展改革委员会、国家能源局 2020 年发布，发改能源规〔2020〕889 号。

（4）电网企业：是电网业务的经营者，负责接收发电厂所发电能并传输、交付给电力用户，提供抄收费服务并与买卖双方等结算购电费、收取输配电费等费用。电网企业同时为未参加电力市场交易的用户提供供电服务。电网企业的电力调度机构并负责电力的安全校核，提供安全约束边界，保障电力交易结果的执行。

（5）电力交易机构：为电力市场主体提供公平、规范的电力交易服务的平台型、服务型公司。其不以营利为目的，基本实现收支平衡；负责匹配电能购买者与销售者所提交的电能投标或报价；❶组织市场主体的发电企业、电力用户、售电公司、储能电站等开展电力交易；为电力市场主体进行市场注册，提供市场准入与退出服务，发布市场信息等。

（6）辅助服务提供商：辅助服务是指除正常电能生产、输送、使用外，由发电企业、电网经营企业和电力用户提供的额外服务，如一次调频、自动发电控制（AGC）、调峰、无功调节、备用、黑启动服务等，提供辅助服务的主体是为辅助服务提供商。

二、市场自治机构与监管机构

（1）市场自治机构：即电力市场管理委员会，是由在交易机构注册的相关市场主体按类别代表组成的自治性议事协调机构。作为电力交易的组织者，电力交易机构应当具有非盈利的公益属性，独立于市场参与各方。电力市场管理委员会为市场各方参与电力交易机构的事务提供一个平等交流的机制保障，维护市场各方利益，共同确保电力交易机构的独立性和中立性。

（2）市场监管机构：监管机构是确保电力市场公正有效运营的政府机构，它决定或批准电力市场规则，调查可能出现的市场力滥用情况等。❷我国目前的市场监管机构包括国家能源局及其派出机构和地方政府电力管理部门，其职责是对市场成员及交易

---

❶ 牛文琪：《电力市场概论》，中国电力出版社 2017 年版，第 47 页。

❷ 牛文琪：《电力市场概论》，中国电力出版社 2017 年版，第 48 页。

机构、电网企业等市场运营机构的行为进行全过程的监管，并对违反市场规则的行为开展调查、认证和处罚等。

第三节　电力市场运行规则

电力市场的运行需要遵循一定的规则，这些规则主要有价格和出清机制、各交易类型的交易规则、交易计量与结算规则、可再生能源消纳规则、电网安全约束规则、不平衡费用承担规则。

一、价格和出清机制

市场出清指商品市场与要素市场同时实现供求平衡的市场状态，有时也指某一商品市场或某一要素市场实现供求平衡的市场状态。市场上价格有充分的弹性，价格机制的自我调节能够让市场自发实现供求平衡，即为市场出清状态。

不同于一般商品，电能具有实时平衡和基于物理定律的网络化传输的特点，电能生产和消费必须符合社会发展需求，使得电力市场出清必须在统一的机制框架下，借助科学的技术手段来达成。电力市场出清是根据市场规则和交易报价确定交易计划（包括交易成交量及其成交价格）的过程。确定成交主体且完成成交排序的规则和办法一般采用高低匹配，从低到高对发电厂商进行排序，形成卖方序列；再从高到低对用户或售电公司进行排序，形成买方序列；然后从最低卖方价格和最高买方价格依次形成匹配对，并规定买卖双方价格相减大于零时有效，直到买卖双方出现最后一个有效匹配对为止。

市场出清是电力市场交易的一个基本概念，既存在于中长期市场，也存在于现货市场和辅助服务市场。当电力中长期交易采用集中交易方式时，市场主体通过电力交易平台申报电量、电价，电力交易平台按照市场规则进行市场出清，经安全校核后，确定成交对象、电量和价格等的交易；在电力现货交易时，日前电力交易、日内电力交易、实时电力交易中均需通过市场出清及安全校核确定成交对象、电量和价格。

二、各交易类型的交易规则

（一）电力中长期交易规则

1. 电力中长期交易概念

电力中长期交易是指符合准入条件的发电企业、电力用户、售电公司等市场主体，以双边协商、集中报价、挂牌交易等方式，开展的多年、年、季、月、周、多日等日以上的电力、电量交易。电力中长期交易一般指当日前两天及以上时间组织的交易。在我国，对于执行政府基准电价的优先发电电量和分配给燃煤（气）机组的基数电量，视为厂网间双边交易电量，纳入电力中长期交易范畴。

电力中长期交易是电力市场体系中的初期形态。电力中长期交易允许电力用户直接从发电企业购电，发用电双方约定电量、电价，电网企业只收取输配电环节国家核定的固定服务费用，改变了过去电力用户只能从电网企业按照国家核定的电价购买电能、发电企业只能按照国家核定的价格卖电给电网企业的统购统销模式。就用户而言，电力中长期交易改变的是电力用户购电的途径和方式、电价的形成机制，但是并没有改变对用户的供电方式。

国外典型电力市场中的远期交易和期货、期权交易也是一种中长期交易。这几种交易的区别主要在于是否标准化。远期交易是一种非标准化的合同，交易双方自行确定交易的地点、交易的数量和价格，而期货和期权是一种标准化的合约，必须在期货交易所进行，对合约的数量、价格、交割地点等都有严格的规定。国外大多数实行电力市场的国家或地区都建立了若干期货、期权市场，其可以增加交易的流动性，降低市场的风险。

2. 电力中长期交易功能

电力中长期交易是市场参与者为了回避价格风险，减少由于未来市场价格波动带来的利益损失，通过协商等方式达成的一种协议。中长期交易一方面可以满足买卖双方对于未来获利和风险两方面的要求，另一方面也有助于对实时电价的突变、波动起到平滑作用，形成合理的市场价格，从而维持电力市场的稳定。

中长期交易与现货交易是互为补充和相互协调的。中长期交易可以稳定电力商品的供求状况、稳定电价、规避风险，有利于保障电力系统的安全稳定运行和电力市场的稳定运营；而现货交易可以增加市场的竞争性，更好地发挥市场的调节作用。

3. 我国《电力中长期交易规则》主要内容

2016 年 12 月，国家发展改革委、国家能源局发布《电力中长期交易基本规则（暂行）》，开启了我国电力中长期交易；2020 年 6 月，对上述暂行规则进行了修订，发布了《电力中长期交易基本规则》。❶ 其主要内容如下：

（1）明确了中长期电力市场的成员范围。市场成员分为市场主体和市场运营机构两大类。市场主体包括各类发电企业、电网企业、配售电公司、电力用户、储能企业等；市场运营机构包括电力交易机构和电力调度机构。各市场成员分别享有不同的权利、承担不同的义务。

（2）明确了市场主体的准入与退出条件。发电企业、电力用户满足一定的准入条件，经市场注册后入市交易；一经入市的发电企业和电力用户无正当理由不得自行退市。退市的正当理由包括：市场主体宣告破产，不再发电或者用电；因国家政策、电力市场规则发生重大调整，导致市场主体非自身原因无法继续参加市场交易；因电网网架调整，导致发电企业、电力用户的发用电物理属性无法满足所在地区的市场准入条件。

（3）明确了市场主体在电力交易机构的注册、变更与注销机制。市场注册业务包括注册、信息变更、市场注销，以及零售用户与售电公司业务关系的确定等。发电企业、电力用户、配电企业根据交易需求和调度管理关系在相应的电力交易机构办理注册手续，售电公司自主选择一家电力交易机构办理注册手续。各电力交易机构共享注册信息。

（4）明确了交易品种。电力中长期交易现阶段主要开展电能量交易，灵活开展发电权交易、合同转让交易，根据市场发展需要开展输电权、容量等交易。中长期电能

---

❶ 国家发展改革委、国家能源局《关于印发〈电力中长期交易基本规则（暂行）〉的通知》，发改能源〔2016〕2784 号；国家发展改革委、国家能源局《关于印发〈电力中长期交易基本规则〉的通知》，发改能源规〔2020〕889 号。

量交易包括年度（多年）电量交易、月度电量交易、月内（多日）电量交易等。

（5）明确了交易方式。电能量交易方式包括双边协商交易与集中交易两种方式。双边协商交易是指市场主体之间自主协商交易电量、电价，形成双边协商交易初步意向后，在规定的交易时间内提交电力交易平台，经安全校核和相关方确认后形成的交易。双边协商交易适用于各类交易品种，零售市场交易一般以双边协商方式为主。集中交易是指设置交易报价提交截止时间，市场主体通过交易平台申报电量和电价，电力交易平台按照市场规则进行市场出清，经安全校核后，确定最终的成交对象、电量和价格等的交易。集中交易包括集中竞价交易、滚动撮合交易和挂牌交易三种形式。

（6）明确了价格机制。电力中长期交易的成交价格由市场主体通过双边协商、集中交易等市场方式形成，第三方不得干预。市场用户的用电价格由电能量市场交易价格、输配电价格、辅助服务费用、政府性基金及附加构成，输配电价格按照《输配电价管理暂行办法》、政府性基金按照《政府性基金管理暂行办法》执行。❶ 双边交易价格按照双方合同约定执行，集中交易价格机制具体由各地区市场规则确定，其中：集中竞价交易可采用边际出清或者高低匹配等价格形成机制，滚动撮合交易可采用滚动报价、撮合成交的价格形成机制，挂牌交易可用一方挂牌、摘牌成交的价格形成机制。除国家有明确规定的情况外，双边协商交易不进行限价；集中竞价交易中，为避免市场操纵及恶性竞争，可对报价或者出清价格设置上限、下限。

（7）明确了交易组织机制。政府部门在每年11月底前确定并下达次年跨区跨省、省内优先发电计划和基数电量，各地按年度（多年）、月度、月内（多日）的顺序开展电力交易。市场主体通过年度（多年）交易、月度交易和日内（多日）等交易满足发用电需求，促进供需平衡。电力交易机构基于电力调度机构提供的安全约束条件进行电力交易出清。

（8）明确了偏差电量处理机制。发用电双方在协商一致的前提下，可在合同执行

---

❶《输配电价管理暂行办法》，国家发展和改革委员会2005年发布，发改价格〔2005〕514号；《政府性基金管理暂行办法》，财政部2010年发布，财综〔2010〕80号。

一周前进行动态调整，减少合同执行偏差。系统月度实际用电需求与月度发电计划存在偏差时，可通过发电侧上下调预挂牌机制进行处理，也可采用偏差电量次月挂牌、合同电量滚动调整等偏差处理机制。

（9）明确了安全校核机制。各类交易均应通过电力调度机构的安全校核，各级电力调度机构均有安全校核的责任。安全校核的主要内容包括通道输电能力限制、机组发电能力限制、机组辅助服务限制等。电力调度机构应当及时向电力交易机构提供各断面（设备）、各路径可用输电容量，以及交易在不同断面、路径上的分布系数，并发布必开机组组合和发电量需求、影响断面（设备）限额变化的停电检修等。电力交易机构以各断面、各路径可用输电容量等为约束，对集中交易进行出清，并与同期组织的双边交易一并提交电力调度机构进行安全校核。安全校核应当在规定的期限内完成，未通过时电力调度机构需出具书面解释。

（10）明确了购售电合同、优先发电合同的签订与执行。各市场成员应当根据交易结果或者政府下达的计划电量签订购售电合同，并提交至电力交易机构。购售电合同一般采用电子合同签订。各省电力交易机构汇总省内市场成员参与的各类交易合同，形成省内发电企业的月度发电计划，并依据月内（多日）交易进行更新和调整。电力调度机构根据经安全校核后的月度发电计划以及清洁能源消纳需求，合理安排电网运行方式和机组开机方式。

（11）明确了计量和结算机制。电网企业应为市场主体安装计量装置，保证计量数据的准确、完整，定期抄录计量数据，提交电力交易机构作为结算依据。电力交易机构向市场成员出具结算依据，市场成员进行电费结算，其中：发电企业上网电量电费由电网企业支付；电力用户向电网企业缴纳电费，并由电网企业承担电力用户侧欠费风险；售电公司按照电力交易机构出具的结算依据与电网企业进行结算。市场主体可自行约定结算方式。电力用户的基本电价、政府性基金及附加、峰谷分时电价、功率因数调整电费等由电网企业收取和结算。

（12）明确了市场信息披露机制。市场信息分为社会公众信息、市场公开信息和私有信息。社会公众信息是向社会公众披露的信息，市场公开信息是向所有市场主体披露的信息，私有信息是向特定市场主体披露的信息。上述三类信息分别有不同的披露要求。

（13）明确了市场干预机制。电力交易机构、电力调度机构在下列情况下可以采取市场干预措施：电力系统内发生重大事故危及电网安全；发生恶意串通操纵市场的行为，并严重影响交易结果；市场技术支持系统发生重大故障，导致交易无法正常进行；因发生不可抗力致使电力市场化交易不能正常开展；国家能源局及其派出机构作出暂停市场交易决定；市场发生其他严重异常情况等。

（二）现货交易规则

1. 电力现货交易的概念

"电力现货市场"一词初期来自美国的"Power Spot Market"概念，其理论是麻省理工学院 Schweppe 教授等人提出的"现货定价"（spot pricing）理论。1980 年，Schweppe 教授提出设想：要改变传统的供求模式，就应像计算电压和频率那样，计算和控制电能的价格，即采用 Spot Price，它不仅随时间变化，而且区分节点位置、故障和可靠性电价。20 世纪 80 年代中后期，正式提出并建立了现货电价理论。

电力现货交易是指符合准入条件的发电企业、售电公司、电力大用户、负荷聚合商等市场主体，通过市场化方式开展的日前、日内、实时电能量交易，日前、日内组织的备用、调频等辅助服务交易也可纳入现货交易范畴。

建设电力现货市场的核心是建立竞争机制，通过市场实现电力资源的优化配置。表现形式上，就是改变传统调度发电计划产生方式，形成以市场交易结果作为安排调度发电计划的主要依据的全新调度模式。在电力工业垂直一体化管理模式下，理想的调度方式是经济调度，以发电成本最低或供电成本最低为目标，按照等微增的原则安排发电调度计划并实时调度，实现全系统利益最大化，优化运行产生的效益在企业内部共享，并最终传导给用户，在发挥电力工业规模经济优势的前提下，实现既有资源既定目标的最优化。但由于缺乏价格信号，所有的用户都是被动参与者，没能解决用户技术进步和管理提升的内在动力问题。而电力现货市场可以引导市场主体主动参与系统运行，以价格信号引导供需互动，促进用户技术进步和管理提升。

世界各国、各地已建成电力现货市场都在不断完善过程中，电力现货市场需要不懈探索和丰富。我国开展的电力现货市场试点中，各试点省电力现货市场建设的目标不同，市场的模式也就必然不同。

2. 电力现货市场的特征

电力现货市场是相对于电力中长期市场的一个概念。一般而言，有以下四个方面的显著特征：

（1）现货市场是竞争性市场，交易双方按照交易规则，集中在特定的交易平台达成交易，即采取集中竞价的方式确定电能交易数量和价格；

（2）具有实物交易的属性，交易双方均有完成实物交割的意图；

（3）交易周期尽可能短，一般是日或者更短的周期，但由于技术和效率的缘故，最短不小于 5 分钟；

（4）交易与交割是分别完成的，电力现货市场不需要市场主体的交易与交割一一对应。

3. 电力现货市场与中长期市场的差异

（1）交易的标的物不同。现货交易一般为 15 分钟的电力或备用、调频等辅助服务，中长期交易的标的物一般为更长时间段（月、多日）的电能量或可中断负荷、调压等辅助服务。

（2）交易标的物的交割时间不同。现货交易的交易标的物交割时间为未来一天、几个小时或几十分钟，中长期交易标的物交割时间为未来多年、年、季度、月或多日。

（3）与电力系统实际运行耦合程度不同。现货交易需详细考虑机组组合、电网运行方式等约束问题，中长期交易一般仅考虑发电用电能力约束、不考虑电网运行方式约束。

（4）交易标的物交割方式有差异。现货交易合同属于要求物理执行的实物合同，中长期交易合同既可以物理执行、也可以非物理执行（例如差价合约方式的金融合同）。

（5）功能不同。电力负荷随时间变化具有一定的规律性和波动性，一天之内电力供需平衡关系差异较大，现货交易可以较为精细地分时段出清，价格随时间变化，主要目的是实现电力资源短期优化配置，促进可再生能源消纳，发现价格并提供价格信号；中长期交易的交易时间更长，主要目的是促进电力资源中长期优化配置，引导电力投资以保障电力供应，实现发电企业容量成本回收。

4. 电力现货市场规则的主要内容

现货市场规则主要包括如下内容：

（1）交易模式。现货市场有集中式交易与分散式交易两种模式：集中式现货采用全电量集中竞价方式进行交易，现货交易确定发电（用电）企业的完整日发（用）电曲线，一般配合采用双边差价合约模式的中长期交易；分散式现货采用部分电量竞价方式进行现货交易，配合采用物理双边合约的中长期交易，现货交易主要用于平衡日前（日内、实时）发用电曲线与中长期合同分解曲线之间的偏差。

（2）交易品种。电力现货市场主要有日前电力交易、日内电力交易、实时电力交易、辅助服务交易等交易品种。日前电力交易：根据市场主体的日前申报数据，每天分为若干个交易时段，出清次日时段（一般为15分钟一个时段）的机组组合计划和发电出力计划，形成总经济效益最优的发电计划，并形成机组与用户市场出清电价。日内电力交易：交易根据系统实际运行情况、最新负荷预测需求和日内市场报价，每个时段滚动计算未来多小时多个时段最优的快速启动机组的启停计划，确定未来多小时分时段（一般为15分钟一个时段）机组组合计划和发电出力计划及市场出清价格。实时电力交易：根据系统实际运行情况、最新负荷预测需求和实时市场报价，在日前与日内市场确定的机组开停机组合基础上，每15分钟滚动计算未来15分钟至1小时的市场出清结果，依市场出清结果执行交易。辅助服务现货交易：开展基于市场竞价下的辅助服务产品市场化交易，包括 AGC（Automatic Generation Control）调频、备用等辅助服务，可以与现货电能量统一优化联合出清或独立出清。

（3）价格形成机制。电力现货市场出清价格是根据供需报价和系统网络约束等算法，计算得到每个时刻、某一节点（区域或系统）的电能量成交价格。电力现货市场出清价格的形成机制影响市场主体的报价行为、运行效率和市场力，是电力市场顶层设计的重点任务。目前国内外的主要电力现货出清价格形成机制采用边际出清价格机制，包括三种价格机制：系统边际电价（System Marginal Pricing，SMP）、分区边际电价（Zonal Marginal Pricing，ZMP）、节点边际电价（Location Marginal Pricing，LMP）。

系统边际电价是指在现货电能交易中，按照报价从低到高的顺序逐一成交电力，使成交的电力满足系统负荷需求的最后一个电能供应者（称之为边际机组）的报价。系统边际电价模式适用于电网阻塞较少、阻塞程度较轻、阻塞成本低的地区。

分区边际电价是指当电网存在输电阻塞时，按阻塞断面将市场分成几个不同的区域（即价区），并以同一区域内边际机组的价格作为该区域市场的出清价格。分区边际电价模式适用于阻塞频繁发生在部分输电断面的地区，如北欧电力市场。

节点边际电价是指在满足当前输电网络设备约束条件和其他各类资源的工作特点情况下，在某一节点增加单位负荷需求时所需要增加的边际成本，简称节点电价。节点电价由系统电能价格、输电阻塞价格、网络损耗价格组成，其中系统电能价格反映全市场的电力供求关系，输电阻塞价格反映节点所在位置的电网情况，网络损耗价格反映节点所在位置对电网传输损耗的影响程度。节点边际电价模式适用于电网阻塞程度较为严重、输电能力经常受限的地区，在美国电力市场中得到普遍采用。

（4）主要交易流程。电力现货交易主要包括市场注册、事前信息发布、交易申报、出清计算、安全校核、交易结果发布等流程。其中：

市场注册是指符合市场准入条件的主体按照市场注册管理制度在市场运营机构办理注册手续、获得参与交易资格权限的过程。

事前信息发布是指交易申报前由市场运营机构公开发布的交易相关信息，主要包括全网系统负荷预测曲线、省间联络线电力预测、发电机组检修总容量、正备用要求、负备用要求、输变电设备检修计划、电网关键断面约束情况、必开必停机组、市场限价等交易参数。

交易申报是指市场主体在规定时间内申报交易电力曲线、交易电价、启动费用、空载费用、最小连续运行时间、最小连续停机时间等信息。

出清计算指的是市场运营机构基于市场成员申报信息以及运行日的电网运行边界条件，采用规定的算法进行优化出清得到市场交易结果的过程。对于集中式现货交易，一般采用安全约束机组组合、[1]安全约束经济调度程序进行优化计算，得到机组组合方式、发用电出力曲线和节点边际电价。对于分散式现货交易，一般采用安全约束经济调度程序进行出清计算，得到发用电出力曲线调整值和系统（分区）变价电价。

安全校核主要完成各个时段电网运行计划和电网运行操作的安全校核，必须满足《电力系统安全稳定导则》确定的各项电网安全稳定运行标准。现货市场出清应至少实现静态安全校核功能。静态安全校核功能是在给定的方式下，对电网进行静态安全方面的综合分析，包括基态潮流分析、静态安全分析、灵敏度分析等，确保最终生成的市场出清结果满足电网静态安全约束。

（三）电力辅助服务市场规则

1. 电力辅助服务的概念

电力辅助服务是指除正常电能生产、输送、使用外，为维护电力系统的安全稳定运行，保证电能质量，由发电企业、电网经营企业和电力用户提供的额外服务，包括一次调频、调峰、自动发电控制（AGC）、无功调节、备用、黑启动等。辅助服务具有一定公共产品属性，应用范围为整个电力系统，通常由调度机构统一执行。

电力辅助服务市场是电力市场体系中的一部分。在电力市场中，不能要求市场主体无偿提供或无条件使用辅助服务，必须以市场手段发现每一项辅助服务的价格，厘清各辅助服务提供者的贡献、各使用者使用了哪些辅助服务、使用量和费用是多少等，通过市场进一步还原电力商品属性。电力辅助服务市场是遵循市场原则对提供电力辅

---

[1] 机组组合（unit commitment，UC），指在一定的调度周期内，以系统成本最小（包括发电机组的启动成本、关停成本和运行成本）为目标安排机组启停机和发电计划，实现与预测负荷的平衡并满足一定的约束条件和备用要求。参见：国家电力调度控制中心编，《电力现货市场101问》，中国电力出版社2021年版，第160页。

助服务的主体因提供产品或服务发生的成本进行经济补偿的一种市场机制。

2. 我国电力辅助服务的分类

我国电力辅助服务的种类十分丰富，可以从不同的角度进行分类。

从功能的角度区分，辅助服务主要分为有功功率平衡服务、无功功率平衡服务、事故恢复服务三类。有功功率平衡服务主要包括调频、备用等；无功功率平衡服务主要为无功功率调节、电压支撑；事故恢复服务主要是指黑启动。

我国根据电力市场发展实际，从"两个细则"规定是否补偿的角度，^❶将并网发电厂提供的辅助服务分为基本辅助服务与有偿辅助服务两类，对基本辅助服务不进行经济补偿，对有偿辅助服务基于成本进行经济补偿。基本辅助服务是为了保障电力系统安全稳定运行，保证电能质量，发电机组必须提供的辅助服务，包括一次调频、基本调峰、基本无功功率调节等；有偿辅助服务指并网电厂在基本辅助服务之外所提供的辅助服务，包括自动发电控制、有偿调峰、旋转备用、有偿无功功率调节、黑启动服务等。

3. 电力辅助服务的获取方式

主要通过强制提供、双边合约交易和集中交易三种方式获取：

（1）强制提供：在被调度机构调用时，发电机组必须无偿地提供辅助服务。机组承担强制提供辅助服务的义务，通常是在并网前进行约定的。这种辅助服务获取方式，通过"公平"计划能够增加辅助服务的资源，但会远远超过实际需求，并且对同一种辅助服务，不考虑机组的成本差异，不能降低总辅助服务成本。目前我国的基本辅助服务和国外电力市场中的一次调频服务都是采用这一方式。

（2）双边合约交易：辅助服务的需求方与提供方协商确定辅助服务的数量、质量、价格和支付条件。这种获取方式的最大优势是便于实现，特别是对于需要特定主体提供的辅助服务（如黑启动），但是缺乏透明性，因而不适用于可竞争的辅助服务。

（3）集中交易：短期辅助服务主要通过电力辅助服务市场集中交易获取，而长期

---

❶ "两个细则"，即《并网发电厂辅助服务管理实施细则》和《发电厂并网运行管理细则》，下同。

辅助服务则主要通过长期招标实现。这是目前竞争电力市场中最常用的方式。通过集中交易方式获取的辅助服务主要用于与有功功率平衡相关的服务，包括二次调频、旋转备用、替代备用等；无功功率平衡服务仍然采用强制提供或双边合约的方式获取；黑启动服务时间跨度大、调用频次低，因此采用强制提供、双边合约或长期招标三种方式获取均可。

4. 辅助服务市场与现货市场的关系

辅助服务市场与现货市场有着密切的内在联系。在竞争性电力市场中，二者相辅相成，发电机组提供有功功率辅助服务和电能量都占用发电机组容量，因此互为机会成本。如果没有竞争性的现货市场，调频和备用等辅助服务的市场应对没有参考价格；如果没有竞争性的辅助服务市场，辅助服务资源的投资和提供就会缺乏合理的激励。辅助服务欠补偿会造成电力灵活性资源短缺，过补偿则会造成资源错配，推高供电成本。

电力辅助服务市场与现货市场具有强耦合性。发电机组自身运行特性决定了其在提供电能量与辅助服务时具有相互替代和相互依赖关系，此消彼长，互为补充。

5. 辅助服务费用的分摊机制

从公平而言，辅助服务费用分摊应按每个用户使用的各种服务的份额来确定，但要实现这种精细化的分摊十分困难，也不经济。由于各国电力市场模式的差异性，其分摊机制各有不同，总体来说，可以分为发电企业承担、终端用户承担、共同承担和引发者承担等四种方式。

（1）发电企业承担。在发电企业之间进行分摊，不将辅助服务费用直接分摊到用户。从表面上看，这种机制没有将辅助服务费用传递到终端用户，但实际上发电企业在进行电能申报价时已经考虑了其提供辅助服务的成本，辅助服务费用隐性地传递到了用户。阿根廷电力市场采用此种方式。

（2）终端用户承担。目前国外大多数国家采用这种分摊机制，主要的分摊方式包括输电费用和系统调度专项费用。

（3）共同承担。目前在澳大利亚电力市场中，调频费用由发电企业和电力用户按照一定的比例来分摊。

（4）引发者承担。电力系统频率变化是发电机组输出的有功功率与负荷消耗的有功功率之间不平衡所致，发电机组输出的有功功率与用电负荷消耗的有功功率偏离越大，频率波动的幅度会越大，其超过一定的阈值即需调用调频服务。为体现调频辅助服务成本分摊的公平性和合理性，可按偏差责任分摊调频成本，进而能够约束市场主体的行为，提高系统的稳定性与经济性。

三、电网企业代理购电规则

我国电力市场建设过程中，除了优先购电的电力用户以外，有的存量工商业电力用户，以及新增电力用户未进入电力市场购电而维持传统的供用电关系，该部分电能由电网企业从发电企业以政府定价的计划电量（包括优先发电电量和分配给燃煤、燃气机组的基数电量）购买，再以政府定价的"目录销售电价"供应给用户。政府定价的电价往往与电力市场交易电价相背离，影响了电力市场的健康发展。为此，需要在该部分用户用电价格与电力市场购电价格相结合的电价联动机制。2021年10月国家发展改革委下发《关于进一步深化燃煤发电上网电价市场化改革的通知》和《关于组织开展电网企业代理购电工作有关事项的通知》，❶取消工商业目录销售电价，对未进入电力市场购电的工商业用户实行电网企业代理购电。居民（含执行居民电价的学校、社会福利机构、社区服务中心等公益性事业用户）及农业用电则继续由电网企业按"目录销售电价"供电。

（一）电网企业代理购电的主要内容

1. 代理购电用户范围

取消工商业目录销售电价后，10千伏及以上用户原则上要直接参与市场交易，暂

---

❶ 国家发展改革委《关于进一步深化燃煤发电上网电价市场化改革的通知》，发改价格〔2021〕1439号；国家发展改革委办公厅《关于组织开展电网企业代理购电工作有关事项的通知》，发改办价格〔2021〕809号。

无法直接参与市场交易的可由电网企业代理购电；其他未直接参与市场交易的工商业用户由电网企业代理购电。已直接参与市场交易又退出的电力用户，由电网企业代理购电，实行保底服务。

2. 代理购电的方式

电网企业通过参与电力市场场内集中交易方式代理购电，以"报量不报价"方式作为价格接受者参与市场出清。其中采取挂牌交易方式的，价格按当月月度集中竞价交易加权平均价格确定。

3. 代理购电的用户电价形成方式

电网企业代理购电用户电价由代理购电价格、输配电价、政府性基金及附加组成。其中，代理购电价格基于电网企业代理工商业用户购电费（含偏差电费）、代理工商业用户购电量等确定。代理购电产生的偏差电量，现货市场运行的地方按照现货市场价格结算，其他地方按照发电侧上下调预挂牌价格结算，暂未开展上下调预挂牌交易的按当地最近一次、最短周期的场内集中竞价出清价格结算。对三类用户执行 1.5 倍的代理购电价格：一是已直接参与市场交易而退出电力市场的用户；二是拥有燃煤发电自备电厂、由电网企业代理购电的用户；三是尚未且暂不能直接参与市场交易的高耗能用户。

4. 代理购电与电力市场交易的协同

电力中长期交易中，电网企业代理购电与市场主体执行统一的市场规则。现货市场运行的地方，电网企业代理购电用户与其他用户平等参与现货交易，公平承担责任义务，电网企业单独预测代理购电用户负荷曲线，作为价格接受者参与现货市场出清；纳入代理购电电量来源的优先发电电源，偏差电量按现货市场规则执行。电网企业代理购电的用户，公平承担可再生能源消纳权重责任。

（二）电网企业代理购电的特征

1. 代理购电的目的是将更多的电力用户推向电力市场

一是限制代理购电的用户范围，即限于存量用户、新增的 10 千伏及以上且暂无法直接参与市场交易的用户，已直接参与市场交易的高耗能用户不得退出市场交易；二是通过对三类用户执行惩罚性的代理购电价格将其推向市场。

2. 代理购电不直接参与电力市场的价格形成

为避免对电力市场造成冲击，电网企业的代理购电不以营利为目的，不与其他购电者竞价：一是只能被动接受而不能主动获得电力用户；二是不能向用户收取代理费用；三是不能参与市场报价，只是作为"报量不报价"的"价格接受者"从电力市场购电。

3. 代理购电在未进入电力市场的用户与电力市场之间建立了电价联动机制

电网企业作为"价格接受者"从电力市场购电，并以市场购电价为基准，加上输配电价、政府性基金及附加形成终端电力用户的用电价格，从而在未进入电力市场的用户与电力市场之间建立了电价联动机制。通过代理购电，一方面可以减少发电企业的发电计划基数，促进电力市场的发展；另一方面将电力市场电价的变化及时传导给未进入电力市场的工商业用户，传递价格信号。

4. 代理购电与用户之间仍然属于供用电关系

在传统供用电关系中，供电企业（亦即电网企业）从发电厂买电、通过电网供应给电力用户并收取电费，供电企业收取相对固定的价差；在电网企业代理购电模式下，供电企业从电力交易市场购电、通过电网供应给电力用户并收取电费，供电企业收取相对固定的输配电价。代理购电改变的是电力用户用电价格的形成方式，原有的供电企业与电力用户之间的供用电关系并未改变[1]。

四、计量与结算规则

电网企业负责为市场主体提供公平的输配电服务和电网接入服务，提供报装、计量、抄表、收费等各类供电服务。

（一）计量

电网企业根据市场运行需要，为市场主体安装符合技术规范的计量装置。计量装置

---

[1] 吴德松：《电网企业代理购电之"代理"辨考——基于国家发展改革委两份通知的法理分析》，《商学研究》2023 年第 1 期。

一般应安装在产权分界点，产权分界点无法安装计量装置的，考虑相应的变（线）损。

电网企业应当在跨区跨省输电线路两端安装计量装置，跨区跨省交易均应当明确其结算对应计量点。发电企业、跨区跨省交易送受端计量点应当安装相同型号、相同规格、相同精度的主、副电能表各一套，以主表作为结算依据，副表作为参照，当主表故障时副表替代主表作为电量结算依据。

多台发电机组共用计量点且无法拆分、各发电机组需分别结算时，按照每台机组的实际发电量等比例计算各自上网电量。风电、光伏发电企业处于相同运行状态的不同项目批次共用计量点的机组，按照额定容量比例计算各自上网电量。

处于调试期的机组，如果和其他机组共用计量点，按照机组调试期的发电量等比例拆分共用计量点的上网电量，确定调试期的上网电量。

风电、光伏发电企业处于相同运行状态的、不同项目批次共用计量点的机组，可按照额定容量比例计算各自上网电量。

计量周期和抄表时间应当保证最小交易周期的结算需要，保证计量数据准确、完整。

电网企业应当按照电力市场结算要求，定期抄录发电企业和电力用户电能计量装置数据，并将计量数据提交电力交易机构。对计量数据存在疑义时，由具有相应资质的电能计量检测机构确认并出具报告，由电网企业组织相关市场成员协商解决。

（二）结算

电力交易机构根据电网企业抄录的电能计量数据，负责向市场成员出具结算依据，市场成员根据相关规则进行电费结算。电力市场中的电费结算方式与电力市场组织模式、交易品种、竞价方式、电价机制和分摊机制等因素密切相关。

1. 中长期市场模式

中长期市场中长期合约分解电量曲线，按照合约约定价格结算。在非现货市场模式下，按照"月结月清"模式处理合同偏差，合同电量按照合同电价全量结算，偏差电量根据各省市的实际运行情况和市场规则处理，比如按照偏差费用结算或者按照"照付不议"模式结算等机制。在现货市场模式下，采用"日结月清"的方式，根据中长期合约分解电量，按合同约定价格（即按规则分解后的净合约综合价）对中长期合约电量进行电量结算；中长期合约电量包括年度、月度、周等交易周期的合约电量，按照"日清月结"的方式处理合同偏差。

在分散式市场中，中长期合约是物理合同，必须强制执行，合同偏差处理方式与非现货模式下的处理方式保持一致。在集中式市场中，中长期合约是差价合约，无中长期偏差电量考核，对合同偏差电量采取市场偏差结算方式。现货市场根据日前市场出清电量与中长期合约电量的差值进行偏差结算，偏差结算价格为日前市场价格。实时市场根据实际上网电量（或实际用电量）与日前市场出清电量的差值做偏差结算，偏差结算价格为实时市场价格。

2. 现货市场模式

电力现货市场结算主要包括电能量市场结算、辅助服务市场结算、"两个细则"结算以及市场运营费用结算等。电能量市场结算和辅助服务市场按照市场出清结果结算；"两个细则"费用按照各地的"两个细则"规定结算；市场运营费用主要针对市场运行中的其他费用进行结算分摊，如机会补偿费用、双轨制偏差费用、计量误差费用、阻塞盈余费用等，其中包括不平衡费用。

电力现货市场采取"日清月结"的结算方式，电费计算周期为日，以小时为基本计算时段，出具日清算临时结算结果，以月度为周期发布正式结算依据，开展电费结算。

我国规定电力现货市场不得设置不平衡资金池，每项结算科目（电能量费用、辅助服务费用、"两个细则"费用、市场运营费用）均需独立记录，分类明确疏导，辅助服务费用、成本补偿、阻塞盈余等科目作为综合电价科目详细列支。所有结算科目的分摊（返还）应事先商定分摊（返还）方式，明确各方合理的权利义务。

五、电网安全约束规则

电力交易的物理执行需要满足电力系统安全稳定运行的要求，因此电力交易需要在电力系统安全运行许可的范围内进行。安全校核就是针对现有电网建立模型，整合网络参数、网络拓扑结构数据、母线节点负荷，并结合发电报价曲线、系统负荷预测曲线、检修计划、安全稳定限额等数据，利用潮流计算与故障分析，校核无约束的出清结果是否满足网络安全稳定约束条件。

电力中长期交易安全校核主要有通道输电能力限制、机组发电能力限制、机组辅助服务限制等。一般而言，集中式电力现货市场通过安全约束机组组合（SCUC）和安全约束经济调度（SCED），在出清环节内嵌考虑系统安全约束，从而精准协调经济效益与系统安全要求。SCUC/SCED 考虑的约束包括并不限于系统约束（负荷平衡约束、旋转备用约束、调节备用约束等）、机组运行约束（出力上下限约束、加减负荷速率约束、机组启停成本约束、开停机时间约束、开停机状态、发电量约束等）、电网安全约束等。

各类交易必须经电力调度机构安全校核后方可生效，各级电力调度机构均有为各电力交易机构提供电力交易安全校核服务的责任。电力调度机构应当及时向电力交易机构提供或者更新各断面（设备）、各路径可用输电容量，以及交易在不同断面、路径上的分布系数，并通过交易平台发布必开机组组合和发电量需求、影响断面（设备）限额变化的停电检修等。电力交易机构以各断面、各路径可用输电容量等为约束，对集中交易进行出清，并与同期组织的双边交易一并提交电力调度机构进行安全校核。

为保障系统整体的备用和调峰调频能力，在各类市场化交易开始前，电力调度机构可以根据机组可调出力、检修天数、系统负荷曲线以及电网约束情况，折算得出各机组的电量上限，对参与市场化交易的机组发电利用小时数提出限制建议，并及时提供关键通道可用输电容量、关键设备检修计划等电网运行相关信息，由电力交易机构予以公布。其中：对于年度交易，应当在年度电力电量预测平衡的基础上，结合检修计划，按照不低于关键通道可用输电容量的 80% 下达交易限额；对于月度交易，应当在月度电力电量预测平衡的基础上，结合检修计划和发电设备利用率，按照不低于关键通道可用输电容量的 90% 下达交易限额，发电设备利用率应当结合调峰调频需求制定并向市场主体公开；对于月度内的交易，参考月度交易的限额制定方法，按照不低于关键通道可用输电容量的 95% 下达交易限额。

安全校核未通过时，由电力交易机构进行交易削减。对于双边交易，可按照时间优先、等比例等原则进行削减；对于集中交易，可按照价格优先原则进行削减，价格相同时按照发电侧节能低碳电力调度的优先级进行削减。执行过程中，电力调度机构因电网安全和清洁能源消纳原因调整中长期交易计划后，应当详细记录原因并向市场主体说明。

安全校核应当在规定的期限内完成。安全校核未通过时，电力调度机构需出具书面解释，由电力交易机构予以公布。

六、不平衡费用承担规则

不平衡费用是结算过程中没有明确承担主体，需要向全体市场主体或者部分市场主体分摊或返还的费用。现货市场下，市场上会产生阻塞盈余、机会成本补偿、运行成本补偿等费用，还有需求响应等没有具体消费者的费用。另外对于市场中的贡献者与破坏者，也需要利用结算杠杆来体现和调节。所有这些因素都会产生不平衡费用。电力现货市场不平衡费用的产生有两个显著特点：一是市场运行难以避免；二是无法找到具体承担主体。

当前不平衡费用一般可包括双轨制不平衡资金、阻塞盈余费用、成本补偿费用和其他费用四大类。双轨制不平衡资金是在市场和计划双轨制下，由于非市场化用户用电量与政府定价上网电量出现偏差，导致电网企业购售价差出现的偏差费用；阻塞盈余费用是因输电阻塞需要调整电能交易计划而引起的系统总购电费用的增加部分；成本补偿费用主要包括运行成本补偿费用和机会成本补偿费用；其他费用包括偏差考核、计量偏差等。

第四节　电力市场保障制度

市场保障制度包括非市场交易下的供电规则（包括输配电价规则、优先发电与购电规则）、搁浅成本处理规则、保底服务规则、信息公开规则、市场监管规则等。

一、输配电价规则

输配电网具有自然垄断属性，垄断将造成市场机制的失灵，必须通过政府管制制定输配电价。2015年电力体制改革确定的"管住中间、放开两头"，输电即为"管住中间"部分，为政府管制的自然垄断部分。输配电价是电力产业价格链的中间环节，合理的输配电价机制是电力市场的基础和关键，是电力市场有效运作的必要条件；同时，合理的输配电费用定价和分摊有利于向电力交易主体提供有效的经济信号，促进电力资源优化配置，并促进电网企业更有效地管理、规划输配电资源。

（一）输配电价的主要功能 ❶

由于输电系统及输电服务的自然垄断属性，在电力市场中需要对输配电价进行独立核算。输配电价具有如下功能：

（1）提供正确的经济信号，引导有效的输配电网与发电机组的长期投资；

（2）保证输配电网公司财务上的收支平衡；

（3）保证对输配电网所有用户公平无歧视对待，做到"谁使用、谁付费；用多少，付多少"。

（二）我国输配电价的形成机制和执行方式

我国于2015年发布了《关于推进输配电价改革的实施意见》，目标是建立规则明晰、水平合理、监管有力、科学透明的独立输配电价体系，形成保障电网安全运行、满足电力市场需要的输配电价形成机制。还原电力商品属性，按照"准许成本加合理收益"的原则，❷ 核定电网企业准许总收入和分电压等级输配电价，明确政府性基金和交叉补贴，并向社会公布，接受社会监督。

我国省级电网输配电价按照会计成本方法制定。政府价格主管部门核定电网企业的输配电准许收入和平均输配电价。输配电准许收入由输配电准许成本、输配电合理收益

---

❶ 牛文琪：《电力市场概论》，中国电力出版社2017年版，第127页。

❷ 中共中央、国务院下发《关于进一步深化电力体制改革的若干意见》，中发〔2015〕9号。

和税金构成，其中准许成本包括折旧、材料费、修理费、人员薪酬和其他费用等。❶

我国跨区专项输电工程按单一电量电价收取输电费；区域电网按照"两部制"方式收取输电费。省内用户分电压等级、分类别执行输配电价，其中315千伏安以上的工商业用户执行"两部制"电价，工商业用户还需要执行峰谷分时电价。国际上，用户接入电网还需要缴纳接入电网费用以承担输配电费。

二、优先发电与购电规则 ❷

优先发电是指按照政府定价或同等优先原则，优先出售电力电量，简称优发；优先购电是指按照政府定价优先购买电力电量，并获得优先用电保障，简称优购。优发和优购是落实国家战略的重要政策支撑，但是其范围和价格都保留了一定的计划体制特征。在电力市场逐步建设的过程中，很多环保、安全和民生的问题还需要优发、优购制度来保障。2019年1月《关于规范优先发电优先购电计划管理的通知》，❸明确了优发和优购的适用范围、计划编制、政策体系完善、工作程序、保障措施等，为优发优购制度的规范执行提供了保障。

（一）优发优购的范围

目前，优发的范围主要包括以下几类：

（1）落实国家环保战略类：按政策规定应予保障消纳的清洁能源，以及余热、余压、余气、煤层气等资源综合利用机组发电。

（2）保障电网安全类：用于保障电网调峰、调频、电压支撑的机组电量。

（3）保障民生类：符合相关要求的热电联产机组在采暖期按"以热定电"原则安排计划。

---

❶《输配电定价成本监审办法》，发改价格〔2015〕1347号。

❷ 胡娱欧，等：《市场化环境下优先发电实施方案》，《中国电力》2021年第9期。

❸ 国家发展改革委、国家能源局《关于规范优先发电优先购电计划管理的通知》，发改运行〔2019〕144号。

（4）输电资源充分利用类：贯彻跨区跨省输电资源利用方面的电量。

（5）其他国家和地方政策类：例如贫困地区机组、超低排放燃煤机组、各类考核优良机组奖励等。

优购的范围则是农业用电、居民生活用电及重要公用事业、公益性服务用电的保障，其中重要公用事业、公益性服务用电应包括党政机关、学校、医院、公共交通、金融、通信、邮政、供水、供气等涉及社会生活基本需求，或提供公共产品和服务的部门和单位用电。优先购电用户生产、提供服务以及工作期间的用电量应全额纳入优先购电计划，优先购电计划由电网企业按照政府定价向优先购电用户保障供电。

（二）优先发电的市场化解决机制

优发、优购这两部分电量、电价以及发电曲线与负荷曲线不一定匹配。在发用电计划放开幅度较小时，优先用电一般大于优先发电，差额部分作为计划发电在优先发电外的机组间进行分配；在发用电计划放开幅度较大，或者优先发电比例较大的情况下，可能会出现优先发电大于优先用电的情况，无法与优先用电匹配的优先发电需要以市场价格卖给市场化用户，造成市场总结算资金的不平衡。即使发用电计划放开的量是匹配的，其价格的不匹配也会造成结算盈亏。发用电计划放开不同步造成的盈亏，是在市场建设中的双轨制造成的，对不平衡资金的处理成为市场机制设计中的一个焦点问题。❶

根据不同的优发电力电量的特点，需要配套和适用的市场化机制也不同：

（1）清洁能源市场化消纳。清洁能源的消纳是国家战略，但是其综合成本偏高（随着技术发展目前正在降低），且其随机性和波动性的特征又阻碍了其通过市场化方式消纳。在补贴、配额等市场外政策基础上，需要不断丰富打捆交易、电量互保等交易品种，完善优先替代等交易规则，建立跨省区统一市场，扩大市场范围。2025年，国家发展改革委、国家能源局下发《关于深化新能源上网电价市场化改革　促进新能源高质量发展的通知》（发改价格〔2025〕136号），新能源（风电、太阳能发电）上网

---

❶ 荆朝霞、季天瑶：《电力市场环境下如何更好发挥政府作用——有序放开发用电计划》（上、下），《中国电业》2021年第6期、第8期。

电量全面进入电力市场，通过市场交易形成价格。并区分存量项目（2025 年 6 月 1 日以前投产）和增量项目（2025 年 6 月 1 日及以后投产），在市场外建立差价结算的机制：存量项目按核准的上网价格和发电量、与市场交易均价和成交电量进行差价结算，差价部分列入系统运行费用；增量项目则通过竞价形成电价。

（2）保障电网安全的电力电量市场化。长期以来，保障电网安全的电力电量主要通过"两个细则"管理，其实质是在发电侧分摊了成本，不利于电网调节能力的提升。需要发展辅助服务市场，扩大市场范围，逐步把原来保障电网安全的优发电量市场化，鼓励负荷侧资源参与市场。

（3）充分利用跨省输电资源。当前计划体制在跨省输电资源的利用中仍占有重要地位，而清洁能源本身波动性的特征也导致单独分配输电资源很不经济。未来需要发展跨省区市场，建立各类输电权分配机制，鼓励打捆、电量互保等类型交易，从而基于市场化机制充分利用省间输电资源。

（4）保障民生和其他国家战略的电力电量市场化。由于这一部分电力电量涉及大量电力市场外的效用，其市场化改造较为复杂，需要因地制宜、具体情况具体分析。一般来说，需要在补贴、配额、税收等市场外措施的基础上，以政府授权合约等方式从计划体制向市场机制转变，同时建立容量补贴、容量市场等成本回收机制，多渠道促进各种能源、各类电力电量的协调发展。2023 年 11 月，国家发改委、能源局刚下发《关于建立煤电容量电价机制的通知》（发改价格〔2023〕1501 号），建立煤电容量电价机制，对燃煤电厂进行容量补偿。

（5）保障双轨制下电网电力电量平衡。优发优购政策和电力市场的发展局部不平衡，给电网电力电量平衡带来很大的挑战。在当前形势下，需要配合市场化电量发展规模，严格控制并逐步缩小优发总量，并把政府授权合约、中长期交易等合同曲线化，完善偏差考核机制，提供多时段的中长期交易和现货交易，发展辅助服务市场以增强调节能力，鼓励负荷侧资源参与市场。

（6）保障优发政策实施以实现收支平衡。收支平衡对于电网运营机构、市场主体乃至电力市场的发展都具有重要意义。在当前形势下，需要在中长期交易曲线化的基础上，通过偏差考核强化市场主体的平衡责任，通过灵活的优发电量落实机制和市场结算机制，实现收支平衡。

三、搁浅成本处理规则

（一）搁浅成本的概念

搁浅成本（Stranded Costs）的概念来自美国电力市场改革所引发的一系列管制者与公用事业服务提供者之间的法律诉讼。电力企业宣称，由于政府推动的电力产业重组导致它们的资产被竞争侵蚀，并将这种损失称为搁浅成本。嗣后，搁浅成本在经济学上被定义为由于公用事业单位履行其竞争对手无须承担的义务而产生的、并在原有管制体系下允许收回的、但由于管制体制的改变而无法收回的成本。美国电力市场改革中，对搁浅成本进行准确计量后，以临时电价方式向用户征收后由政府补偿给电力企业。

我国电力搁浅成本存在于电力市场化改革的进程中的发电企业尤其是燃煤燃气发电企业。搁浅成本其实质是市场化改革前政府允许的发电企业收益与市场化改革后参与市场竞争获得的收益差。2002年国务院印发的电力体制改革方案中曾提出"处理电力体制改革中的搁浅成本"。❶

（二）搁浅成本的成因

电力搁浅成本按照形成原因大致可以分为三类：

1. 与电厂建设相关而无法收回的发电成本

在政府管制下，政府保证发电企业的基础设施投资能够通过管制的电价收回成本；而市场化后电价不确定，可能造成部分成本无法收回。

2. 部分长期购买合同

在政府管制的电价下，发电企业的成本低于其售电收入，可以盈利；市场化改革后，一些长期购买合同在短期内无法调整价格，造成成本高于收入。

---

❶ 国务院《关于印发电力体制改革方案的通知》，国发〔2002〕5号。

3. 受管制资产

在国外，受管制的电力企业在会计准则上允许其将某些符合条件的费用资本化，列为管制资产；但在市场经济下，发电企业不再属于管制企业，会计核算上的变化导致部分成本无法收回。

影响搁浅成本形成水平的因素有发电类型、发电设备的先进性、燃料价格、管理水平、市场竞价方式、用户对电价的响应等，其中发电厂的建设成本是搁浅成本的主要决定因素。核电、火电和水电的建设成本各不相同，核电的建设成本最高。

（三）搁浅成本的处理方法

搁浅成本的处理方法通常有资产搭配重组和差价合约模式：

1. 资产搭配重组

将不同时期、不同类型、不同大小的电厂重组到一家发电集团公司，由其在内部消化所存在的搁浅成本。

2. 差价合约模式

在此模式下，各发电厂之间的竞争是可变成本的竞争，与固定成本无关。如果可变成本较高，不能上网发电也能获得收入以收回其搁浅成本；如果可变成本较低，则不但能收回搁浅成本，还能获得利润。

在电力市场初期，搁浅成本收回方式通常包括电价费回收机制、附加费回收机制、证券化机制和容量市场回收机制等。

四、价格帽规则

价格帽又称价格上限限制（Price Cap Regulation，PCR），于1983年由英国经济学家 Stephen Littlechild 提出，是一种具有深刻意义的管制创新。价格帽规制指预先限定一个在一定时期内相对固定的、各个企业不能超过的平均价格水平，在此范围内企业可以自由地调整价格。在电力现货市场中，价格帽定义为现货批发市场可接受的最高价格。价格帽规制的内在目的在于既要防止企业利用垄断力量制定高价，又要让企业能够获得合理的利润，同时还能激励企业不断提高生产效率。

价格帽规制下，一定时期内价格上涨或下调的幅度被确定，企业通过提高效率和降低成本所带来的收益能被企业保留，能很好地起到激励作用。同时价格管制限制了企业的利润率，促使企业对生产要素组合进行优化，不至于出现投资回报率管制情况下的投资过度现象。

价格帽用来降低以下两种可能出现的市场失灵风险：一是通过设置价格帽可以减轻市场力的滥用，削弱发电厂商运用市场力抬高价格的能力和动力；二是缓解市场动荡形势下的信息不对称，帮助市场主体减轻突如其来的价格上涨和大规模的利益转移压力。但是设定价格帽需要十分谨慎，价格上涨不一定是行使市场力的结果，在供给不足时价格自然会上涨，从而给资源配置提供信号，以促使关键稀缺资源的投入；允许短期内出现高价对尖峰容量和灵活机组的投资激励也极为重要，这能降低未来发生尖峰时刻供应短缺的概率。因此，设置价格帽需要在削弱市场力和信息不对称，以及为资源配置提供真实的价格信号间寻找平衡。

在我国，电力中长期电力市场及现货市场试点地区均设定了价格帽，不仅制定价格上限、同时还制定了价格下限。例如燃煤发电中长期市场交易价格为基准价上下浮动均不超过20%，高耗能企业市场交易电价不受上浮20%限制。❶

五、保底服务规则

（一）保底服务的概念

保底服务是自然垄断行业的一项重要的公共政策。由于当前世界各国电力市场发展的模式和程度各不相同，各个国家对保底服务的定义也不尽相同。一般而言，电力保底服务是指为在竞争市场中未能从供应商获得服务的用户所提供的电力服务。

在传统的供用电关系中，相对于用户来说，出售及供应电力的售电人、供电人是

---

❶《关于进一步深化燃煤发电上网电价市场化改革的通知》，国家发展改革委2021年发布，发改价格〔2021〕1439号。

同一主体，保底服务是为供用电关系所包含。随着电力体制改革的推进，售电人、供电人、电网企业不再是同一主体，在此情况下，势必会出现电能买卖不能进行、交付不能完成的情形，需要针对此类情形作出保障用户获得电力的制度安排，即电力保底服务。

（二）保底服务的类型

目前，保底服务存在四种类型：

1. 存量保底

未进入电力市场交易的存量工商业用户、居民及公益性事业用户、农业用户，由供电企业维持保底供电服务。

2. 售电公司保底

由事先确定的、承担保底售电服务的售电公司，对自愿退出电力市场的其他售电公司承接其购售电业务，亦即保底售电服务。一般也称为一级保底。

3. 配网公司保底

若全部保底售电公司由于经营困难等原因无法承接保底售电服务，由负责该供电营业区的配网公司（如有）为用户提供保底供电服务。一般也称为二级保底。

4. 电网企业（不含配网公司）保底

当二级保底中没有对应的配网公司时，或者配网公司自愿退出配电网经营，且无其他主体承担该地区配电业务时，由电网企业提供保底供电服务。一般也称为三级保底。

（三）启动保底服务的程序

根据《售电公司管理办法》的规定，❶保底服务启动程序为：

1. 遴选保底售电公司

每年确定一次保底售电公司，由售电公司提出申请，地方主管部门从中遴选经营

---

❶ 国家发展改革委、能源局《关于印发〈售电公司管理办法〉的通知》，发改体改规〔2021〕1595号。

稳定、信用良好、资金储备充足、人员技术实力强的售电公司作为年度保底售电公司，并向市场主体公布。

2. 一级保底服务

即保底售电服务，出现触发一级保底售电服务的情形后，由电力交易机构报地方主管部门和能源监管机构同意后，予以启动。这些启动条件包括：①售电公司未在截止期限前缴清结算费用；②售电公司不符合市场履约风险有关要求；③售电公司自愿或强制退出市场，其购售电合同经自主协商、整体转让未处理完成。确认启动保底售电服务后，电力交易机构通知保底售电公司、拟退出售电公司，以及拟退出售电公司的批发合同各方、电力用户。保底售电公司从发出通知的次月起承接批发合同及电力用户。

3. 二级保底服务

即保底配电服务，无售电公司承担、或全体保底售电公司拒绝承担保底售电服务时，启动二级保底服务。

4. 三级保底服务

即保底供电服务，在以下情形下须启动三级保底：一是二级保底服务不在配网公司供电营业区，从而使得二级保底落空；二是配网公司自愿退出配网经营业务且无其他公司承担该地区配电业务时，由电网企业接管配电网并提供保底供电服务。

六、信息公开规则

市场信息分为社会公众信息、市场公开信息和私有信息。社会公众信息是指向社会公众披露的信息；市场公开信息是指向所有市场主体披露的信息；私有信息是指向特定的市场主体披露的信息。

（一）信息公开的主体

1. 市场成员

遵循及时、准确、完整的原则披露电力市场信息，对其披露信息的真实性负责。对于违反信息披露有关规定的市场成员，依法依规纳入失信管理，并可取消市场准入资格。

2.电力交易机构、电力调度机构

公平对待市场主体，无歧视披露社会公众信息和市场公开信息。市场成员严禁超职责范围获取私有信息，不得泄露影响公平竞争和涉及用户隐私的相关信息。市场出清结果应当"有记录，能回溯，可还原"。

3.信息公开与发布

电力交易机构负责市场信息的管理和发布，会同电力调度机构按照市场信息分类及时向社会以及市场主体、政府有关部门发布相关信息。市场主体、电力调度机构应当及时向电力交易机构提供支撑市场化交易开展所需的数据和信息。

（二）信息公开的途径

市场信息主要通过电力交易平台、电力交易机构网站进行公开。电力交易机构负责电力交易平台、电力交易机构网站的建设、管理和维护，并为其他市场主体通过电力交易平台、电力交易机构网站披露信息提供便利。

七、市场监管规则

目前我国电力市场监管由国家能源局及其派出机构、地方政府主导实施。市场运营机构配合监管机构实施监管。市场监管部门对电力市场的监管包括对市场运营的监管、对市场成员的监管、对非市场交易的监管、对输配电价的监管、对信息公开的监管等。

（一）对市场运营的监管

市场运营监管是针对中长期市场、现货市场的全过程监管，重点环节包括市场运行流程、市场边界条件、市场出清结果、合同及结算情况等内容。这些事项与市场主体的利益息息相关，影响市场主体的报价策略和参与市场的积极性。

（二）对市场成员的监管

对市场成员的监管是针对发电厂商、售电公司、电力用户、辅助服务商等市场主体，交易、调度等市场运营机构以及电网企业开展市场行为的监管，包括对市场成员有关市场集中度、公平竞争、电网公平开放、交易行为等情况实施监管，对交易、调度机构执行市场规则情况实施监管，对市场主体进入退出市场、市场行为、运营中立性、市场信用、量价申报、合同及履约情况等实施监管。

1. 对市场主体的监管

包括市场结构监管，即对同一市场主体在电力批发市场和零售市场中所占份额的比例实施监管；规范交易监管，即对市场主体执行市场规则的情况进行监管；公平竞争的监管，即对市场主体参与市场交易情况实施监管。

2. 对市场运营机构的监管

包括市场注册监管，即对电力交易机构进行市场主体管理情况实施监管；规则执行监管，即对市场运营机构执行市场规则情况实施监管；市场风险防范监管，即对市场运营机构开展电力市场风险防范情况实施监管；技术保障监管，即对电力调度机构技术支持系统保障情况实施监管；运营业务中立监管，即对市场运营机构中立提供运营服务情况实施监管。

3. 对电网企业的监管

包括对输配电服务监管，输配电设施信息管理的监管，输变电设施管理的监管，电费结算的监管，竞争性售电业务的独立监管。

（三）对非市场交易的监管

1. 对传统发电、供电业务的监管

2005 年国务院颁布《电力监管条例》，明确了电力监管机构的监管职责，除了前述电力市场的监管之外，还包括对以下传统发电、供电业务的监管：颁发和管理电力业务许可证；对发电厂并网、电网互联以及发电厂与电网协调运行中执行有关规章、规则的情况实施监管；对输电企业公平开放电网的情况依法实施监管；电力调度交易机构执行电力调度规则的情况实施监管；对供电企业按照国家规定的电能质量和供电服务质量标准向用户提供供电服务的情况实施监管；对电力安全监督管理；等等。

2. 对电网企业代理购电的监管

即对电网企业、电力交易机构在代理购电机制运行中的市场交易、信息公开、电

费结算、服务质量等进行监管，及时查处信息公开不规范、电费结算不及时，以及运用垄断地位影响市场交易等违法违规行为。❶

3. 对保底服务的监管

包括各保底服务的主体是否依规启动保底服务、是否执行保底服务电价等实施监管。

（四）对输配电价的监管

政府价格主管部门和电力监管部门按各自职责对输配电价进行监督和检查，❷ 电力监管部门对电网企业输配电成本实施监管。❸

（五）对信息公开的监管

国家能源局派出机构、地方政府电力管理部门根据各地实际制定电力市场信息披露管理办法并监督实施。❹

第五节　电力市场风险管控

电力市场风险主要包括电网运行安全风险、市场力风险、电力长期供应风险、价格波动风险、市场主体信用风险、双轨制不平衡资金风险等。其中双轨制不平衡资金风险属于我国电力资源配置方式由计划向市场转轨过程中存在的过渡性风险，其他几种风险属于各国电力市场运行中面临的普遍性风险。

---

❶ 国家发展改革委办公厅《关于组织开展电网企业代理购电工作有关事项的通知》，发改办价格〔2021〕809号。

❷《输配电价管理暂行办法》第27条：各级政府价格主管部门和电力监管部门按各自职责对输配电价进行监督和检查。

❸ 国家电力监管委员会《关于印发〈输配电成本监管暂行办法〉的通知》，监价财〔2011〕37号；国家发展改革委、国家能源局《关于印发〈输配电定价成本监审办法〉的通知》，发改价格规〔2019〕897号。

❹《电力中长期交易基本规则》第120条。

一、电网运行安全风险

随着市场化交易电量的不断扩大，电力系统潮流和运行方式不确定性增加，安全保障的复杂程度加大；随着高比例新能源的接入、高比例电力电子设备配置的"双高"特征愈加凸显，故障发生发展路径更加复杂，系统抵御故障能力大幅下降。

防范措施：加强电网运行安全的监控分析，对电网安全风险进行评估和预警；建立市场化的安全保障机制，逐步建立健全市场化的偏差电量调节和安全保障机制，建立与电能量市场协调的辅助服务市场机制，提升电力系统的灵活调节能力；建立应急处理规则，出现重大突发事故时政府部门依法宣布进入电网应急状态，启动应急处置机制；优化规范安全校核，平衡协调检修计划和发电计划等。

二、市场力风险

市场力是指市场成员对市场价格产生影响的能力，是某些市场成员通过改变市场价格水平使之偏离竞争价格水平而获利的能力。对发电侧而言，利用市场力获取超额利润的两种常见方法为限制供给和提高投标价格；对用电侧而言，则是利用市场力降低投标价格。市场力风险主要表现在：发电厂商市场份额过于集中；部分区域间输电容量约束的限制；市场主体串通报价；市场机制不够完善。

防范措施：降低电力市场的准入壁垒；限制市场主体的市场份额；丰富市场交易品种；控制发电厂商的持留行为；控制输电阻塞风险；完善跨区跨省电力交易机制；加强市场监管等。

三、电力长期供应安全风险

保障电力供应安全是电力市场建设的前提，所谓电力供应安全是保证安全、可靠、充足的电力供给。长期电力供应安全以充足的发电和电网容量投资为前提，但是在现货市场中电力现货价格只反映发电机组的变动成本，发电厂商难以在现货市场回收全部固定成本，为可再生能源调峰调频的火电机组以及抽水蓄能、核电、燃气、供热等高电价机组面临投资和运营成本难以回收的问题。

防范措施：建立容量成本回收机制等。

四、价格波动风险

从国外电力市场运作的实践经验来看，随着电力市场机制的逐步建立，受到电力燃料成本波动、电力供需关系变化、电力输送阻塞、市场控制力等因素的影响，电力市场存在较大的价格风险。市场主体特别是电力用户直接参与电力现货市场结算，面临购电成本的不确定性风险。

防范措施：合理设置市场限价，避免价格大幅波动；加强市场价格的监控分析，发现和查处恶意操纵市场的行为；引入电力金融衍生品交易等交易品种，平抑价格波动等。

五、市场主体信用风险

电力市场主体信用主要是通过市场主体的履约状况加以表现的，愿意并且能够按照已签署的电力合约严格执行的发电厂商、售电公司或者电力用户，会被普遍认为具有良好的交易信用。我国电力市场尚处于起步阶段，市场主体经验不足，市场信用体系尚未建立，缺乏对市场成员信用情况进行评价和管控的方法工具，市场主体信用存在一定风险。

防范措施：建立履约担保制度；建立基于信用评价的市场准入和淘汰机制；建立基于信用评价的优先交易机制；建立基于信用评价的电网企业差异化服务机制等。

六、双轨制不平衡资金风险

电力市场不平衡费用一般包括双轨制不平衡资金、阻塞盈余费用、成本补偿费用和其他费用四大类。其中的双轨制不平衡资金是指在市场和计划双轨制下，由于非市场化用户用电量与政府定价上网电量出现偏差，导致电网企业购售价差出现的偏差费用。该不平衡资金主要是由非市场化发电与非市场化用电不匹配所导致，包括电量规模不匹配和电力曲线不匹配。

防范措施：尽量实现优发优购两侧放开总量和曲线匹配，减小不平衡资金规模；公平合理疏导不平衡资金，在市场主体间合理分摊等。

思考题：

1. 阅读《浙江拟调降交易电价看各方如何反应》（作者苏南，载《中国能源报》2022年9月26日，第9版）。为何会出现浙江省全电力市场损益清算亏损49.9亿元？又该如何避免产生类似亏损？

二维码6-1
浙江拟调降
交易电价

2. 电网企业代理购电与售电公司代理购电有何区别？二者是否属于民事代理的范畴？

延伸阅读：

1. 输配电价
2. 发电容量市场
3. 输电权市场
4. 电力保底服务
5. 虚拟电厂与微电网

二维码6-2
输配电价

二维码6-3
发电容量市场

二维码6-4
输电权市场

二维码6-5
电力保底服务

二维码6-6
虚拟电厂与微电网

第七章

电价与相关费用

电价涉及发电企业、输电企业、售电企业和用电人的切身利益。电价过高，用电人承受不起；电价太低，发电企业承受不起。再加上发电企业的种类很多，各自的技术水平、发电成本存在巨大差异；用电人的种类也很多，各自的承受能力各不相同；同时，国家还希望通过电价来淘汰高能耗产业，保护环境，故电价承载着多种功能。因此如何确定电价，是一个各方主体都很关注，牵一发动全身的问题。在 2002 年开启电力体制改革之前，我国的电价主要实行政府定价。此后，对于垄断环节，依然实行政府定价；对于自由竞争环节，开始实行市场定价。电价的双轨制由此形成。规范电价的构成，明确制定电价的主体和流程、有效发挥电价的引导作用等，是电力法的重要内容之一。

第一节　电价改革与定价原则

一、电价改革的历史回顾

新中国成立后，我国电价管理的演进大体可分为 5 个阶段。[1]

（一）1949—1978 年期间的电价管理

1949 年新中国成立后，电力工业实行中央统一管理、一体化运营的体制。电价方面除东北地区动力用户实行两部制电价外，其他地区多数实行的是单一制电量电价制度。这一时期的电价特点是电价体系统一，电价水平相对稳定。1961 年国家颁布了统一的目录电价，按用电性质对电价进行分类，主要分为照明电价、非工业、普通工业电价、大工业电价和农业电价。

---

[1] 叶倩、刘天雄：《我国电价管理的历史沿革》，《大众用电》2007 年第 4 期。

（二）1979—1984 年期间的电价管理

1979 年，为了解决采掘工业价格偏低的矛盾，国家提高了统配煤炭出厂价格，使得发电燃煤价格快速上涨、发电成本快速提升，但同时期的售电价格涨幅并不明显。为了缓解这一问题，电价改革侧重于进行结构性的调整。1980 年 7 月 1 日起，取消对新增生产电解铝、电石产品的工厂和车间用电比一般工业用电低 36.0% 的优待电价；取消对新增生产电炉铁合金、电炉黄磷等 11 种产品的工厂和车间用电比一般工业用电低 18.2% 的优待电价。1982 年 1 月，经国务院批准，调整东北地区部分工业用户的用电价格，使其与华东地区的电价水平一致，并要求新增项目和用户的用电价格一律与华东地区齐平。1983 年在对 50 年代制定并实施的《力率调整电费办法》进行修改的基础上，拟定和颁布了《功率因数调整电费办法》，明确了功率因数考核标准，扩大其实行范围。1984 年水利电力部批准在福建省、西南地区、华中地区试行峰谷电价。

（三）1985—1992 年期间的电价管理

1985 年国务院批准了国家经委、国家计委、水利电力部、国家物价局等部门《关于鼓励集资办电和实行多种电价的暂行规定》。1987 年水利电力部、国家经委、国家物价局联合颁发了《关于多种电价实施办法的通知》。在这一阶段，打破了单一的电价模式，试行丰枯季节电价和峰谷分时电价，推出指令性电价和指导性电价。指令性电价在执行原目录电价的基础上，随燃料、运输价格调整相应实行用电加价办法。指导性电价种类繁多，如集资办电电价（还本付息电价），发、供电利润按 7：3 比例分配。这项政策极大地促进了电力工业的发展，但也带来了一些负面影响，如成本失控，上网电价上涨过快，20 世纪 90 年代后期改革这项政策的呼声较高。

（四）1993—2002 年期间的电价管理

这一阶段电价政策的调整主要有以下几个方面的内容：

一是强化电价集中管理，我国 1996 年开始施行的《电力法》提出了"电价实行统一政策，统一定价原则，分级管理。"这一时期，制定了统一的电价管理办法；改革燃运加价办法，将燃运加价标准并入目录电价；全面推行峰谷电价办法；全面试行新电新价，适当调整电价水平。主要电价模式有：①统一销售电价。销售电价实行分类电价和分时电价，对同一电网内的同一电压等级、同一用电类别的用户执行相同的电价。②上网电价同网同质同价。《电力法》规定的电价类别有电力生产企业的上网电价、电网间的互供电价、电网销售电价。

二是出台了三峡工程建设基金。

三是制定了电气化铁路用电价格。

（五）2002 年至现今的电价管理

这一时期电价管理处于从原来计划体制下政府管理向市场化竞价上网改革的过渡阶段。2002 年国务院印发电力体制改革方案，打破了省市壁垒，以发电分布区域为基础，成立两家电网公司和 5 大发电集团，实施厂网分开、主辅分离等改革，初步形成了电力市场主体多元化竞争格局，逐渐形成发电、输配、售电 3 大环节的电价。上网电价的改革方向为逐步全面引入竞争机制。在发电环节，实行了发电上网标杆电价、新能源上网电价和脱硫脱硝电价；在电力市场试点地区，出台了两部制电价、电力用户与发电企业直接交易电价；在销售环节，相继出台了差别电价、煤电联动电价、居民阶梯电价等，在一定程度上对电价结构进行了优化调整。但输配电价没有建立起市场定价机制，即使允许竞争的发电和售电环节由市场决定电力价格的机制也没有完全形成，上网电价和销售电价仍以政府定价为主，存在着深度的交叉补贴，往往滞后于成本的变化，不能及时合理反映环境保护支出与供求关系的变化。

2015 年中共中央、国务院深化电力体制改革意见发布之后，"三放开"之一是有序放开竞争性环节电价，包括发电侧的上网电价和售电侧的终端用户电价，从而形成多买多卖的双边交易市场和电价形成机制，同时"管住中间"，由政府核定输配电价，印发了《关于推进输配电价改革的实施意见》，输配电价核定工作正式落地实施，促进了电网规模效益和公平交易。

二、电价的管理主体

（一）电价管理主体的历史沿革

1949年新中国成立，为了稳定全国经济形势，整体推进国家的工业建设，确立了集中的中央计划经济体制。电力工业也实行中央统一管理、一体化运营的体制。即从电力建设项目的规划、计划、电力项目建设资金的拨付到工程施工；从发电、输电、配电生产运行到实现销售利润，再到利润上缴，整个循环过程基本上由中央电力主管部门统一管理，定价权限高度集中。1952年以前，电价管理由省级政府负责，1952年电力工业体制发生变化，成立了大区电业管理局，主要的电力企业划归中央政府电力主管部——燃料工业部，电价管理收归中央政府物价管理部门——国家计委，形成了中央集中管理模式。改革开放后，在执行原目录电价的基础上，随燃料、运输价格调整相应实行用电加价办法。各电网用电加价标准分别由原国家物价局和省级物价部门会同同级电力部门共同审批。用电加价标准每年核定一次。1986年起，除东北、华北、华东电网的燃运加价标准由水电部和国家物价局核定外，其余地区由省级物价部门和电力部门审批。1990年国家加强了对电价的集中管理，取消了四川、福建、山东、广西的电价审批权。

（二）当前电价管理主体

对于电力商品的价格，随着电力体制改革的逐步深入，存在着政府定价＋市场价格两种方式，并且逐步由政府定价为主向市场价格为主方向发展。从目前的行政管理架构来看，主要有三个方面：一是全国人民代表大会及其常务委员会主要负责制定价格的基本法律，如《价格法》《电力法》，为政府部门制定价格政策提供法律支撑。二是中央政府，即国务院及其有关职能部门，主要是作为电价主管部门的国家发展与改革委员会，以及作为国家电力事业管理部门的国家能源局。国家能源局负责拟订能源发展战略、规划和政策，提出能源体制改革建议，由国家发展与改革委员会审定或审核后报国务院。国家发展与改革委员会负责制定具体的政府定价办法及相关政策，审批电价方案、开展电价监管、制定与电价相关的宏观政策等。三是地方政府，即省级政府及其职能部门，这里的职能部门一般是指作为省级电价主管部门的省发展与改革委员会，负责执行国家电价政策，在国家授权范围内制订本省的价格目录和电价方案等。其他职能部门如省能源局、国家能源局地方监管办公室主要配合省发展与改革委员会开展电价管理和电价监督，参与电力市场辅助服务定价方案制订等。

三、电价的确定方式

有序推进电价改革是电力市场化改革的核心。随着电力市场化改革的逐步深入推进，电价的确定方式主要有两种：一种是由市场形成，即市场定价；一种是由政府确定，即政府定价。

（一）政府定价

1. 政府定价的范围

我国《价格法》规定，我国"大多数商品和服务价格实行市场调节价，极少数商品和服务价格实行政府指导价或者政府定价"。根据中共中央、国务院《关于推进价格机制改革的若干意见》（中发〔2015〕28号）精神，对极少数保留政府定价项目，一是要推行政府定价项目清单化。政府定价项目主要限定在重要公用事业、公益性服务、网络型自然垄断环节。凡是政府定价项目，一律纳入政府定价目录管理。目录内的定价项目要逐项明确定价内容和定价部门，确保目录之外无定价权。政府定价纳入权力和责任清单。二是要规范政府定价程序。对纳入政府定价目录的项目，要制定具体的管理办法、定价机制、成本监审规则，进一步规范定价程序，完善政府定价过程中的公众参与、合法性审查、专家论证等制度，具体包括《政府制定价格听证办法》《政府制定价格行为规则》《政府制定价格成本监审办法》等。

现行的《中央定价目录》（国家发展与改革委员会令第31号）关于电力定价目录的定价内容为"省及省以上电网输配电价"，定价部门为国务院价格主管部门。同时，目录明确，"通过市场交易的电量价格，由市场形成。燃煤发电电价机制以及核电等尚未通过市场交易形成价格的上网电价，暂由国务院价格主管部门制定，视电力市场化改革进程适时放开由市场形成。尚未通过市场交易形成价格的销售电价暂按现行办法管理。居民、农业等优先购电电量的销售电价，由国务院价格主管部门制定定价原则和总体水平，省级价格主管部门制定具体价格水平。"相应的，如海南省《海南省定价成本监审目录》规定"省级以下电网输配电成本、售电成本"为监审内容之一，监审部门为省价格主管部门，但"电力直接交易、招标定价等通过市场竞争形成的价格除外。"《海南省定价目录》（琼发改规〔2021〕7号）规定"省级以下电网输配电价"的定价部门是省价格主管部门。同时指出，"尚未通过市场交易形成价格、在省内消纳的水电、气电等非中央定价项目的电量上网电价由省价格主管部门制定，尚未通过市场交易形成价格的销售电价暂按现行办法管理，视电力市场化改革进程适时放开由市场形成。居民、农业等优先购电电量的销售电价，由国务院价格主管部门制定具体价格水平。高可靠性供电费、系统备用费暂按现行办法管理，由省价格主管部门制定。"

输配电价是政府定价的核心内容，输配电电价改革也是电价改革的基础和先决条件。除此之外，居民、农业、重要公用性事业和公益性服务用电等优先购电电量的销售电价，燃煤发电电价机制以及核电等尚未通过市场交易形成价格的上网电价和尚未通过市场交易形成价格的销售电价，尚未市场化的电力辅助服务价格等仍然属于政府定价的范畴。

2. 政府定价的权限划分

《价格法》第三章规定了政府及其价格主管部门的定价类别范围、定价目录、定价权限、定价的依据和程序等，其中，定价权限是关键。《价格法》第19条规定只有中央和省两级有权制定政府定价目录，制定价格必须依据定价目录进行。定价目录设定了严格的审批程序：中央定价目录的审批在国务院；为了防止省级价格部门随意扩大政府定价的范围，规定地方定价目录由省级价格主管部门制定后，经本级人民政府审核同意，报国务院价格主管部门审定后公布，即省级目录的最终审定权限在于国家发展与改革委员会。市县人民政府没有制订价格目录的权限，但可以根据省、自治区、直辖市人民政府的授权，按照地方定价目录规定的定价权限和具体适用范围制定在本地区执行的政府指导价、政府定价。实践中，有些市、县重要商品和服务价格基本上都由该级价格主管部门制定调整并下发文件，这与价格法的规定不相符。根据《地方各级人民代表大会和地方各级人民政府组织法》第59、66条的规定，市县人民政府与政府工作部门是不同层级的法律主体，两者是领导和被领导的关系，不能混同，被授权的定价主体仍是市、县人民政府，只是具体工作由市县人民政府的价格主管部门来实施。

3. 政府定价的法律性质

政府定价究竟是具体的行政行为还是抽象行为，实践中有不同的争论。我国《行政诉讼法》第13条明确规定："人民法院不受理公民、法人或者其他组织对下列事项提起的诉讼：国防、外交等国家行为；行政法规、规章或者行政机关制定、发布的具有普遍约束力的决定、命令；行政机关对行政机关工作人员的奖惩、任免等决定；法律规定由行政机关最终裁决的具体行政行为。"上述规定中非常明确，被排除在行政诉讼的范围之外的包括"行政法规、规章或者行政机关制定、发布的具有普遍束力的决定、命令"，即抽象行政行为。

所谓抽象行政行为，是指"行政机关制订和发布普遍性行为规范的行为。"包括行政法规、行政规章和行政机关制定、发布的具有普遍约束力的决定、命令等。它作为行政机关行使职权的一种载体和途径，是与具体行政行为相对应的。所谓具体行政行为，是指行政机关针对特定的对象并对其权利义务产生影响的行为。如果认定政府定价行为是抽象行政行为，则排除在人民法院的案件受理范围之内，人民法院不能裁决撤销政府定价文件。如果认定政府定价行为是具体行政行为，则政府定价行为具有可诉性，人民法院在行政诉讼案件中可以直接给予撤销。

通过两个概念，可以清楚地看到抽象行政行为和具体行政行为二者的区别在于其调整对象的特定与否。对此，一种观点认为价格主管部门制定辖区供水、供热、供气价格或景区门票等价格就是具体的行政行为，因为这些具体的定价文件是针对供水、供电、供气企业或者景区管理处做出，对象特定、具体、直接，对供水、供电、供气企业或者景区管理处的权益直接产生影响。另一种观点认为，政府定价行为属于抽象行政行为，价格主管部门针对供水、供电、供气企业或者景区管理处制定或调整供水、供热、供气价格或景区门票等价格，虽然发文对象是特定的具体的，但实际上，供水、供电、供气企业或者景区管理处需要执行，而且用水、用电、用气或游客等也得执行，约束的对象是广泛而不特定的，这与具体行政行为约束对象的特定性明显不同，而且，政府定价文件一经做出具有很强的稳定性，适用周期长，不是一次性、临时性的。❶

本书认为，关于抽象行为和具体行政行为的区分界限，学术界有不同的观点。《最高人民法院关于适用〈中华人民共和国行政诉讼法〉的解释》，第2条第2款对"具有普遍约束力的决定、命令"作出了解释，即是指行政机关针对不特定对象发布的能反复适用的规范性文件，强调"不特定对象"和"反复适用"的两大特征。政府定价行为究竟是抽象行政行为还是具体行政行为要具体情况具体分析。就政府制定的电价而言，根据《电力法》第33条第3款"用户应当按照国家核准的电价和用电计量装置的记录，按时交纳电费"的规定，既约束供电企业，也约束相应的用户，影响到多方不特定主体的利益，且能够反复适用，具有普遍性、长期性的特点，定性为抽象行政行为较为合适。就政府针对某个企业特定的价格进行批复的行为，其内容是针对特定对象、具体事项作出，如该批复涉及的价格具体明确，则应属于具体行政行为，当事人认为批复违法的，可以提起行政诉讼。如该批复涉及的价格并不具体明确，仅是方向性的指导意见，如建议供电企业与该企业用户进行协商确定，则构成解释中第1条第2款第（十）项"对公民、法人或者其他组织权利义务不产生实际影响的行为"。

4. 政府定价的法律效力

政府的定价文件在性质上属于行政规范性文件，在我国不属于"法"的范畴，但它作为一种行政行为，在行政管理领域和行政诉讼领域中具有法定效力。政府的定价

---

❶ 林晓飞：《对价格工作中几个法律问题的思考——兼谈〈价格法〉的修改》，《中国价格监管与反垄断》，2016年第2期。

文件的法律效力从不同的角度有不同的划分，从层级效力而言有确定力、拘束力和执行力，从对象、时间、范围来说，可以区分为一般的效力和具体的效力，前者由适用对象、适用时间和适用空间三要素组成，即在何时、何地、对何人有效；后者是指定价文件所规定的具体事项即电价有相应的效力。明确政府定价文件的一般效力是正确理解和适用定价文件的前提。

（1）定价文件的对象效力。定价文件的对象效力，是指定价文件适用于哪些对象，对什么样的人有效。一般而言，政府定价文件主要适用于3类主体：一是电价制定管理部门所管辖下的供电企业；二是定价文件适用空间范围内的一切电力用户。根据《电力法》第2条的规定："本法适用于中华人民共和国境内的电力建设、生产、供应和使用活动。"即不论自然人还是法人，也不论中国人还是外国人，只要在我国境内从事电力建设、生产、供应和使用活动，都必须遵守《电力法》，供电企业应当按照国家核准的电价计收电费，用户也应当按照国家核准的电价交纳电费。有权制定电价的管理部门根据《电力法》及其他规定依职权制定电价目录及电价价格，对其管辖范围内的一切供电企业和一切电力用户均具有拘束力。三是电价制定管理部门本身及其所辖的各级电价管理部门。这些部门必须依据已制定的电价文件核查价格违法行为。

（2）定价文件的时间效力。定价文件的时间效力是指定价文件的效力起止时限以及对其实施前的行为有无追溯力。定价文件开始生效的时间，指从何时起开始发生约束力。定价文件制定后先要加以公布，公布是电价文件开始生效的前提，但并非所有的电价文件一经公布即开始生效。文件的生效时间通常表现为2种形式：一是自公布之日起生效。这种情形下，电价文件或在文件中明示文件的生效时间，或不明示自公布之日起生效，也不具体规定生效日期，而本身包含了公布后马上生效的意思。值得注意的是何谓"公布"，公布不等于知晓，公布是指文件制定者通过某种途径向社会公开，即视为公布，不以约束对象知晓为前提。二是公布后经过一段时间生效。这种方式主要是为了公民、法人、政府有关部门有必要的时间了解内容，做好准备。我国电价定价文件一般不在文件中明示自公布之日起生效，也不具体规定生效日期，而本身包含了公布后马上生效的意思。一般而言，定价文件的生效时间应当在电价的价格调整时间之前。

定价文件终止生效的时间，是指定价文件从何时起不再具有约束力，可称为废止或失效。终止生效的时间通常有明示终止（废止）和默示（废止）2种形式，前者指新的定价文件中明确规定终止旧定价文件的效力，后者是指不明文规定终止旧电价文件的效力，后者在我国比较普遍。在实践中新旧文件如相冲突，实际适用时约定俗成地采用新的文件。

定价文件的溯及力，是指新的定价文件对它生效前所发生的事件和行为可否加以适用的效力。从法的角度来看，法不溯及既往是一项古老的原则，既是一项法律适用原则，也是立法的重要考量。作为抽象或具体行政行为产物的电价定价文件也应遵守。但法不溯及既往并非绝对，基于维护某种利益目的，立法者也可针对具体情况做出有溯及力的规定。电价定价文件在特定情况下基于正当理由也可溯及既往。如果定价文件中明确电价调整时间早于新的定价文件的生效时间，则电价调整时间应以定价文件的规定为准。

（3）定价文件的空间效力。政府定价文件在什么样的空间范围或地域范围有效，即为定价文件的空间效力。实践中主要有2种情况：一是在全国范围内有效。主要是国务院价格行政主管部门如国家发改委发布的电价调整文件。二是在一定区域内有效。各省、自治区、直辖市制定的定价文件仅限于本省、自治区、直辖市的行政区域内有效。同时，各省、自治区、直辖市制定的定价文件在电价价目表上又根据县市（区）行政区划作划分，实行不完全相同的电价价格。每一个电价价目表仅在指定的区域有效。根据《电力法》和《电力供应使用条例》的规定，"供电营业区的划分，应当考虑到电网的结构和供电合理性等因素。"《供电营业区划分及管理办法》进一步规定："供电营业区原则上以省、地（市）、县行政区划为基础，根据电网结构、供电能力、供电质量、供电的经济合理性等因素划分。"也就是说，在大多情况下供电营业区与行政区划是一致的，只是个别情况下考虑到电网结构、供电能力、供电质量、供电的经济合理性等因素而有所分别。因此，行政区划与供电营业区不是等同概念。由于概念的不同，各自表述，在实践中会出现一些"不和谐之音"，从而在实践中留下法律隐患。例如将委托代理供电区域的电价错误地按受托人所在行政区划电价执行，在行政区域发生调整而供电区域未发生调整之前仍然按部就班地执行原有电价。

5. 政府定价的适用争议

实践中，受政府定价约束的供用电双方往往对政府的定价文件没有法律争议，但就如何理解适用容易产生争议。主要的类型有三种：①执行时间争议。属于中央事权的调价文件从国务院价格管理部门发文之日起，到省、市一级出台具体的文件给予明确，容易产生时间差，或者出现省、市一级发文时间晚于文件执行时间，需要补收或补退相关费用，或者出现省、市一级发文时间稍早于文件执行时间，造成被执行人执行准备工作不足，存在认识误区，最终产生争议。②执行内容争议，有些电价文件并不非常具体明确，需要在实践中根据具体情况判断，不同的企业有不同的理解。例如，功率因数调整电费是指用户功率因数的水平高低减收或增收的电费。鉴于电力生产的特点，用户用电功率因数的高低，对发、供、用电设备的充分利用、节约电能和改善电压质量等有着重要影响，为了提高用户的功率因数并保持其均衡，以提高供用电双方和社会的经济效益，水利电力部、国家物价局于1983年12月2日联合颁发了《功率因数调整电费办法》。该办法第4条规定，电费的调整根据计算的功率因数，高于或低于规定标准时，在按照规定的电价计算出其当月电费后，再按照"功能因数调整表"（表一、表二、表三）所规定的百分数增减电费，如用户的功率因数在"功率因数调整电费表"所列两数之间，则以四舍五入计算。一些用电企业基于自身的理解，对于是否应当依据20世纪80年代的文件交纳功率因素调整电费，或者对于自身是否属于高耗能企业，是否应当执行高耗能电价等，均有不同的看法，甚至引发诉讼。③历史遗留的优惠电价争议。《电力法》颁布实施前，全国不少地区存在建设电力设施（电厂或输电线路）时占用集体土地情形，供电企业向集体土地的所有权人许诺给予远低于目录电价的优惠电价，甚至许诺该电价永久不变，合同没有具体的终止期限。几十年后随着改革开放的深入，当地的经济生产生活条件发生了巨大的变化，用电量越来越大，相应地低电价给供电公司带来的损失也就越来越大，对于电价约定条款是否可适用情势变更要求调整或者以违反《电力法》强制性规定宣告无效，实践中有不同的理解。

二维码7-1　案例1：历史遗留电价纠纷

二维码7-2　案例2：89.96元电费纠纷

（二）市场电价

市场电价是电力交易中的某些价格，如用户购电价格，电力辅助服务价格等由参与电力市场交易的发电企业、用户或售电公司等市场主体通过协商、市场竞价等方式而形成的价格。在"放开两头，管住中间"的市场化改革下，参与电力市场交易用户的用电价格由市场交易上网电价、辅助服务费用、输配电价（含线损）、政府性基金及附加四部分组成。其中，市场交易上网电价引入市场竞争因素，采用市场定价。交易的方式主要有集中撮合定价、双边协商定价、拍卖定价等方式。值得注意的是，对于电力辅助服务价格，《电力辅助服务管理办法》设立了政府定价和市场化形成价格两种方式。后一种方式尚在逐步发展中。

通过市场形成用户的电能量交易上网电价，有利于充分发现和挖掘电能的价值。不过，不同的交易方式对市场交易上网电价的形成有很大的影响。按照交易双方是否直接交易，电力市场分为集中式市场和分散式市场。目前，我国采用的主要是交易双方不直接交易的集中式市场模式。按照交易对象距现在的时间，电能交易分为现货交易和中长期交易。现货交易需要进行物理交割，有利于发现电能价值，广东电力现货交易采用全电量集中竞争和优化，作为调度执行依据，并采用节点边际价格机制，充分反映了电能在不同时间、不同空间的价值采用的边际机组定价，有利于促进发电企业之间充分竞争，引导发电企业按照边际发电成本报价，以获取合理利润。利用低能耗大容量机组市场竞争力强的优势，逐步淘汰高能耗小容量落后机组，不断优化电源结构，但价格波动较大。鉴于中长期交易合同可以不进行物理交割，发电企业可以通过中长期交易锁定收益，避免风险。

我国市场化交易目前实施的范围仍然有限且全国各地市场化交易规模、种类均有差异，对市场交易上网电价的影响也很大，进而影响到各主体的收益。截至 2022 年 12 月，广东电力市场仅有煤电、气电和核电机组参与市场化交易，市场直接交易电量仅占全社会用电量的 40%，计划与市场并轨运行将长期存在。海南电力市场上核电机组尚未参与市场化交易。外送电、省内可再生能源等大量电源仍在市场之外，市场交易空间受限，市场价格容易受非市场电源的波动而影响。特别是新能源的高波动性及低边际成本可能导致现货价格失灵。在新能源出力大的阶段，大量低边际成本的风电、光伏发电将大幅压低市场价格，传统机组难以通过市场价格回收成本；而在新能源出力较小时段，一般将由系统中的高价燃气机组定价，此时低价的新能源将实现"搭便车"，获得高额收益。

随着改革的深化，按照"应放尽放"的原则，电力市场化交易规模将逐步扩大，可再生能源电力可能逐步进入市场，并扩大交易比例，打造跨省跨区电力交易新模式，会促进市场交易上网电价进一步合理化。

第二节　电价的基本种类与结构

一、电价的基本种类

1. 上网电价

上网电价是指用户或电网企业向发电企业购电的价格。按照上网电价的形成机制，可以分为国家定价的上网电价和市场定价的上网电价。对国家定价的上网电价目前采"基准价＋上下浮动"的定价模式，而基准价根据标杆电价决定。由于不同类型能源发电的成本构成和比重是不一样的，因此不同的电源类型上网电价需分别核定。我国在允许企业竞价上网前，是由政府价格监管部门根据发电资产的使用年限与合理的补偿成本、收益及相关税金来核定发电企业的上网电价。在建立区域竞争性电力市场并实行竞价上网后，参与市场定价的各发电企业开始采取两部制上网电价，其中电量电价由市场定价形成，政府则只负责制定容量电价，之后慢慢转变后市场定价确定。

2. 输配电价

中共中央、国务院深化电力体制改革意见规定了由政府单独核定输配电价。在单独核定输配电价的价格机制下，电网企业盈利模式由现行的"购销价差"模式变为"成本加收益"模式。输配电价的单独核定是 2015 年深化电力体制改革推动电力市场化改革"放开两头，管住中间"的关键。输配电价包括省级输配电价、区域电网输电价格、跨省跨区专项工程输电价格、地方电网和增量配电网配电价格等情形。以省级输配电价核定为例，核价工作可区分为成本监审和电价核定两个阶段。其中，成本监审为输配电价核定的前置程序，由国家发改委统一组织实施，各省发改委及国家发改委派驻的会计师事务所负责实地审核等具体工作，依据《输配电定价成本监审办法》对监管周期内电网企业历史资产及成本费用以"合法、相关、合理"原则进行审核，先行确定电网企业历史合理成本以及综合折旧率等核价关键参数。在随后开展的电价核定工作阶段，由各省发改委按照国家发改委指导意见牵头开展具体定价测算工作，将以成本监审期间确定的历史成本为基础，统筹考虑电网企业增量资产费用、合理收益和其他相关费用后形成准许收入，最终依据准许收入核定输配电价，报请国家发改委同意后实施。

3. 销售电价

销售电价是电网经营企业对终端用户销售电能的价格，由购电成本、输配电损耗、输配电价和政府性基金及附加四部分组成，其计算公式为：销售电价＝购电成本＋输配电损耗＋输配电价＋政府性基金及附加。现行的销售电价主要延续《国家发改委关于调整销售电价分类结构有关问题的通知》（发改价格〔2013〕973文）改革要求，销售电价由过去主要依据行业、用途分类，逐步调整以用电负荷特性为主分类，逐步建立结构清晰、比价合理、繁简适当的销售电价分类结构体系，并逐步归并到居民生活用电、农业生活用电及其他用电价格等类别。

销售电价中较有争议的问题是转供电能否加价。转供电是指电网企业无法直接供电到终端用户，需由其他主体转供的行为。目前，一些地方的住宅小区、商业综合体、产业园区、写字楼等转供电环节存在不合理的加价现象，由此引申出两个问题：

一是物业公司提高电费价格是否应当给予行政处罚。物业公司在转供电过程中主要采用两种方式，回收转供电成本甚至盈利。方式一是制定高于政府定价的价格标准，每度电价格可能比政府定价高1毛、2毛甚至3毛不等；方式二是以线路损耗、分摊等名义变相加收费用。目前，物业管理单位加价收取电费的行为被业主投诉、被主管机关处罚的案例为数不少。从国家行政处罚来看，适用的法律并不完全相同，有的适用《电力法》，有的适用《价格法》和《价格违法行为行政处罚规定》。主要依据是转供电主体应按政府规定目录电价向转供区域内的租户等收取电费，不得在电费上加收其他费用，相关共用设施用电及损耗通过租金、物业费、服务费等方式协商解决。

二是供电企业是否应当与最终用户直接建立供用电合同关系或者委托物业管理单位转供电，以实现俗称的抄表到户。这一问题主要涉及居民用户能否享受到国家制定的价格。对此，从不同的角度分析会有不同的结论。从维护最终用户的利益角度看，《物业管理条例》第44条规定"物业管理区域内，供水、供电、供气、供热、通讯、有线电视等单位应当向最终用户收取有关费用。物业服务企业接受委托代收前款费用的，不得向业主收取手续费等额外费用。"这里的"最终用户"一般认为是终端用户，即小区的业主。与该条规定相配套的是第51条"供水、供电、供气、供热、通讯、有线电视等单位，应当依法承担物业管理区域内相关管线和设施设备维修、养护的责任。"据此，业主有权依据该规定要求供电企业抄表到户并要求其承担物业管理区域内电力设施的维修养护责任，业主也就可以彻底避免转供电主体的加价，进而享受国家制定的低电价。

若从公平角度看，抄表到户并承担物业管理区域内电力设施维修养护责任将对供电企业附加巨大的经济责任，如果该成本没有纳入输配电定价核算范围，在实践中是行不通的，也有违公平原则，《物业管理条例》不能不顾可行性强加给予供电企业数额巨大的运维成本；从政策上来看，在国家发展和改革委员会关于清理转供电文件中，提出电网企业要尽快实现直接供电的对象为具备改造为一户一表条件的电力用户。对此，有法院判决认为，《物业管理条例》调整的是住宅区物业和非住宅区物业管理及相关监督管理活动，并非调整供电企业与业主之间的法律关系，供电企业未抄表到户并与最终用户建立供用电合同关系，承担的是行政法律责任，业主要求与供电企业直接建立供用电合同关系没有法律依据，此外"抄表到户"涉及改造、移交等多方因素，需各方配合，目前案涉小区未具备条件，要求供电企业单独抄表到户亦缺乏事实依据。

二维码7-3　案例3：抄表到户纠纷案

二、电价结构与计价方式

1. 电价结构

电价结构是指电价由哪些部分构成，根据组成部分的差别，有单一制电价、两部制电价和三部制电价之分。[1]单一制电价按用电设备容量或者用电设备的耗电量计收电费，结构单一，目前的居民生活用电、农业生活用电均采用单一制电价。两部制电价

---

[1] 叶泽，等：《我国电价体系建设与电力发展战略转型研究》，科学出版社 2021 年版，第 23 页。

由基本电价（又称容量电价）和电量电价（又称电度电价）两项结合来确定电价，这种电价模式在过去大工业电价比较常见。三部制电价是在两部制电价的基础上又新增了接入或者接出电网或辅助服务等价格。由于电量供给、电网稳定与辅助服务之间存在着高度耦合关系，源网荷储平衡发展的要求以及国家发改委提出"谁提供，谁获利；谁受益，谁承担"的原则下，现今各省区逐步探究辅助服务费用由用户分摊共享的机制，即将由原先在同一区域电网内的发电侧单位间分摊补偿方式，逐步转变为购电侧主体参与分摊补偿，意味着改革正朝着三部制电价的方向迈进。

2. 计价方式

计价方式是把需求结构和需求差异性考虑在内的电价确定方式，体现在依据不同的因素确定具体的电价。比如大工业用户的基本电价可以采用最大需量或者变压器容量计价。此外，还有高峰、低谷分时电价，高可靠性电价、可中断电价、高耗能电价等特殊计价方式。

实践中，销售电价采用的计价方式往往是产生法律纠纷的热点。常见的有：是否适用一部制还是两部制电价，是否应当收取基本电费或基本电费是否少收漏收；在建设多回路线路后，高可靠性电价电费能否收取或支付；用电企业是否属于高耗能产业，应否在市场化交易的基础上加收高耗能电价；阶梯电价实施的范围和主体等。例如，居民阶梯电价实施的法律争议主要存在于：①实施范围，主要包括跨越实施日电价电费计算、实际用电类别混同处理、小区公摊电量类别确定、"一户一表"改造未完工用户电价执行、可抄表到户的合表用户电价执行等；②"户"的认定，主要包括"一户一表"和"合表用户"界定不清晰、房产证明种类不明确、无房产证明"户"的界定、"一证多户"处理等；③非法用电的电价标准，主要问题包括窃电电费追补、非法转供电的电价、私自改变用电类别的差额电费追补等；④免费用电政策实施，主要问题包括免费用电的实施方式、免费用电基数的执行、低保户或五保户与用电户名不对应、低保户或五保户为"合表用户"等。

三、电价交叉补贴

电价交叉补贴是中国能源领域，尤其是电力体制改革的一个重要议题。某类用户支付的能源价格高于（或低于）能源供应成本，而由其他用户分担成本的现象就是交叉补贴。其在销售电价中主要表现形式有四种：一是不同地区用户之间的交叉补贴，主要是发达地区用户对欠发达地区用户的补贴，城市用户对农村用户的补贴；二是不同电压等级用户之间的交叉补贴，主要为高电压等级用户对低电压等级用户的补贴；三是不同类型用户之间的交叉补贴，主要是大工业和一般工商业用户对居民和农业用户的补贴；四是不同负荷特性用户之间的交叉补贴，主要为高负荷率用户对低负荷率用户的补贴。为了维护社会稳定及保证低收入人群的最低生活标准，中国政府对居民用电长期维持低价，固然取得了良好的社会效应，但电力交叉补贴扭曲了电力价格，不但阻碍了资源优化配置，还带来了效率与社会福利损失。

对此，自 2015 年实施供给侧结构性改革以来，中央一系列政策凸显了解决与妥善处理中国电价交叉补贴问题的决心。采用分步走的方式，逐步调整工业与居民的价格水平。在居民侧，由于涉及普通居民尤其是低收入阶层居民的生活问题，价格调整更为敏感，因此需对不同收入阶层采取不同的价格调整策略。包括在居民阶梯定价中适度提升第三档阶梯价格，探索在用能最高峰期实施尖峰定价的可能等。类似的，我国在工业企业领域逐步实施的差异定价，包括对高耗能行业实施差别定价、惩罚性定价和阶梯定价等措施，通过对不同类型的企业实施不同的定价策略，也是取消交叉补贴的举措之一。

思考题：

1.随着电力改革深入，发电侧提供的电能量电费已实现市场化，同由发电侧提供的电力系统辅助服务费用分摊方式各省市探索方式各异，纳入电能量电费、生成用户侧分摊价格表或采用三部制电价等设想和实践层出不穷，辅助服务费用通过何种方式进行分摊更为合理？

2. 转供电模式涉及电价和成本承担问题，除《供电营业规则》外，尚无进一步规定，由于转供电线路资产未能纳入输配电价中予以回收，面对大范围转供产生的高额公用线路损耗和公用设施运维成本，采用何种方式在供电企业、转供电单位以及用户间进行分摊更为合理？

第八章 | 电力设施保护

电力设施是电能生产、输送、供应的载体，是重要的社会公用设施，是电力在国民经济中发挥命脉作用的关键组成部分。电力设施的安全事关国家经济运行安全、社会稳定和人民生命财产安全。但是，随着城乡建设的推进，破坏电力设施的行为屡有发生，屡禁不绝，不管是主观故意的盗窃电力设施等行为，还是过失行为引起的电力设施破坏，均给电力安全生产活动以及广大电力用户的生命财产安全带来巨大威胁。为了保障电力生产和建设的顺利进行，维护公共安全，通过国家强制力对电力设施予以保护，有着极其重要的意义。目前我国电力设施保护相关法律法规日益健全，《电力法》《电力设施保护条例》《电力设施保护条例实施细则》以及部分地方性的法律法规都对电力设施保护作出了明确的规定，对破坏电力设施的行为，从民事、行政和刑事等方面进行了具体的规定，已逐步形成了较为完善的电力设施保护法律体系。

第一节 电力设施保护法律关系

一、电力设施保护法律关系的概念

电力设施保护法律关系，是指由《民法典》《刑法》《电力法》《电力设施保护条例》等一系列相关法律法规所调整的，人们在维护电力设施安全、处理电力设施与其他设施互相妨碍和打击危害电力设施违法行为过程中所形成的权利和义务关系。它涉及以下关系：①国家各管理部门之间因保护电力设施而发生的关系；②各级人民政府之间因保护电力设施而发生的关系；③各级人民政府、政府各管理部门、电力企业、其他企业、公司、公民之间因保护电力设施而发生的关系。因此，电力设施保护法律关系的范围非常广泛。

二、电力设施保护法律关系的构成要素

电力设施保护法律关系由主体、客体和内容三个要素组成。

（一）电力设施保护法律关系的主体

1. 主体范围

电力设施受国家法律保护，禁止任何单位或个人危害电力设施的行为。任何单位和个人都有保护电力设施的义务，对危害电力设施的行为，有权制止并向电力管理部门、公安部门报告。根据《电力设施保护条例》的规定，电力设施的保护，实行电力管理部门、公安部门、电力企业和人民群众相结合的原则。可见电力设施保护主体是多元化的。首先是政府及其相关的职能部门，即电力管理部门和公安部门，其次是电力企业和广大人民群众。

《电力设施保护实施细则》进一步规定，电力管理部门、公安部门、电力企业和人民群众都有保护电力设施的义务。各级地方人民政府设立的由同级人民政府所属有关部门和电力企业（包括：电网经营企业、供电企业、发电企业）负责人组成的电力设施保护领导小组，负责领导所辖行政区域内电力设施的保护工作，其办事机构设在相应的电网经营企业，负责电力设施保护的日常工作。电力设施保护领导小组，应当在有关电力线路沿线组织群众护线，群众护线组织成员由相应的电力设施保护领导小组发给护线证件。各省（自治区、直辖市）电力管理部门可制定办法，规定群众护线组织形式、权利、义务、责任等。

2. 各主体的职责

（1）各级人民政府。各级人民政府在电力设施保护中起综合的全方位的领导和协调作用。对于有立法权的政府可以根据法律法规制定规章来保护电力设施。同时《电力法》也给政府规定了具体的管理职责，违反规定在依法划定的电力设施保护区内修建建筑物、构筑物或者种植植物、堆放物品，危及电力设施安全的，由当地人民政府

责令强制拆除、砍伐或者清除。

（2）电力管理部门。根据《电力设施保护条例》的规定，县以上地方各级电力管理部门在保护电力设施方面的职责是：①监督、检查本条例及根据本条例制定的规章的贯彻执行；②开展保护电力设施的宣传教育工作；③会同有关部门及沿电力线路各单位，建立群众护线组织并健全责任制；④会同当地公安部门，负责所辖地区电力设施的安全保卫工作。

（3）公安部门。公安部门在保护电力设施方面的主要职责是打击、防范盗窃和破坏电力设施等危害电力安全运行的违法犯罪行为。对盗窃电能或盗窃电力设施案件进行立案、侦破，构成犯罪的依法提交检察机关，不构成犯罪的依照《治安管理处罚法》处理；对电力设施废旧器材收购单位进行备案，检查电力设施废旧器材收购单位执行本条例情况，对电力设施废旧器材收购单位的违法行为进行查处。

（4）电力企业。电力企业必须加强对电力设施的保护工作。对危害电力设施安全的行为，电力企业有权制止并可以劝其改正、责其恢复原状、强行排除妨害，责令赔偿损失、请求有关行政主管部门和司法机关处理，以及采取法律、法规或政府授权的其他必要手段。

（5）人民群众。任何个人都有保护电力设施的义务，对危害电力设施的行为，有权制止并向电力管理部门、公安部门报告。发动群众，依靠群众，调动广大人民群众参与电力设施保护的积极性，是电力设施保护工作取得成功的重要法宝。对维护、保护电力设施作出重大贡献的个人，除给予物质奖励外，还可由电力管理部门、公安部门或当地人民政府根据各自的权限给予表彰或荣誉奖励。

（二）电力设施保护法律关系的客体

电力设施保护法律关系的客体，是法律关系和权利义务所指向的对象，即行为和物。行为包括作为和不作为，物是指引起互相妨碍的物体，可以是电力设施，也可以是其他物体，如树木、建筑物或者构筑物等。

在破坏电力设施的违法行为中，违法主体破坏的虽只是"电力设施"这个物，但这种行为侵犯的社会关系却是"公共安全"，危及不特定多数人的生命、健康和重大公私财产安全。因此，从这个角度来看，受到保护的"公共安全"也可以说是电力设施保护法律关系的客体，我国《刑法》对此就给予了特别保护，规定了破坏电力设备罪。❶

（三）电力设施保护法律关系的内容

电力设施保护法律关系的内容，是指电力设施保护法律关系的主体享有的权利或权力和承担的义务或职责。权利受到国家强制力的保护，因此，享有权利的法律关系当事人，在法定权限内和职责范围内，可以实现法律意图，满足维护电力设施安全和保证公共安全的要求。此处"权利"的含义是指《电力法》《电力设施保护条例》等法律法规授予权利人在规定的范围内，根据自己分工，进行各种活动，以实现保护电力设施的目的。因此，此处的"权利"亦包含了行政权力的意思。如果有人破坏这种目的，或他人的行为使自己的权利不能实现时，有权要求国家机关给予惩罚与保护。例如，在依法制定的电力设施保护区内修建建筑物、构筑物或者种植物、堆放物品，危及电力设施安全的，当地人民政府可依照法律的规定，责令强制拆除、砍伐或者清除；其权力主体是"当地人民政府"，客体是"各类妨碍物"，权利是"责令"强制拆除、砍伐或者清除；义务主体是设置妨碍物者，义务是服从处罚决定，在规定的期限内拆除妨碍物。再如，未经批准或未采取安全措施在电力设施周围，或者在依法划定的电力设施保护区内进行作业，危及电力设施安全的，由电力管理部门责令停止作业，恢复原状并赔偿损失。其权利主体是"电力管理部门"，客体是"违章行为"，权利内容是"责令"停止作业，恢复原状并赔偿损失，义务主体是违章作业者，义务是停止作业并赔偿损失。

---

❶ 我国《刑法》第118条规定"破坏电力、燃气或者其他易燃易爆设备，危害公共安全，尚未造成严重后果的，处三年以上十年以下有期徒刑。"

三、电力设施保护法律关系的调整方法

法律关系的调整方法，是由调整对象的性质决定的，不同的法律调整不同的对象，需要有不同的调整方法。电力设施保护既涉及设施所有权人的利益保护，也涉及社会行政管理秩序，更涉及社会公共安全，法律基于电力设施的特性，专门制定了相应的法律制度，如电力设施保护区进行保护。然后再运用民事、行政和刑事的方法予以保护。

第二节　电力设施与电力设施保护区

一、电力设施

（一）电力设施概述

1. 电力设施的概念

电力设施从一般意义上说是一个"物"，即与电力相关的物都可以统称电力设施。其内涵和外延很大，包含的范围也很广，大到大型的水力发电站，小到一个小小的灯泡。随着社会经济的发展和电能的广泛运用，当电力设施遭到破坏后，不仅带来一般的财产损失，有的还严重影响到了公共安全和社会稳定。为更好地保护电力设施和电力生产安全，有必要对电力设施给予特别的保护，包括一些与电力生产和运行相关的辅助设施和场所。因此，本章内容所称的电力设施是指那些涉及电力生产和建设、运行和供应等环节，关系到社会公共安全的设施、辅助设施及其有关空间场所的总和。

2. 电力设施的分类

电力设施主要包括两类：已建电力设施和在建电力设施。

（1）已建电力设施是指处于使用状态中的电力设施，主要有以下几种情形：①带电运行状态中的电力设施。②停电状态中的电力设施。③检修状态中的电力设施。电

力系统为保证电力设施的正常运行，对已全投入使用的电力设施必须经常进行检查和维护，及时排除各项隐患和故障。检修期间，被检修设施要由其他设备代替运行，为此，检修状态中的电力设施应视为正在使用中的电力设施。④紧急备用状态中的电力设施。在电力系统中，必须有一定比例的电力设施处于紧急备用状态，以便发生事故时能够立即投入使用。

（2）在建电力设施是指正处于生产建设中的电力设施。关于在建电力设施是否属于电力设施保护的电力设施范围尚存在争议，最高人民法院认为电力设备不包括尚未安装完毕，或者已经安装完毕但尚未交付使用的电力设备。❶

（二）电力设施保护范围

受法律保护的电力设施主要包括发电设施、变电设施及电力线路设施。

1.发电设施、变电设施的保护范围

（1）发电厂、变电站、换流站、开关站等厂、站内的设施；

（2）发电厂、变电站外各种专用的管道（沟）、储灰场、水井、泵站、冷却水塔、油库、堤坝、铁路、道路、桥梁、码头、燃料装卸设施、避雷装置、消防设施及其有关辅助设施；

（3）水力发电厂使用的水库、大坝、取水口、引水隧洞（含支洞口）、引水渠道、调压井（塔）、露天高压管道、厂房、尾水渠、厂房与大坝间的通信设施及其有关辅助设施。

2.电力线路设施的保护范围

（1）架空电力线路：杆塔、基础、拉线、接地装置、导线、避雷线、金具、绝缘子、登杆塔的爬梯和脚钉，导线跨越航道的保护设施，巡（保）线站，巡视检修专用道路、船舶和桥梁，标志牌及其有关辅助设施；

（2）电力电缆线路：架空、地下、水底电力电缆和电缆联结装置，电缆管道、电

---

❶ 最高人民法院《关于审理破坏电力设备刑事案件具体应用法律若干问题的解释》（法释〔2007〕15号），第4条。

缆隧道、电缆沟、电缆桥，电缆井、盖板、入孔、标石、水线标志牌及其有关辅助设施；

（3）电力线路上的变压器、电容器、电抗器、断路器、隔离开关、避雷器、互感器、熔断器、计量仪表装置、配电室、箱式变电站及其有关辅助设施；

（4）电力调度设施：电力调度场所、电力调度通信设施、电网调度自动化设施、电网运行控制设施。

3. 电力设施保护范围的新拓展

随着近些年新电力设施类型的不断涌现，地方电力立法保护的"电力设施"范围也不断扩展。主要表现在：一是"发电设施"增加了新能源发电设施，如风电设施、太阳能发电设施。二是普遍赋予电力调度设施、电力专用通信设施独立的"身份"，将这两类设施单列并规定了相应保护措施。三是电力交易设施、充（换）电设施成为电力设施新成员，如宁夏的立法规定了充（换）电设施保护范围及保护措施。四是广西、云南、海南的地方立法将保障电力运行的各类计算机控制信息系统也纳入电力设施保护范围。❶ 可以预见，日后电力设施保护的范围还将继续扩大。

二、电力设施保护区

（一）电力设施保护区概述

1. 电力设施保护区的概念

所谓电力设施保护区，是指为了保证电力企业正常生产、经营，保证电力安全、正常输送和使用而划定的特殊区域，在这个特定的空间区域内，社会活动必须遵守电力设施保护相关法律法规的规定。

1987 年国务院发布的《电力设施保护条例》（已被修订）首次规定了电力设施保护区，称为"电力线路保护区"（包括架空线路、地下和水下电缆）。1995 年的《电力

---

❶ 白如银：《电力设施保护法律制度的地方立法突破与趋势》，《安徽电气工程职业技术学院学报》2015 年第 2 期。

法》第七章专门规定了电力设施保护。2011年1月8日颁布的《电力设施保护条例》则称为"电力设施的保护范围和保护区"。依据该《条例》的规定，架空电力线路保护区为导线边线向外侧水平延伸并垂直于地面所形成的两平行面内的特定区域。电力电缆线路保护区为：地下电缆为电缆线路地面标桩两侧形成的两平行线内的区域；海底电缆、江河电缆一般为线路两侧所形成的两平行线内的水域。1998年1月颁发的《电力设施保护条例实施细则》规定的是"架空电力线路保护区""江河电缆保护区""地下电力电缆保护区"，仅新增了"发电设施附属的输油、输灰、输水管线的保护区"一项。

2. 电力设施保护区的特点

（1）法定性。保护区由法律设定，种类和幅度（宽度）均有明确规定，任何单位和个人不能擅自设定和改变，法律授权特定国家机关在特殊情况下才可以在幅度方面作有限缩小，不能扩大。

（2）保护性。设立保护区的直接目的就是保护电力设施本身。正如《电力设施保护条例实施细则》所言，架空电力线路保护区，是为了保证已建架空电力线路的安全运行和保障人民生活的正常供电而必须设置的安全区域。

（3）告示性。保护区是一个无形的空间区域，必须通过一定的方式予以告示才能让人了解，进而起到应有的保护效果。法律对保护区标志的设立地点、方式及设立的主体均有明确要求。

3. 电力设施保护区的法律意义

从上述立法来看，电力设施保护区虽然在不同效力层级的规范性文件中有不同的表述，如有的使用的是"设施"一词，有的使用的是"线路"一词，但两者并没有实质区别。因为如果仅仅对电力设施的所有权进行保护，预防他人非法侵害，这是所有所有权都具有的消极功能，电力法律法规再对电力设施的保护进行规定就没有什么意义。电力设施保护区真正的法律意义在于，它划定了一个区域，在这个区域内，因为有电力设施的存在，所以相关权利人（主要是土地权利人）的权利受到限制，他们对电力设施保护区的权利人需承担一定的不作为义务，❶ 本质上属于公共地役权。如《电力法》第 53 条规定：任何单位和个人不得在依法划定的电力设施保护区内修建可能危及电力设施安全的建筑物、构筑物，不得种植可能危及电力设施安全的植物，不得堆放可能危及电力设施安全的物品。

之所以要设立电力设施保护区，是因为电力是一种科学和技术含量很高，具有高度危险性的特殊商品，尤其是高压电。自从开始高压输电以来，世界各国莫不本着科学、安全的原则，为高压电的输变线路划定一定范围的保护区。这是对电力输送科学和规律的尊重，有利于保护高压电输变线路沿途的居民和其他当事人，有利于社会整体，有利于电力投资者、经营者和使用者。

（二）电力设施保护区的范围

保护区的范围依据不同的电力设施类型，主要有如下几种情况：

1. 架空电力线路保护区

根据《电力设施保护条例》第 10 条的规定，架空电力线路保护区是指导线边线向外侧水平延伸并垂直于地面所形成的两平行面内的区域，在一般地区各级电压导线的边线延伸距离如下：❷

1~10 千伏	5 米
35~110 千伏	10 米
154~330 千伏	15 米
500 千伏	20 米

在厂矿、城镇等人口密集地区，架空电力线路保护区的区域可略小于上述规定。

---

❶ 马宗林：《物权法与电力企业》，法律出版社 2008 年版，第 32 页。

❷ 目前 500 千伏以上电压等级架空电力线路保护区范围尚无全国性的统一规定，但《山东省电力设施和电能保护条例》《宁夏回族自治区电力设施保护条例》《辽宁省电力设施保护条例》《天津市电力设施保护条例》《山西省电力设施保护条例》《四川省电力设施保护和供用电秩序维护条例》《湖北省电力建设与保护条例》等地方性法规对 500 千伏以上电压等级架空电力线路保护区范围作出了规定。

但各级电压导线边线延伸的距离，不应小于导线边线在最大计算弧垂❶及最大计算风偏后的水平距离和风偏后距建筑物的安全距离之和。

2. 电力电缆线路保护区

电力电缆线路保护区是指埋设在地下、水底电力导线两侧或者地面标桩两侧向外延伸一定距离所形成的两平行线内区域。电力电缆线路保护区分为三类，即地下电缆、海底电缆、江河电缆保护区。根据《电力设施保护条例》及其实施细则的规定，保护区范围为：

（1）地下电缆保护区为电缆线路地面标桩两侧各 0.75 米所形成的两平行线内的区域。

（2）海底电缆保护区一般为线路两侧各 2 海里（港内为两侧各 100 米）。

（3）江河电缆保护区一般不小于线路两侧各 100 米（中、小河流一般不小于各 50 米）所形成的两平行线内的水域。其中敷设于二级及以上航道时，为线路两侧各 100 米所形成的两平行线内的水域；敷设于三级及以下航道时，为线路两侧各 50 米所形成的两平行线内的水域。

3. 发电设施附属的输油、输灰、输水管线的保护区

根据《电力设施保护条例实施细则》的规定，发电设施附属的输油、输灰、输水管线的保护区依照地下电缆保护区确定，即为地面标桩两侧各 0.75 米所形成两平行线内区域。

4. 架空线路杆塔、拉线保护区

架空线路杆塔、拉线保护区是指以架空电力线路的杆塔和拉线基础分别为圆心，以规定的距离为半径，向外缘划定的安全隔离区域。根据《电力设施保护条例实施细则》的规定，保护区的范围为：

---

❶ 弧垂是指在平坦地面上，相邻两基电杆上导线悬挂高度相同时，导线最低点与两悬挂点间连线的垂直距离。如果导线在相邻两电杆上的悬挂点高度不相同，此时，在一个档距内将出现两个弧垂，即导线的两个悬挂点至导线最低点有两个垂直距离，称为最大弧垂和最小弧垂。

（1）35千伏及以下电力线路杆塔、拉线周围5米的区域。

（2）66千伏及以上电力线路杆塔、拉线周围10米的区域。

5. 捕鱼、放风筝、爆破等行为的特别保护区域

（1）《电力设施保护条例》规定，任何单位或个人不得在用于水力发电的水库内，进入距水工建筑物300米区域内炸鱼、捕鱼、游泳、划船及其他可能危及水工建筑物安全的行为。任何单位或个人不得在架空电力线路导线两侧各300米的区域内放风筝。

（2）《电力设施保护条例实施细则》规定，任何单位和个人不得在距电力设施周围500米范围内（指水平距离）进行爆破作业。因工作需要必须进行爆破作业时，应当按国家颁发的有关爆破作业的法律法规，采取可靠的安全防范措施，确保电力设施安全，并征得当地电力设施产权单位或管理部门的书面同意，报经政府有关管理部门批准。

（三）电力设施保护区里的行为限制

1. 绝对禁止的行为

根据《电力设施保护条例》的规定，任何单位或个人在架空电力线路保护区内，必须遵守下列规定：①不得堆放谷物、草料、垃圾、矿渣、易燃物、易爆物及其他影响安全供电的物品；②不得烧窑、烧荒；③不得兴建建筑物、构筑物；④不得种植可能危及电力设施安全的植物。

根据《电力设施保护条例》的规定，任何单位或个人在电力电缆线路保护区内，必须遵守下列规定：①不得在地下电缆保护区内堆放垃圾、矿渣、易燃物、易爆物，倾倒酸、碱、盐及其他有害化学物品，兴建建筑物、构筑物或种植树木、竹子；②不得在海底电缆保护区内抛锚、拖锚；③不得在江河电缆保护区内抛锚、拖锚、炸鱼、挖沙。

根据《电力设施保护条例实施细则》的规定，任何单位或个人不得在距架空电力线路杆塔、拉线基础外缘的下列范围内进行取土、打桩、钻探、开挖或倾倒酸、碱、盐及其他有害化学物品的活动：①35千伏及以下电力线路杆塔、拉线周围5米的区域；②66千伏及以上电力线路杆塔、拉线周围10米的区域。

2. 相对禁止的行为

根据《电力设施保护条例》的规定，任何单位或个人必须经县级以上地方电力管理部门批准，并采取安全措施后，方可进行下列作业或活动：①在架空电力线路保护区内进行农田水利基本建设工程及打桩、钻探、开挖等作业；②起重机械的任何部位进入架空电力线路保护区进行施工；③小于导线距穿越物体之间的安全距离，通过架空电力线路保护区；④在电力电缆线路保护区内进行作业。

三、电力设施保护区距离与安全距离

（一）安全距离

1. 概念

所谓安全距离是指经过科学计算得出的，能够满足电力设施安全运行，要求建筑物、构筑物、植物或其他物品距电力设施的最近距离。❶

安全距离包含了两个重要参数，即水平安全距离和垂直安全距离。水平安全距离（又称最大风偏距离）是指导线在计算最大风偏距离后与物体之间的水平距离。垂直安全距离是指导线在最大弧垂时与物体之间的最小距离。在线路设计技术规程中还存在一个净空距离，即导线与物体之间的实际距离（最小距离或者直线距离）。

2. 安全距离的规定

根据《电力设施保护条例实施细则》的规定，不同电压等级导线的安全距离各不一样。

（1）各级电压导线边线在计算导线最大风偏情况下，距建筑物的水平安全距离为：

1千伏以下　　　　　　　　　　　　　　　　1.0米

---

❶ 王谷承、谭凯：《电力设施保护工作实务》，中国电力出版社2012年版，第95页。

1~10 千伏	1.5 米
35 千伏	3.0 米
66~110 千伏	4.0 米
154~220 千伏	5.0 米
330 千伏	6.0 米
500 千伏	8.5 米

（2）架空电力线路导线在最大弧垂或最大风偏后与树木之间的安全距离为：

电压等级	最大风偏距离	最大垂直距离
35~110 千伏	3.5 米	4.0 米
154~220 千伏	4.0 米	4.5 米
330 千伏	5.0 米	5.5 米
500 千伏	7.0 米	7.0 米

3. 安全距离的认定

安全距离的认定，不需要水平、垂直、净空三者距离都符合标准，只要其中一项符合标准即可（见图 8-1）。这是因为，影响导线和建筑物安全距离的实质是两者之间的净空距离。水平距离和垂直距离都是反映净空距离的一种衡量方法。线路与物体位置关系一般为：正上方、水平、侧下方、侧上方。如《110~750kV 架空输电线路设计规范》（GB 50545—2010）规定 110 千伏架空线路距建筑物水平安全距离为 4 米，垂直距离为 5 米。当线路在建筑物侧方（水平）时，不存在垂直距离，只需满足水平距离 4 米安全要求即可。当线路在建筑物上方时，不存在水平距离，只需满足垂直距离 5 米要求即可。当线路处于建筑物侧上（下）方时，虽然既存在垂直距离也存在水平距离，但只要满足其中一个安全距离即可。如果垂直距离和水平距离都不满足的情况下，那就需要看能否满足净空距离的要求。总之，安全距离要依据《电力设施保护条例实施细则》以及相关的技术规范认定。

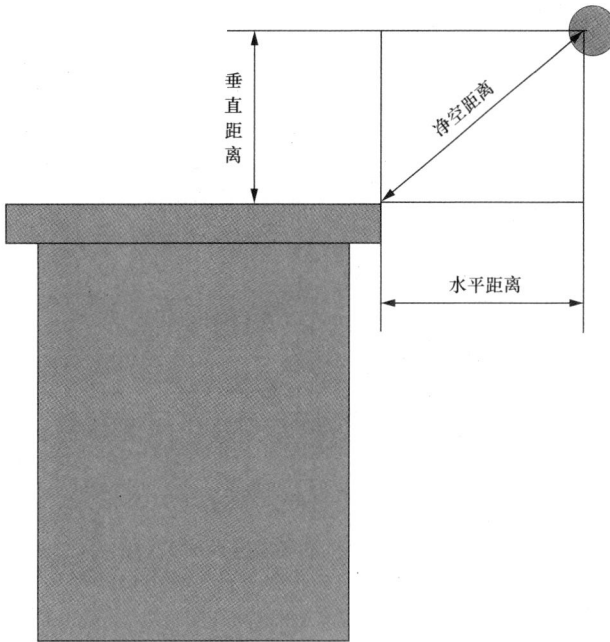

图 8-1　垂直距离、水平距离与净空距离

当然，由于 500 千伏以上电压等级的输电线路是不允许跨越有人居住的房屋的，对于 500 千伏以上的输电线路与房屋建筑物之间的安全距离而言，主要是考虑水平距离。

（二）电力设施保护区范围距离与安全距离的关系

1. 两者的大小关系

如前述，以架空电力线路为例，架空电力线路保护区是指导线边线向外侧水平延伸一定距离并垂直于地面所形成的两平行面内的区域。在厂矿、城镇等人口密集地区，各级电压导线边线延伸的距离，不应小于导线边线在最大计算弧垂及最大计算风偏后的水平距离和风偏后距建筑物的安全距离之和，也就是说电力设施保护区范围距离是大于等于安全距离的。两种距离关系如图 8-2 所示：

以 500 千伏边导线与建筑物的距离为例，其保护区的范围（两平行线之间的宽度）≥ 2 倍水平安全距离（最大计算风偏后的水平距离 8.5 米）。

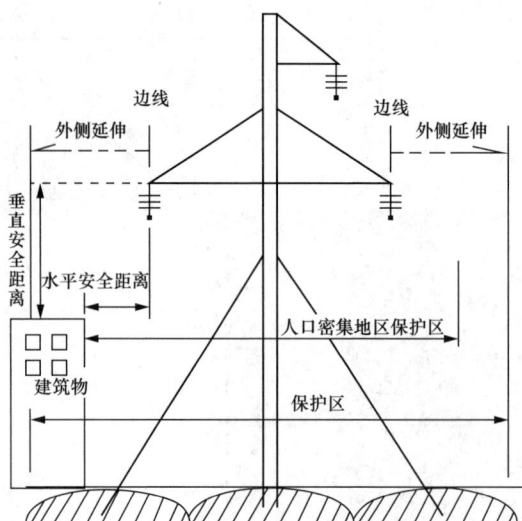

图 8-2　保护区范围与安全距离关系图

2. 两种距离的区别适用

（1）先后之分。安全距离解决的新建电力线路距已存在之物多远才会安全的问题，即"线"与"物"的关系问题；电力线路保护区距离解决的是如何避免"人之行为"对已经存在的电力线路造成危险的问题，即"人之行为"与"线"的关系。由于"线"与"物"之间、"人之行为"与"线"之间达到安全状态所要求的要素条件各不相同，体现在空间距离上也就大相径庭。单就时常引发纠纷的"线房距离"而言，概括起来就是：先有房、后建线，适用安全距离；先有线、后有房，适用电力线路保护区距离。❶

（2）动静之分。电力设施保护区是线路建设时划定的，线路保护区形成之初周围没有建筑物，为了防止以后在线路周围实施建房、栽树或施工等行为时，人或物体接近或者触碰线路，导致电力运行事故并损害电力设施而设置的空间，是一个动态的保护空间。而如果建筑物在前，线路建设在后，一是线路建设时不带电，房屋也不带电，完全没有危险；二是当线路建成后因房早已存在，也不会再有建房或栽树之类的行为在线路周围发生，因此，只需满足物理和电学意义上的安全距离即可，是一个静态的

---

❶ 吴德松：《正确认知"两个距离"的法律界定》，《中国电力企业管理》2021 年第 5 期。

保护空间，相对较小。

（3）目的之分。电力设施保护区是为了人的行为安全与电力设施安全运行而设置的最大空间，不许再往两外侧延伸；安全距离规定是为了线路与建筑物的安全而设置的最小距离，不能再往内侧缩小。

（4）限制对象之分。在电力设施保护区内，只要人能够严格遵守法律法规规定的行为规范，就可以确保人的生产、生活行为不会突破安全距离造成损害。如，只要人们不擅自攀登杆塔，不会因为在杆塔周围活动而受到电力的损害。在安全距离范围内则绝对禁止任何物的存在，更不用说人在这个距离范围内做出绝对禁止的行为了。当然，专业的线路维修人员在带电线路杆塔上作业等情形除外。

总之，电力设施保护区范围距离与安全距离看似不同，但两者并不矛盾，二者相辅相成，为电力设施的安全运行和人的生命健康以及周围的地上附着物的安全提供了正确的空间保证。

第三节　电力设施互相妨碍处理

一、互相妨碍概述

（一）概念

互相妨碍，广义上是指两个设施、权利、行为之间彼此阻碍、互相制约，其本质上是两种以上权利的冲突。所谓的权利冲突，就是指两个或两个以上具有同样法律上之依据的权利之间，因法律未对它们之间的关系作出明确的界定所导致的权利边界的不确定性、模糊性，而引起的它们之间的不和谐状态、矛盾状态。[1]

电力设施与其他设施相互妨碍，则是指供电企业基于电力设施产权人所享有的民事权利与其他单位、个人基于其他设施所有权人所享有的民事权利之间所发生的矛盾

---

❶ 王克金：《权利冲突论》，《法制与社会发展》2004 年第 2 期。

和冲突。具体来说，就是依法建设的电力设施建设项目妨碍已建公用设施、城市绿化和其他工程，或者公用设施、城市绿化和其他工程建设项目妨碍已建电力设施或在建设、运行过程中在空间上发生挤占的现象。电力设施点多面广，与其他设施发生互相妨碍的现象在所难免。产生冲突的情形主要有电力设施与公用设施、城市绿化和其他工程，还包括电磁污染与居民健康权的冲突等情形。

（二）处理互相妨碍的原则

1. 避免或减少损失原则

这一原则包含两个层次的意思：首先是要确保安全避免损失，相互妨碍的双方都要避免给对方造成损失；其次是在无法避免时要尽量减少损失。《电力设施保护条例》规定，"电力设施的建设和保护应尽量避免或减少给国家、集体和个人造成的损失。"由于电力设施本身具有的高度危险性，如在新建架空电力线路时，要求不得跨越储存易燃、易爆物品仓库的区域，一般不得跨越房屋，特殊情况需要跨越房屋时，电力建设企业应采取安全措施，确保跨越安全距离的情况下，才可以跨越房屋，以便对房屋的影响降到最低。《民法典》第9条规定：民事主体从事民事活动，应当有利于节约资源、保护生态环境。从某种意义上来说，本着避免或减少损失的原则处理相互妨碍，也正是《民法典》绿色原则的具体体现。

2. 在先原则

所谓在先原则，是指电力设施与其他设施互相妨碍时，优先保护先建设施权利人的利益。如树木、建筑物、构筑物等设施在先而后建设电力设施，就应该优先保护建设在先设施权利人的利益；如果电力设施建设在先，而树木、建筑物、构筑物建设在后，则应当保护电力设施权利人的利益。如《电力法》规定任何单位和个人不得在依法划定的电力设施保护区内修建可能危及电力设施安全的建筑物、构筑物，不得种植可能危及电力设施安全的植物，不得堆放可能危及电力设施安全的物品。电力设施及其保护区在先，在后的行为或者权利就会受到限制。又如，通信、广播电视等线路设施与电力线路设施之间确需交叉跨越、搭挂的，后建方应当征得先建方的同意，并采取安全措施，保证线路安全。在先原则按先后顺序来确定补偿方和受偿方，体现了对在先权利的特殊保护，有利于维护社会整体秩序和公平。

3.一次性补偿原则

所谓一次性补偿原则，是指在电力设施与其他设施在建设中发生互相妨碍，在损坏或者迁移相应设施时，应当给予被损坏或者被迁移方一次性补偿。一次性补偿原则有利于第一时间弥补受损方的损失，同时也有利于建设方建设项目的高效推进，避免出现反复补偿和重复补偿。如新建500千伏以上架空电力线路的，电力线路不得跨越居民住宅和危及电力线路安全的建筑物、构筑物；确实无法避开需要跨越的，应当对相关建筑物、构筑物依法征收并给予补偿。这里的补偿即迁建补偿，一般都是一次性补偿。

4.协商一致原则

协商一致是协商的内核，就是当事人的意思表示一致。这一原则主要体现在因其他工程建设需要迁移、改造电力设施的，或者电力设施在新建、改建或者扩建中妨碍其他设施的，有关单位经协商一致后方可施工。迁移、改造相关设施的费用由提出迁移改造要求的一方承担，法律、法规另有规定的除外。未经协商一致，擅自施工造成损害的，由擅自施工的单位承担责任。

5.社会公共利益优于个体财产利益原则

边沁认为，国家的目的就是最大限度地促进公共利益，实现社会最大多数人的幸福。一般认为，公共利益是指有关国防、教育、科技、文化、卫生等关系国计民生的、不特定多数人的利益[1]，其强调利益享有者的"公共性"。公共利益和个人利益是相对应的范畴，从原则上说，社会公共利益优先于个人财产利益。个人财产利益在一般情况下，如果与社会公共利益冲突，应当受到限制。[2]电力是关系着国计民生的基础性事业，

---

[1] 王轶：《论物权法的规范配置》，《中国法学》2007年第6期。

[2] 王利明：《法学方法论》（第二版），中国人民大学出版社2021年版，第643页。

电力设施的建设和运行关乎着广大人民群众的切身利益。当电力设施与个人财产利益相冲突时，一般应当优先保护电力设施的利益。当然，如确因电力设施致使个人财产利益受到损害时，电力企业也应当依法予以赔偿。

二维码 8-1　某叶腊石矿与某省电力公司矿产压覆侵权纠纷案

二、线与树的互相妨碍

近年来，由于电力事业快速发展，新建、改建、扩建输变电线路增多，特别是电网线路穿过林区时，有的是因施工单位未按线路设计方案砍伐安全通道范围内的林木，给线路安全运行留下了隐患；有的是因单位和个人在电力线路安全通道内，违反电力法规的规定，擅自种植超高树木，造成电网跳闸停电事故，严重的还会引发森林火灾，这些都严重地威胁着森林资源保护和电网的安全运行。"线"与"树"的矛盾冲突一直是一个困扰电力设施保护工作的棘手问题，从某种意义来说，其实就是用益物权的冲突问题。解决这一冲突一般均按照权利生效的先后顺序来确定其优先效力，我国《民法典》中虽然没有直接规定用益物权的冲突解决方法，但是在电力法律法规中还是可以找到相应的依据。

（一）线前树后妨碍的处理

线前树后妨碍是指电力线路建设在先，他人在线路走廊或者保护区范围内种植树木，妨碍、危及电力线路的安全运行或者已经造成了实际损害的情形。

根据《电力法》的规定，任何单位和个人不得在依法划定的电力设施保护区内种植可能危及电力设施安全的植物。违反规定，在依法划定的电力设施保护区内种植植物的，由当地人民政府责令强制拆除、砍伐或者清除。

《电力设施保护条例》及其实施细则对此作了进一步的规定。《电力设施保护条例》规定，在依法划定的电力设施保护区内种植的或自然生长的可能危及电力设施安全的树木、竹子，电力企业应依法予以修剪或砍伐。《电力设施保护条例实施细则》规定，在依法划定的电力设施保护区内，任何单位和个人不得种植危及电力设施安全的树木、竹子或高秆植物。电力企业对已划定的电力设施保护区域内新种植或自然生长的可能危及电力设施安全的树木、竹子，应当予以砍伐，并不予支付林木补偿费、林地补偿费、植被恢复费等任何费用。

综上可知，在先有线路后有树木的情形下，因违反电力设施保护相关法律规定，树木所有人有责任对树木自行砍伐，人民政府有权责令强制拆除、砍伐或者清除，电力企业也可以予以砍伐，并不予支付林木补偿费、林地补偿费、植被恢复费等任何费用。但同时，电力企业在砍伐树木时也应当充分注意到《森林法》对采伐森林和树木的有关规定，如果是涉及古树名木和其他濒危、稀有植物的，依照有关法律、法规的规定执行。

（二）树前线后妨碍的处理

树前线后是指树木在先，需要穿越林区的新建架空电力线路建设工程在后，对线路通道内的林木需要进行砍伐或移植的情形。

根据《电力法》的规定，在依法划定电力设施保护区前已经种植的植物妨碍电力设施安全的，应当修剪或者砍伐。

《电力设施保护条例》及其实施细则对此亦作了进一步的规定。根据《电力设施保护条例》有关规定，电力设施在新建、改建或扩建中妨碍公用工程、城市绿化和其他工程时，双方有关单位必须按照本条例和国家有关规定协商，就迁移、采取必要的防护措施和补偿等问题达成协议后方可施工。新建、改建或扩建电力设施，需要损害农作物，砍伐树木、竹子的，电力建设企业应按照国家有关规定给予一次性补偿。根据《电力设施保护条例实施细则》的有关规定，新建架空电力线路建设工程、项目需穿过林区时，应当按国家有关电力设计的规程砍伐出通道，通道内不得再种植树木；对需砍伐的树木由架空电力线路建设单位按国家的规定办理手续和付给树木所有者一次性补偿费用，并与其签订不再在通道内种植树木的协议。架空电力线路建设项目、计划已经当地城市建设规划主管部门批准的，园林部门对影响架空电力线路安全运行的树木，应当负责修剪，并保持今后树木自然生长最终高度和架空电力线路导线之间的距离符合安全距离的要求。

（三）城市绿化妨碍的处理

根据《电力设施保护条例实施细则》的相关规定，城市绿化的处理原则如下：①架空电力线路建设项目、计划已经当地城市建设规划主管部门批准的，园林部门对影响架空电力线路安全运行的树木，应当负责修剪，并保持今后树木自然生长最终高度和架空电力线路导线之间的距离符合安全距离的要求。②根据城市绿化规划的要求，必须在已建架空电力线路保护区内种植树木时，园林部门需与电力管理部门协商，征得同意后，可种植低矮树种，并由园林部门负责修剪以保持树木自然生长最终高度和架空电力线路导线之间的距离符合安全距离的要求。③对不符合安全距离的树木应当依法进行修剪或砍伐，所需费用由树木所有者负担。

（四）特殊情况下的妨碍处理

1. 保护区外的树木妨碍处理

如前所述，法律规定的修建或者砍伐一般仅限于依法划定的电力设施保护区范围内的树木，但对于保护区范围外的高杆树木同样也需要采取一定的措施。此类树木因自然生长可能危及电力设施安全时，除树木所有人自行修剪外，电力企业亦可以依据《民法典》相关法律规定，要求树木所有人采取措施，消除危险、排除妨碍。如因树木被大风吹倒或者折断后造成电力设施受损，电力企业同样可以基于侵权责任的规定要求其所有人或管理人赔偿损失。

2. 紧急情况的妨碍处理

这里的紧急情况是指因气象灾害、地质灾害、突发事件、人为破坏、火灾等原因，使林木可能危及电力设施安全或者妨碍电力设施的情况。电力设施在遇到自然灾害或者突发事件时，容易造成严重破坏，导致大面积停电或造成其他影响群众生命健康、生产生活的严重后果，电力设施所有人、管理人需要提早防灾避险，最大限度地减少损失，或者及时修复、重建电力设施。在紧急情况下，电力设施所有人、管理人可以对可能危害到电力设施安全的树木先行修剪、砍伐。这既是电力安全应急工作的重要内容，也是一项排除妨碍的权利。但电力设施所有人、管理人需要注意：①紧急情况下的修剪、砍伐要以足以排除危险为限度，不能超过必要限度乱砍滥伐。②紧急情况消除后，电力设施所有人、管理人应当及时告知林木所有人或管理人，没有找到所有人或管理人的，应告知所在村、组、居民委员会或者当地人民政府。③采伐林木的，应当给予补偿，但根据政府命令进行电力设施抢修需要砍伐林木，给利害关系人造成损失的，应当由政府根据有关规定给予补偿。④电力设施所有人、管理人应当在一定合理期限内报告主管部门，法律有明确规定要补办相关行政审批手续的，还应当及时补办。

三、线与房的互相妨碍

线房互相妨碍是电力设施保护冲突中的一个主要问题，主要包括两种类型：一是线路建设在先的情况下，有人在保护区范围内或者线路走廊内修建建筑物或构筑物；二是新建、改建线路因跨越或者邻近已有的房屋引起的纠纷和冲突。

（一）线前房后的妨碍处理

线前房后即是指线路建设在先，他人在保护区范围内或者线路走廊内修建建筑物或构筑物在后，包括建房人无证违章建房、建房人有证违章建房以及建房人临时搭建简易房屋等情形。如前所述，电力线路建设工程通过规划许可后，电力企业即依法取得了相应的权利，这个权利不但包括可以架设电力线路，还包括电力线路架设完成后拥有了特殊的排他性权利。对此，《电力法》规定，任何单位和个人不得在依法划定的电力设施保护区内修建可能危及电力设施安全的建筑物、构筑物。

《电力设施保护条例》及其实施细则对此类危及电力设施安全行为的处理给出了明确的规定。《电力设施保护条例》规定，电力企业应加强对电力设施的保护工作，对危害电力设施安全的行为，应采取适当措施，予以制止。《电力设施保护条例实施细则》规定，对危害电力设施安全的行为，电力企业有权制止并可以劝其改正、责其恢复原状、强行排除妨害，责令赔偿损失、请求有关行政主管部门和司法机关处理，以及采取法律、法规或政府授权的其他必要手段。根据上述法律规定，电力企业发现违章建房行为时，一般情况下首先应当给予坚决制止、并劝其改正、恢复原状排除妨害。在必要时，还可以向电力管理部门或当地人民政府报告，请求政府部门采取行政强制措施，甚至还可以依据民事诉讼法的相关规定，主动提起民事诉讼，以最大限度地保护电力设施，维护电力企业的合法权益。

（二）房前线后的妨碍处理

房前线后即是房屋建设在前，后续才有电力线路的建设，一般都是因为后建的电力线路跨越或者邻近已有的房屋而产生纠纷。

《电力设施保护条例》规定，新建架空电力线路不得跨越储存易燃、易爆物品仓库的区域；一般不得跨越房屋，特殊情况需要跨越房屋时，电力建设企业应采取安全措施，并与有关单位达成协议。《电力设施保护条例》规定，新建、改建或扩建电力设施，需要损害农作物，砍伐树木、竹子，或拆迁建筑物及其他设施的，电力建设企业应按照国家有关规定给予一次性补偿。《电力设施保护条例实施细则》规定，架空电力线路一般不得跨越房屋。对架空电力线路通道内的原有房屋，架空电力线路建设单位应当与房屋产权所有者协商搬迁，拆迁费不得超出国家规定标准；特殊情况需要跨越房屋时，设计建设单位应当采取增加杆塔高度、缩短档距等安全措施，以保证被跨越房屋的安全。被跨越房屋不得再行增加高度。超越房屋的物体高度或房屋周边延伸出的物体长度必须符合安全距离的要求。

根据上述法律规定，架空电力线路一般不得跨越房屋。但在实践中，目前通用做法是依据《110~750kV架空输电线路设计规范》（GB 50545—2010）的规定，500千伏及以上输电线路不能跨越长期住人的建筑物，500千伏以下架空线路是允许跨越的。对于不能跨越房屋的架空电力线路建设来说，对其线路走廊范围内的房屋建筑物，根据技术规程和环保要求，采取搬迁的方式进行处理。对于 500 千伏以下架空线路的建设，则采取增加杆塔高度、缩短档距等安全措施，以保证被跨越房屋的安全。同时，因电力线路的建设必然会对房屋所有人行使权利有所限制，但房屋所有人能否获得补偿并无统一规定，理论界和实践中对此也颇有争论。

四、线与路的互相妨碍

随着电力、铁路、公路建设的飞速发展，铁路、公路与电力线路的冲突也日益增多，这不仅给架线施工带来较大的难度，也影响以后线路安全运行。处理线与路冲突主要需要关注以下问题：

1. 技术上合规

按照相邻关系，互不影响对方的设施的安全运行。如果发生事故，铁路、公路运输中断，电力供应中断，严重的甚至可能危及人身安全，带来巨大的经济损失。所以首要的就是线路交叉跨越铁路、公路时的建设必须要确保导线与地面、铁路、道路、河流、管道、索道及各种架空线路的距离，符合电力线路设计和公路铁路运行的技术规程要求。

2. 注重协商

《电力设施保护条例》规定，公用工程、城市绿化和其他工程在新、改建或扩建中妨碍电力设施时，或电力设施在新建、改建或扩建中妨碍公用工程、城市绿化和其他工程时，双方有关单位必须按照本条例和国家有关规定协商，就迁移、采取必要的防护措施和补偿等问题达成协议后方可施工。《铁路法》第 46 条第 2 款规定，"在铁路线路上架设电力、通信线路，埋置电缆、管道设施，穿凿通过铁路路基的地下坑道，必须经铁路运输企业同意，并采取安全防护措施。"可见，在电力企业需要跨越公路、穿越高速公路建筑控制区，在铁路线路上架线、埋设电缆等电力设施建设，都要按照协商原则进行。

3. 依法审批

《公路法》第56条规定，"除公路防护、养护需要的以外，禁止在公路两侧的建筑控制区内修建建筑物和地面构筑物；需要在建筑控制区内埋设管线、电缆等设施的，应当事先经县级以上地方人民政府交通主管部门批准。"由此可知，需要在公路建筑控制区内埋设管线、电力设施的，应当经县级以上地方人民政府的交通主管部门批准，如影响交通安全的，还须有关公安机关的同意。

4. 做好保护

为了能够使相邻关系人明确保护目标，电力企业作为电力设施产权人，要积极履行保护义务。如果电力线路穿越铁路、公路，要设置保护标志。《电力设施保护条例》规定，县以上地方各级电力管理部门应采取以下措施，保护电力设施：①在必要的架空电力线路保护区的区界上，应设立标志，并标明保护区的宽度和保护规定；②在架空电力线路导线跨越重要公路和航道的区段，应设立标志，并标明导线距穿越物体之间的安全距离；③地下电缆铺设后，应设立永久性标志，并将地下电缆所在位置书面通知有关部门；④水底电缆敷设后，应设立永久性标志，并将水底电缆所在位置书面通知有关部门。

思考题：

1. 什么是电力设施保护区？设立保护区的法律意义是什么？

2. 电力设施保护区与安全距离两者关系如何？

3. 处理电力设施与其他设施相互妨碍有哪些原则？

第九章 | 电力管理与监管

第一节　电力管理与监管概述

一、电力管理概述

电力管理主要指国家对电力事务的管理，除了电力行业管理外，还包括电力发展战略的制定、电力安全的维护、电力国际合作等综合性问题。从广义上说，电力管理是指一国行政管理部门或机构对电力行业及与电力有关的事项进行的综合管理和专业管理。它主要有如下特点：一是电力管理具有较强的行政性。电力管理属于行政管理范畴，具有服务性、引导性和管理性。如为电力企业和公民提供公共服务，通过税收、补贴政策引导电力企业行为，通过监管规范电力企业行为等。20 世纪 80 年代以来，行政管理领域掀起了政府部门向私人部门学习管理方法、技术和模式的"新公共管理运动"，这种具有较强竞争性的管理模式和方法在电力管理领域也有所体现；二是电力管理具有综合性。电力作为国家能源体系的重要组成部分，其行业本身就涉及一次能源储备、电力技术开发和应用、生态环境、居民生活等方方面面，对电力行业的管理也因此涉及多个部门。除此之外，电力管理还涉及节能减排、科技创新、国际合作等综合性问题，这使得电力管理的内容丰富庞杂，对国家的电力管理能力也提出了较高的要求；三是电力管理具有法治性。电力管理是政府行政管理的内容之一，现代法治国家和法治政府要求政府要依法办事，电力管理也需要依法管理，即建立电力管理的法律制度，遵循电力管理的法律程序，确保电力管理权力的依法行使等。

二、电力监管与规制

电力监管是在电力产业发展过程中政府依法干预电力市场的产物。从中英文词源考证角度来看，监管一词译自 regulation，其含义是通过规则或法规进行控制和监督，在我国引进西方经济学理论过程中还有"管制""规制"等译法，在不同的语境中使用的侧重点有所不同。监管制度滥觞于 19 世纪 60 年代的美国，美国经济政策的出发点是自由经济，即当市场能够维持公平有序的竞争时，政府不应当干预，但是随着市场失灵情形的出现，在铁路运输、矿石开采等交易中逐渐出现了垄断行为，严重影响了经济发展，美国政府为了解决此类问题成立了具有半立法、半行政和半司法性质的"第四政府部门"，❶ 即独立的监管机构，以解决垄断带来的负外部性，由此产生了监管制度。❷

在现代国家治理结构中，监管一般特指政府依法依规对企业的市场进入、价格决定、产品质量和服务条件、安全、环境、普遍服务等实施的直接外部干预行为。美国管理和预算办公室（OMB）将"监管"定义为：政府行政机构根据法律制定并执行的规章和行为。这些规章主要包括一些规定了个人、企业和其他组织可为和不可为的标准或命令。美国学者丹尼尔·F.史普博将"政府监管"进一步定义为"行政机关制定并执行的直接关于市场配置机制或间接改变企业和消费者的供需决策的一般规则或特殊行为"。从上述定义可以看出，监管的主要作用就是针对市场失灵的弥补和保障，并且保证市场经济秩序有序，进而为市场的竞争和发展提供良好的环境，一般侧重于微观领域。由于监管主体一般都属于行政机关，因此，监管时常作为行政管理的下位概念出现。

电力行业的监管和规制可以在世界电力产业发展历程中窥见一斑。世界各主要国家起初对电力行业的监管侧重于管控，如通过设置市场准入条件、行业标准要求、电

---

❶ 高世楫：《更自由的市场、更复杂的交易、更严格的规则——安然倒闭引发对市场规则和监管的反思》，《比较》2002 年第 1 期。

❷ 周其仁：《竞争、垄断和管制——"反垄断"政策的背景报告》，中国财政经济出版社 2002 年版。

力基础设施建设条件等规范行业发展。二次世界大战以后，电力相关技术取得突破，并被个别企业所掌控，这些企业利用技术优势，通过纵向一体化来扩大发电和配电能力，获得了规模经济和更大的市场份额，造成了少数企业的垂直一体化垄断。面对垄断带来的行业效率低下、消费者权益受到损害的情形，该阶段的电力监管以规制垄断、促进竞争为主。虽然依据监管周期理论，监管不可避免地会失灵，放松监管是应对监管失灵的有效手段之一。但不能否认的是，电力监管与电力市场并不矛盾，相反，电力监管能够通过制度设计为电力市场改革铺平道路。

进入 21 世纪，电力监管更被赋予了推动世界各主要国家能源转型的主要抓手。在我国，加强电力监管是深化能源革命的重要保障，是建设全国统一市场体系的必由之路。随着我国电力市场化改革的不断推进，传统电力监管与我国电力市场体系建设之间的矛盾日益突出，迫切需要建立现代电力监管体系，转变电力监管方式，促进和保障电力市场化改革稳步有序推进，加快促进全国统一电力市场建设。

三、电力管理与监管模式

（一）国外电力管理与监管模式

1989 年英国通过颁布《电力法》，实施了电力产业改革，改变了国内政企不分、政监不分的电力管理模式，确立了独立的电力监管制度，改变了国内电力企业效益低下、电力经营困难、电价居高不下的状况，引来世界各国的效仿。[1] 发达国家开始制定电力产业监管的法律法规，改革传统的电力产业管理体制，设立电力产业监管机构，主要形成了三种电力管理与监管模式。

1. 政府部委综合监管与独立电力监管机构行业监管并行模式

该种模式是指将电力监管机构从政府部委中分离出来，成为具有独立性的专门监管机构。二者在监管职能划分上或以政府部委为主，或以独立监管机构为主，形成互

---

❶ 杨凤英：《英、美电力监管体制改革简述》，《中国西部科技》2005 年第 6 期。

相补充的模式。目前，已经建立这种模式的有澳大利亚、加拿大、丹麦、芬兰、法国、爱尔兰、意大利、葡萄牙、瑞典、英国和美国。

在这些独立的电力监管机构中，有许多机构不仅负责电力业务的监管，还具体负责电力和天然气管网及其他相关业务的监管。这些监管机构在管理和运行上实行的是委员会治理，其运行基础是公共协商和有利于提高透明度的其他相关程序。在联邦制国家如美国，一般会在联邦和州两级政府设置监管机构，并配备监管人员。前者的职责是负责电力趸售交易和输电的监管；后者则集中在电力零售交易和配电的监管。

2. 政府部委主导监管与独立的咨询机构协助监管模式

该模式由政府相关部委直接承担绝大多数监管职责。在这种模式中，许多国家常常设立独立的咨询与争端解决机构协助政府进行监管。采用这种模式的国家有奥地利、比利时、捷克、德国、希腊、日本、卢森堡、荷兰、新西兰、西班牙、希腊、瑞士和土耳其。其中，比利时、卢森堡和西班牙这三个国家成立了独立的咨询机构帮助政府部委履行监管职责。

实际上，政府部委在监管中的角色定位大部分取决于电力监管框架，如德国和新西兰这类在电网准入和电价制定方面采用可协商的第三方电网准入模式的国家，由于电力监管事务不多，所以政府部委对电力产业和电力市场监管的介入也相对较少。

3. 政府部委归口监管与部属电力监管机构自主监管模式

在这类监管模式中，监管机构虽然隶属于政府部委，但被赋予了可以独立自主地管理日常监管事务的权力。在业务范围上其与独立监管机构类似。采用这种模式的国家有匈牙利、挪威等。

值得注意的是，不同国家的监管机构可能选择不同的模式，这将取决于这些独立的监管机构在其本国的政治独立程度以及本国政府对其电力监管机构监管职责的授权范围。在各国实践中，独立的电力监管机构的政治独立性与电力监管权表现为许多不同的组合。除了被授予电力监管的独立性和具体的电力监管权力外，独立的监管机构的监管业务应当与其行业主管部门的行政管理职能分离。至少在理论上，一般会将包括电力政策在内的宏观能源政策（即总的能源框架和政策）的制订权授予行业主管部门。但是，这些与电力政策配套的相应监管规则的实施则是独立的监管机构的职责。即便如此，电力政策和监管规则之间并没有一个明确清晰的界线，常常存在模糊和重叠的部分。另外，独立的监管机构在某种程度上仍然存在依附于国家行政、立法与司法这三大传统部门的情形。正因为如此，设立独立的监管机构不仅可以将电力监管业务从政府部委中分离出来，而且能够尽最大可能避免电力监管的职能重叠，这种方式成为电力产业监管体制改革中可供选择的方案之一。目前，也有学者认为，同时存在两个或两个以上的电力监管机构可能会形成更有效的监管，而且这样也可以缩小电力监管人员被电力产业利益俘获的范围。❶ 但不可否认的是，多个电力监管机构同时存在会增加电力监管程序的复杂性。因此，需要探索建立适当的电力监管机构之间的协调机制。

总之，世界各国都在纷纷改革其现行的电力管理与监管体制，保证其监管机构的设置可以适应新的电力监管机构的角色和职能。由于电力监管机构的设计和电力监管制度的完善对于电力产业和电力市场监管的质量和监管的有效性，尤其是对于调整电力企业、电力投资者和电力消费者的利益格局具有重要影响，各国均将其视为电力产业改革能否成功的关键环节。❷

（二）我国电力管理与监管模式

自新中国成立以来，我国电力管理与监管模式大致可以分为以下几个阶段：1949—1997 年政企合一时期、1998—2002 年政企分开过渡时期、2003—2013 年政监分离时期、2013 至今政监合一阶段。

1. 1949—1997 政企合一模式

新中国成立初期，我国在经济上实行公有制基础上的计划经济体制。受苏联的影响，我国在经济管理架构上通过设置专业性的工业部门达到政府管理的目的。电力行

---

❶ Laffont J J, Martimort D.Separation of regulation against collusive behavior, RAND Journal of Economics, 232-262 (1999)。

❷ 周凤翔、许婷：《外国电力监管机构设置的模式》，《中国电力教育》2005 年第 3 期。

业作为关系国计民生的重要行业，受到了国家的严格管理。虽然新中国成立初期我国政府行政管理体制处在不稳定阶段，但电力行业的重要性和特殊性使其管理部门多次更换和调整，燃料工业部、电力工业部、水利水电部、能源部、国家经贸委等都分别在不同时期承担了电力管理职能。电力工业部成为我国工业部门中体制变化次数最多、管理机构调整最多的部门之一。

新中国成立初期，政务院设立中央人民政府燃料工业部，主管全国燃料工业，到1954年，中央人民政府燃料工业部更名为中华人民共和国燃料工业部，作为国务院的组成部门，继续行使原来的职责，统一管理煤炭、石油和电力工业。燃料工业部的设置初衷是为了尽快提升我国能源工业化水平，但随着第一个五年计划的完成，我国能源产业迅猛发展，燃料工业部已经无法适应各方面的需求，因此在1955年7月，第一届全国人民代表大会第二次会议决定撤销燃料工业部，分别设立电力工业部、煤炭工业部和石油工业部，电力管理主要由电力工业部负责。1958年将电力工业部和水利部合并为水利电力部，把电力企业全部下放给省，由各省对电力产业实行垂直垄断的管理体制，电力管理体制由集中走向分散。1967年成立水利电力部军事管制委员会，对电力产业管理权限实行下放，各地电力企业也分别实行军事管制。1975年恢复水利电力部建制。

改革开放时期，国民经济持续高速发展，国务院出台一系列措施拉开电力体制改革的序幕。1979—1992年，我国电力行业的管理机构又经历了三次变革，即第二次成立电力工业部、第二次成立水利电力部和能源部。1979年国务院撤销水利电力部，设立电力工业部、水利部。1982年水利部、电力部合并为水利电力部，电力工业继续沿着集中统一的方向发展。截至1985年，全国只有广东、内蒙古、西藏、海南四个省（区）的电力产业仍实行以地方为主的管理体制，又一次形成了中央和地方双重领导、以中央为主、按大区分片管理的电力工业管理体制。

1988年，国务院批复同意华东电网作为"政企分开、省为实体、联合电网"的电力体制改革试点，从此拉开了电力工业政企分开的序幕。同年成立能源部，承担电力行政和电力企业管理职能。根据"三定方案"，能源部是国务院统管全国电力工业的行政主管部门，对全国电力实行全行业管理。凡需国务院颁发的电力行政法规，由能源部提出或审查后报国务院审定颁发；凡全国性的电力建设标准定额、技术标准和行业性的规章制度等，均由能源部审定、颁发。同年，电力工业联合会成立，根据能源部的委托，协助行使相应的行业管理职能。至此，电力产业的行政管理、企业管理和行业管理职能实现初步分开。

1993年，我国再次成立电力工业部，这次机构改革明确提出了政企分开的要求。电力部下放和转移了对企业人、财、物及经营管理的职能，加强了电力行业发展战略、规划、政策、法规和体制改革，监督国有资产保值增值，协调电力生产、建设和集资办电中的重大问题等宏观管理职能。在此期间，电力工业组织结构基本没有变化。

1997年，我国组建国家电力公司，电力工业部与国家电力公司实行两块牌子，两套班子双轨运行，电力工业在中央层面从形式上实现了政企分开。

2. 1998—2002年政企分开过渡模式

1997年，全国人大第九次代表大会决定实行电力工业体制改革，撤销电力工业部，将其政府管电职能移交国家经贸委。根据第九届全国人大第一次会议批准的国务院机构改革方案，国务院在关于机构设置的通知（国办发〔1998〕121号文件）中明确：将"原电力工业部的行政职能和水电部承担的电力工业行政职能"调整划入国家经贸委。1998年12月24日，国务院办公厅以国办发〔1998〕146号文发出《转发国家经贸委关于深化电力工业体制改革有关问题意见的通知》。该意见的主要内容是：推进厂网分开，引入竞争机制，建立规范有序的电力市场；坚持政企分开、省为实体的方针，深化省级电力公司的改革；加快农村电力体制改革，减轻农民负担，促进农村经济发展等。

1998年，国家经贸委正式设立电力司，全面负责全国电力事业的监督管理。从此，国家经贸委成为国务院电力管理部门，对电力设施的保护负有监督、检查、指导和协调的职责。相应的地方电力行政主管机关就变成了各省、市、县的经贸委。各省、市、县经贸委均要成立专职电力处，把分散在各个管理部门的电力行政职能集中到经贸委，实现政企分开。

1999 年 5 月 18 日，国家经贸委印发《关于做好电力工业政企分开改革工作的意见》，要求进一步做好政企分开改革工作。2000 年 6 月，中编办和国家经贸委又联合提出《关于调整电力行政管理职能有关问题的意见》，要求 2000 年继续推进电力工业政企分开的改革，逐步撤销大区电业管理局和省级电力工业局。

3. 2003 至今政监分离模式

2003 年电力监管体制改革的最大突破是设立了独立的监管机构——国家电力监管委员会（以下简称电监会），这是中国电力行业发展史上一个具有里程碑意义的事件。电监会是能源工业领域的第一个监管机构，它标志着我国电力管理体制由传统行政管理向适应市场经济要求的依法监管的重大转变，也标志着电力行业深层次的体制创新和制度创新迈出实质性步伐。

电监会根据国务院授权行使行政执法职能，履行电力监管职责。同年，国家经贸委被撤销，其原来承担的行业管理、技改、投资等职能移交国家发改委；市场监督职能移交国家电监会。根据国务院的"三定"方案，电监会共有十一项监管职能。总体而言，电监会的基本职责是运用违规处罚和事前监督的手段，监督电力企业经营行为以及整个电力系统运行效率，正确处理系统内有关各方的利益关系。国务院赋予电力监管机构准入监管、价格监管、市场监管、环保监管、普遍服务监管等监管职能。

但是这次改革并不彻底，不仅电力企业仍然保留着部分政府职能，政府各部门之间也存在职能不清、责任不明，特别是核心监管职能，市场准入方面电力项目的审批权仍在国家发改委手中，电价监管方面，电监会仅有向政府价格主管部门提出调整电价建议的职能，成为日后影响政府管制有效性的一个重要因素。具体来看，国家发改委主要负责电力工业发展战略、发展规划和产业政策的制定，电力工业运行管理和电价、电力项目投资的管理。电监会主要负责市场准入、市场运行和电力安全监管。在这期间，电监会在全国设立了 6 个区域性监管机构。其他相关部门依据其职责，分别承担相关管理职能，如国资委主要负责国有资产的保值增值和企业高管人员的考核及任命；环保总局主要负责电力项目环保审批和环保监管；财政部主要负责电力企业财务准则、财务成本规则的制定；质量技术监督总局主要负责电力行业技术、质量标准的制定。❶

2013 年 3 月，根据《国务院关于提请审议国务院机构改革和职能转变方案》，将国家电力监管委员会、国家能源局的职责合并，重新组建国家能源局，由国家发展和改革委员会管理。其主要职责是，拟订并组织实施能源发展战略、规划和政策，研究提出能源体制改革建议，负责能源监督管理等。不再保留国家电力监管委员会。至此，我国电力行政管理与监管模式转为政监合一模式。

第二节　电力行政管理体制

一、电力行政管理体制的概念

电力行政管理体制指一国电力行政机构设置、行政职权划分及为保证行政管理顺利进行而建立的规章制度的总称。电力行政管理体制可以分为三种基本模式：单一型、集中型、综合型。单一型指一国设立特定的行政部门对电力行业进行管理，这种管理体制强调电力的经济、技术特性，单独部门的管理有利于精细化分工和科学合理化管理。印度是采用单一型电力行政管理体制的典型代表，它不仅设立了电力部，而且设立了煤炭部以及石油天然气部。集中型是指将电力与其他能源放在一个行政部门进行统一规划管理，以实现能源管理和利用的科学化、合理化、集中化和专业化。美国是采用这种电力管理体制的典型代表，它较早地实行了电力集中型管理，设立了能源部及联邦能源规制委员会（FERC）。综合性电力管理体制通常将电力与若干种联系较为密切的行业（如矿产）放在一个行政部门统一管理，采用科学化和专业化的技术手段

---

❶ 燕丽娜：《规制理论下的中国电力监管体制改革研究》，南京大学 2015 年硕士学位论文。

去开发资源，进而实现资源的管理以及合理利用。这种模式既注重发挥多种能源资源的综合优势，也注重发挥电力行业的单一优势，因而被发达国家所广泛采用，如日本就将电力和矿产资源统一归为经济产业省资源能源厅的管理范围。❶

我国电力管理体制是国家行政管理体制的重要组成部分，电力管理部门经历了改革开放前政企合一、高度集中到改革开放后的政企分开，从行政权力分配角度看，基本延续了传统的管理体制。

二、电力行政管理体制的现状

2018年3月，新一届国务院成立以来，电力管理各项职能分散在国家发展改革委、国家能源局、商务部、自然资源部、水利部、农业农村部、生态环境部、国有资产监督管理委员会等众多部门和机构。这些部门和机构大致可以分为以下几类：

（一）电力议事协调机构

为加强能源战略决策和统筹协调，2010年1月，国务院决定成立国家能源委员会，其前身是2005年5月成立的国家能源领导小组。国家能源委员会的性质是国家能源工作的议事协调机构，主要职责是：负责研究拟订包括电力在内的国家能源发展战略；审议包括电力在内的能源安全和能源发展中的重大问题；统筹协调国内能源开发和能源国际合作的重大事项。国家能源委员会办公室主任由发展改革委主任兼任，副主任由能源局局长兼任，办公室具体工作由能源局承担。

2010年成立以来，国家能源委员会主任均由国务院总理兼任，副主任由国务院副总理兼任。2018年8月，国务院根据机构、人员变动情况和工作需要，对国家能源委员会的组成单位和人员进行调整。组成单位涉及国家发展改革委、中央财经委员会办公室、国务院办公厅、外交部、科技部、工业和信息化部、国家安全部、财政部、自然资源部、生态环境部、住房城乡建设部、交通运输部、商务部、应急管理部、中国

---

❶ 赵忠龙：《电力法的理念与治理机制研究》，知识产权出版社2018年版。

人民银行、国资委、国家税务总局、中国银行保险监督管理委员会、中央军委后勤保障部和国家能源局。

（二）电力主管部门

1. 国家能源局的主要职能

2008 年，国家能源局组建时承接了国家发展改革委的能源行业管理有关职责、原国防科学技术工业委员会的核电管理职责和原国家能源领导小组的职责。根据其"三定"方案，国家能源局的主要职责包括：

（1）负责起草能源发展和有关监督管理的法律法规送审稿和规章，拟订并组织实施能源发展战略、规划和政策，推进能源体制改革，拟订有关改革方案，协调能源发展和改革中的重大问题。

（2）组织制定煤炭、石油、天然气、电力、新能源和可再生能源等能源，以及炼油、煤制燃料和燃料乙醇的产业政策及相关标准。按国务院规定权限，审批、核准、审核能源固定资产投资项目。指导协调农村能源发展工作。

（3）组织推进能源重大设备研发及其相关重大科研项目，指导能源科技进步、成套设备的引进消化创新，组织协调相关重大示范工程和推广应用新产品、新技术新设备。

（4）负责核电管理，拟订核电发展规划、准入条件、技术标准并组织实施，提出核电布局和重大项目审核意见，组织协调和指导核电科研工作，组织核电厂的核事故应急管理工作。

（5）负责能源行业节能和资源综合利用，参与研究能源消费总量控制目标建议，指导、监督能源消费总量控制有关工作，衔接能源生产建设和供需平衡。

（6）负责能源预测预警，发布能源信息，参与能源运行调节和应急保障，拟订国家石油、天然气储备规划、政策，监测国内外市场供求变化，提出国家石油、天然气储备订货、轮换和动用建议，按规定权限审批或审核石油、天然气储备设施项目，监督管理商业石油、天然气储备。

（7）监管电力市场运行，规范电力市场秩序，监督检查有关电价，拟订各项电力辅助服务价格，研究提出电力普遍服务政策的建议并监督实施，负责电力行政执法。监管油气管网设施的公平开放。

（8）负责电力安全生产监督管理、可靠性管理和电力应急工作，制定除核安全外的电力运行安全、电力建设工程施工安全、工程质量安全监督管理办法并组织监督实施，组织实施依法设定的行政许可。依法组织或参与电力生产安全事故调查处理。

（9）组织推进能源国际合作，按分工同外国能源主管部门和国际能源组织谈判并签订协议，协调境外能源开发利用工作。按规定权限核准或审核能源（煤炭、石油、天然气、电力等）境外重大投资项目。

（10）参与制定与能源相关的资源、财税、环保及应对气候变化等政策，提出能源价格调整和进出口总量建议。

（11）承担国家能源委员会具体工作。负责国家能源发展战略决策的综合协调和服务保障，推动建立健全协调联动机制。

（12）承办国务院、国家能源委员会以及国家发展改革委交办的其他事项。

2. 国家能源局与国家发展改革委的职责分工

国家能源局是由国家发展改革委管理的国家局。国家能源局是负责国家能源行政管理的机关，具有相对的独立性。国家发展改革委则主要通过主任或者主任召开会议的形式，对国家能源局工作中的重大方针政策、工作部署等事项实施管理，由国家发展改革委主任对国务院负责。作为部委管理的国家局，国家能源局也无权制定和发布部门规章。因此，能源相关的规章也需要由国家发展改革委制定。

国家发展改革委除了对国家能源局进行管理之外，还是综合研究拟订经济和社会发展政策，进行总量平衡，指导总体经济体制改革的宏观调控部门。它还履行着经济运行、节能减排、固定资产节能评估与审查、招投标等众多领域的政策制定和实施职能，掌握着投资管理、价格制定等微观监管的重要工具。国家能源局作为国家能源主管部门，其职能的充分发挥，离不开与国家发展改革委之间的密切配合。国家能源局的"三定"方案中对国家能源局与国家发展改革委之间的职责分工作了明确规定：

（1）国家能源局负责拟订并组织实施能源发展战略、规划和政策，研究提出能源体制改革建议，负责能源监督管理等；国家发展改革委主要是做好国民经济和社会发展规划与能源规划的协调衔接。

（2）国家能源局拟订的能源发展战略、重大规划、产业政策和提出的能源体制改革建议，由国家发展改革委审定或审核后报国务院。

（3）国家能源局按规定权限核准、审核能源投资项目，其中重大项目报国家发展改革委核准，或经国家发展改革委审核后报国务院核准。能源的中央财政性建设资金投资，由国家能源局汇总提出安排建议，报国家发展改革委审定后下达。

（4）国家能源局提出调整能源产品价格的建议，报国家发展改革委审批或审核后报国务院审批；国家发展改革委调整涉及能源产品的价格，应征求国家能源局意见。

（5）核电自主化工作，在国家发展改革委指导下，由国家能源局组织实施。

（6）输配电价格成本审核办法由国家发展改革委会同国家能源局制定，共同颁布实施。电力辅助服务价格由国家能源局拟订，经国家发展改革委同意后颁布实施。跨区域电网输配电价由国家能源局审核，报国家发展改革委核准。大用户用电直供的输配电价格，由国家能源局提出初步意见，报国家发展改革委核批。区域电力市场发电容量电价，由国家能源局研究提出初步意见，报国家发展改革委核批。

（7）国家发展改革委、国家能源局共同部署开展全国电力价格检查。委托国家能源局对电力企业之间的价格行为（上网电价、输配电价）进行监督检查；在容量电价、输配电价方面，国家能源局会同国家发展改革委进行监督检查；在终端销售电价方面，国家发展改革委会同国家能源局进行监督检查。

（8）国家发展改革委、国家能源局按照各自的职责对价格违法行为进行处理。国家发展改革委对电价违法行为实施行政处罚，国家能源局对查出的电价违法违规行为，及时向国家发展改革委提出价格行政处罚建议。

（三）电力协管部门

电力协管职责涉及多个部门。电力产业链的部分职能分散于自然资源部、水利部、生态环境部、应急管理部（国家煤监局）、商务部、国资委和财政部等十余个部门。

1. 自然资源部

自然资源部的主要职责是，对自然资源开发利用和保护进行监管，建立空间规划体系并监督实施，履行全民所有各类自然资源资产所有者职责，统一调查和确权登记，建立自然资源有偿使用制度，负责测绘和地质勘查行业管理等。其中与电力相关的主要有电力项目建设的用地审批、登记以及征收等。

2. 工业和信息化部

工业和信息化部承担工业行业管理和信息化有关职责，其内设的节能与综合利用司就负责拟订并组织实施工业、通信业的能源节约和资源综合利用、清洁生产促进政策，参与拟订能源节约和资源综合利用、清洁生产促进规划和污染控制政策。此外，在能源工业中，炼油、煤制燃料和燃料乙醇的行业管理由国家能源局负责，其他石油化工和煤化工的行业管理由工业和信息化部负责。而在固定资产投资项目节能评估和审查工作方面，工业和信息化部与国家发展改革委也存在分工合作的关系。其中与电力相关的主要有：推动电力领域重大技术装备发展和自主创新、拟订实施电力产业节能政策和标准、指导推进电力信息化建设等。

3. 财政部

财政部是负责财务的国务院组成部门。在推动电力产业结构调整、促进节能减排等领域，财政工具可以发挥重要作用。财政部内设的经济建设司具体负责实施国家电力安全的财政政策。

4. 生态环境部

生态环境部的主要职责是，拟订并组织实施生态环境政策、规划和标准，统一负责生态环境监测和执法工作，监督管理污染防治、核与辐射安全，组织开展中央环境保护督察等。

能源开发和利用是造成环境污染和气候变化问题的重要源头。该部内设的海洋生态环境司负责全国海洋生态环境监管工作，监督陆源污染物排海，负责防治海岸和海洋工程建设项目、海洋油气勘探开发和废弃物海洋倾倒对海洋污染损害的生态环境保护工作；大气环境司负责全国大气、噪声、光、化石能源等污染防治的监督管理；应对气候变化司负责综合分析气候变化对经济社会发展的影响，牵头承担国家履行联合国气候变化框架公约（United Nations Framework Convention on Climate Change, UNFCCC）相关工作，组织实施清洁发展机制工作，承担国家应对气候变化及节能减排工作领导小组有关具体工作。

生态环境部还对外保留国家核安全局的牌子，负责核与辐射安全的监督管理。拟订有关政策、规划、标准，牵头负责核安全工作协调机制有关工作，参与核事故应急处理，负责辐射环境事故应急处理工作。监督管理核设施和放射源安全，监督管理核设施、核技术应用、电磁辐射、伴有放射性矿产资源开发利用中的污染防治。对核材料管制和民用核安全设备设计、制造、安装及无损检验活动实施监督管理。具体工作是由生态环境部内设的核设施安全监管司、核电安全监管司、辐射源安全监管司承担。

5. 住房和城乡建设部

住房和城乡建设部是负责建设领域行政管理的国务院组成部门。承担推进建筑节能、城镇减排的责任。会同有关部门拟订建筑节能的政策、规划并监督实施，组织实施重大建筑节能项目，推进城镇减排。例如城市建设司负责拟订城市建设和市政公用事业的发展战略、中长期规划、改革措施、规章；指导城市供水、节水、燃气、热力、市政设施、园林、市容环境治理、城建监察等工作。建筑节能与科技司负责拟订建筑节能的政策和发展规划并监督实施；组织实施重大建筑节能项目。与电力有关的职能包括：电力工程标准、供电收费监管、智慧电网建设等。

6. 水利部

水利部是主管水行政的国务院组成部门。其内设机构中多个涉及水电开发管理职能。运行管理司，负责指导水利设施的管理、保护和综合利用，指导水电站大坝等水利工程的运行管理与划界；农村水利水电司，负责组织拟订农村水能资源开发规划，指导水电农村电气化农村水电增效扩容改造以及小水电代燃料等农村水能资源开发工作；三峡工程管理司，负责组织提出三峡工程运行的有关政策建议，组织指导三峡工程运行调度规程规范编制并监督实施，指导监督三峡工程运行安全，组织三峡工程验收有关工作，承担三峡后续工作规划的组织实施、综合协调和监督管理。

7. 商务部

商务部是主管国内外贸易和国际经济合作的国务院组成部门。无论是外国电力企业的"走进来"，还是国内电力企业的"走出去"，都需要接受商务部，特别是其外国投资管理司、对外投资和经济合作司和市场运行调节司的管理。

8. 应急管理部

应急管理部的主要职责是组织编制国家应急总体预案和规划，指导各地区、各部门应对突发事件工作，推动应急预案体系建设和预案演练。其中，安全生产基础司（海洋石油安全生产监督管理办公室）负责非煤矿山（含地质勘探）、石油（炼化、成品油管道除外）等工矿商贸行业安全生产基础工作；而安全生产执法局则承担非煤矿山（含地质勘探）石油（炼化、成品油管道除外）等工矿商贸行业安全生产执法工作。该部管理的国家煤矿安全监察局则专门行使国家煤矿安全监察职能。与电力有关的职能主要包括电力安全监督管理、自然灾害分析研判和人才队伍培养等。

9. 国家统计局

国家统计局为了加强能源统计方面的职责，在 2008 年设置了能源统计司，负责组织实施能源统计调查，收集、整理和提供有关调查的统计数据；综合整理和提供资源统计数据；组织实施对全国及各地区、主要耗能行业节能和重点耗能企业能源使用、节约以及资源循环利用状况的统计监测；配合节能主管部门开展节能目标考核等。与电力相关的职能如国家统计局工业司统计电力生产、消费、行业利润相关数据，并就相关数据进行解读，以促进电力行业发展。

10. 国家机关事务管理局

国家机关事务管理局（国管局）是国务院管理国家机关事务工作的直属机构。2010 年国管局增加了推进、指导、协调、监督全国公共机构节能工作的职责。2012 年 6 月，《机关事务管理条例》公布，明确了国管局负责拟定有关机关事务管理的规章制度，指导下级政府公务用车、公务接待、公共机构节约能源资源等工作，主管中央国家机关的机关事务工作等职责。国家机关事务管理局设有机构节能管理司专司此职。

11. 国家国防科技工业局

国防科技工业局是中国政府负责管理国防科技工业的行政管理机关，是工业和信息化部管理的国家局，其前身是国防科技工业委员会。该局负责组织核电建设，承办国家核事故应急协调委员会的日常工作，以中国国家原子能机构的名义组织协调政府和国际组织间原子能方面的交流与合作，具体工作由系统工程二司承担。

12. 市场监督管理总局

2018 年国务院改革方案将国家工商行政管理总局的职责，国家质量监督检验检疫总局的职责，国家食品药品监督管理总局的职责，国家发展和改革委员会的价格监督检查与反垄断执法职责，商务部的经营者集中反垄断执法以及国务院反垄断委员会办公室等职责整合，组建国家市场监督管理总局，作为国务院直属机构，对外保留国家认证认可监督管理委员会、国家标准化管理委员会牌子。其与电力相关的职能主要有：①负责电力市场主体统一登记注册。指导各类电力市场主体的登记注册工作。建立市场主体信息公示和共享机制，依法公示和共享有关信息，加强信用监管，推动市场主体信用体系建设。②负责电力可竞争业务反垄断执法。依法对经营者集中行为进行反垄断审查，负责垄断协议、滥用市场支配地位和滥用行政权力排除、限制竞争等反垄断执法工作。指导企业在国外的反垄断应诉工作。承担国务院反垄断委员会日常工作。③负责监督管理电力市场秩序。依法监督管理电力市场交易及有关服务的行为。组织指导查处电力价格收费违法违规、不正当竞争行为。④负责电力设备安全监督管理。

综合管理特种设备安全监察、监督工作，监督检查高耗能特种设备节能标准和锅炉环境保护标准的执行情况。

第三节　电力业务监管

我国电力体制改革肇始于 20 世纪 80 年代，朝着政企分开、政监分开、厂网分离、主辅分离的方向逐步深化。2002 年国务院公布电力体制改革方案提出了"厂网分开、竞价上网、输配分开、竞争供电"，即在政府监管下推动电力政企分开，打破电力行业的垄断局面，逐步有条件地引入竞争机制，通过降低成本、优化资源配置等方式构建我国电力市场竞争格局。2015 年 3 月，中共中央、国务院发布深化电力体制改革意见，提出了以"放开两头，管住中间"为体制框架的新电改方案。历经四个阶段的实施与调整，已经初步建立起发电、售电环节有序有限竞争，输电、配电环节保持自然垄断的电力市场结构，要形成统一开放、竞争有序、安全高效、治理完善的电力市场体系，必须加快全国统一电力市场法律法规体系建设，其中，加强发电、售电市场竞争环节的法律监管和输电、配电自然垄断环节的法律规制，对于加快建设全国统一电力市场体系尤其重要。

一、电力法律监管概述

（一）电力业务监管的主要内容

根据电力监管的具体内容不同，可以分为经济性监管和社会性监管。前者主要针对自然垄断和信息不对称的部门，以防止无效率的资源配置发生和确保需要者的公平利用为主要目的，通过被认可和许可的各种手段，对企业的进入、退出、价格、服务的质和量以及投资、财务、会计等方面的活动而进行。[1]后者则是为了保障劳动者和消费者等主体的利益，针对市场上的物品和服务制定相应的健康、安全等标准，并禁止、

---

❶〔日〕植草益：《微观规制经济学》，朱绍文等译，中国发展出版社 1992 年版，第 27 页。

限制特定的行为。**❶**

在电力监管中，经济性监管和社会性监管的表现尤为特殊。经济性监管主要有：①市场准入的监管。如欲从事某些电力生产经营活动，必须向电力监管机构提出申请，由其进行资质审查，采取特许经营或许可经营等形式，进行"许可证式"的市场准入监管。**❷**②价格的监管。包括发电价格、输电和配电价格、零售电价的监管。不过在发达的电力市场中，发电价格和零售电价竞争较为充分，监管的重点是处于自然垄断的输电和配电环节的价格。**❸**③竞争和交易的监管。主要是电力监管机构通过对电力市场主体的兼并、重组、重大交易等行为进行的监管，从而达到反垄断和反不正当竞争的目的。社会性监管主要包括：①生态环保的监管。即在电厂选址、电力来源的组成、电力投资、电力供应和服务等诸多方面，从节能减排、减少污染等方面所进行的监管。②安全保障的监管。即通过在电力的生产、经营等环节对从业主体、电力设施等规定相应的安全技术标准，从而保障电力供应和服务等过程的安全。③消费者权益保护的监管。在电力市场中，用电方的权益保护主要对应供电方的电力普遍服务义务，即电力供应方有义务保障一国范围内的任何用户享受到使用便捷、价格合理、供应安全的电力服务，并不因其空间、时间、消费群体、基本产品和基本服务的种类的不同而给予歧视性的对待。**❹**从合同的角度讲，就是要赋予电力供应方强制缔约的义务，即但凡电力需求方因为电力需求而要求缔约，非有正当理由，电力供应方不得予以拒绝。

总体来说，基于立法的电力监管是传统电力工业模式的根基，其核心问题是市场与政府之间的关系，即哪些业务应当更加注重市场机制，哪些业务更加注重政府的监管与调控。

---

❶ 吕忠梅、陈虹：《经济法原论》，法律出版社 2008 年版，第 257 页。

❷ 杨凤：《经济转轨与中国电力监管体制建构》，中国社会科学出版社 2009 年版，第 112 页。

❸ 杨娟：《电力价格监管—模式选择与结构设计》，中国市场出版社 2012 年版，第 25 页。

❹ 蔡炳煌、王巍程：《公用事业普遍服务原则的法理基础分析》，李昌麒、岳彩申：《经济法论坛》第 8 卷，群众出版社 2011 年版，第 156 页。

（二）电力业务监管的法律基础

电力业务的特殊性使得对电力行业的法律监管问题变得复杂。电力行业作为一种重要的公用行业，初始资金投入密集，具有规模经济效应，传统上被认为属于自然垄断行业。传统自然垄断理论认为，当存在一个公司能够迅速增长，且在其成为市场上唯一的此类公司之前，价格随公司规模增长而降低的现象时，就出现了自然垄断 **❶**。以电力基础设施为例，在同一个城市，如果两家公司同时架设电线，一家只负责将电力输送到另一家，而另一家也只负责将电力输送到隔壁一家，那么这将是缺乏效率的。经济学家斯蒂格利茨认为，一种变通的办法是从开始就挑选最有效的竞争者，允许其垄断经营，并保证其以合理的价格提供服务。因此，自然垄断可以使得在经济规模越大的情况下，成本越低，从而增加社会总体福利。在早期，世界各国对电力行业普遍采用政府直接监管手段，包括行业进入规制、电力产品价格规制以及电力产品和服务的质量规制，以期在垄断的情形下实现合理的资源配置。如美国克莱顿法案（1914）第7条就规定了对联邦电力委员会授权完成的交易不适用反垄断规定，明确了在电力行业允许一定的垄断组织、垄断行为、垄断状态的合法存在，对于电力行业的监管依照《联邦电力法》（1920年）进行监管。

进入20世纪70年代后，政府对电力行业的直接管制无法消弭垄断带来的效率低下问题，由于信息不对称等原因，政府的直接管制面对垄断经营者利用优势地位控制产量、操纵价格致使资源配置效率降低的行为陷入失灵的窘境。因此，理论界开始根据自然垄断的强弱，区分同一行业的自然垄断业务和竞争性业务，来界定市场和政府的边界，改进政府监管 **❷**。从物理特性上看，电力业务可以分为发电、输电、配电、售电四个环节。其中，输配电设施的建设投入和专用性极强，几乎不存在退出市场的可

---

❶ 〔美〕约瑟夫 P.托梅因、理查德 D.卡达希：《美国能源法》，万少廷译，法律出版社2004年版。

❷ 吴东美：《市场化改革过程中电力行业反垄断监管探析》,《中国价格监管与反垄断》2017年第9期。

能性，且任何重复性电网设施建设都将会降低密度经济，造成资源的浪费，因此输配电环节同时具备规模经济的固定网络和缺乏替代产品两个特征，具有自然垄断特性。然而，在发电环节，随着科技的进步和技术的普及，发电机组设备虽然具有沉淀成本和固定网络，但不再具备不可替代性，故不再属于自然垄断环节。售电环节既不具备规模经济的固定网络，也不缺乏替代产品，具有可竞争性，亦不属于自然垄断环节。

20 世纪 90 年代后，世界主要国家相继实行电力市场化改革，其目标是在发电环节和售电环节打破垄断，引入竞争，提高效率。相应的，对于电力行业的监管方式也发生了变化，电力行业的部分业务被纳入竞争法的调整范围，政府对于电力业务的监管不再单纯依靠直接管制，而是更多依赖于立法监管，特别是在电力行业法和竞争法的双重调整下，有序推进电力市场改革进程。

值得注意的是，由于电力系统的技术和经济特性的复杂性，监管与市场之间的关系也在处在不断变动中，监管目标的多元化、监管权的划分等都对电力监管相关法律提出了很高的要求。

二、自然垄断业务监管

（一）我国自然垄断业务监管现状

判断是否具有自然垄断特性要看该业务是否同时具备两个方面特征，即是否具备存在大量沉淀成本的固定网络，以及是否存在可替代的产品。[1] 电网的规模经济性和网络经济性使得输电环节属于强自然垄断环节，故我国 2015 年深化电力体制改革对输电环节提出了"加强监管"的总体要求。目前，我国对输电环节的法律监管主要依靠电力行业特别法，包括依据《电力法》制定的《电力监管条例》《电力市场监管办法》《供电监管办法》以及《电网公平开放监管办法》，对电力市场准入、电网互联、电力

---

❶ 吴东美：《市场化改革过程中电力行业反垄断监管探析》，《中国价格监管与反垄断》2017 年第 9 期。

市场交易、电力市场秩序、电网安全等内容进行监管。

需要注意的是，对于输电业务是否能够适用《反垄断法》，学术界存在不同的声音，目前存在完全适用说、部分适用说和分阶段适用说。主流观点是，在我国电力行业发展的当前阶段，尤其是输电环节尚不存在竞争机制之前，宜利用专业的电力监管法确保电网履行公平开放义务，逐步培育竞争。❶

就电力行业整体而言，由于电力市场化改革仍在不断推进，自然垄断环节与市场竞争环节尚未被明确界定，且处于不断变化之中，《能源法》尚未出台、《电力法》修订工作仍在进行，因此，对电力行业不同环节的垄断行为如何规制，并没有专门的法律予以明确，亦没有其他法律对不同环节的垄断行为在法律适用上做出不同的制度安排。

目前，适用于输电、配电、售电环节的电力监管主要是行政法规、部门规章及规范性文件，这些法规、规章和规范性文件在法律体系中位阶较低，且相互之间在内容上有待协调贯通。输配电电网对发电主体和售电主体的公平无歧视开放应当是自然垄断环节规制的重点，然而现行《电力监管条例》和《电力市场监管办法》对电网公平无歧视开放仅做出了原则性规定，《供电监管办法》和《电网公平开放监管办法》的规定虽然相对较为具体，但《供电监管办法》自2009年颁布至今仍未修订，很多规定已经不能适应电力市场改革的进程。这种滞后性主要表现在随着电网功能的不断拆分，电网公平无歧视开放的对象有所增加，如增量配电企业，而《供电监管办法》第18条规定的开放对象仅包括电力用户和趸购转售电企业，不包括增量配电网、微电网、分布式能源等。虽然上述情况在《电网公平开放监管办法》中得到了完善，但由于《供电监管办法》属于部门规章，《电网公平开放监管办法》只是规范性文件，在效力层级上低于前者，《供电监管办法》应尽快进行相应修改，以有效提升《电网公平开放监管办法》的法律约束力。

（二）国外自然垄断业务监管经验

美国、日本、德国等国在电力体制改革过程中均删除了国内反垄断法对于电力等

---

❶ 孟雁北：《我国〈反垄断法〉之于垄断行业适用范围问题研究》，《法学家》2012年第6期。

公用事业的除外规定，确立了反垄断法在电力行业的普遍适用原则，电力行业各环节的垄断行为受具有促进竞争性质的行业监管法和反垄断法的双重规制。不同于美国和日本，德国在 2005 年后，对输电环节中电力企业的垄断行为采取了专业独立的行业监管模式，并通过《能源经济法》和《反对限制竞争法》的修订将电力企业输电环节的垄断规制从反垄断机构的管辖中剥离出来，代之以联邦网管局的排他性监管。同时，德国于 2009 年在输电环节引入虚拟竞争，采用激励性监管措施，以期不断提高输电环节的竞争性，为未来通过反垄断法全面规制电力行业作准备，这一举措符合德国电力市场改革发展现状，取得了良好的效果，并沿用至今。❶

三、市场竞争业务监管

（一）我国市场竞争业务监管现状

发电环节和售电环节属于自由竞争环节。自 2002 年我国第一轮电力体制改革提出"厂网分离"后，我国就在发电侧引入了竞争。2015 年深化电力体制改革进一步提出"管住中间，放开两头"，在发电侧进一步引入竞争。经过二十年的改革，竞争较为充分，但也存在发电企业形成横向垄断协议，排除、限制电力市场公平竞争的行为❷，损害了电力消费者的利益。相比于发电侧，我国售电侧市场体系建设还处于初步阶段，用户选择权还没有完全得到保障。电网企业兼营售电业务或在售电企业中参股、控股等问题均使得售电侧竞争困境无法得到有效纾解，存在同时从事输配电业务的售电企业利用市场支配地位实施垄断行为的现象。目前，我国对电力行业市场竞争环节的反垄断规制采用的是《反垄断法》与行业监管法并行适用的方式，但由于缺乏《反垄断

---

❶ 方小敏：《行走在竞争和规制之间的德国能源经济改革》，《南京大学学报（哲学·人文科学·社会科学）》2014 年第 4 期。

❷ 如 2017 年国家发改委指导山西省发改委查处的"电力垄断第一案"，发电企业达成横向垄断协议主要表现为发电企业之间形成价格同盟共同对抗煤炭行业，在"市场煤、计划电"的情况下防止因煤炭涨价导致发电成本上升。

法》和行业监管法竞合时法律适用和执行的协调机制，加之售电侧业务分类经营制度和业务隔离制度尚未确立，致使市场竞争环节反垄断规制的实施效果有限。

（二）国外市场竞争业务监管经验

在处理反垄断法和行业监管法的关系上，日本的经验值得借鉴。日本在 2000 年修订《独占竞争法》，将电力行业排除出反垄断法豁免的范围，因此电力行业的垄断行为既可以适用行业监管法，也可以适用反垄断法。在法律适用上，日本视行业监管法的具体规制内容来处理行业监管法和反垄断法竞合时的关系，如果行业监管法与反垄断法相冲突是因为行业监管法相关内容具有限制竞争性，则优先适用反垄断法，如果行业监管法的具体规定与反垄断法在内容上同样是为了规制垄断行为、促进竞争，仅因为具体的规制标准不同导致判断结果上产生冲突，则应根据具体情况协调适用，相互配合。在执法层面上，日本电力行业监管机关与反垄断执法机构对电力行业可能出现的垄断行为予以预判，并对各自的监管范围、监管标准等进行明确规定，共同制定执法指南，同时依据电力市场改革程度和实践的发展不断予以更新。

四、增量配电业务监管

（一）我国增量配电业务监管现状

从 2015 年深化电力体制改革提出有序放开增量配电以来，国家发展和改革委、国家能源局已经分五批确定了 459 个增量配电网试点（不含已取消的 24 个试点项目），各省也出台了发展增量配电网的相关文件。然而不管是中央还是地方，关于增量配电网的规范大多集中在项目建设、配电区域划分等技术层面，相关配套的监管法律制度仍付之阙如，这也使得增量配电网改革至今进展依然较为缓慢。在竞争层面，由于增量配电网依然具有电力网络属性，因此也当然地具有一定的自然垄断性，增量配电网经营者不履行或不正确履行法律规定的无歧视公平开放义务同样会对售电企业造成影响，增量配电网经营者兼营售电业务会加大其不当利用自然垄断地位的风险，进而潜在地侵害电力用户的用电自由选择权。从 2016 年至今，虽然我国增量配电网试点不断推进与发展，但专门针对这种改革过程中出现的滥用自然垄断地位的行为进行规制的法律文件并未出台，在《供电监管办法》和《电网公平开放监管办法》中亦没有具体明确的法律制度安排。

目前对于增量配电环节垄断行为的规制立法仅有《有序放开配电网业务管理办法》，但该办法主要存在以下问题：一是未确定相应的业务隔离制度。《办法》第3条规定，售电公司拥有配电网运营权，具备条件的要将配电业务和竞争性售电业务分开核算。这一规定旨在防止拥有增量配电网运营权的售电公司进行垂直垄断经营，但并未说明什么情况是"具备条件"，谁来审查企业是否具备条件，也没有规定如果具备条件但未独立核算有何种法律后果；其次，办法第15条规定，电网企业控股的增量配电网在配电区域内仅应从事配电网业务，其竞争性售电业务，应逐步实现由独立的售电公司承担。国家发展和改革委、国家能源局发布的《关于增量配电业务改革第一批试点项目进展情况的通报》中也提到，不建议电网企业或当地政府投资平台控股增量配电网业务，但这些文件对于输配电企业不得兼营或控股投资增量配电业务仅停留在建议层面，不具有法律约束力。二是虽然办法第16条、第23条规定了增量配电网经营者向用户无歧视开放网络的义务，但是并未配套规定相应的监管措施和不履行该义务的法律后果等，使得该条的实际可操作性大打折扣。

（二）国外增量配电业务监管经验

虽然其他国家没有出现过"增量配电"这一概念，但在推进电力市场化改革时，输配分开过程中不可避免地会存在社会资本参与配电网业务的情形，亦需要对配电业务中电力企业的垄断行为进行规制。美国电网结构具有分散化和区域化特征，私营企业经营电力业务的比例很高，在电力市场改革过程中，独立运营商和区域输电组织相继成立❶，为了防止一体化经营企业实施垄断行为，美国法律严格规定了兼营垄断性业务和竞争性业务的电力企业的内外部隔离制度，在配电环节主要表现为将企业的配电经营权和售电权分离。在澳大利亚则是由少数几家企业在配电市场上进行寡头垄断，

---

❶ 聂新伟：《美国电力市场化改革的制度背景、路径选择及经验启示》，《中国物价》2021年第6期。

联邦政府主要是通过一系列手段促进这些企业之间的竞争，如在配电环节采用对标管理模式，对于对标结果达不到市场中平均对标水平的企业实施惩罚措施，从而在配电企业中引入竞争 ❶。

总体而言，上述国家在电力行业反垄断规制方面有以下几点值得注意：一是坚持立法先行，如美国在联邦层面有《联邦电力法》《公用事业规制政策法》（The Public Utilities Regulatory Policies Act）和《能源政策法》来处理公用事业法（含电网）与反垄断法之间的关系；在各州层面则是通过地方立法具体规定电力行业各环节开放办法和反垄断监管法的适用。德国不仅要遵守欧盟《电力共同市场指令》等一揽子放开电力市场、减少垄断的指令，还要通过国内《能源经济法》《反限制竞争法》《激励性监管条例》等来规制电力行业的垄断行为。这些国家均形成了体系完备的电力行业反垄断法律规制体系，并随着电力市场体制改革的逐渐深入适时出台修正案。二是反垄断监管方式多元化，上述国家比较注重整合各部门优势资源，在尊重电力企业市场主体地位的前提下，利用市场手段促进竞争，防止垄断。如美国既有全面的电力市场监督分析机制和市场审计机制，也有灵活的调查与处罚机制，联邦能源规制委员会（FERC）会进行公开或非公开的调查，在处罚机制上，FERC 注重监管对象内部建立的合规程序和自主报告制度，并会在计算罚款时将其作为重要的考虑因素。我国未来应当以《能源法》统领电力行业垄断行为的法律规制，不仅要构建《反垄断法》与电力行业监管法的协调机制还要通过立法构建电力行业垄断行为的综合监管机制。

第四节　电力行业自律管理

一、电力行业自律管理概述

行业自律是指为了规范行业行为，协调同行利益关系，维护行业间的公平竞争和

---

❶ 王图：《澳大利亚配电监管政策的演变和启示》，《中国电力企业管理》2016 年第 25 期。

正当利益，促进行业发展的自我约束形式，行业自律往往通过行业协会的方式实现自我管理和自我约束，通过促进行业成员的集体自律，协助政府进行市场监管。行业自律管理是推动行业发展的重要内生性力量，是对行政管理和专业性监管的有益补充和有力支持。我国电力行业协会是实现电力行业自律管理的最重要组织，包括中国电力企业联合会和各省级行政区的电力行业协会。

（一）行业自律管理的概念

对于行业自律的概念和定义，学界存在不同的观点，例如埃尔文指出："行业自律是私人部门的特定产业或职业，为了满足消费者需求、遵守行业道德规范、提升行业声誉及扩展市场领域等目的，对自我行为进行的控制。"[1] 而有学者则将行业自律定义为"企业的志愿协会对企业集体行为的控制"。从语源的角度出发，行业自律（Industry self-regulation）可以理解为同一行业的经济行为人联合体（行业协会）自觉、自愿地对本行业成员行为的自我控制和约束，行业协会也因此在行业自律管理中扮演着十分重要角色。

（二）电力行业自律管理的概念

电力行业自律管理是指电力行业的行业联合体（行业协会）自觉、自愿地对本行业成员行为的自我控制和约束的行为，是电力规制体系中的重要组成部分。电力行业自律管理的核心是自我管理与约束，这使得它与政府对电力行业的行政管理和监管相区分。前者是电力行业协会对电力行业施加的一种内部的自我约束，对被规制者没有强制力，且仅适用于加入电力行业协会的市场主体；后者是对电力行业施加的外部约束，通过国家行政权力设置电力行业的准则和秩序，适用于所有电力行业的参与主体，并通过具有强制力的法律予以保障。

电力行业自律管理的实现需要依靠电力行业协会形成的自律规范。从这个角度上看，电力行业自律管理区别于电力企业自律和工商业自律。电力企业自律是各个电力

---

[1] 常健、郭薇：《行业自律的定位、动因、模式和局限》，《南开学报（哲学社会科学版）》2011年第1期。

企业内部通过制定规章制度进行的自我约束；工商业自律是包括工商业中的所有行业在内的更大范围的整体自我约束。电力行业自律规范相比于比电力企业内部的规章制度更具一般性，适用于电力行业内的各种不同企业，同时又比工商业的规范更具特殊性，许多规定仅适用于电力行业自身，而不适用于其他行业。可以说电力行业自律规范是电力行业内各个企业已有行为准则的升华，又是形成工商业整体自律的基础，因此，电力行业自律在业界自律中具有核心地位。

二、我国电力行业自律协会的发展

我国电力行业协会出现较晚，发展相对曲折，总体来看我国电力行业协会具有三个层级体系：一是全国性的电力行业协会，即中国电力企业联合会；二是省级的电力行业协会；三是地市级电力行业协会。它们是以电力企事业单位和电力行业性组织为主体，包括电力相关行业具有代表性的企业、行业组织自愿参加的、自律性的行业协会组织。

从历史沿革上看，我国现有的电力行业协会是经济体制改革的产物。在计划经济时期，政企不分，这一时期自然也就缺乏行业协会的存在空间。1978 年开始改革开放之后，国务院针对我国长期以来只有部门管理，没有行业管理的状况，提出了"按行业组织、按行业管理、按行业规划"的原则，撤销过去的专业经济部门，有的改组为经济实体，有的并入国家经贸委、国家计委之类的综合经济部门，还有相当一部分则是改为成立行业协会。这些"在体制内生成"的行业协会，在一定程度上是与综合经济部门或者行业主管部门一起分担了行业管理的职能。电力行业协会就具有这样的特点。1988 年，在组建能源部的同时，国务院批准成立了中国电力企业联合会，作为全国电力行业企事业单位的联合组织。在这期间，中国电力企业联合会作为国家事业单位先后由能源部和电力部归口管理，其主要任务是为电力企事业单位提供服务，并协助能源部和电力部加强行业管理。在此期间，中国电力企业联合会按照事业单位的方式进行运作。

1998 年国务院进行机构改革，撤销了几乎所有专业经济部门，电力部也包括在内，中国电力企业联合会随即按照《社会团体登记管理条例》的规定进行了社会团体法人注册，接受国家经贸委的主管和民政部的业务指导和监督管理。2003-2013 年，中国电力企业联合会由国家电力监管委员会和国家民政部共同管理，基本实现了由事业单位向社团法人的历史性转变。2013 年国家电力监管委员会被撤销，中国电力企业联合会改为由国家能源局和国家民政部共同管理，在电力改革和发展、电力行业立法、规划、产业政策的制定、监督执行电力行业规约，维护电力行业秩序等方面发挥着越来越重要的作用。

省一级的电力行业协会是在第一轮电力体制改革阶段才涌现出来的。山东省最早于 1996 年成立省电力行业协会，随后各省电力行业协会如雨后春笋般快速成立。到 2007 年底，大陆地区除了西藏以外全部成立了省级电力行业协会。省级行业协会大多按照"一省一会、一业一会"的原则实现了自上而下的模式成立，因此在一定程度上具有官方色彩。

地市级的行业协会发展速度要远慢于省级行业协会。地市级电力行业协会，有的是所在地相关企业或行业组织强烈要求下组建的，有的是在当地政府的倡导和培育下成长起来，这类电力行业协会明显有别于中国电力企业联合会和省级电力行业协会，不是源于体制内生成，而是为了适应市场经济发展中，经济个体维护自身利益、互通信息而抱团，由当地电力公司牵头成立。其会员更多为县级供电公司、发电企业、电力建设公司、电力监理公司、电力设备制造公司等电力相关企业和个人。

三、电力行业协会的法律地位和职能

（一）电力行业协会的法律地位

行业协会的法律地位就是指其在经济法领域独立社会团体的法人资格，其独立性具体体现为与政府、市场主体的关系中。对电力行业协会来说，一方面，它帮助电力主管部门收集整合信息、参与决策、协助电力业务的监督和管理；另一方面，它通过内部章程约束作为其成员的电力企业、对一定范围内电力市场主体的经营行为进行监督、提供信息咨询，发布统计资料等服务。其参加的社会关系兼有横向和纵向性特征，正是经济法调整对象的典型特征。电力行业协会的经济法主体地位，是其在政府与市场之间构建起和谐互动的机制的法律前提。❶

2018 年底，电力行业协会完成脱钩改革工作后作为独立的第三方行业组织，在推动电力行业发展方面越来越发挥着重要的功能。有学者认为，电力行业协会在一些情形下也应当成为行政法的约束主体。一方面，电力行业协会通过其章程可以形成的权力包括规则制定权、监督管理权、制裁处罚权、纠纷处理权。这些权力都是一种公共权力，需要得到法律和法规的认可和规范。另一方面，现代社会中公共行政的日益成熟使得电力行政管理和监管的功能发挥有赖于电力行业协会的智力和技术支持，电力管理部门和电力行业协会的互动就显得格外重要。❷

（二）电力行业协会的职能

我国行业协会的发展与政府职能转变的过程存在紧密联系。由行业协会在转型中承接政府行政审批职能是推动行政审批制度改革的一大动力。电力行业协会作为行业自律组织，与发展改革委、国家能源局等承担电力监管职能的政府机构可以形成良性互动的合作治理关系。我国电力行业协会主要承担以下几类职能：

1. 服务政府

电力行业协会可以作为电力企业与电力管理部门的桥梁和纽带，协助电力管理部门做好行业管理。

一是提出电力行业发展建议。电力管理部门在出台涉及电力行业发展的重大政策措施，制定行业立法、行业发展规划、产业政策、行业准入条件时，常常会采取论证会、听证会、座谈会等形式征求公众意见，这时电力行业协会可以企业利益的代表参与并发表意见。

---

❶ 王芳：《行业协会若干法律问题探析——从经济法的角度》，《大众商务》2010 年第 10 期。
❷ 徐大闯：《论行业协会的行政主体地位》，《南阳理工学院学报》2019 年第 5 期。

二是开展电力行业统计工作。统计工作对于了解国情国力、服务经济社会发展具有重要作用。电力行业统计对于完善电力行业管理而言至关重要。电力行业协会经政府主管部门同意和授权进行行业统计，收集、分析、发布行业信息。中国电力企业联合会先后于2001年、2002年获得国家经贸委、国家统计局的授权，承担石油和化工、煤炭、电力等行业的统计职能。

三是标准制定。标准制定是行业管理的重要工具，电力行业协会也可以在这方面发挥重要的作用。根据《标准化法》（2017年修订）第7条的规定，国家鼓励行业协会开展或者参与标准化工作。《节约能源法》（2016年修订）第23条也规定："国家鼓励行业协会在行业节能规划、节能标准的制定和实施、节能技术推广、能源消费统计、节能宣传培训和信息咨询等方面发挥作用。"行业协会可以参加国家标准、行业标准的制定，组织制定社团标准，或者指导企业标准的制定。

我国国家标准、行业标准、地方标准均由政府主导制定，且70%为一般性产品和服务标准。而国际上通行的团体标准在我国没有法律地位，市场自主制定、快速反映需求的标准不能有效供给。针对这一问题，国务院印发了《深化标准化工作改革方案》（国发〔2015〕13号），提出鼓励行业协会制定团体标准，满足市场和创新的需要。国家标准委员会办公室先后发文将一些行业协会等社会团体列入团体标准试点名单，中国电力企业联合会即名列其中。

四是参与贸易救济与调查工作。电力行业协会可以协调对外贸易争议，积极组织会员企业做好反倾销、反补贴和保障措施的应诉、申诉等相关工作，维护正常的进出口经营秩序。2001年，中国煤炭工业协会、中国石油和化工联合会便获得国家经贸委和国家统计局的授权，行使反倾销、反补贴、保障措施有关职能。

五是电力行业协会过去还承担企业资质、从业人员资格管理和有关专业技术人员培训工作，提高行业整体素质和经营管理水平。但是近年来，国家按照规定的条件和程序将职业资格纳入国家职业资格目录，实行清单式管理，目录之外一律不得许可和认定职业资格，以试图解决职业资格过多过滥问题，降低就业创业门槛。从现有的国家职业资格目录9来看，相关职业资格数量已经大幅削减，电力行业协会也不再承担企业资质、从业人员资格管理工作，尽管电力行业协会的章程中仍然保留了职业资格管理或者培训之类职能的表述。

2. 行业自律

行政执法与行业自律相结合，是完善市场监管体制的重要内容。电力行业协会担负着实施行业自律的重要职责。《行政许可法》中规定"行业组织或者中介机构能够自律管理的，可以不设行政许可"，实际上也为电力行业自律提供了充分的法律依据。

电力行业协会的自律机制主要体现为以下几个方面：

一是竞争自律。电力行业协会应当加强行业自律，引导本行业的经营者依法竞争，维护市场竞争秩序。这方面的自律主要是体现在价格行为上。《价格法》第17条明确规定：行业组织应当遵守价格法律、法规，加强价格自律，接受政府价格主管部门的工作指导。

二是行业信用。电力行业协会受政府委托开展电力企业信用评价，推动行业信用体系建设。早在2007年，政府便在中国电力企业联合会开展电力行业信用评价试点工作。2015年，政府要求行业协会商会要大力推进行业信用网络建设，加快建立参评企业诚信档案和行业信用信息数据库，制作发布企业信用"红黑榜"，这一举措推动电力行业信用评价结果在上下游电力行业组织间互认共享以及在市场拓展、投融资等领域的实际应用。

3. 服务企业

电力行业协会代表本行业企业的利益，必须切实为电力企业服务。服务职能可以具体体现在以下几个方面：

一是依照有关规定创办报刊和网站与数字媒体，开展行业宣传。

二是组织职业培训，帮助会员企业提高素质、增强创新能力、改善经营管理。行业协会还可以在工作中结合行业特点和特定群体的法律需求，开展法治宣传教育。

三是受政府委托承办或根据市场和行业发展需要举办交易会、展览会等，为企业开拓市场创造条件。

四是维护国内产业利益和支持企业参与国际竞争。具体体现为组织国内企业尤其是中小企业联合行动，开拓国外市场；建设行业公共服务平台，开展国内外经济技术交流与合作，联系相关国际组织。

总之，我国电力行业自律管理在电力行业发展中既具有不可替代的优势，也存在一定的局限。其优势主要表现在：有利于政府职能转变、减轻政府负担、降低规制成本、由于行业专家的参与所带来的专业性和针对性、更高的行业标准、减轻了信息不对称的问题等。我国电力行业自律管理的局限主要表现在以下几方面：一是缺乏法律保障。目前我国没有专门的电力行业协会法，而主要通过《社团登记管理条例》对所有非营利性组织进行管理，虽然涵盖了非营利组织的共性，但却缺乏对电力行业组织的针对性。二是缺乏监督，尤其是对电力行业组织的资金运用的监督目前比较薄弱。三是中介地位的模糊性。从理论上讲，行业组织本应是介于企业与政府之间的中介组织，但是在中国行业组织更多的是作为政府的延伸机构而存在，既有被企业俘获的可能，也存在着被政府利用的危险。❶

思考题：

1. 简述电力管理和电力监管之间的关系。

2. 简述国际上不同的电力监管模式的特点及其优劣。

3. 当下我国不同的电力业务在监管时分别有哪些侧重点？

---

❶ 常健、郭薇：《行业自律的定位、动因、模式和局限》，《南开学报（哲学社会科学版）》2011年第1期。

第一节 电力行政执法概述

电力工业是国民经济的支柱型产业，电能与工作、生活紧密相关，是社会运行和经济发展的重要基础。保障电力工业正常发展、维护电网运行稳定安全是促进经济发展与社会稳定的重要一步。

电力行政执法是保障用电安全、维护电力设施安全的重要手段，在维护电力设施安全及遏制涉电违法行为方面发挥着重要作用。但是，在电力体制经历多次改革之后，电力行政执法工作不但没有得到加强，反而连电力行政执法部门应该是谁都比较混乱，严重制约了电力行政执法活动的开展。因此，必须强化电力行政执法水平，深入研究分析电力行政执法这一概念的具体内容，才能从行政执法体制上保障用户用电安全和电力设施安全，保证国家电力安全运行，促进经济发展，提高人民生活质量。

一、电力行政执法的内涵与特征

（一）电力行政执法的内涵

1. 电力行政执法的含义

电力行政执法，是指电力行政执法主体依据行政法及电力相关法律、法规的规定，在电力管理过程中对相对人的权利义务的行使和履行情况进行监督检查的行为，它是保证电力法律、法规及相关法律、法规得到直接、有效实施的行政行为。

归根到底，电力行政执法仍属于行政执法的范畴。行政执法有广义与狭义之分。广义的行政执法，是指所有的行政执法主体在行政管理的一切活动中遵守和依照法律、法规、规章和规范性文件进行行政管理的活动，既可以发生在抽象行政行为中，也可发生在具体行政行为之中，例如北京市政府颁布《北京市行政处罚听证程序实施办法》，旨在保障行政处罚听证程序的合法与规范。这就属于广义的行政执法中的抽象行政行为，主要是针对不特定的对象所作出的能够反复适用的行政规范性文件的行为。狭义的行政执法则是指行政机关及其执法人员为实现国家行政管理的目的，依照法定的职权与程序，执行法律法规和规章，直接对特定的行政相对人和特定的行政事务采取措施并影响其权利义务的行为。❶ 狭义的行政执法往往只能发生于具体行政行为中，其指向对象必须是具体而特定的。在行政实务界，一般习惯于将监督检查、实施行政处罚和采取行政强制措施等行为统称为行政执法。本章所讲的电力行政执法属于狭义的行政执法。

综合行政与电力相关法律法规，电力行政执法的含义可以从以下几方面进行理解：

（1）电力行政执法的主体是法定的电力行政执法机关和法律、法规授权的组织以及电力行政机关委托的符合资质的组织。

（2）电力行政执法的对象是特定的、具体与电力相关的行政相对人或行政事务。

（3）电力行政执法的目的是贯彻实施电力法律、法规，将法律规范的要求落实在现实生活中，保障用电安全和用电秩序，履行国家电力行政管理职能。

（4）电力行政执法的内容是电力行政执法机关依法实施行政检查、行政处罚、行政强制等具体行政行为，直接影响行政相对人的权利与义务。

2. 电力行政执法的分类

电力行政执法根据不同的标准可以做不同的分类。对电力行政执法进行分类，可以丰富电力行政执法理论，能够更好地帮助我国电力行政执法机关管理电力行业、规范执法行为以及相对人行使权利和履行义务。

（1）按执法主体的不同，电力行政执法可以分为：国家能源局行政执法、电力管

---

❶ 王洪波：《我国行政执法方式探析》，《前沿》2012年第12期。

理部门行政执法和其他行政机关行政执法三类。

1）国家能源局行政执法。国家能源局是统筹我国能源发展规划与管理的国家发改委直属机构。2013年《国务院机构改革和职能转变方案》要求不再保留国家电力监管委员会，在此基础上重组国家能源局，由国家能源局负责电力行政执法。《电力监管条例》第4条规定，国务院电力监管机构依照本条例和国务院有关规定，履行电力监管和行政执法职能。国家能源局专设法治和体制改革司以承担行政执法监督、行政复议、行政应诉等工作。从行政执法的含义出发，国家能源局行政执法更偏向于监督管理职能，表现为对中央及地方能源电力行业的监管。国家能源局下设各司、各派出机构及各直属单位。根据国家能源局印发的规范性文件，在电力行政执法过程中可依法进行行政检查❶、行政强制❷和行政处罚❸等执法行为。《国家能源局派出机构权力和责任清单》（2020年版）进一步明确了国际能源局及各派出机构的职责，清单取消了"电工进网作业许可证核发""电工进网作业许可相关处罚""对电力企业运行、使用的信息系统定级结果的备案"等3个事项。同时，新增派出机构行政处罚权、行政检查权、行政奖励职权各一项，即"对违反油气市场监管规则的处罚""对有关电力建设工程质量的法律、法规和强制性标准执行情况的监督检查"及"对在改善安全生产条件、防止生产安全事故、参加抢险救护等方面取得显著成绩的单位和个人给予行政奖励"等。❹

2）电力管理部门行政执法。《电力法》第六条规定："国务院电力管理部门负责全国电力事业的监督管理。国务院有关部门在各自的职责范围内负责电力事业的监督管理。县级以上地方人民政府经济综合主管部门是本行政区域内的电力管理部门，负责电力事业的监督管理。"

可以看出在中央层面，国务院电力管理部门负责统领全国电力实业的监管职责，

---

❶《国家能源局行政检查工作规定》，国能发监管〔2020〕4号，2020年1月17日发布。

❷《国家能源局行政强制工作规定》，国能发监管〔2020〕5号，2020年1月17日发布。

❸《国家能源局行政处罚程序规定》，国能监管〔2017〕73号，2017年3月17日发布。

❹ 王怡、张溥、支彤：《明确职责权限　加强依法行政》，《中国电力报》，2020年4月21日。

由于我国电力法正式施行于 1996 年，彼时电力工业部仍然存在，直至 1998 年电力工业部被撤销，国家电力公司作为国务院出资的企业承接电力工业部全部资产并独立运营，电力工业在中央层面才真正地实现了政企分开。此后，原电力工业部的行政职能归属于国家经贸委。[1] 2000 年中央机构编制委员会办公室和国家经贸委联合提出了《关于调整电力行政管理职能有关问题的意见》，要求地方各级政府将分散的政府管电职能集中划入经济贸易委员会，逐步撤销华北、东北、华东、华中、西北等派出电业管理局以及各省市电力工业局，加快地方电力业务的政企分开。随后，2003 年第十届全国人民代表大会第一次会议《关于国务院机构改革方案的决定》将经贸委并入发改委，至此，中央层面的国务院电力管理部门为国家发展和改革委员会。

就地方层面而言，县级以上地方人民政府经济综合主管部门是本行政区域内的电力管理部门，负责电力事业的监督管理。具体到省、市级电力管理部门是省市人民政府中的经济和信息化委员会；具体到县级电力管理部门是区、县人民政府的发改经贸委。

3）其他行政机关行政执法。所谓其他行政机关的范围便十分广泛，包括各级人民政府相关部门（如公安部门）、街道办事处以及城市管理部门等，应当积极配合各级电力管理部门在职责范围内协助电力管理部门做好电力建设、保护以及电力行政执法等工作。公安部门应积极负责研究、部署打击电力领域安全生产违法犯罪活动，对投诉举报的破坏盗窃电力设施、盗窃电能等违法犯罪行为依法进行立案侦查；各乡镇人民政府，街道办要充分履行统筹领导职责，加强电力领域安全生产保护工作，配合电力管理部门及执法机构开展辖区内隐患排查、治理和行政执法工作，遇有辖区内重大安全事件及时处置并上报；城市管理部门依法负责对城市道路、电力设施等市政基础设施的管理和维护，负责规范电力行业并进行行业监管，依法查处道路挖掘、临时占用

---

[1] 根据第九届全国人大第一次会议批准的国务院机构改革方案，国务院在关于机构设置的通知（国办发〔1998〕121 号文件）中明确：将"原电力工业部的行政职能和水电部承担的电力工业行政职能"调整划入给国家经贸委。

电力设施、改变电力设施等行为，协助电力管理部门开展电力行政执法。

为提高电力行政执法水平，电力管理部门应当会同本辖区内其他行政机关加强电力行政执法机构和队伍建设，建立和完善电力联合执法机制，积极筹建电力行政执法联合工作小组，逐步提高行政执法能力水平和执法效率。

（2）按执法相对人的不同，电力行政执法可以分为：对电力企业的行政执法和对电力企业以外主体的行政执法。

电力行政执法的目的是保障供用电秩序的稳定与电力设施的安全，而供用电秩序中往往涉及两方：电力企业（也就是发供电企业）和电力用户。自然而然，电力行政执法依据这两方主体的差异也就分为了对电力企业的行政执法和对电力企业以外主体的行政执法两种类型。

1）对电力企业的行政执法。电力企业包括发电企业、输电企业和供电企业，这些企业均需要取得相应的电力业务许可证，方可从事相应的电力业务。对电力企业的行政执法主要是检查、监督电力企业遵守、落实电力法律、法规和规章的情况，并对违法行为进行追究。如依法查处非法转供电、违规停电行为；供电企业"三指定"行为；❶电力企业无证并网和擅自解网行为；严厉打击施工企业违规经营电力业务行为以及电力企业提供虚假资料、文件或隐瞒重要事实以妨碍能源监管机构履行职责等违法行为。

2）对电力企业以外主体的行政执法。如前所述，除了电力企业，电力行政执法的相对人还包括电力企业以外的主体，主要就是电力用户和其他违法主体，包括违反行政管理秩序但尚未构成犯罪的公民、法人或者其他组织。电力用户一般是指通过电网消费电能的单位或个人，电力用户大致可分为：居民用户和非居民用户。

对电力企业以外主体的行政执法主要针对：一是电力用户的违法用电行为，如盗窃电能、不安全用电、违反计划用电等；二是单位或个人破坏电力设施的行为，如在

---

❶《国家能源局关于印发〈国家能源局用户受电工程"三指定"行为认定指引〉的通知》，国能发监管〔2020〕65号，2020年11月30日发布。

电力设施保护区内违法建房,拒不改正;三是单位或个人违法阻挠、破坏电力设施建设的违法行为。

(3)按执法内容的不同,电力行政执法可以分为:对电力业务的行政执法和对非电力业务的行政执法。

1)对电力业务的行政执法。根据《电力业务许可证管理规定》:电力业务,是指发电、输电、供电业务。其中,供电业务包括配电业务和售电业务。

由此可见,对电力业务开展行政执法是指对发电、输电和供电业务开展的行政执法。比如,能源监管机构就发电、输电以及供电企业进入市场实施准入许可监管并对相关行为进行监督管理,未经许可或豁免任何单位或者个人不得非法从事电力业务。对发电企业在各电力市场中所占份额的比例实施监管。对供电企业按照国家规定的电能质量和供电服务质量标准向用户提供供电服务的情况实施监管,等等。

2)对非电力业务的行政执法。非电力业务是指发电、输电及供电业务之外的业务,主要分为电力设施保护、反窃电(又称电能保护)和用户用电安全维护三大部分。

电力设施受国家法律保护,禁止任何单位或个人从事危害电力设施的行为。❶根据《电力设施保护条例》的规定,国务院电力管理部门对电力设施的保护负责监督、检查、指导和协调职责。县以上地方各级电力管理部门负责保护电力设施。具体包括:根据《电力设施保护条例》制定的规章,监督、检查《电力设施保护条例》的贯彻执行;开展保护电力设施的宣传教育工作;会同有关部门及沿电力线路各单位,建立群众护线组织并健全责任制;会同当地公安部门,负责所辖地区电力设施的安全保卫工作。各级公安部门负责依法查处破坏电力设施或哄抢、盗窃电力设施器材的案件。由此可见,电力设施保护行政执法的主要任务在于整治违章作业等危害电力设施的违法行为、清除电力设施保护区内违章建筑或树木以及开挖取土等重大安全隐患

---

❶《电力设施保护条例》第 4 条第 1 款。

案件。❶

反窃电又称电能保护，长期以来窃电行为严重破坏了电网的安全稳定运行，给供电企业及国家经济造成重大损失。❷ 对窃电违法行为的行政执法重点在于整治查处窃电场所和窃电用户，查处盗窃电能重大案件，逐步降低盗窃电能犯罪率，督促电力企业整改重大安全隐患，规避和防范窃电行为的发生。

遏制窃电行为，电力行政执法机构应当从两方面着手，一是预防，二是查处。

a. 预防措施。

第一，各级电力管理部门应当积极联合当地电力企业进行用电安全及窃电行为危害性、违法性的宣传，包括乡镇街道办事处、城管及公安部门也应当积极配合扩大宣传效应，用窃电典型案例教育群众，降低违法犯罪率。第二，电力企业应当在电力管理部门的监督指导下定期开展用电安全与业务检查，对用户进行检查，及时采取各种反窃电技术措施排除隐患。第三，电力管理部门应当对电力企业与用户签订的供用电合同进行监督，明确双方权利义务，将《供电营业规则》中有关违章用电，窃电的种类及其处罚标准、窃电量和窃电时间的确定方法等明确写进合同中，变行业规章规定为合同约定，这样使得在窃电行为发生需要追责时，确保有据可查。❸ 第四，电力管理部门应当积极联合其他行政机关及电力企业，建立健全反窃电组织机构，确立以电力管理部门为领导，政企多部门联动、配合紧密、公众监督的打防结合的反窃电长效机制。

b. 查处措施。

电力管理部门对窃电违法行为的处理：

当窃电行为发生后，用户拒绝接受供电企业按照国家规定进行的处理的，供电企业可按国家规定的程序停止供电，在制止并收集、提取有关窃电行为的证据后，及时

❶《电力设施保护条例》第 5、6 条。

❷ 张洪霞、任秀燕、周玲：《反窃电技术研究》，《山东电力技术》2016 年第 6 期。

❸ 姚革非：《供用电合同履行与管理的研究》，《广西电业》2005 年第 4 期。

报告电力行政主管部门，由电力行政主管部门调查处理。电力企业认定用户确有窃电行为，但用户拒绝接受处理，电力企业按照有关规定和程序中断供电后，用户认为供电企业的认定侵害了自己合法权益的情况下，也可向电力管理部门投诉，要求电力管理部门调查处理，责令供电企业停止侵害行为。如果窃电行为比较严重或性质比较恶劣，但尚不够刑事处罚，电力管理部门等行政机关认为应当进行处罚的，也可主动介入并进行行政处罚。

针对数额较大，可能构成犯罪的，电力管理部门应当积极联合公安部门以及电力企业对窃电案件进行联合取证、调查，严肃查处违法行为，让窃电者承担相应的法律责任。

用户用电安全维护，涉及单位电力用户和个人电力用户，电力管理部门及监管部门应当督促电力用户遵守有关电力安全的法律、法规，履行法律规定的安全用电义务，对于单位电力用户还应当督促其履行编制应急预案并建立安全用电管理制度，落实安全用电责任制等义务，同时对于高危及重要电力用户要建档重点关注，扎实进行隐患排查并督促整改，保障用电安全与稳定。

用户用电安全行政执法的主体。县级以上人民政府应当加强电力用户用电安全行政执法工作的领导，建立协调机制，督促有关电力管理部门（县级以上人民政府工业信息化主管部门）履行电力用户安全用电管理职责。乡（镇）人民政府、街道办事处以及电力企业应协助做好电力用户安全用电管理工作。发展改革、安全监管、公安等部门按照职责做好电力用户安全用电的有关监督管理工作。国务院能源监管机构派驻我省的机构依照有关法律、法规的规定，做好电力安全的监督管理工作。

电力管理部门（县级以上人民政府工业信息化主管部门）在电力用户安全用电管理工作中，履行下列职责：宣传、普及电力法律法规和安全用电常识；受理电力用户安全用电隐患投诉，监督隐患消除；调解电力用户安全用电纠纷；对电力用户安全用电进行监督，查处违法行为；参与安全用电事故的调查处理；适时通报安全用电事故；

法律、法规、规章规定的其他职责。❶

（二）电力行政执法的基本特征

1. 电力行政执法与行政执法

行政执法，就是指行政机关和法律、法规授权的组织在行政管理活动中行使行政职权，依照法定职权和法定程序，将法律、法规和规章直接应用于个人或组织，使国家行政管理职能得以实现的活动。❷一般认为，行政执法行为既包括抽象的行政行为，也包括具体的行政行为。我们这里所说的执法仅就具体行政行为而言。

电力行政执法是行政执法在电力行业管理中的细化部分，不同于一般的行政执法，电力行政执法在执法主体、执法对象以及执法程序和目的等方面都与保障供用电秩序和电力设施安全等息息相关，相关部门制定了多个规章制度对此进行专门性的要求。

2. 电力行政执法的一般特征

电力行政执法属于行政执法的一部分，因此具有一般行政执法的特征：

（1）主动性。电力管理部门依法对正在发生的或可能危害供用电秩序和电力设施安全的违法行为主动自觉地进行监督与管理，依法定职权实现国家行政管理职能。❸

（2）具体性。行政行为包括具体行政行为与抽象行政行为。我们所讲的行政执法包括电力行政执法从性质上来说都是指具体行政行为，电力行政执法是针对具体的对象和具体的事件所采取的行政行为，不像行政立法那样具有抽象性和普遍性。❹

（3）强制性。电力行政执法同一般行政执法一样，是法定的行政机关实施、适用行政法律规范的行为，是贯彻、执行国家意志的手段，因而它必然以国家强制力作为

---

❶《云南省电力用户安全用电管理办法》第3、4条。

❷ 许昊：《我国电力行政执法问题研究》，重庆大学2012年硕士学位论文。

❸《电力法》第6条："国务院电力管理部门负责全国电力事业的监督管理。国务院有关部门在各自的职责范围内负责电力事业的监督管理。县级以上地方人民政府经济综合主管部门是本行政区域内的电力管理部门，负责电力事业的监督管理。县级以上地方人民政府有关部门在各自的职责范围内负责电力事业的监督管理。"

❹ 顾苏：《浅析行政指导与行政执法的关系》，《中国价格监督检查》2013年第1期。

后盾。❶ 在电力行政执法过程中，如果行政管理相对人违反行政法律规范或不履行行政法律规范中所规定的义务时，就会受到行政处罚或行政强制，以达到维护公共利益和社会秩序的目的。

（4）行政执法效力的一次性。电力行政机关实施行政执法行为所作出的决定或采取的具体措施，不具有普遍多次的约束力，其效力仅限于该决定或者措施所针对的特定相对人或行政事务，而且仅一次有效，一次性适用。即使同一对象再次出现同类情况，原决定或者措施一经执行完毕即失去法律效力，需另行作出决定或采取措施。

（5）行政执法对象的确定性。电力行政执法行为所针对的对象是特定、明确的具有危害或危及电力设施安全、电能保护或者用户安全用电秩序的行政相对人，不具有广泛性和非特定性。这些相对人既可以是电力用户，也可以是发电、输电及供电企业等。

（6）行政执法目的的执行性。行政执法行为的目的，是使法律、法规得以执行和适用，行政执法行为是使抽象的与电力相关的法律法规转化为相对人具体权利义务的中间媒介，电力法律规范有时只有经过行政执法行为，才能得以贯彻实施。

（7）行政执法方式、方法多样性。行政执法行为的措施和手段、种类很多，形式灵活。如命令、指示、审批、批准、拒绝、许可、免除、赋予、剥夺、代履行等。电力行政机关结合具体实践和管理需求，可根据具体情况依法采取最为适当的措施和手段，具有广泛的选择空间。

（8）行政执法机关与相对人关系的单一对应性。行政执法中，电力行政机关与相对人发生的关系为单一且直接的权利义务关系，属双方关系，不同于行政司法行为中行政机关作为第三方裁决双方纠纷的三方关系。❷

---

❶ 山西省林业和草原局执法监督处：《林草行政执法概念阐述》，《山西林业》2021 年第 4 期。

❷ 贾福清：《电力行政执法实用指南》，中国电力出版社 2008 年版。

二、电力行政执法的基本原则

电力行政执法的基本原则是指贯穿于电力行政执法全过程，并且对其有规范和指导功能的、体现行政执法价值内核的基本准则，是宪法理念和宪法原则在电力行政执法领域的具体化和实践。[1] 法律没有授予执法权的，不得从事电力行政执法活动。我国《电力法》中规定国家及地方电力管理部门在各自职责范围内负责电力事业的监督与管理。[2]

无论是从理论还是实践角度，可以看出电力行政执法的基本原则与行政执法的基本原则高度重合，结合电力法律法规与行政法领域的理论，我们认为电力行政执法的基本原则主要包括：合法性原则、合理性原则和高效原则。

（一）合法性原则

行政执法权的享有和行使必须有法律依据或者符合法律，不能与法律相违背。这里所说的法律是广义的，包括法律、法规、自治条例、单行条例和规章，同时也包括政策。电力行政执法当然遵守合法性原则。合法性原则是电力行政执法最重要的法律原则，是依法治国在行政执法领域的具体体现。按照这一原则的要求，电力行政执法机构在执法过程中应当做到：

1. 执法主体合法

电力行政执法单位必须具有合法主体资格。所谓有合法主体资格是指法律授予了一定执法权，能以自己的名义实施行政执法行为，并能承受相应的法律后果。[3] 法律没有授予执法权的，不得从事电力行政执法活动。我国《电力法》中规定国家及地方电力管理部门在各自职责范围内负责电力事业的监督与管理。

---

[1] 应松年：《行政法与行政诉讼法学》，高等教育出版社 2018 年版。

[2] 《关于电力行政执法和电力行政执法监督工作的规定》第 5 条："电力行政执法遵循有法必依、执法必严、违法必究的原则，实行合法、高效、有序的工作制度。"

[3] 许少哲：《晋江市环境保护行政执法研究》，华侨大学 2016 年硕士学位论文。

2. 执法内容合法

行政执法活动的内容必须有法律依据。就电力行政执法活动而言，已有法律的，应当有相应法律的具体条文作依据。例如国家能源局电力行政执法中的行政强制，就应当以 2020 年国家能源局所印发的《国家能源局行政强制工作规定》中的具体条文为依据；作出行政处罚行为，就应以 2006 年国家电力监管委员会通过的《电力监管机构行政处罚程序规定》中的具体条文对违法行为作出处罚。

3. 执法程序合法

这里所说的程序是指电力行政执法行为方式和步骤所构成的电力行政执法过程。由于电力行政执法行为有不同种类，因而也就有不同的程序。比如说，行政处罚有行政处罚程序，行政强制执行有行政强制执法程序，颁发许可证和营业执照也都有相应的程序。电力行政执法机构和人员实施某种执法行为时，要自觉遵守相应的法定程序。我国电力立法方面有多个规定对电力行政中的执法程序进行了详细规定，但是从目前情况来看，重实体轻程序的现象依然较为普遍，应当引起高度重视，因为程序违法也会导致执法行为违法或无效。

（二）合理性原则

合理性原则是指电力行政执法应当客观、公正、适度、符合情理。按照合法性原则的要求，电力行政执法必须做到依法执法。但是由于行政事务的多样性和复杂性，法律不可能对所有的行政事务都规定得那样全面、细致、周到、具体，因而法律赋予行政执法机关在执法过程中对某种行为方式、范围、种类、幅度等一定的选择权，这就是通常所说的自由裁量权。行政机关对自由裁量权不得随意乱用，必须遵守适当性原则。要使合理性原则真正得到遵守，必须做到以下几点：

1. 电力行政执法行为必须符合立法宗旨和立法目的，不得有不良动机

电力行政执法的主要目的是保证供用电秩序的正常和保护电力设施不受破坏，设定行政处罚也是为了纠正用电违法行为，教育违法者和其他潜在人员今后不再违法，从而使法律得到全面遵守，维护电力工业安全和社会公共秩序。

2. 电力行政执法应当遵循比例原则

执法手段对相对人权益的损害必须小于该行政行为所要实现的社会公共利益，才具有合法性。换言之，电力行政机关在执法过程中对于手段的选择应根据目的加以衡量，在目的与手段之间保持比例，防止行政行为对公民利益的过度侵害。

（三）高效原则

高效原则，要求电力行政执法机关在执法过程中应当依法提高效率、高效益地行使职权，最大限度地方便人民群众，从而更好地实现电力行政执法的目标，保障供用电秩序和电力设施安全。效率原则在电力行政执法中的具体要求就是坚持为人民服务的宗旨、高质量、快速地处理涉电违法行为，尽可能减少对人民群众正常生产、生活用电的影响。

第二节　电力管理部门的演变和现状

我国的电力管理体制处于一个不断发展与改革的过程中，经历了从政企合一到政企分离的过程。各省在电力改革过程中也各自探索着合适的模式，电力管理体制市场化脚步加快的同时，电力管理部门也经历了一个长期发展演变的过程。

电力管理部门是电力行政主管部门，是国家管理电力工业的行政机关，依法行使电力行政权。依照《电力法》第6条规定，我国电力管理部门分为国务院电力管理部门和县级以上地方各级电力管理部门。而县级以上地方各级电力管理部门是指县级以上地方人民政府经济综合主管部门。但是以上机构经过我国几次机构改革，已经发生了重大变化。

就电力行政管理部门的演变而言，大致可以分为三个阶段：第一，政企不分时期的电力工业部阶段；第二，政企分开的国家经贸委阶段；❶第三，电力体制改革后各省的探索阶段。2002年2月国务院印发电力体制改革方案，12月底，国家电力体制改革

---

❶ 前两个阶段的具体介绍可参见第九章第一节电力管理与监管模式。

正式启动。2015 年 3 月 15 日，中共中央、国务院下发深化电力体制改革意见，开启我国新一轮电力体制改革。此后，全国各省都全力以赴，根据各自的情况继续探索政企分离后的发展改革模式。

一、各省地方电力行政执法立法状况

自政企分开以来，电力发展环境深刻变化，电力市场主体及其利益诉求多元化，电力法制建设严重滞后的弊端凸显。国家层面的电力立法总体上已难以适应电力体制改革新进展和电力发展新需求。各省在电力改革进行中，针对本省电力管理中存在的实际问题，注重细化《电力法》和行政法规的规定，借鉴先行立法经验在制度设计上屡屡创新。

地方立法的实践主要有 2007 年 3 月 31 日陕西省第十届人民代表大会常务委员会第三十次会议通过的《陕西省电力设施和电能保护条例》、2014 年河北省第十二届人民代表大会常务委员会第八次会议通过的《河北省电力条例》、2014 年四川省第十二届人大常委会第九次会议上审议通过的《四川省电力设施保护和供用电秩序维护条例》等。全国其他省市如湖南、广东、广西、山东、山西、湖北、内蒙古、天津、上海等也都相应制定了相关条例和规定，其中都包含有电力行政执法的相关规范。

此外，2020 年 1 月 9 日江苏省第十三届人民代表大会常务委员会第十三次会议通过的《江苏省电力条例》，是全国首部对电力发展全过程进行规范的地方性法规。它是我国第一部综合性地方电力法规。其中就包括了对电力行政执法的规定。2022 年浙江省十三届人大常委会第三十八次会议审议通过，于 2023 年 1 月 1 日起施行的《浙江省电力条例》，是"双碳"目标提出后第一部地方性电力法规，是在 2014 年出台的《浙江省电力设施保护办法》基础上，结合浙江省电力事业发展需求，覆盖电力规划建设、生产交易、运行安全、供应使用、设施保护等管理领域的一次立法实践，其中也包含有电力行政执法的规定。

目前我国绝大多数省份还制定了包含有电力行政执法内容的政府规章。如 2007

年 7 月 9 日天津市人民政府发布的《天津市重要用户供用电安全管理办法》、2005 年 6 月 15 日山西省人民政府第 52 次常务会议通过的《山西省预防和查处窃电行为办法》、2009 年 1 月 13 日福建省人民政府第 17 次常务会议通过的《福建省电力设施保护办法》、2019 年广州市工业和信息化局印发的《广州市工业和信息化局电力行政执法工作办法》（穗工信规字〔2019〕5 号）和《广州市政府工业和信息化部门规范电力行政处罚自由裁量权规定》（穗工信规字〔2018〕5 号）等都对地方电力行政执法作了专门规定。

二、地方电力行政执法实践状况

根据《电力法》的规定，在地方上，县级以上的政府经济综合主管部门负责本行政区域内的电力管理工作和监督管理工作，同时，政府内部相关的部门对电力具有相应的管理职责。实践中的电力管理机构设置在全国范围内并不统一，国家和省级层面的电力设施保护行政执法机构，大部分是监督和指导作用。我国县、市级的电力管理部门基本上包揽了绝大部分的电力行政执法工作。

目前各省对于电力管理部门的探索主要分为两大类：一种是行业综合性的电力管理部门。省市级的机构是经济和信息化委员会，具体来说通常职权交给了各省发展和改革委员会，而县区级的电力设施保护行政执法机构则是经济贸易管理局、综合行政执法局或城市管理委员会。例如北京市的电力管理部门是北京市城市管理委员会。这两级机构拥有电力管理与行政执法权力。这种机构设置的类型在全国范围占较大部分。第二种是专门性、针对性的电力管理部门，目前占比相对较少，实践中一些地方组建"电力设施（电能）保护办公室"，较为典型的主要有浙江省、江苏省等，全国其他省市如山东、上海、内蒙古、湖北等多个省市已经成立了电力行政执法机构。

浙江省首个县级电力行政执法机构于 2020 年 3 月 26 日在衢州开化县成立，由国网浙江衢州开化县供电公司和开化县电力管理部门即县发改局对接，探索构建以"电力行政执法联动中心"为主体、国网开化县供电公司派驻人员提供技术支撑的电力行政执法联动工作新模式。2020 年 3 月 31 日，由杭州供电公司和杭州市综合行政执法局联合组建的"杭州市电力行政执法办公室"揭牌，标志着全省首个地市级电力行政执法机构成立，在全国范围内首次将电力执法纳入全市综合行政执法。

江苏省首家县级电力行政执法办公室于 2020 年 11 月 23 日在盐城市射阳县成立。为更好履行电力管理职能，射阳县电力行政办公室创新人员构成，联合射阳县供电公司与公安、综合执法、林业等部门的专业人员，以形成执法合力。2021 年 5 月 10 日，江苏省苏州地区首个由县市政府设立的电力行政执法机构——昆山市电力行政执法办公室在昆山市成立。该办公室由国网昆山市供电公司会同昆山市发改委、城管局等部门共同筹建。昆山市电力行政执法办公室采用集中办公与分散管理相结合的运作模式，与市发改委所属能源科合署办公，承担全市电力行政执法和电力保护的日常行政管理、电力事业监督管理、建立健全保护电力设施常态化机制并会同有关部门打击损害电力设施违法行为等工作。其职能范围覆盖电力基础设施规划、建设、电力设施保护全领域，通过多部门协同配合提高电力执法能力和效率。

第三节　电力管理部门行政执法模式的发展及探索

电力行政执法从来就不是一项简单的工作，尤其是随着电力体制改革的深化，供电企业的行政职能已然丧失，新形势下电力行政执法迎来了新的严峻形势。

近几年来随着社会经济的迅猛发展，电力工程与线路设备分布越来越广泛，风险隐患也随之增加。一方面，随着城乡经济的快速发展部，用电需求暴增，供用电安全面临着巨大的挑战；另一方面，破坏电力设施、窃电行为时有发生，既危害用电安全，又给供电企业造成了巨大的经济损失。除了外部客观因素，电力行政执法内部机制也尚待完善，电力体制改革背景之下电力法律体系的不完善、现行电力行政执法模式存在的诸多弊端也随时制约着电力行政执法水平的提升，因此，分析电力行政执法模式，探求新型联合执法模式，对我国电力行政执法大有裨益。

一、我国电力管理部门行政执法模式的发展

我国电力体制改革并不是一蹴而就的，电力体制改革呈现出一个不断完善、不断发展的阶段性特点，电力行政执法也随之呈现出不同发展阶段的自我调整适应性。

（一）行政执法模式

所谓行政执法模式，是指由法定的国家行政机构或部门依照法定的职权和依据以自己的名义而行使电力行政执法权，开展电力行政检查、电力行政处罚以及电力行政强制等工作。在1998年电力体制改革之前，电力行政执法权由已经被撤销的原电力工业部掌握，彼时的电力工业部一方面管理着全国的电力企业，另一方面又享有法律授予的电力行政执法权；1998年电力工业部被撤销，电力工业彻底实现了在中央层面的政企分开，电力行政管理职能被移交至国家经贸委，在此后的发展过程中，电力行政管理职能在地方上则交由各地方政府综合经济管理部门，具体部门的名称各有不同。可以看出总的发展趋势是：由政企不分走向政企分开，由一家执法走向多家执法。

（二）多头管理模式

我国电力体制改革自20世纪70年代就慢慢开始，在1998年实现政企分开之后，2002年国务院电力体制改革方案实施之后，国家电力监管委员会成立，按照国务院授权，行使行政执法职能，依照法律、法规统一履行全国电力监管职责。由此，电力监管委员会及其派出机构进入电力行政执法领域，同政府层面的电力行政执法机构对电力工业形成共管模式，此模式下电力行政执法主体不定且分散，职能定位不清晰，职权交叉混乱，电力行政执法难以形成精准合力，不利于电力行政执法机制健康发展。

（三）重构执法模式

在电力体制改革中，为了弥补政府电力行政执法机构单一执法的不足，国内部分城市和省份积极结合地方发展实际和现实需求开展了电力行政执法模式的创新与尝试，

首先是由政府部门主导成立专门的电力行政执法机构，名称多为电力行政执法大队/支队或电力行政执法办公室，弥补我国电力行政主体立法上的不明确，同时积极探求与电力企业的合作执法之路，以弥补政府执法经验的不足与专业技术知识的缺失。

二、电力管理部门行政执法主体模式争议与分析

随着电力体制改革的不断深化，除了立法层面的探讨，实践层面对电力行政执法模式及主体的探讨从未停止，主要有以下三种讨论：

（一）电力管理部门成立专门机构行使执法权

我国《电力法》❶与《电力供应与使用条例》❷中都明确规定电力管理部门负责其辖区范围内电力供应与使用的监督管理工作。实践中，各省市地区政府电力管理部门纷纷成立了专门的电力行政执法机构，在取得法律法规授权的情况下，负责统一领导和协调本行政区域内电力设施保护等行政执法工作，可谓是较为理想的方案。

但这并不意味着此种模式毫无缺点，主要有以下难点：

1. 资金、技术上的困难

电力行政执法工作涉及供用电秩序维护和电力设施保护等，工作量大，需要很大的资金投入与一定的技术支持，但是仅仅依靠政府，成立专门的电力行政执法机构，资金支持与技术投入都存在困难，不能很好地支撑电力行政执法机构的执法。

2. 执法队伍组建难

考虑目前政府机构改革行政机关缩编、机构精简的大趋势，设立专门的行政执法机构难度较大。电力行政执法队伍需要具有电力专业技术支持的人员，但是政府体制

---

❶《电力法》第6条："国务院电力管理部门负责全国电力事业的监督管理。国务院有关部门在各自的职责范围内负责电力事业的监督管理。县级以上地方人民政府经济综合主管部门是本行政区域内的电力管理部门，负责电力事业的监督管理。县级以上地方人民政府有关部门在各自的职责范围内负责电力事业的监督管理。"

❷《电力供应与使用条例》第3条："国务院电力管理部门负责全国电力供应与使用的监督管理工作。县级以上地方人民政府电力管理部门负责本行政区域内电力供应与使用的监督管理工作。"

内这类技术人员往往都比较匮乏，懂电力技术的人员多在电力企业里，形成了有权力的无能力，有能力的无权力之怪现象。专业人员的缺失和编制难的问题阻碍着电力专门行政执法机构的组建与完善。

3. 执法经验不足

政企不分时期，电力行政执法权由现在的供电企业行使，既拥有着专业的技术基础和技术人才队伍，又在执法过程中积攒了丰富的电力行政执法经验。如今政企分开，电力行政执法机构执法经验不足严重制约着专门机构行使电力行政执法权。

（二）授权或委托电力企业行使行政执法权

鉴于政企不分时代电力企业曾拥有丰富的电力行政执法经验，有人提出能否将电力行政执法权由政府电力管理部门重新以授权或委托的形式归还于电力企业。根据《行政处罚法》的相关规定一个组织要能够成为被授权行使行政处罚权的组织，关键要素是该组织须具备管理公共事务职能。[1] 但电力企业是否具有被授权的资格存在严重分歧。

支持者认为：①管理公共事务职能是指某一组织可以提供涉及全体社会成员公共利益的公共产品与公共服务，这一职能为个人无法或不愿完成，该职能的行使将使全体社会成员受益。电网经营管理的是公共物品，牵涉供区内全体公众的共同需求、共同利益，电网企业完全具备公共事务管理职能，符合行政处罚法的授权条件。②电力体制改革的重心是政企分开，通过立法授权将电力行政执法要交由电网经营企业行使并未改变其企业性质，不存在与电力体制改革的大方向相冲突的问题。③电网经营企业具有较充分的人力、物力等资源，且具有一定技术和经验，如能由电力企业来行使电力设施和电能保护的行政执法权，能够弥补当前电力管理部门电力行政执法能力之不足。④电网经营企业即使在体制改革后仍属于具有国家垄断和社会公用性质的企业，符合作为授权行使行政执法权的主体条件。如果以地方立法形式授权地方具

---

[1] 《行政处罚法》第 19 条："法律、法规授权的具有管理公共事务职能的组织可以在法定授权范围内实施行政处罚。"

有独立法人地位的电网经营企业行使该区域的电力设施和电能保护的行政执法权，则会使电网经营企业获得依法授权行使电力行政执法权的法律依据。⑤通过法律法规授权获得的行使针对电力设施和电能保护的行政执法权有着严格的执法范围限定，作为被授权的执法主体，不得将行政执法权用于处理与其他民事主体的合同法律关系。❶

反对者提出，在政企分开之后，授权或委托电力企业开展电力行政执法，无异于逆发展潮流而行，是在走回头路。且电力企业作为市场主体如果真的拥有了完全意义上的行政执法权，将集民事赔偿请求权和行政执法权于一身，有悖市场经济条件下市场主体地位平等的原则。❷

（三）公安、电力企业联合行使执法权

电力管理部门所成立的电力行政执法机构拥有行政执法权，在解决电力行政执法难题中应当处于主导地位。而且根据《治安管理处罚法》公安机关对破坏电力设施和窃电的治安案件有治安管理处罚权，有权对因破坏电力设施、窃电而违反治安管理法规的个人执行行政拘留。❸无论电力行政执法采取哪一种模式，这些权力专属于公安机关。❹最重要的是，电力企业拥有历史遗留的丰富执法经验和专业的技术人才队伍，可以为电力行政执法机构开展工作提供技术和人才上的支持。

一些地方近些年来也先后进行了联合执法的有益尝试并初见成效，如湖北省、广

---

❶ 王君安、杨军、廉高波：《现行体制下电力行政执法模式探讨》，《电力技术经济》2007年第4期。

❷ 杨连河、马桂民：《电力设施保护行政执法模式的探讨》，《2009年电力设施保护工作交流大会论文集》2009年版，第147-151页。

❸《治安管理处罚法》第33条："有下列行为之一的，处十日以上十五日以下拘留：（一）盗窃、损毁油气管道设施、电力电信设施、广播电视设施、水利防汛工程设施或者水文监测、测量、气象测报、环境监测、地质监测、地震监测等公共设施的……"

第37条："有下列行为之一的，处五日以下拘留或者五百元以下罚款；情节严重的，处五日以上十日以下拘留，可以并处五百元以下罚款：（一）未经批准，安装、使用电网的，或者安装、使用电网不符合安全规定的……"

❹ 王君安、杨军、廉高波：《现行体制下电力行政执法模式探讨》，《电力技术经济》2007年第4期。

州市等省份和城市，可见，在当前形势下，联合执法模式可以最大程度地利用资源优势，具有一定的合理性，值得探讨与研究。

三、电力管理部门行政执法模式新探索——政企联合执法模式

所谓政企联合执法模式，是要在政府和供电企业两个体制内设立专门的电力行政执法机构，体系上以政府作为执法主体，供电企业作为协助主体，二者双线并行，供电企业协助政府部门进行电力行政执法，通过这种二元体系的运作来保障电力行政执法工作的有效开展，为用电安全保驾护航。

（一）传统执法模式的不足

如前所述，我国电力行政执法在实践中以电力管理部门执法和委托供电企业执法两种模式为传统，但是这些模式在取得一定成效的同时仍然存在着不足：一是立法上对电力管理部门的具体指向尚不明确，各地市的电力行政执法主体各有不同，存在主体缺位的风险；二是单纯依靠政府机构开展电力行政执法，行政队伍的专业性相较于电力专业团队尚有欠缺；三是委托供电企业执法模式下，供电企业能否接受委托尚存争议，存在执法无效的风险。

（二）政企联合执法模式的必要性

1. 弥补了电力行政执法主体的缺位

电力体制改革深刻地影响着电力行政执法模式，就我国而言，电力行政执法难的主要原因就是我国现行法律对于执法主体的规定不明确。政企联合执法模式之下，政府的电力管理部门联合供电企业形成分工明确、协调有序的专业执法体系，利用各自的优势，具有极大的合理性，在一定程度上有效解决了电力行政执法主体的"立法缺失"的问题。

2. 提高了执法队伍的专业性

电力体制改革之前，供电企业不仅拥有电力行政执法权，更有与之相匹配的专业的执法队伍以及长期的执法经验；电力体制改革后，政府电力管理部门虽拥有了行政

执法权，但却时常受限于执法经验不足、执法人员专业性不够等问题，导致传统执法模式下不能及时、有效地行使电力行政执法权，也无法在短时间内建立一支专业过硬、富有经验的电力行政执法队伍来保障执法的有效开展。政企联合开展电力行政执法，以政府所设电力行政执法机构为主导，供电企业成立专门机构协助执法，有效化解了政府工作人员不具备电力专业知识和执法经验的现实短板，弥补了队伍专业性的不足，便于电力行政执法常态化工作开展。

3. 构建了权责明确的新型执法体系

传统的执法模式下电力行政执法权统归于政府电力管理部门，供电企业已经完全丧失行政执法权，但是政企联合执法模式的提出与实践为电力行政执法模式的探索注入了新活力。政府电力管理部门与供电企业联合执法模式下，由政府一方主导电力行政执法工作的开展，供电企业充当"协助者"这一重要角色，权责明确、定位清晰，既避免了陷入多头管控混乱局面的可能性，有利于形成长效管理机制；又能将供电企业置于政府执法部门的监督之下，可以有效地制约供电企业的权力，防范权力的滥用，保障电力行政执法工作的合法性与合理性。

（三）政企联合执法模式分析

1. 体系构成

政企联合电力行政执法新模式是基于"预防为主、整治为辅、打防结合、安全第一"的执法思路，建立以政府设立的电力行政执法机构为主导的执法体系，以供电企业为辅助的协助体系，双向并行的执法运转体系。

（1）以政府电力行政执法机构为主导的执法体系：由各地方政府依据相关法律规定和地方发展实际指导成立，一般多为地方人民政府负责，政府综合经济管理部门（如在内蒙古自治区，经济和信息化委员会行使行政执法权）主导与承接，联合地方发改委、公安局、应急管理局等相关部门，成立专门的电力行政执法领导小组，下设专门的隶属于政府内部体系的电力行政执法机构（一般为电力行政执法办或电力行政执法大队），组建一支素质过硬、基础扎实、经验丰富的电力行政执法队伍，依法负责辖区内电力设施及电能保护等电力事业的监督与管理。

（2）以供电企业为辅助的协助执法体系：充分利用供电企业独有的专业优势和工作经验，以各区域内供电公司为第一责任人，由供电公司内部安全监管部门承接并组建隶属于公司的电力行政执法协助机构，抽调一批拥有电力相关知识和管理经验的人员组成协助机构，分设电力设备管理、法律事务处理、用电安全、综合管理以及稽查监督等几个下属职能部门，派专员负责上述事宜配合并协助电力管理部门开展电力行政执法工作，最大限度地整合社会资源，寻求一种符合社会发展实际的、切实可行的、高效便民的电力行政执法新模式，保障电网正常供电和电力用户的正常用电安全。

政企联合电力行政执法模式，其本质上仍然是政府牵头，通过内设电力执法大队或支队、电力执法办公室等行政执法机构，配备一批执法人员依照法律、法规等相关规定从事电力行政执法工作。在这一模式下，真正拥有行政执法权的实质上仍然是政府一方，供电企业一方充当的是"专家辅助"的角色，主要起协助电力行政执法的作用，实质上并不享有法律意义上的行政执法权，电力行政执法机构与供电企业二者之间更像是一种合作机制。

2. 执法依据

1994年《关于电力行政执法和电力行政执法监督工作的规定》中对电力行政执法的主体作出详细规定，规定电力行政机构有权指定或委托部门、组织和机构执法，在联合执法中必须严格遵守分工要求，在法定范围内执法。1999年国经贸委、公安部令第8号发布的《电力设施保护条例实施细则》第3条规定"电力管理部门、公安部门、供电企业和人民群众都有保护电力设施的义务。"细则中强调政府及相关电力行政执法部门和本辖区内供电企业有联合保护电力设施安全的责任。《国务院办公厅关于加强电力设施保护工作的通知》（国办发〔2006〕10号）中也提到要积极构建政府统一领导为主，企业参与为辅，置于广大人民群众监督之下的电力设施保护格局，保证供用电秩序和电力设施安全，鼓励健全政企紧密合作的长效机制，提高整体防控与执法水平。以上相关法规都为我国探索实行政企联合电力行政执法新模式提供了政策法规依据。

3. 责任定位

政企联合模式下的电力行政执法体系围绕违法主体、执法主体以及维权主体三方之间的法律关系，形成政府作为执法主体、供电企业作为维权主体彼此独立行使权能，有效遏制违法主体危害用电安全行为的闭环执法体系。[1] 以政府监督指导供电企业、供电企业向政府寻求支持为执法基本模式，明确责任与分工，避免职能交错和多头管理的混乱局面。

政企联合执法模式下，政府层面的电力管理部门即电力行政执法机构对供电企业内的电力行政执法协助机构负有指导督促的责任，供电企业内部的电力行政执法协助机构在发现单位或个人破坏电力设施或危害和扰乱供电秩序之时，负有向电力管理部门举报违法案情和提供线索的义务，电力管理部门则根据事实和线索依法对破坏电力设施的主体作出行政执法行为。

在违法行为未发生之时，这种政府—企业二元执法模式也在发挥作用。电力管理部门须依法对用电主体以及供电企业贯彻执行电力法律法规的情况进行监督检查，同时要积极开展法律法规宣传工作和用电安全培训工作，协调各方做好电力设施保护行政执法工作。以供电企业为辅助的协助执法体系主要以供电公司内部设置的电力行政执法协助机构为中心开展工作，供电企业内部电力行政执法协助机构须积极配合电力管理部门的执法工作以及法律宣传工作，贯彻落实涉电法律法规，依法供电，维护供用电安全秩序。同时，重点针对破坏电力设施行为、电力安全隐患进行有组织地调查与统计，便于在此基础上开展专项整治工作，总结经验，制定有效可行的预防和治理方案并进行推广。为了及时地向政府和有关单位反馈用电秩序情况，还需定期向电力管理部门汇报工作开展情况，便于政府部门更好地开展电力执法。

由此，厘清电力行政执法机构与企业内部电力行政执法协助机构的权责与分工，

---

[1] 孙广通：《基于政企二元运转体系的电力行政执法模式探索》，《电力安全技术》2022年第1期。

从根本上阻隔了联合工作机制下职权交叉、执法越位的问题，能够有效地保障政企联合执法常态化机制的建立与完善。

（四）探索建立电力行政执法联动机制

1. 联合检查、办案机制

坚持以政府电力行政执法机构为主导、供电企业电力行政执法协助机构予以配合、用户执行落实三位一体的联合检查机制，组建政企联合巡查大队，定期或者不定期地进行用电安全联合检查，有效监督指导用户安全用电，打击危害用电安全违法犯罪行为，针对发现的问题及时反馈，由电力行政执法机构发出通知并责令限期整改，否则将依法进行行政处罚或强制措施。真正做到一处不漏地检查、一处不漏地整改。

对辖区内重要电力客户建档立案，进行用电安全宣传与培训，及时发现并通报安全隐患，督促排查与治理，不断提升重要电力客户的治理与执行能力，从源头解决问题。

执法工作中，供电企业电力行政执法协助机构主动发现并提供有效线索，政府层面各部门所组建的电力行政执法机构汇集多方智慧，对违法用电行为打出联合执法组合拳，严厉打击涉电违法行为，保障用电设施和电网运行安全。

2. 联席会议机制

依托地方政府，建立健全以地方电力行政执法机构、公安局、林业局、住建局、应急局、综合执法局、供电公司等为成员单位的联席会议制度，原则上每年度召开一次联席会议，由电力行政执法机构主持，必要时可邀请检察院、法院等相关单位参加。会议内容主要是通报联动执法机制工作，办理行政、刑事案件情况，研究日常工作中遇到的执法问题，会商联合查处案件的措施和意见，研究电力行政执法工作的重大事项。遇有重大、紧急事项联席会议可随时召开，会议研究的问题和通过的事项应当形成会议纪要。从机制上保障电力行政执法联合工作模式。

3. 联合宣传机制

电力行政执法机构依托供电企业所设立的电力行政执法协助机构，通过电视、网络、微信及短视频平台等各种途径宣传政企联合执法模式和执法工作动态，集中曝光一批典型违法案例进行宣传警示，提升联合执法工作模式的社会威信与震慑力，督促并引导广大人民群众提高安全用电、遵纪守法自觉性；不断扩大宣传《电力法》等相关法律法规，根据地方发展实际制定有针对性的宣传手册，例如南方梅雨季节用电安全注意事项、树障在雨天对电力线路的安全隐患等。通过联合宣传为电力行政执法营造良好的社会环境，提升执法水准。

（五）我国现有联合执法实践及成效

目前国内山东、江苏、上海、广州等多个省市已经成立了电力行政执法机构，并依照法律规定联合辖区内供电企业开展了政企联合电力行政执法模式的探索并初见成效，尤以广州市最为典型。

2017年广州市工业和信息化委员会批准成立了内设机构：广州市电力行政执法支队，由市统筹编制20人次。随后广州供电局设立广州供电局电力行政执法协助中心，联合执法支队共同构建政企联合电力行政执法新模式，突破传统执法模式的困境，优化执法。除了机构人员的设置，广州市政府还建章立制，旨在从立法层面进一步建立健全联合执法模式，颁布了《广州市工业和信息化局电力行政执法工作办法》《广州市政府工业和信息化部门电力行政处罚自由裁量权规定》和《广州供电局电力行政执法协助工作管理实施细则》，从制度与规则两个方面确保政企联合执法模式的顺利实施，规避了诸多法律风险，建立起长效、可行的联合执法机制，具有极高的借鉴意义。

电力行政执法对于推进全面依法治国具有重要意义，关乎国民经济发展与人民生命财产安全。习近平总书记在党的二十大报告中强调"扎实推进依法行政，深化行政执法体制改革，全面推进严格规范公正文明执法，加大关系群众切身利益的重点领域执法力度，完善行政执法程序，健全行政裁量基准。"创新电力行政执法模式开展联合执法，坚持问题导向，提高依法行政水平，对推进新时代全面依法治国和司法行政工作具有深远影响。

思考题：

1. 电力体制改革后各省对电力管理部门的探索主要分为哪几类？

2. 电力管理部门行政执法模式的发展经历了哪几个阶段？

3. 传统的电力行政执法模式存在哪些不足？

4. 政企联合执法模式的执法思路是什么？

第十一章　电力争议及解决

由于地球上的大部分资源都有限，无法满足所有人的需求。为了争夺有限的资源，有人的地方就会有利益冲突，就会有争议。电力行业也不例外。不同的主体之间由于关注的利益不同，争议的内容也不相同。有争议就得解决，否则其负面作用就会不断放大，甚至有可能导致社会不能正常运转。基于纠纷解决也需要成本，因此不同的争议应采用不同的解决方式。只有充分了解争议的本质和类型，才能寻找到合适的解决方式，保证社会的正常运行。

第一节　概述

争议作为一种社会现象有其自身产生的原因和特征。要解决纠纷就必须先了解纠纷，知己知彼才能百战不殆。电力纠纷作为众多社会纠纷中的一种，必然具有纠纷的一般属性。只有掌握了电力纠纷的一般属性，才能更好地掌握其特有属性。

一、争议的含义

争议，也叫纠纷，冲突，是人类社会中的一种常见现象。[1] 对此不同的学科，如心理学、社会学、法学都在研究。不过，不同的学科甚至是同一学科对冲突的理解并不完全一致。如心理学认为：冲突是"个体在有目的的行为活动中，常常会同时存在着一个或数个所欲求的目标，而且又存在着两个以上相互排斥的动机。"[2] 社会学者认为

---

[1] 本章根据表述的需要，会混用争议、纠纷、冲突这三个概念，请读者注意。

[2] 林崇德、江璐、土德胜总卷，李春生分卷：《中国成人教育百科全书·心理·教育》，南海出版社 1994 年版，第 52—53 页。

"冲突是指各派之间直接的和公开的旨在遏制各自对手并实现自己目的的互动。"[1] "所谓冲突，是指人与人、群体与群体之间直接的公开的斗争，彼此之间表现出敌对态度或行为"。[2] 很显然，后者认为社会冲突是社会主体之间的冲突，而不是社会主体内部的冲突。冲突的具体表现形式尽管多种多样，但基本上都可以归结为三种类型：心理冲突、言语冲突和行为冲突。

法学学者则认为："冲突的法学本质应当是：主体的行为与社会既定秩序和制度以及主流道德意识的不协调或对之的反叛。"这种观点认为对社会秩序不构成妨害的行为或者未通过实际行为（包括言论）所反映出来的心理对抗不具有冲突的性质。冲突的基本特征包括：第一，冲突必须表现为主体的特定行为。非行为表现的对抗情绪不构成冲突；冲突的构成可以有，但并不必然要求有敌对主体的互动行为。对广义社会秩序的侵害（在无特定主体，包括自然人和自然人的集合体作为权力、利益或威望的人格载体的情况下）也构成冲突。第二，任何冲突都是既定秩序和制度以及主流道德意识所不相容的。无论冲突主体的主观责任如何，冲突本身内含着反社会性；既定秩序和制度以及主流道德意识（由统治阶层所倡导的或为社会多数成员所认同的道德意识）是评价社会现象是否具有冲突属性的依据。第三，冲突的影响决定于行为与既定秩序和制度以及主流道德意识相悖的程度。仅仅违反主流道德意识的冲突是浅层的冲突，也是最易发生的冲突；侵害整个社会秩序和制度的冲突是最高形式的冲突。某一或某些社会阶层反叛整个社会秩序和制度的冲突是社会结构整体变化的缘由。[3] 本章是从法学的角度认识社会争议或冲突的。

二、争议的功能

争议不会凭空产生，一定是源于其他社会事实，但其同时又会引发新的社会事实

---

[1]〔美〕乔纳森·H.特纳：《现代西方社会学理论》，天津人民出版社 1988 年版，第 245 页。

[2] 风笑天：《社会学导论》，华中理工大学出版社 1997 年版，第 194 页。

[3] 顾培东：《社会冲突与诉讼机制》（第三版），法律出版社 2016 年版，第 4 页。

或对其他社会事实产生影响。事物的作用，按照其性质可以分为积极作用与消极作用。社会争议作为一种客观存在，必然也会有自己的功能。

对社会争议的功能认识，目前主要有两种观点。一种观点认为纠纷只会破坏社会秩序。因为纠纷主体的行为与既定的社会秩序不协调，甚至是反叛，为既定秩序所不容，具有反社会性。比如对于借贷的社会秩序就是有借有还，再借不难。如果有人借钱不还就属于对有借有还社会秩序的破坏。

另一种观点则认为，纠纷并不是只有负面作用，有时候也有正面作用。因为现存的社会秩序并不一定都是好的秩序。有可能正是不好的社会秩序引发了纠纷，通过对纠纷的解决来否定旧的社会秩序，促进社会形成新的、更好的社会秩序，推动社会朝更好的方向发展。

相比较而言，第二种观点更为合理。社会冲突的积极作用主要表现在良性社会冲突方面，社会冲突的消极作用主要表现在恶性社会冲突方面。所谓良性社会冲突，是指对人与社会的发展在总体上起建设性作用的社会主体之间矛盾的外部对抗。所谓恶性社会冲突，是指对人与社会的发展在总体上起破坏性作用的社会主体之间矛盾的外部对抗。❶良性社会冲突有助于社会新思想、新规则、新制度的产生，推动社会进步。西方社会学家科塞认为，"冲突扮演了一个激发器的角色，它激发了新规范、规则和制度的建立。"❷马克思也深刻指出："没有对抗就没有进步。这是文明直到今天所遵循的规律。"❸恶性社会冲突确实会破坏社会秩序与社会稳定。正如有学者所说，"总体而言，社会冲突使社会产生失序和无序状态，从而影响和损害社会安定，妨碍社会的良性运行。"❹

---

❶ 参见魏广志：《社会冲突论》，中共中央党校 2015 年博士学位论文第 67 页。

❷〔美〕L. 科塞：《社会冲突的功能》，孙立平译，华夏出版社 1989 年版，第 114 页。

❸《马克思恩格斯全集》第 4 卷，人民出版社 1958 年版，第 104 页。

❹ 何俊芳，周庆生：《语言冲突研究》，中央民族大学出版社 2010 年版，第 15 页。

三、争议的解决方式

争议既然是一种客观存在，并且具有一定的负面作用，就必须尽快通过有效方式予以解决。现实生活中解决纠纷的方式很多，如诅咒、扎小人、自杀、杀害对方、仲裁、调解、诉讼等等。众多的纠纷解决方式根据不同的标准可以做不同的分类。根据解决纠纷时所依赖的力量不同，可以分为自力救济、社会救济和公力救济。所谓的公力救济就是依赖国家的力量来解决纠纷，如诉讼、信访、行政复议、劳动仲裁等。社会救济就是依赖社会的力量来解决纠纷，如商事仲裁、各种调解等。自力救济就是依靠自身的力量去解决纠纷。这其中有的方式也能在一定程度上解决纠纷，如协商。但更多的或是不能解决纠纷，如诅咒、扎小人等；或是为解决纠纷付出的代价太大，如自杀；或是会进一步激化矛盾，派生出新的纠纷，如扣押债务人的财产，人身，杀害对方等。

根据救济方式是否为法律认可，可以分为法律认可的救济方式和法律不认可的救济方式。法律认可的救济方式包括公力救济和社会救济。对于自力救济中那些会进一步激化矛盾，派生出新纠纷的解决方式，法律明文予以禁止，如扣押对方的财产、人身；杀害对方；通过扰乱对方的工作秩序、生活秩序给对方施加压力；武力解决等都属于禁止之列。反之则允许，如协商。

法律认可的纠纷解决方式主要包括：协商、调解、商事仲裁和劳动仲裁、行政裁决、行政复议、信访、诉讼等。现实生活中的纠纷各种各样，千差万别，那我们该选择哪种纠纷解决方式来解决纠纷呢？这就需要先了解各种纠纷解决方式的优劣。

协商的优点是适用范围很广，除了部分刑事纠纷外，其他纠纷都可以协商；依靠的是自身力量，成本低；不足之处在于解决纠纷的专业化程度低，解决结果有可能不公平；在纠纷的解决过程中没有严格的程序；解决的结果不具有强制执行力。

调解的优点是与协商一样，适用范围广；成本低；由于调解人与纠纷本身没有利害关系，调解结果相对会比较公正。缺点是调解人不一定都精通法律，因此专业化程度较低；没有严格的调解程序，程序保障比较差；调解结果没有强制执行力，只有在申请法院确认后才具有强制执行力，比较烦琐。

商事仲裁的优点是由精通法律的仲裁员按照法定程序进行裁决，专业化程度高；程序保障程度高；商事仲裁实行不公开审理，保密性强；裁决后如责任人不履行，可以向法院申请强制执行；不足之处在于适用范围有限，具体表现在两个方面：一是有些纠纷法律明确规定不能进行商事仲裁，如婚姻、收养、监护、扶养、继承纠纷等与人身有关的纠纷以及行政纠纷均不能申请商事仲裁。二是对于可以进行商事仲裁的纠纷，还需取决于纠纷当事人能否达成仲裁协议，是否同意将该纠纷提交商事仲裁。如果有一方不同意，则无法提交商事仲裁。商事仲裁需要向仲裁委员会交纳一定的费用，成本比较高。

劳动仲裁的优点是不需要纠纷当事人之间达成仲裁协议，由专业的人员按照法定程序进行仲裁，专业性很强，程序保障度高，裁决结果具有强制执行力。缺点在于：第一，仅解决劳动争议，适用范围很窄；第二，除有限的几种情形实行一裁终局外，很多劳动争议都实行一裁两审，即一方当事人如果对劳动仲裁的裁决结果不服，可以向人民法院提起民事诉讼，对一审法院的判决不服，还可以向二审提起上诉，因而耗费的时间较长。

行政裁决的优点在于由专业的行政管理部门负责，具体的负责人员通常都具有专门技术或知识，专业性强，程序简便，生效后的裁决结果具有强制执行力，效率相对较高、成本较低等。不足在于：行政裁决的受理范围是与行政管理活动密切相关的民事纠纷，主要集中在自然资源权属争议、知识产权侵权纠纷和补偿争议、政府采购活动争议等方面，合同纠纷等一般民事争议不属于行政裁决的受理范围；行政裁决不是终局解决方式，当事人不服的话，可以提起行政复议或行政诉讼。

行政复议的优点在于由专业人员按照法定程序对具体行政行为进行审查，专业性强、程序保障度高，处理结果具有强制执行力。缺点在于：只能对有限的具体行政行为提起，适用范围有限；负责对具体行政行为进行复议的机构与作出该行为的机构存在上下级关系，中立性有限，有时难以令当事人信服其审查结果。

信访的优点是适用范围较广泛，成本也比较低。不足在于处理上访事宜的人并不都是专业人士，也没有专门的程序，因而专业化程度不高，程序保障较低；信访的处理结果不具有强制执行力。

诉讼的优点是职业法官按照法定程序处理纠纷，专业化程度高，程序保障高。裁判结果也有强制执行力。不足在于诉讼可以处理的纠纷是有限的，诉讼程序比较复杂，当事人自己一般难以掌握，一旦聘请律师参与，诉讼的成本就会比较高。诉讼大都实行两审终审，耗时较长。

正是因为各种纠纷解决方式各有所长、各有所短，不存在十全十美的纠纷解决方式。因此，法律对很多种纠纷解决方式都予以了认可，以便纠纷当事人根据自身纠纷的特点，选择合适的纠纷解决方式。

根据纠纷本身的特点，救济方式可以分为解决民事纠纷的方式、解决行政纠纷的方式和解决刑事纠纷的方式。解决民事纠纷的方式较多，包括协商、调解、商事仲裁、劳动仲裁、行政裁决、民事诉讼等；解决行政纠纷的方式有信访、行政复议、行政诉讼；解决刑事纠纷的方式有刑事诉讼。

四、电力争议的含义与主要类型

电力争议有广义和狭义之分。狭义的电力争议是指电力业务经营者、电力调度交易机构、用电人之间在电力市场活动中因履行合同发生的争议。这种争议由于仅发生在平等主体之间，因而可以通过解决民事纠纷的方式加以解决。广义的电力争议是指不同的主体围绕电力的生产、交易、输配、使用等而产生的各种争议。既包括平等主体之间发生的争议，也包括不平等主体之间发生的争议。前者如发电公司要接入电网，但电网经营者不同意而产生的纠纷；可再生能源发电公司要求电力市场相关成员收购其全部电量，后者不同意等。后者如监管机构要求发电企业、电网企业披露相关信息而引发的争议。

电力争议可以根据不同的标准进行不同的分类。根据电力争议主体是否平等，可分为平等主体之间的电力争议和不平等主体之间的电力争议。前者如供电人与用电人之间因为电力计量发生的争议。后者如电力监管机构与监管对象之间产生的争议。根据电力的生产和消费流程，电力争议可以分为发电并网争议、电网调度争议、电力交易争议、电力输配争议、电力供应与使用争议等。本章兼采这二种分类方法。

第二节　发电并网、互联争议

电力行业与其他行业的典型区别之一是要通过互联互通的有形网络才能把生产、运输、消费等环节联系起来。通常情况下，电力生产者只有并入电网才能将自己的生产的电力销售出去。电网与电网之间互相连通才能为更多、更好地为用电人服务。发电并网与电网互联这两个环节一旦发生纠纷，影响甚大。

一、发电并网争议

发电的方式很多，如火力发电、水力发电、太阳能发电、风力发电等等。不管是何种发电方式，通常都需要通过网络才能将电力输送到用电人处，故存在需要将发电机组并入电网的问题。在并网之前，发电主体需与电网经营主体签订并网调度协议。一旦电网经营者不同意签订并网调度协议，发电主体生产的电力就无法销售出去，就会产生纠纷。2007 年施行的《电力并网互联争议处理规定》第 2 条规定，电力并网争议是指发电企业与电网企业达不成并网调度协议，影响电力交易正常进行的争议。比如 2017 年，国家电网拒绝冀北地区光伏企业并网就属于此类争议。

2017 年 6 月 30 日只是一个普通的日子，但是对于不少光伏企业而言，"630"就是一条"生死线"。因为 2015 年底，国家发改委下发《关于完善陆上风电光伏发电上网标杆电价政策的通知》，明确规定我国一类、二类、三类资源区的地面光伏电站标杆上网电价每千瓦时分别降低 0.1 元、0.07 元、0.02 元，但是只要在 2016 年 6 月 30 日之前抢装成功，就可以享受调整前的电价，因而引发了"630"抢装潮。2016年底，国家发改委再次公布《关于调整光伏发电陆上风电标杆上网电价的通知》，明确一类、二类、三类资源区的地面光伏电站比2016年电价每千瓦时继续下调0.15元、0.13元、0.13元。通知限定，2017年以前备案并纳入以前年份财政补贴规模管理的光伏发电项目，但于2017年6月30日以前仍未投运的，执行2017年标杆上网电价。国家之所以连年下调光伏电价，是因为光伏成本也在快速下降。建设较早的光伏电站成本较高，自然也希望获得更高的电价。为此，抢在"630"前并网成为光伏电站企业的唯一选择，否则将承受不可挽回的巨额损失。但在距离2017年"630"大限还有两天的时候，6月28日，国家电网公司发展部下发《关于新能源并网有关问题的意见》的文件，指出冀北地区2016年光伏发电利用小时数没有达到规定的光伏最低保障收购年利用小时数1400小时，要求除国家下达的光伏扶贫项目以外，其余项目暂停并网。仅张家口地区受此影响的光伏项目就多达30余个。国家电网公司发此通知的依据是《国家发展改革委 国家能源局关于做好风电、光伏发电全额保障性收购管理工作的通知》。其要求未达到最低保障收购年利用小时数的省（区、市），不得新建风电、光伏电站项目。其中，要求冀北地区2016年保障性收购利用小时数达到1400小时。而2017年4月发布的《国家能源局关于2016年度全国可再生能源电力发展监测评价的通报》显示，冀北地区2016年光伏发电年利用小时数为1382小时，并没有达到规定的光伏最低保障收购年利用小时数。这也成为此次国家电网拒绝并网的主要依据。❶

需要特别指出的是，并网争议是指双方达不成并网协议而发生的纠纷。如果已经达成并网协议，仅是就协议的履行发生纠纷，不属于并网争议。当事人即使申请电力监管机构裁决，后者不予受理并不构成行政不作为。如寻乌县桠髻钵山电力实业有限公司与国家能源局南方监管局电力行政纠纷案。❷

---

❶ 详情参见：《"630"冀北30余个光伏项目并网被拒，究竟深藏多少内幕？》，搜狐网。

❷ 案例详情参见广东省高级人民法院（2015）粤高法行终字第612号行政判决书。

2014 年 4 月 9 日，原告寻乌县桠髻钵山电力实业有限公司以广东电网公司为被申请人，向被告国家能源局南方监管局提交《电力并网争议处理申请书》，提出广东电网公司梅州、河源供电局不执行上网电价同网同价的法律规定。2014 年 5 月 20 日，原告向被告提交《关于要求出具并网争议处理申请受理通知的函》，督促被告在 7 日内书面通知是否受理小水电企业的争议申请；若不受理，也书面通知小水电企业，并说明不受理的理由。被告于 2014 年 6 月 20 日作出《不予受理通知书》并送达原告，该通知书称：你公司（原告）提出的与广东电网公司梅州供电局的电力并网争议申请，经审查，不符合受理条件。原告不服，于 2014 年 7 月 14 日向法院提起行政诉讼。请求：①撤销被告 2014 年 6 月 20 日向原告作出的《不予受理通知书》；②判决被告依法受理原告提出的电力并网争议处理申请。一审被判驳回诉讼请求后又提起上诉，二审法院维持原判。

二、互联争议

我国由于国土面积大，全国电网被分为六大区域电网：东北电网、华北电网、华东电网、华中电网、西北电网和南方电网。区域电网一般又是由省级和地市级电网组成。电网根据其功能可以分为输电网和配电网。其中输电网可以由不同的经营者经营，比如国家电网有限公司经营东北电网、华北电网等；南方电网有限责任公司经营南方电网；内蒙古电力（集团）集团有限公司经营蒙西电网。自 2015 年深化电力体制改革以来，经营配电网的主体就更多了。配电网只有与输电网，不同的输电网之间只有相互连接起来，整个电网才能更安全稳定，才能更好地为用电人输送电力。但不同的经营者之间有可能就互联问题达不成协议，进而产生纠纷。因此《电力并网互联争议处理规定》第二条规定，电力互联争议是指电网企业之间达不成互联调度协议，影响电力交易正常进行的争议。

三、纠纷解决方式

对于并网、互联纠纷，当事人之间首先当然可以自行协商解决。如果协商不成，该如何处理呢？对此1996施行的《电力法》第22条第3款规定，并网双方达不成协议的，由省级以上电力管理部门协调决定。2007年施行的《电力并网互联争议处理规定》第6条规定，发电企业与电网企业之间、电网企业与电网企业之间发生电力并网互联争议，双方当事人应当协商解决；协商不成的，任何一方可以申请电力监管机构处理。也就是说对于并网互联纠纷，最终由行政机关处理。

申请电力监管机构处理即申请行政裁决。根据中共中央办公厅、国务院办公厅于2019年6月2日印发的《关于健全行政裁决制度加强行政裁决工作的意见》，所谓行政裁决是指行政机关根据当事人申请，根据法律法规授权，集中对与行政管理活动密切相关的民事纠纷进行裁处的行为。行政裁决的特点在于：一是裁决主体的行政性。裁决主体是法律法规授权的行政机关，不同于民间仲裁机构和受理民事诉讼案件的法院。二是裁决对象的特定性。裁决的受理范围是与行政管理活动密切相关的民事纠纷，主要集中在自然资源权属争议、知识产权侵权纠纷和补偿争议、政府采购活动争议等方面，合同纠纷等一般民事争议不属于行政裁决的受理范围。三是程序启动的被动性。争议双方当事人在争议发生后，可以依据法律法规的规定，在法定的期限内向特定的行政机关申请裁决。没有当事人的申请行为，行政机关不能自行启动裁决程序。四是裁决程序的司法化。整个裁决程序实行回避原则、中立裁判、平等原则、公开裁判、证据裁判等，而这些都是司法裁判采用的基本制度。五是裁决结论的非终局性。行政裁决是一种具体行政行为，裁决结果具有非终局性。当事人不服行政裁决的，可申请行政复议或向法院提起诉讼。

申请行政裁决，首先要的问题就是要解决地域管辖和级别管辖问题，即向哪个地方的、哪一级行政机关申请裁决。根据 2007 年施行的《电力并网互联争议处理规定》第 4 条的规定，电力并网争议与互联争议的管辖并不相同。电力并网争议由电网企业所在地的国家能源局区域监管局省级监管办公室负责处理；未设立省级监管办公室的，由所在区域的国家能源局区域监管局负责处理。本区域内跨省、自治区、直辖市的电力并网争议由电网企业所在地的国家能源局区域监管局负责处理。跨区域的或者在全国范围内有重大影响的电力并网争议由国家能源局负责处理。❶ 电力互联争议由国家能源局区域监管局负责处理。跨区域的或者在全国范围内有重大影响的电力互联争议由国家能源局负责处理。

鉴于行政裁决的被动性，发电企业或者电网企业申请电力监管机构处理电力并网互联争议，应当提交书面申请书，并按照被申请人人数提交申请书副本。申请书应当载明下列事项：①当事人名称、住所和法定代表人姓名、职务；②争议具体事项；③具体的处理请求、事实及理由；④相关证据材料及其目录。

电力监管机构收到电力并网互联争议处理申请书后，应当对申请书的内容进行初步审查。对于不符合 2007 年施行的《电力并网互联争议处理规定》第 2 条、第 5 条规定的，不予受理，书面通知申请人，并说明不予受理的理由；符合的，应当予以受理，并自决定受理之日起 7 日内书面通知当事人，并将申请书副本送达被申请人；被申请人应当自收到受理通知之日起 10 日内向电力监管机构提交答辩书和有关证据材料。

电力监管机构处理电力并网互联争议，可以组成争议处理小组。争议处理小组具体负责联系双方当事人，促进双方当事人意见交流，组织必要的调查研究和论证会，提出协调意见和裁决意见以及处理有关事项。

---

❶ 2013 年，国家能源局与电监会职责整合，新成立的国家能源局承袭了电监会派出机构的区域监管体制，截止到 2020 年 9 月，国家能源局设有 6 个区域监管局：即华北能源监管局、东北能源监管局、西北能源监管局、华东能源监管局、华中能源监管局、南方能源监管局。设有 12 个省级监管办公室：即山西能源监管办、山东能源监管办、甘肃能源监管办、新疆能源监管办、浙江能源监管办、江苏能源监管办、福建能源监管办、河南能源监管办、湖南能源监管办、四川能源监管办、云南能源监管办、贵州能源监管办。

电力监管机构处理电力并网互联争议，应当查明事实，充分听取双方的意见，审查当事人提供的书面材料和有关证据。应当研究确定双方当事人的主要分歧，促使双方当事人围绕主要分歧交换意见。必要时，电力监管机构可以组织当事人相互质证和辩论，也可以依法进行调查、检查或者核查。电力并网互联争议情况复杂的，经当事人申请或者电力监管机构认为必要，可以根据争议的不同类型，邀请与当事人无利害关系的电力技术、经济、法律方面的专家，举行专家论证会。每次论证会邀请的专家不得少于5人。专家论证会作出的结论或者争议解决方案，应当作为电力并网互联争议协调意见或者裁决决定的依据。

当事人在电力监管机构作出裁决前，可以自行依法达成协议，并报电力监管机构备案。当事人自行达成协议的，视为撤销申请，争议处理终止。

当事人不愿协商或协商不成的，电力监管机构在查明事实的基础上，依据法律、法规和规章，提出电力并网互联争议协调意见。当事人接受电力并网互联争议协调意见的，电力监管机构应当制作电力并网互联争议协调意见书，争议处理终止。当事人应当根据电力并网互联争议协调意见书签署并网调度协议或者互联调度协议。协调应当自争议受理之日起60日内终结。

当事人一方或者双方不接受电力并网互联争议协调意见的，协调终结。电力监管机构应当自协调终结之日起15日内作出裁决。电力并网互联争议裁决书应当包括下列内容：①当事人的名称、住所、法定代表人的姓名和职务；②争议的事项、理由和请求；③裁决认定的事实和适用的法律、行政法规和规章等；④裁决结果；⑤不服裁决结果的救济途径和法定期限；⑥作出裁决的机构名称、印章和日期。当事人对电力监管机构作出的裁决不服的，可以依法提起行政复议或者行政诉讼。

对于发生法律效力的行政裁决，当事人应当在裁决规定的时限内履行。逾期不履行的，由电力监管机构责令履行，并向社会公布；拒不履行的，电力监管机构依法申请人民法院强制执行。

第三节　电网调度争议

电能由于目前无法大规模储存，电力生产、运输、消费必须同时进行，故只有通过调度才能协调好电力生产和使用之间的平衡。不过，由于电力的生产者众多，用电人也众多，调度必然会对这些主体的利益产生不同影响，纠纷也因此而生。

一、电网调度争议的含义

电网调度是指为保障电网的安全、优质、经济运行而进行的组织、指挥、指导和协调。负责的机构称为电力调度机构。该机构在我国目前系电网企业的一个职能机构，即内设机构。电网调度争议是指各主体之间因履行电网调度而引发的各种争议。

由于发电、供电、用电均需要通过电网调度进行，因此电网调度会涉及诸多主体的权利义务。电网调度法律关系主要包括三类：一是作为管理机构的政府及其有关部门与相对人——电力调度机构、发电人、用电人、供电人等——因为电网调度而发生的法律关系。如在电力供应紧张的时候，政府可能会要求调度机制执行有序用电方案，对部分用电人的用电进行限制。二是电网企业调度机构之间，调度机构与发电人之间因调度而产生的法律关系。如上级调度机构要求下级调度机构执行调度指令。调度机构要求发电人停止发电，加大或减少出力等。三是电网调度机构与用电人之间因调度而产生的法律关系。如因为检修需要暂停对用电人的电力供应等。

二、电网调度争议的种类与解决

由于电网调度的法律关系涉及三类，而这三类法律关系的性质又不一样，因而解决调度争议的方式也不一样。作为管理机构的政府及其有关部门与相对人之间因电力调度而引发的法律关系实际上是一种行政法律关系，引发的纠纷也就是属于行政纠纷，应当通过行政复议、行政诉讼等方式来解决。

根据涉及的主体不同，此类纠纷的大致可以分为以下几类：一是电力监管机构与调度机构之间的纠纷。如 2004 年施行的《关于促进电力调度公开、公平、公正的暂行办法》对电力调度机构的调度运行管理和信息披露作了具体规定。第 15 条规定，电力调度机构负责按规定收集、管理、披露有关信息。一旦调度机构没有遵循这些规定，就有可能与监管机构产生纠纷。[1] 2005 年施行的《电力监管条例》第 17 条规定，电力监管机构对电力企业、电力调度交易机构执行电力市场运行规则的情况，以及电力调度交易机构执行电力调度规则的情况实施监管。第 23 条规定，电力监管机构有权责令电力企业、电力调度交易机构按照国家有关电力监管规章、规则的规定如实披露有关信息。

如国家能源局在 2014 年的监管中发现南方电网调度机构给云南省鲁布革电站年度计划安排较多，基本带基荷运行，违背其作为南方电网调频调峰电厂功能定位原则。2014 年 7 至 9 月云南省大规模弃水的背景下，鲁布革电站的发电负荷率基本保持在 92% 至 99% 之间，是云南电网负荷率最高的电站，于是建议南方电网调度机构予以整改。但在能源局 2016 年的监管中，发现截至 2016 年 6 月底，南方电网调度机构在汛期其他云南水电站带低负荷大量弃水期间仍安排云南鲁布革水电站接近满负荷发电，前述问题没有得到整改。表明调度机构与监管机构之间存在争议。监管机构于是再次提出建议：南方电网调度机构要按照调峰调频电厂功能定位原则合理安排云南鲁布革电厂电量，公平对待各发电企业。[2]

二是管理机构与发电企业之间因调度引发的纠纷。发电企业必须服从调度，如果不服从调度发生纠纷，电网企业并没有强制手段强制发电企业遵守，只有要求行政管理机构采取强制措施。行政机构一旦采取强制措施，就有可能与相对人发生纠纷。比如广西百色银海发电有限责任公司所属的田阳电厂在未向有关部门办理相关退网手续，

---

[1] 需要注意的是，电力监管机构监管的内容很多，因其他监管内容引发的纠纷在第六节中介绍。

[2] 参见国家能源局：《山东等 7 省电力调度交易与市场秩序专项监管报告》，2017 年第 4 号监管公告。

未经电力调度机构同意的情况下，违规操作调度机构调度管辖范围内的设备，自行断开与广西电网的连接，违规并入百色区域电网运行。同时，该公司在收到监管整改通知书后仍拒不按要求落实整改，情节严重。南方能源监管局依法发出事先告知书和听证告知书，听取当事人的陈述和申辩，并对该公司作出罚款和吊销电力业务许可证的行政处罚。❶

三是调度机构执行拉闸、限电引发的用电人与政府电力行政管理部门之间的纠纷。2005年施行的《电网调度管理条例》第18条规定，出现下列紧急情况之一的，值班调度人员可以调整日发电、供电调度计划，发布限电、调整发电厂功率、开或者停发电机组等指令；可以向本电网内的发电厂、变电站的运行值班单位发布调度指令：①发电、供电设备发生重大事故或者电网发生事故；②电网频率或者电压超过规定范围；③输变电设备负载超过规定值；④主干线路功率值超过规定的稳定限额；⑤其他威胁电网安全运行的紧急情况。根据该条，电网调度机构虽然可以发布限电指令，但限电系政府行政行为。因为限电序位表或者有序用电方案的制定主体是政府，而不是电网企业，其仅是限电序位表或者有序用电方案的执行者而已。这一点在2005年施行的《电网调度管理条例》第19条有明确规定，省级电网管理部门、省辖市级电网管理部门、县级电网管理部门应当根据本级人民政府的生产调度部门的要求、用户的特点和电网安全运行的需要，提出事故及超计划用电的限电序位表，经本级人民政府的生产调度部门审核，报本级人民政府批准后，由调度机构执行。地方电力法规也有明确规定。如2020年施行的《江苏省电力条例》第29条规定，设区的市人民政府电力行政管理部门应当组织编制本地区年度有序用电方案，经本级人民政府同意后公布实施。因此，电力用户对限电不满时，应当按行政纠纷处理。

就第二类电力调度法律关系而言，尽管1994年实施的《电网调度管理条例实施办法》第5条第3款规定，各级调度机构在电网调度业务活动中是上、下级关系，下级

---

❶ 参见国家能源局南方监管局：《南方能源监管局开出全国首张吊销电力业务许可证罚单》。

调度机构必须服从上级调度机构的调度。因此上下级调度机构之间发生的纠纷似乎属于行政纠纷。第12条规定，发电厂、变电站等运行值班单位，必须按其所纳入的调度管辖范围，服从有直接调度管辖权的调度机构的调度。在电网出现《电网调度管理条例》第18条所列紧急情况时，接到更高一级调度机构的调度指令，也必须执行，并且必须将执行情况分别报告发布指令的调度机构和直接管辖的调度机构的值班调度人员，但第二类调度法律关系仍然是一种民事法律关系。这是因为调度机构目前隶属于电网企业，电网企业之间以及电网企业与发电企业之间系平等主体。发电企业在并网之时都需要与电网企业之间签订并网协议。并网协议中会根据《电网调度管理条例实施办法》第31条约定违约责任和奖惩条款。因此，当发电企业不执行调度指令时，需要承担违约责任。如果给电网企业造成了损失，电网企业也可以选择提起侵权之诉。反之，如果调度机构误下调度指令，造成发电厂损失时，同样需要承担违约或侵权责任。但不管侵权还是违约，一旦发生纠纷，都属于民事纠纷，应当按照解决民事纠纷的方式，如协商、调解、民事诉讼等方式来解决或者根据并网协议中约定的纠纷处理等条款进行处理。

如2010年9月15日，某市电网处于该日低负荷时段。某市供电局（原告）调度所当班值班员钟某按规定给某电厂（被告）下令停机，该电厂并网接入点为35千伏某变电所。电厂值班人员在接到调度命令后，在该厂领导的授意下，拒不执行市供电局值班调度员钟某的停机指令。在调度所当班值班员5次给该电厂打电话后，该电厂值班人员仍然拒不执行停机指令，造成某市电网局部电压异常升高，该电厂并网接入的35千伏某变电所的35千伏电压升至41千伏、10千伏电压升至13千伏。该电厂值班人员拒不执行停机指令使得某变电所1号变压器长时间运行在过电压状态下（连续运行30分钟），造成1号变压器绝缘破坏，最终导致1号变压器烧毁，直接设备损失（不含电量损失）150万元。

事后某市供电局要求电厂赔偿损失，双方协商未果。某市供电局以电厂拒不执行调度指令，违反双方签订的调度协议造成市供电局经济损失为由，于2010年1月25日，以某电厂为被告，向某市某区人民法院提起民事诉讼，请求被告赔偿原告150万元经济损失。

在审理过程中，原、被告双方向人民法院申请对本案进行庭外和解，法院予以准许。双方经协商达成和解协议，由某电厂赔偿某市供电局100万元经济损失。原告某供电局向法院申请撤诉，某市某区人民法院裁定准予撤诉。❶

第三类法律关系是指电网调度机构与部分电力用户之间因履行调度协议而产生的法律关系。至于哪些电力用户需要签订调度协议，法律法规目前没有明确规定。实践中220千伏出线专变用户、110千伏出线专变用户、35千伏出线专变用户、10千伏出线专变用户、10千伏开闭所专线用户、10千伏线路上双电源用户都需要签订调度协议。一旦某一方违反调度协议，就会产生纠纷。由于调度协议是平等主体之间签订的协议，此类纠纷应当按民事纠纷解决。

如2011年2月9日凌晨2:02，某市供电局（原告）110千伏安变电所发生一起某因猫蹿上10千伏户外断路器引起相间短路并造成10千伏I段母线失电的事故。某公司（被告）为10千伏双电源用户，主供电源引自A变电所（HR 283线），备供电源引自B变电所（HD197线），备自投装置为正常投入状态。由于A变电所故障引起停电后，某公司高压配电变压器双电源备自投动作将电源切换至B变电所供电（此时HD197线断路器合上，HR 283线断路器为热备用状态，某公司10千伏母线已带电）。某公司值班员王某未对现场设备运行情况进行仔细检查核对，认为某公司高压配电变压器仍处于失电状态，于是在未向某市供电局调度汇报也未经某市供电局调度许可情况下擅自操作合上HR 283线进线断路器（此断路器属于调度设备），从而导致电源通过HR 283线倒送电至110千伏安变电所10千伏母线上，使得10千伏户外断路器再次发生短路故障而爆炸烧毁。2:12某公司高压配电变压器值班员王某向某市供电局调度部门汇报该公司10千伏备自投装置动作，隐瞒了擅自操作和现场设备实际运行情况。接着王某发觉10千伏 HD 197线负荷异常后，随即又在未获得某市供电局调度部门许

---

❶ 李卫东：《电网运行典型案例与风险防范》，中国电力出版社2012年版，第114-116页。

可下拉开 HR 283 线进线断路器，然后汇报某市供电局调度部门 HD 197 线运行情况。由于某公司擅自操作造成 A 变电所 10 千伏断路器、隔离开关、电流互感器等设备造成直接经济损失 125 万元。事发后，原告某市供电局要求某公司赔偿协商未果，以被告某公司违反双方签订的调度协议造成某市供电局变电所设备损失为由提起民事诉讼，请求被告赔偿原告直接经济损失 125 万元。庭审过程中，双方同意调解，并在法院的主持下达成了调解协议，调解结果为被告某公司赔偿原告某市供电局直接经济损失 110 万元，原告放弃其他诉讼请求。❶

大部分用电人与调度机构之间是不需要签订调度协议的，但仍需要进行调度。调度的结果——如停电或限电——往往会影响用电人与供电人之间签订的供用电合同之履行，此类纠纷放到第五节中介绍。

第四节　电力交易争议

在电力体制改革之前，电力交易相对简单，电力生产者将电能卖给电网经营人，后者又将电能卖给用电人。这种模式下，电力交易虽也有可能发生争议，但争议种类和数量相对都较少。改革之后，交易类型和参与的主体都有了大幅增加，争议种类和数量也随之发生重大变化。

一、电力交易争议的含义

在 2015 年深化电力体制改革方案发布以前，发电企业生产的电力都是卖给电网企业。用户所需电量都是到电网企业购买，电网企业属于统购统销。故电力交易法律关系只有两种，相对简单。这两类法律虽然也会发生纠纷，但总体说来，纠纷涉及主体少。

2015 年深化电力体制改革方案发布后，售电业务开始逐步放开。《关于推进售电侧改革的实施意见》规定，通过逐步放开售电业务，进一步引入竞争，完善电力市场运

---

❶ 李卫东：《电网运行典型案例与风险防范》，中国电力出版社 2012 年版，第 120-122 页。

行机制，充分发挥市场在资源配置中的决定性作用，鼓励越来越多的市场主体参与售电市场。售电公司以服务用户为核心，以经济、优质、安全、环保为经营原则，实行自主经营，自担风险，自负盈亏，自我约束。同一供电营业区内可以有多个售电公司。同一售电公司可在多个供电营业区内售电。电力用户现阶段可以分为强制进入市场和可以进入市场两类。对于强制进入市场的电力用户，可以直接与发电公司交易，也可以自主选择与售电公司交易，或选择由电网企业代为购电。可以进入市场的电力用户既可以向电网企业购电，也可以向发电企业直接买电，还可以向售电公司买电。当然，用电人也可以委托售电公司向发电企业购电。

二、电力交易争议的种类与解决

鉴于现在的电力交易既包括传统的电网企业统购统销，也包括市场化销售，故电力交易争议是指各购电、售电主体围绕电力购买与销售而发生的争议。此类争议大致可以分为两大类：买卖合同纠纷和委托合同纠纷。

从传统的统购统销来看，电网企业与发电企业之间存在购售电合同关系，与电力用户之间存在供用电合同关系。纠纷也是围绕这两种法律关系展开。后者由于电力用户很多，纠纷也很多，第五节专门介绍。

前者纠纷内容主要涉及上网电价确定、电费金额、电费支付等。如汕头经济特区松山火力发电厂有限公司与广东电网有限责任公司、广东电网有限责任公司汕头供电局购供电合同纠纷一案。❶ 原告汕头经济特区松山火力发电厂有限公司在一审中提出的诉讼请求为：①判令广东电网公司、汕头供电局向松山电厂支付按《统购上网电量合同书》约定的上网电价与实际支付电价的差额 192 785 018.73 元及该款自 2011 年 2 月 22 日起至判决确定的付款日的银行同期商业贷款利息；②判令广东电网公司、汕头供电局向松山电厂支付 1996 年 1 月至 2008 年 7 月上网电价中按实际税金上涨部分计

---

❶ 参见最高人民法院（2016）最高法民终第 176 号民事判决书。

算得上网电价补偿款 67 197 560 元及该款自 2011 年 2 月 22 日起至判决确定的付款日的银行同期商业贷款利息；③判令广东电网公司、汕头供电局支付 2009 年 1 月、2 月欠购上网电量补偿款 6 885 335 元及该款自 2011 年 2 月 22 日起至判决确定的付款日的银行同期商业贷款利息；④判令广东电网公司、汕头供电局承担本案的全部诉讼费用。原告在诉讼请求被全部驳回后提起上诉，二审法院将争点归纳为：①《统购上网电量合同书》中所约定九四电价是否为合同后续履行中应当适用的基础价格；②案涉上网电价应如何确定；③ 2009 年松山电厂未能足额发电的原因以及赔偿责任承担。

二维码 11-2 （2016）最高法民终第 176 号民事判决书

从市场化电力销售法律关系来看，主要有以下几种法律关系，实践中的纠纷也主要是围绕这几类法律关系产生：一是电力用户与发电企业之间的购销关系，即直购电关系。如靖远第二发电有限公司与中国铝业股份有限公司连城分公司等供用电合同纠纷案。❶二是售电公司与发电企业之间的购销关系。如郑州市郑东新区热电有限公司与河南众企联合售电有限公司买卖合同纠纷案。❷三是电力用户与售电公司之间的电力购销关系。如成都市国森木业有限责任公司、乾程电力有限公司买卖合同纠纷案。❸四是电力用户委托售电公司购电而产生的委托关系。如海城北海化工有限公司、东北售电有限公司委托合同纠纷案。❹五是因电力交易中心变更售电企业与发电企业之间的交易电价，引发的售电公司与电力交易中心之间的纠纷。如 2022 年 11 月，贵州电力交易中心未按照贵州盘北大秦售电公司与发电企业签订的合同出具《2022 年 10 月售电公司

---

❶ 参见北京市第一中级人民法院（2018）京 01 民初 24 号民事判决书。

❷ 参见河南省郑州市管城回族区人民法院（2019）豫 0104 民初 1067 号民事判决书。

❸ 参见四川省彭州市人民法院（2019）川 0182 民初 2237 号民事判决书。

❹ 参见辽宁省高级人民法院（2019）辽民申 3274 号民事裁定书。

交易结算依据》，而是调高了购电价格，导致该售电公司当月收益为零。为此，该售电公司向法院起诉，要求贵州电力交易中心赔偿损失 130 余万元。❶

由于各主体在电力交易中产生的纠纷都是平等主体之间的纠纷，因此应当按照民事纠纷进行解决。当事人可以协商，可以调解，民事诉讼。约定了仲裁的则按仲裁程序解决。

第五节　电力供应与使用争议

电能必须通过供电人的输配电网络输配到用户处，才能完成消费。但就是在输配过程中，因各种原因会引发很多的争议，如人身触电，相邻关系，输电线路被破坏，用户不能连续及时用电等。

一、电力供应与使用争议的含义

电力供应与使用争议是指围绕电力供应与使用而发生在供电人与用电人、第三人之间的争议。根据目前的电力体制改革，供电人包括电网公司和配电网公司。相应地，供用电法律关系发生仅发生在电网公司与供电人之间，配电网公司与用电人之间。供电人与用电人之间应否签订供用电合同，就供用电合同履行而发生的违约争议。此外，由于电力供应需要通过输电线路来完成，有可能在输电线路上产生人身触电，输电线路与其他不动产如房屋、树木等产生相邻纠纷，输电线路受到第三人破坏等。此类争议都属于侵权争议。

二、电力供应与使用争议的种类与解决

电力供应与使用中的第一类常见争议是应否签订供用电合同的争议。通常情况下，供电人负有强制缔约义务，只要用电人提出用电申请，供电人就得与用电人签订

---

❶ 参见《上调长协电价合法吗？大秦售电起诉贵州电力交易中心》，来源：电力法律观察。

供用电合同。但有时供电人有时基于正当理由拒绝签订，因而产生纠纷。如王泽坚与国网北京市电力公司供用电合同纠纷案。❶原告王泽坚诉称，2014年7月，我与北京金港世纪投资顾问有限公司签订房屋租赁合同，约定出租方将北京市昌平区沙河镇北二村金港青年公寓×号楼×××室出租给我，租期是2013年4月20日至2033年4月19日。一次性支付20年租金98000元。入住后物业公司让我交两千元物业费，我不交纳物业费，他们就不给我充电。于是诉至法院，要求被告给昌平北大桥青年公寓×号楼×××室装表、送电。法院经审理后认为：原、被告之间目前并不存在供电合同关系，对于双方能否依法建立供电合同关系，应由政府电力管理部门负责监督管理，双方纠纷并不属于人民法院民事案件受理范围，裁定如下：驳回原告王泽坚的起诉。

第二类常见争议是就履行供用电合同而产生的违约争议。该类争议主要涉及电费争议（包括拖欠电费争议、电费金额争议）、停电损害赔偿争议、窃电争议等。拖欠电费争议是指用电人对电费数额没有争议，但却没有及时支付而引发的争议。如海南电网有限责任公司海口供电局与海南金轮实业股份有限公司供用电合同纠纷案。❷双方争议的焦点就是海南金轮实业股份有限公司拖欠的海南电网有限责任公司海口供电局的电费是否被省政府减免，减免了多少，还应支付多少。

电费金额争议是指因适用何种电价、计量精准度等而引发的有关电费金额计算方面的争议。如国网福建省电力有限公司永安市供电公司与永安市洪田富山竹木有限公司供用电合同纠纷案。❸永安供电公司在对洪田富山竹木有限公司的电能计量装置进行轮换时发现A相电流互感器故障，计量不准，要求补交电费，双方发生纠纷。

停电损害赔偿争议是指因供电人的停电或限电造成了用电人的损失，但用电人认为供电人的停电或限电不合法而引发的争议。供电人停电或限电可能是供电人主动调

---

❶ 参见北京市西城区人民法院（2016）京0102民初21151号民事裁定书。

❷ 参见海南省海口市秀英区人民法院（2017）琼0105民初2809号民事判决书。

❸ 参见福建省永安市人民法院（2019）闽0481民初1992号民事判决书。

度的结果，也可能是供电人的输配电设备出现故障，或者是第三人的原因导致。第一种情况如国网河北省电力公司任县供电分公司、邢台德禽畜牧养殖有限公司供用电合同纠纷案。❶ 国网河北省电力公司任县供电分公司在采取紧急限电措施时，未及时告知邢台德禽畜牧养殖有限公司，造成后者养殖白羽鸡死亡 4 600 只，因赔偿问题双方成讼。第二种情况如国网湖南省电力有限公司资兴市供电分公司、资兴市晓龙特种鱼苗孵化养殖场供用电合同纠纷案。❷ 国网资兴供电分公司向晓龙特种鱼苗孵化养殖场供电的焦高线发生线路故障，导致晓龙特种鱼苗孵化养殖场停电。经鉴定，因停电缺氧导致脆皖鱼死亡。晓龙养殖场起诉要求赔偿。第三种情况如麦文显与广东电网有限责任公司佛山顺德供电局供用电合同纠纷案。❸ 广东顺控发展股份有限公司在施工时压断两条地埋电缆，导致向麦文显经营的鱼苗孵化场供电中断，造成鱼苗死亡，因赔偿问题三方发生争议。

窃电争议是指用电人在用电时没有计量或者少计量进而导致少交电费引发的争议。如国网湖南省电力公司湘潭县供电分公司与胡铁忠供用电合同纠纷案。❹ 湘潭县花石供电所电力检查人员在工作过程中发现被告在电表外搭线绕表用电，行为性质属于窃电，造成电费损失 2 857 元，要求赔偿。

窃电除涉及民事责任外，还有可能涉及行政责任和刑事责任。1996 年施行的《电力法》第 71 条规定，盗窃电能的，由电力管理部门责令停止违法行为，追缴电费并处应交电费五倍以下的罚款。构成犯罪的，依照刑法的规定追究刑事责任。故对于后两种争议需按照行政程序和刑事程序处理。

对于窃电行为，不论是追究民事责任、行政责任还是刑事责任，都需要确定窃电量，然后再乘以相应的电价，才能得出电费数额。对此，民事责任和刑事责任规定的

---

❶ 参见河北省邢台市中级人民法院（2019）冀 05 民终 3970 号民事判决书。

❷ 参见湖南省郴州市中级人民法院（2019）湘 10 民终 1971 号民事判决书。

❸ 参见广东省佛山市顺德区人民法院（2017）粤 0606 民初 17614 号民事判决书。

❹ 参见湖南省湘潭县人民法院（2016）湘 0321 民初 67 号民事判决书。

计算方法并不相同。1996 年施行 2024 年修订的《供电营业规则》第 105 条规定，窃电量按下列方法确定：能够查实用户窃电量的，按已查实的数额确定窃电量，窃电量不能查实的，按照下列方法确定：①在供电企业的供电设施上，擅自接线用电或者绕越供电企业电能计量装置用电的，所窃电量按私接设备额定容量（千伏安视同千瓦）乘以实际使用时间计算确定；②以其他行为窃电的，所窃电量按计费电能表标定电流值（对装有限流器的，按照限流器整定电流值）所指的容量（千伏安视同千瓦）乘以实际窃用的时间计算确定。窃电时间无法查明时，窃电日数以一百八十天计算，每日窃电时长：电力用户按 12 小时计算；照明用户按 6 小时计算。

《刑法修正案（八）》第 39 条规定："盗窃公私财物，数额较大的，或者多次盗窃、入户盗窃、携带凶器盗窃、扒窃的，处三年以下有期徒刑、拘役或者管制，并处或者单处罚金；数额巨大或者有其他严重情节的，处三年以上十年以下有期徒刑，并处罚金；数额特别巨大或者有其他特别严重情节的，处十年以上有期徒刑或者无期徒刑，并处罚金或者没收财产。"最高人民法院、最高人民检察院《关于办理盗窃刑事案件适用法律若干问题的解释》第 4 条第 3 项规定：盗窃电力、燃气、自来水等财物，盗窃数量能够查实的，按照查实的数量计算盗窃数额；盗窃数量无法查实的，以盗窃前六个月月均正常用量减去盗窃后计量仪表显示的月均用量推算盗窃数额；盗窃前正常使用不足六个月的，按照正常使用期间的月均用量减去盗窃后计量仪表显示的月均用量推算盗窃数额。

第三类常见争议是人身触电争议。触电发生的原因很多，最常见的受害人触碰带电线路。此类争议属于人身侵权争议。人身触电争议的解决主要涉及以下几个问题：一是归责原则的问题。《民法典》第 1240 条前半段规定，从事高空、高压、地下挖掘活动或者使用高速轨道运输工具造成他人损害的，经营者应当承担侵权责任；其中的高压就包括高电压。高电压是指 1 千伏以上的电压。也就是说，在 1 千伏以上的输电线路上发生人身触电实行无过错归责。受害人只需证明自己有损害、有触电行为、二者之间存在因果关系三个要件即可；1 千伏以下的实行过错归责。受害人需要证明供电人有过错、自己有损害、有触电行为、二者之间存在因果关系四个要件。二是责任主体的问题。根据《民法典》第 1240 条的规定，责任主体是经营者。当所有权人与经营者合二为一时，所有权人就是责任主体。当二者分离时，经营者就是责任主体。三是赔偿范围。根据《民法典》第 1178 条的规定，侵害他人造成人身损害的，应当赔偿医疗费、护理费、交通费、营养费、住院伙食补助费等为治疗和康复支出的合理费用，以及因误工减少的收入。造成残疾的，还应当赔偿辅助器具费和残疾赔偿金；造成死亡的，还应当赔偿丧葬费和死亡赔偿金。四是免责与减轻赔偿问题。根据《民法典》第 1240 条后半段的规定，能够证明损害是因受害人故意或者不可抗力造成的，不承担责任。被侵权人对损害的发生有重大过失的，可以减轻经营者的责任。

第四类常见争议是破坏电力设施争议。为了保护电力设施，国务院于 1998 年专门制定了《电力设施保护条例》，对电力设施的保护范围和保护区作了明确规定，但实践中仍有大量的电力设施被破坏。破坏电力设施，损害人首先需要承担的是民事责任，如国网江西彭泽县供电有限责任公司诉胡来根财产损害赔偿纠纷案，❶ 被告胡来根在未通知原告国网江西彭泽县供电有限责任公司的情况下指示其员工砍伐树木，由于未采取安全防范措施，伐树过程中将原告高压线路损坏，造成断杆、断线的严重后果。破坏电力设施根据损害的严重程度还有可能需要承担行政责任或刑事责任。因为《电力设施保护条例》第 30 条规定，凡违反本条例规定而构成违反治安管理行为的单位或个人，由公安部门根据《治安管理处罚法》予以处罚；构成犯罪的，由司法机关依法追究刑事责任。因此，对于破坏电力设施的行为，需要根据承担责任的不同，采取不同的争议解决方式。

第五类常见争议是相邻关系争议。为处理相邻关系，《电力设施保护条例》专设第四章，其标题就是"对电力设施与其他设施互相妨碍的处理"。相邻关系主要涉及线房、线树、线线关系等。相邻关系的处理主要涉及谁应当避让谁、避让成本由谁承担、线路管理人能否基于相邻关系直接处理他人财物，如砍伐植物、应否赔偿他人损

---

❶ 参见彭泽县人民法院（2014）彭民一初字第 795 号民事判决书。

失等问题。如岳西县得意水产品养殖专业合作社与国网安徽省电力公司、国网安徽省电力公司安庆供电公司相邻关系纠纷案。[1]岳西县得意水产品养殖专业合作社一直从事水产品养殖、销售及经营垂钓服务。国网安徽省电力公司、国网安徽省电力公司安庆供电公司架设的 220 千伏的高压线从得意水产品养殖专业合作社经营的池塘上空经过，建设时后者就反对。建成后，国网安徽省电力公司、国网安徽省电力公司安庆供电公司明知得意水产品合作社养殖专业是从事垂钓的企业，竟然在其经营的场区（池塘边）多处竖起了"高压电下禁止垂钓"的牌子，致使得意水产品养殖专业合作社无法正常生产、经营，双方因此发生争议。相邻关系争议属于典型的民事争议，应采用民事纠纷解决方式进行处理。

第六类争议是行政管理机关要求供电企业中止向用户供电引发的行政纠纷。有些行政机关在进行行政管理时会要求电网企业通过中断供电来协助其进行行政执法。如 2021 年修正的《安全生产法》第 70 条规定第 1 款规定，负有安全生产监督管理职责的部门依法对存在重大事故隐患的生产经营单位作出停产停业、停止施工、停止使用相关设施或者设备的决定，生产经营单位应当依法执行，及时消除事故隐患。生产经营单位拒不执行，有发生生产安全事故的现实危险的，在保证安全的前提下，经本部门主要负责人批准，负有安全生产监督管理职责的部门可以采取通知有关单位停止供电、停止供应民用爆炸物品等措施，强制生产经营单位履行决定。通知应当采用书面形式，有关单位应当予以配合。一旦强制停电给用电人造成损失，必然会引发纠纷。如衡阳华强玻璃制品有限公司与衡阳市经信委电力执法支队之间的纠纷。

二维码 11-3 （2017）湘行终 85 号行政判决书

---

[1] 参见安徽省岳西县人民法院（2017）皖 0828 民初 623 号民事判决书。

2004 年 2 月 28 日，衡阳华强玻璃制品有限公司（以下简称华强公司）与衡阳玻璃瓶罐厂签订的《租赁合同书》，华强公司承租衡阳玻璃瓶罐厂全部厂房、土地、设备、仓库等固定资产，用于生产经营各种玻璃瓶罐、荧光灯、节能灯等玻璃产品，每月租金 7 万元，租赁期限 20 年，从 2004 年 3 月 1 日起至 2024 年 2 月 28 日止等。2012 年 10 月 30 日，衡阳市轻工业行业管理办公室向经信委提交衡轻字〔2012〕031 号《关于衡阳华强玻璃制品有限公司 66 平方米啤酒瓶生产线技改项目的立项请示》，同日，衡阳市轻工业行业管理办公室向华强玻璃制品公司下发衡轻字〔2012〕033 号《关于同意衡阳华强玻璃制品有限公司啤酒瓶生产线维修改造方案的批复》，同意华强公司对现有啤酒瓶生产线进行维修改造。由于衡阳市雁峰区人民政府、衡阳市环境保护局分别致函衡阳市经信委，函告华强公司在生产过程中产生环境污染，引发周边居民多次群体上访，强烈要求对华强公司暂实施停、限电措施。2015 年 4 月 13 日，衡阳市经信委电力执法支队作出衡市电执法字〔2015〕3 号《关于对衡阳华强玻璃制品有限公司暂实施限电的通知》。该通知在送达给华强公司的同时也送达给国家电网衡阳供电公司。根据该通知要求，国家电网衡阳供电公司对华强公司实施了限电。华强公司不服，认为电力执法支队没有执法权，所作出的《暂限电通知》无事实和法律依据，程序严重违法，给华强公司造成重大经济损失，故提起诉讼。请求：①确认电力执法支队作出的《暂限电通知》无效；②判决经信委赔偿华强公司损失 5 873.25 万元。❶

第六节 电力监管争议

鉴于有些垄断有其存在的必要性，再加上市场不是万能的，监管必不可少。电力行业既有垄断也有市场，要加强监管自然在情理之中。监管者与被监管者以及第三人之间由于各自的利益诉求不一，也会发生各种争议。

---

❶ 案例详情参见湖南省高级人民法院（2017）湘行终 85 号行政判决书。

一、电力监管争议的含义

电力监管争议就是电力监管主体在监管过程中与相对人之间发生的争议。从电力监管的主体来看，目前以国家能源局的监管为主，国家发展和改革委员会、财政部、国务院国有资产监督管理委员会、生态环境部、工业和信息化部等都承担了一定的电力监管职责。由于监管主体与相对人之间是一种监管与被监管关系，不是平等主体之间的关系，因而此类纠纷应当通过行政复议、行政诉讼等来解决。

二、电力监管争议的种类与解决

从相对人与电力监管机关之间争议的内容来看，目前主要有以下两类争议。一是相对人就电力监管部门是否履行监管职责而发生的纠纷。如上诉人李永威（原审原告）与被上诉人（原审被告）威海市经济和信息化委员会不履行法定职责案。❶

二维码 11-4 （2016）鲁 10 行终 50 号行政判决书

李永威系威海世昌大道 100 号（现称威海珠宝艺术城，原称奥特莱斯）第 30 号商铺的业主。该商业综合体的配电设施由威海东新置业有限公司（以下简称东新置业公司）投资建设。2014 年 1 月 21 日，威海供电公司与东新置业公司签订《高压供用电合同》，合同约定，由威海供电公司为世昌大道 100 号供电。2015 年 10 月 8 日，李永威向威海市经信委提交申请书，要求威海市经信委查处世昌大道 100 号电力供应（经营）方东新置业公司或威海燕莎商业管理公司等无《供电营业许可证》经营电力的行为。2015 年 10 月 14 日，威海市经信委作出《关于对世昌大道 100 号供电问题的答复》，告知李永威世昌大道 100 号（现称威海珠宝艺术城，原称奥特莱斯）商业综合体的配电

---

❶ 参见山东省威海市中级人民法院（2016）鲁 10 行终 50 号行政判决书。

设施产权方东新置业公司及商业管理方威海燕莎商业管理公司均不属于供电企业和供电营业机构，不需要由国务院电力管理部门审查批准并发给《供电营业许可证》；且威海市经信委并无依法查处房地产开发商或管理公司是否拥有《供电营业许可证》的行政权力；此外，目前威海供电公司对世昌大道100号商业综合体的供电方式不违背现行法律法规规定。李永威对该答复不服，认为威海市经信委不作为，向法院提起行政诉讼，要求威海市经信委查处东新置业公司（或威海燕莎商业管理公司）无《供电营业许可证》经营电力的行为。一审法院经审理后认为威海市经济和信息化委员会履行了法定职责，李永威不服提起上诉，二审法院经审理后驳回上诉维持原判。

需要特别注意的是，有些原告由于没有厘清监管机构的具体监管职责是什么，就对特定监管机构提起行为不作为的行政诉讼，最终导致败诉。如段久成与国家能源局贵州监管办公室，第三人邵阳市送变电安装队、贵州电网有限责任公司六盘水供电局行政不作为纠纷案。[1]2014年10月，原告段久成在第三人邵阳市送变电安装队打工，2014年11月13日原告段久成在改造水城县玉舍镇10千伏高压电的过程中，被高压电击伤，后经治疗，经鉴定原告段久成为2级伤残。原告段久成认为，本次事故是在工作过程中受到的伤害，属于安全生产事故。由于第三人未按照国家有关规定，向安全生产监督管理部门进行报告，原告便向被告国家能源局贵州监管办公室举报第三人隐瞒不报的违法行为，请求被告依照《电力安全事故应急处置和调查处理条例》之相关规定对事故进行调查，对其隐瞒不报的违法行为处以100万元以上500万元以下的罚款，并对主要责任人、直接负责的主管人员和其他直接人员处以一年年收入60%至100%的罚款。但被告以不是自己职责范围，拒接受理原告举报。原告于是提起行政诉讼。法院经审理后认为原告段久成工作过程中被高压电击伤不属于电力安全事故，被告在收到原告段久成的举报、控告后其处置适当，不存在行政不作为的情形，于是判决驳回了原告的诉讼请求。

---

❶ 参见贵阳市观山湖区人民法院（2015）筑观法行初字第79号行政判决书。

二是相对人对电力监管部门作出的处罚行为不服，进而产生争议。如永州市华创置业发展有限公司与永州市经济和信息化委员会电力行政处罚再审案。[1]

二维码11-5 （2014）湘高法再终字第13号行政判决书

原告华创置业公司所建设的颐园小区位于永州市冷水滩区育才路。2007年10月2日，原告在建设小区过程中，依据伪造的永州市建筑设计院有限责任公司设计变更通知单变更了有关水电设施。2008年6月23日，原告向湖南省电力公司永州电业局递交了用电申请书，报装用电容量4 250千伏安，并于2009年4月25日签订了供用电合同，合同约定受电总容量为2 650千伏安。在颐园小区建设基本完工并交付住户后，小区内多次出现停电事故，经湖南省电力公司永州电业局和冷水滩供电局检查，认为停电事故的主要原因是小区的变压器容量配置不足，按照有关规定容量应达到8 118千伏安，而实际安装的容量为3 050千伏安；另有低压电缆线未按设计施工。2012年4月28日，被告永州市经信委向华创置业公司送达了永经信罚字（2012）001号行政处罚决定书。原告不服，向法院提起诉讼。双方争议焦点是本案能否适用《电力法》第32条、第65条。一审法院认为原告对颐园小区未按国家有关标准配置变压器容量并擅自变更低压电缆线的标准，导致颐园小区多次停电，已经影响了供电、用电安全，但并不是《电力法》第32条和国务院《电力供应与使用条例》第30条、《供用电监督管理办法》第28条规定的可以处罚的行为。于是判决：①撤销被告永州市经济和信息化委员会作出的永经信罚字（2012）0001号行政处罚决定书。②被告永州市经济和信息化委员会在本判决生效后重新作出具体行政行为。

永州市经信委不服，向永州市中级人民法院提起上诉。二审法院判决如下：①撤

---

[1] 参见湖南省高级人民法院（2014）湘高法行再终字第13号行政判决书。

销永州市冷水滩区人民法院（2012）永冷行初字第 16 号行政判决；②维持永州市经信委作出的永经信罚字（2012）001 号行政处罚决定书的第一、三、四项；③撤销永州市经信委作出的永经信罚字（2012）001 号行政处罚决定书的第二项。

华创置业公司不服，向永州市中级人民法院提出再审申请。永州市中级人民法院经审查，于 2013 年 8 月 1 日以（2013）永中法立行监字第 5 号通知书驳回了华创置业公司的再审申请。华创置业公司仍不服，向湖南省高级人民法院提出申诉。湖南省高级人民法院于 2013 年 10 月 21 日作出（2013）湘高法行监字第 116 号行政裁定，裁定由本院提审。经审理后判决：①撤销永州市中级人民法院作出的（2012）永中法行终字第 42 号行政判决；②维持永州市冷水滩区人民法院（2012）永冷行初字第 16 号行政判决。

思考题：

1. 除了本章介绍的纠纷解决方式之外，现实生活中还有哪些纠纷解决方式？您认为这些纠纷解决方式有何优缺点？

2. 案例分析

2016 年 6 月 27 日，常熟供电公司向常熟市三峰经纬编织造有限公司发出停电通知，主要内容为"常熟市三峰经纬编织造有限公司：根据常熟市发展和改革委员会常发改〔2016〕231 文件《关于对 73011 部队常熟三峰营区 11 个违规租赁项目采取停电措施的通知》文件精神，我所将在 6 月 29 日配合政府对贵处进行停止供电。"通知发出后，常熟供电公司实施了停止供电。

2016 年 7 月 6 日，常熟市三峰经纬编织造有限公司承租人张宗法向常熟供电公司提出信息公开申请，要求书面公开"常熟市虞山林场三峰管理区徐家宕地块停电的依据"。常熟供电公司未予以答复。张宗法不满。

问：本纠纷属民事纠纷还是行政纠纷，为什么？张宗法可以通过哪些方式解决？

第十二章 | 电力法律责任

法律责任是法学的基础概念，也是任何一部法律不可或缺的内容。一般意义上，法律责任有积极和消极两种含义。积极的法律责任是指行为人应该遵守法律的相关规定，即义务。如遵纪守法是每个公民的宪法义务。消极的法律责任是指行为人违反法律规定应当承担的后果。

第一节 电力法律责任概述

一、电力立法与法律责任

电力法律责任，是指行为人违反与电力相关的法律法规应当承担的后果。需要特别强调的是，确认电力法律责任的法律依据并不仅限于电力法律法规。中华人民共和国《民法典》《治安管理处罚法》《行政处罚法》《刑法》等国家基础的部门法律法规也是确定电力法律责任的主要依据。作为国家法律体系的一个组成部分，电力法律法规是确定电力法律责任的主要依据。

二、电力法律责任种类及特点

电力法律责任是法律责任在电力违法行为上的一种特殊表现。电力法律责任仍然分为民事责任、行政责任和刑事责任。有关电力民事责任、电力行政责任、电力刑事责任的种类和构成要件，必须遵守相关法律的基本规定。电力法律责任不能突破法律关于法律责任的相关规定。如《民法典》第179条规定了民事责任的11种

方式 ❶;《行政处罚法》第 8 条规定了行政处罚的 7 种方式;《刑法》第 32 条至第 35 条规定了我国刑罚的 5 种主刑和 4 种附加刑。电力法律责任不能超越这些规定。另一方面,由于电力商品的特殊属性,电力生产、储存和使用必须遵守相关自然科学规律。基于这些自然科学规律,电力法律法规也提出了特殊要求。这就是电力法立法的最本质特征。作为调整电力法律关系的电力法有其特有研究对象;依据电力法律追究的法律责任需要体现电力法律特点。本章所述内容正是基于电力法律关系的特殊性,重点介绍电力法律责任。

第二节　电力民事责任

在电力建设、电力生产、电力供应和使用过程中,都可能产生民事责任。电力建设工程的发包和采购,违法转包和事故等引发的民事责任,与《民法典》中的建设工程合同、买卖合同、承揽合同等相关规定无本质的差异,本章不做论述。本章主要探讨过错责任和无过错责任、供用电合同中的民事责任以及电力侵权中的民事责任。

一、电力民事责任中的过错责任与无过错责任

民法理论认为,民事责任的构成要件有民事违法行为、被害人财产或者非财产损害事实的存在、违法行为与损害事实之间的因果关系、主观上的过错等四个构成要件。

---

❶《民法典》第 179 条"承担民事责任的方式主要有:(一)停止侵害;(二)排除妨害;(三)消除危险;(四)返还财产;(五)恢复原状;(六)修理、重做、更换;(七)继续履行;(八)赔偿损失;(九)支付违约金;(十)消除影响、恢复名誉;(十一)赔礼道歉。"《行政处罚法》第 8 条"行政处罚的种类:(一)警告;(二)罚款;(三)没收违法所得、没收非法财物;(四)责令停产停业;(五)暂扣或者吊销许可证、暂扣或者吊销执照;(六)行政拘留;(七)法律、行政法规规定的其他行政处罚。"《刑法》第 32 条"刑罚分为主刑和附加刑"第 33 条"主刑的种类如下:(一)管制;(二)拘役;(三)有期徒刑;(四)无期徒刑;(五)死刑。"第 34 条"附加刑的种类如下:(一)罚金;(二)剥夺政治权利;(三)没收财产。"第 35 条"对于犯罪的外国人,可以独立适用或者附加适用驱逐出境。"

在确认电力民事责任时，过错责任和无过错责任一直是争议的焦点。《民法典》第 1165 条规定"行为人因过错侵害他人民事权益造成损害的，应当承担侵权责任。依照法律规定推定行为人有过错，其不能证明自己没有过错的，应当承担侵权责任。"第 1166 条规定"行为人造成他人民事权益损害，不论行为人有无过错，法律规定应当承担侵权责任的，依照其规定。"这就是民法理论上有关侵权的过错责任、过错推定责任和无过错责任。

（一）过错对电力民事责任的影响

根据主客观相一致的原则，主观过错是法律责任的构成要件之一。"法律不强人所难"是世界各国普遍接受的法谚，侵权行为法的基本格言是"无过失则无责任。"过错是指行为人实施违法行为时主观可罚的状态。没有过错，便缺少主观可罚性。在刑事法律中，过错主要表现为犯罪故意和犯罪过失。故意犯罪和过失犯罪，无论是在犯罪构成还是刑事责任方面，都有质的区别。故意杀人罪的法定刑是三年以上，最高刑是死刑。"过失致人死亡的，处三年以上七年以下有期徒刑；情节较轻的，处三年以下有期徒刑。"同样是造成被害人死亡的结果，过失致人死亡的后果比故意杀人罪要轻许多。我国《刑法》第 16 条规定，"行为虽然在客观上造成了损害结果，但不是出于行为人的故意或者过失，而是由于不能抗拒或是不能预见的原因所引起的，不认为是犯罪。"行为人主观上没有过错，即使造成了损害结果，也无需承担刑事责任。

在传统民法上，过错分为"重大过错"和"一般过错"。前者包括民事欺诈和重大过失，后者仅指生活中的一般过失。过错责任原则是以行为人主观上的过错为承担民事责任的基本构成条件。有过错才承担责任；无过错则不承担责任。当事人双方或者多方都有过错时，按照过错程度和大小分担责任。过错大的承担较多的责任；过错小的承担较少的责任。过错对电力民事责任的影响主要表现在以下几个方面：

欺诈可以导致民事法律行为无效或者撤销。欺诈是民事法律中较常见的法律术语。如《民法典》第 148 条规定，一方以欺诈手段，使对方在违背真实意思的情况下实施的民事法律行为，受欺诈方有权请求人民法院或者仲裁机构予以撤销。第 1125 条规定，继承人以欺诈、胁迫手段迫使或者妨碍被继承人设立、变更或者撤回遗嘱，情节严重的，丧失继承权。第 1143 条规定，遗嘱必须表示遗嘱人的真实意思，受欺诈、胁迫所立的遗嘱无效。尽管法律上并没有给欺诈一个准确的定义，但大多数观点则认为，法律上的欺诈应该包含几个方面的内容：行为人主观上有欺诈的故意；客观上有欺诈行为；相对人因欺诈而陷入错误的认识；相对人因受欺诈而成为受害人，财产或者人身上受到损害。欺诈既包括主观上的欺骗他人的心理态度，也包括因欺诈而获取他人合法利益的可能性。隐瞒事实和虚构事实是欺诈的两种主要表现形式。欺诈人故意隐瞒一些对自己不利的事实或者虚构一些促使被害人做出错误决定的事实，诱使被害人上当受骗。故法律通常情况下赋予了被害人撤销民事法律行为的权利，特定情况下直接规定无效。该民事法律行为被撤销或者无效，自然不会产生相应的民事法律后果。

重大过失是指行为人预见到了极有可能发生损害后果，同时又不希望这种结果的发生，但仍然恣意行事的一种主观过错。重大过失的构成包含两个层面内容：主观上对行为性质及损害后果有认识、客观上制造了一种巨大危险。[1] 因此重大过失是程度最为严重的一类过失，其可罚性仅次于欺诈。一般过失是指行为人违反了一个合理人的注意义务，最终导致了危害结果出现的一种主观过错。一般过失认定中的合理标准，通常采客观标准。

过错推定是过错责任的一种特殊表现形式。主要特征在于因为特定职业或者地位形成的便利条件，法律基于某一行为推断行为人有过错，要求行为人证明自己没有过错，否则便要承担责任。过错推定既免除了"谁主张谁举证"的举证责任，同时也赋予了推定责任方的证明权利。行为人有证据证明自己已经尽到注意义务，不存在过错的话，则可以免去行为人的民事责任。常见的过错推定情形主要有：无民事行为能力人在教育机构遭受人身损害的，推定教育机构具有过错；医疗机构违反法律、行政法规、规章以及其他有关诊疗规范的规定，或者隐匿或者拒绝提供与纠纷有关的病历资

---

[1] 叶名怡：《重大过失理论的构建》，《法学研究》2009 年第 6 期。

料，或者伪造、篡改或者销毁病历资料，推定医疗机构具有过错；动物园饲养的动物致人损害的，推定动物园具有过错；建筑物、构筑物或者其他设施及其搁置物、悬挂物发生脱落、坠落致人损害的，推定其所有人、管理人或者使用人具有过错；堆放的物品倒塌致人损害的，推定堆放人具有过错；林木折断致人损害的，推定林木的所有人或者管理人具有过错；地下施工（包括窨井）致人损害的，推定施工人具有过错；非法占有高度危险物致人损害的，推定所有人、管理人具有过错。在电力供应与使用中，供电企业有电力技术和设备优势，有全程记录电力技术指标的能力和数据。当各方就电能质量发生争议时，供电企业有义务证明电能质量符合国家标准，否则可能被推定为不合格。

过错责任是民事责任的常见归责原则。在法律没有特别规定的情况下，就应该当然适用过错责任原则归责。过错是个主观心理状态。在具体纠纷案件中，需要结合事实和证据去确定当事人的过错种类和程度。过错是法庭调查、举证质证和法庭辩论等程序的重点内容。

在常见的电力纠纷中，电力企业的过错通常表现在如下几个方面：一是电力设施、设备设计、制造、安装是否符合规范。电力工程的设计、制造，安装、调试、运行，大多都需要特种专业知识和专用工具，国家实行资质管理和许可证制度。如果违反了这种资质管理和许可证制度，出现了产品质量问题，表明相关方存在过错；二是电能质量未满足法律法规的要求。电能质量包括供电频率、电压和供电可靠性等关键指标。"用户受电端的供电质量应当符合国家标准或者电力行业标准。"❶如电能质量出现问题，意味着供方存在过错；三是未设置警示标志。为了规范电气安全标志，国家质量监督检验检疫总局与国家标准化管理委员会联合发布《电气安全标志》（GB/T 29481—2013），对各种禁止、指令、警告、提示等标志的制造、颜色、字体、悬挂等均作了明确的要求。若没有做到就表明电力设施产权人或者运营维护单位存在过错；四是未及

---

❶ 供电质量的监测点在用户受电端，而不在供电企业的出电端。

时发现或者排除妨害。用电检查是供电企业的权利和义务。通过用电检查，及时发现输变电线路、用电设备等潜在危险，并采取有效的处置措施。如果巡线不及时，对危害供用电安全、违章用电处置不力，应属于电力企业存在过错。

用户或者第三人的过错主要表现在：一是违章用电。擅自改变用电类别；擅自超过合同约定的容量用电；擅自超过计划分配的用电指标的；擅自使用已经在供电企业办理暂停使用手续的电力设备，或者擅自启用已经被供电企业查封的电力设备；擅自迁移、更动或者擅自操作供电企业的用电计量装置、电力负荷控制装置、供电设施以及约定由供电企业调度的用户受电设备；未经供电企业许可，擅自引入、供出电源或者将自备电源擅自并网。这些都是用户危害供电、用电安全，扰乱正常供电、用电秩序的行为。二是违反《电力法》《电力设施保护条例》等法律法规，危害了供用电安全。三是窃电或者破坏电力设施设备。

（二）无过错责任

无过错责任也称客观责任或者严格责任。它是民法归责原则中的一个特殊原则。主要含义是指只要行为人的行为造成他人损害的事实客观存在，行为人就应当对损害后果承担法律责任。这种看似无理的规定，隐含着人类智慧的光芒。无过错责任是随着经济的发展、科学技术的提高而提出的。从 19 世纪中叶开始，工业化国家的工业损害问题日益严重。发生大量的工厂事故、交通事故、环境污染、产品致害等等侵权事件。按照传统的侵权归责原则，当事故的发生归因于受害人的过失或者不可抗力时，不存在赔偿责任。这对大量的一线工人或者受害人而言是不公平的。无过错责任原则应运而生。无过错责任原则的核心就是坚持公平原则，让受益人承担补偿受害人损失，并承担采取避免损害结果出现的责任。我国从《民法通则》开始，就规定产品缺陷致人损害、高度危险作业致人损害、环境污染致人损害、饲养的动物致人损害等损害赔偿案件中适用无过错责任。根据相关国外立法理论❶，无过错责任原则存在的主要原因

---

❶ 学界一般认为以 1838 年普鲁士《铁路企业法》为标志，无过错责任、严格责任等在西方国家得到普及和推广。

有三：一是报偿理论，即"谁享受利益谁承担风险"的原则。受害人是现代技术的受害人，应该得到受益人的赔偿。二是危险控制理论，即"谁能够控制、减少危险，谁承担责任"的原则。这样有利于避免危险的发生。三是危险分担理论，即物的危险是伴随现代文明的风险，应由享受现代文明的全体成员分担其所造成的损害，可通过产品价款或保险金，最终将承担赔偿责任转嫁给整个社会。

电力供应与使用中是否适用无过错责任，在我国立法和司法实践中经历了一个逐步认同的过程。2001 年 1 月 10 日最高人民法院发布《关于审理触电人身损害赔偿案件若干问题的解释》（法释〔2001〕3 号）第一次明确了 1 千伏及其以上电压为高压电并适用无过错责任原则。随后的立法和司法解释虽有变化，理论探讨也各有侧重，但高压触电伤亡事故损害赔偿中适用无过错责任是大多数人的共识。在具体案件中，需要注意的问题有：

第一，只有在 1 千伏及其以上电压人身损害赔偿案件中才适用无过错责任。日常说中 220V 或者 380V 供用电过程中的事故仍然适用过错责任归责。之所以选择 1 千伏作为过错责任和无过错责任原则适用的分水岭，主要是基于 1 千伏电压的高度危险性，人碰触后非死即残，给人身造成极大的损害或者危险。《电力设施保护条例》第 10 条规定 1 千伏以上的电力线路必须设置保护区，即该电压以上对周围环境具有高度危险性；国家质量监督检验检疫总局和中国国家标准化委员会颁布的《电力安全工作规程（电力线路部分）》（GB 26859—2011）3.1 定义："低电压用于配电的交流电力系统中 1 千伏及其以下的电压等级。"

第二，责任主体应该是电力设施的产权单位或者管理单位。我国《民法典》第 1240 条规定，"从事高空、高压、地下挖掘活动或者使用高速轨道运输工具造成他人损害的，经营者应当承担侵权责任。"自电力体制改革以来，电业局或者电网公司一统天下的局面已经改变。即使是高压供电和传输的设施设备，也并非全属于电网公司一家。凡是以高压电作为能源的生产或经营主体，都可能成为《民法典》第 1240 条的"经营者"。

第三，无过错责任也不是绝对的责任。符合免责、减责和限责条件的，可以免除、减轻或者限制经营者的民事责任。《民法典》第 1240 条"从事高空、高压、地下挖掘活动或者使用高速轨道运输工具造成他人损害的,经营者应当承担侵权责任;但是,能够证明损害是因受害人故意或者不可抗力造成的,不承担责任。被侵权人对损害的发生有重大过失的,可以减轻经营者的责任。"第 1243 条规定,"未经许可进入高度危险活动区域或者高度危险物存放区域受到损害,管理人能够证明已经采取足够安全措施并尽到充分警示义务的,可以减轻或者不承担责任。"第 1244 条规定,"承担高度危险责任,法律规定赔偿限额的,依照其规定,但是行为人有故意或者重大过失的除外。"受害人盗窃电能,盗窃、破坏电力设施或者因其他犯罪行为和在电力设施保护区从事法律、行政法规所禁止的行为而引起触电事故,应免除"经营者"责任。我国目前就高电压致人损害尚无赔偿限额规定,但这并不意味着"经营者"需要全额赔偿。《道路交通安全法》第 76 条规定,机动车发生交通事故造成人身伤亡、财产损失的,机动车一方没有过错的,承担不超过百分之十的赔偿责任。相关规定值得电力损害赔偿中借鉴和参考。

二、供用电合同中的民事责任

供用电合同是供电人向用电人供电,用电人支付电费的合同。随着电力能源的普及应用,供用电合同涉及千家万户和各行各业。由于电力能源的基础属性和公益属性,我国《民法典》以供用电合同为例,将供用水、供用气、供用热力合同等归类于同类。供用电合同中供电人与用户的合同义务及民事责任,除了《民法典》的相关规定,更要参照《电力法》及《电力供应与使用条例》《供电营业规则》等电力法律法规与规章。有些地方电力立法中关于供用电合同的特殊规定,供电企业向公众有特殊承诺的,都是决定当事人民事责任的根据。

(一)供电企业违反供用电合同的民事责任

供用电合同是连接供电企业和用户的法律纽带,也是界定合同双方当事人权利义务、确定责任的主要法律依据。根据《民法典》第 577 条规定,"当事人一方不履行合同义务或者履行合同义务不符合约定的,应当承担继续履行、采取补救措施或者赔偿损失等违约责任。"作为违约责任的第一种方式,继续履行责任在供用电合同中最为重要。因为生产和生活须臾也不能离开电力,其他任何责任形式都无法取代该责任形式。

承担违约金和赔偿金是供电企业违反供用电合同的其他主要责任方式。确定合理的违约金计算标准,明确赔偿范围是供电企业需要注意的两个问题。在违约金方面,随着原电力工业部相关部门规章的法律效力受到质疑,法定违约金逐步失去市场,约定违约金成为供用电合同中违约责任的首选。《供电营业规则》第97条提供了一个可供借鉴和参考的比例。"由于供电企业电力运行事故造成用户停电的,供电企业应当按照用户在停电时间内可能用电量乘以当期用户平均电量电价的四倍(两部制电价为五倍)给予赔偿。用户在停电时间内可能用电量,按照停电前用户正常用电月份或正常用电一定天数内的每小时平均用电量乘以停电小时计算。"第98条规定"供电电压超出本规则规定的变动幅度,给用户造成损失的,供电企业应按用户每月在电压不合格的累计时间内所用的电量,乘以用户当月用电的平均电价的百分之二十给予赔偿。"第98条规定"供电频率超出允许偏差,给用户造成损失的,供电企业应按用户每月在频率不合格的累计时间内所用的电量,乘以用户当月用电的平均电价的百分之二十给予赔偿。"在损害赔偿方面,供电企业赔偿的应该是用户的直接经济损失,不包括间接损失或者可得利益。用户受电设施损坏的,需要根据市场重置价格和折旧进行评估后确定。如果用电人未能采取有效措施避免损失的扩大,就扩大部分,供电企业有权拒绝赔偿。

(二)用户的民事责任

签订供用电合同是用户用电的合法前提。缴纳电费是用户用电的对价,也是其最主要的义务。《电力法》要求"用户应当按照国家核准的电价和用电计量装置的记录,按时交纳电费"。在计划经济条件下,受"一大二公"思想影响,拖欠电费成为严重影响我国电力发展的痼疾之一。随着法治观念的提升和电力计量自动化的普及,拖欠电费行为略有好转,但仍未彻底解决。在实际工作中,供电企业要结合合同中的违约金约定和欠费情况,积极运用民事责任规定,充分发挥违约金的作用,及时回收电费。

为保障供用电安全,我国《电力法》设置"电力设施保护"专章对电力设施保护予以规定。国务院及公安部也都出台了相关行政法规和部分规章，规定"任何单位和个人不得危害发电设施、变电设施和电力线路设施及其有关辅助设施。""用户用电不得危害供电、用电安全和扰乱供电、用电秩序。"《电力供应与使用条例》明确了用户不得有"危害供电、用电安全，扰乱正常供电、用电秩序的行为"，并明确了电力设施保护范围和保护方式。如果用户有类似行为，必须承担停止侵害、排除妨害，恢复原状等民事责任。

三、电力侵权中的民事责任

（一）窃电的民事责任

由于电能是看不见的产品，窃电在社会生活中时有发生。《电力供应与使用条例》和《供电营业规则》都明确界定了窃电行为的种类。"窃电行为包括：①在供电企业的供电设施上，擅自接线用电；②绕越供电企业的电能计量装置用电；③伪造或者开启供电企业加封的电能计量装置封印用电；④故意损坏供电企业电能计量装置；⑤故意使供电企业的电能计量装置计量不准或者失效；⑥采用其他方法窃电。"从法律属性上分析，窃电行为侵犯了电能所有权，当然应当承担侵犯财产所有权的民事责任。❶ 只是因为盗窃的社会危害性和程度，我们更多地关注行政责任和刑事责任。

确定窃电行为的民事责任需要注意两点：一是窃电行为的定性；二是如何计算窃电量。窃电是盗窃行为，会导致用电人少交电费。但其他行为，如供电公司接错电能计量表的接线也有可能导致用电人少交电费，必须精准定性窃电行为。窃电行为要求行为人主观上有非法占有他人电能的目的和故意行为。如果是因为疏忽接错电源线或者仪器设备发生故障导致计量不准，不属于法律上的窃电行为。在计算窃电量时，由于窃电行为具有偶然性和持续性等特点，导致窃电量等于窃电时间乘以窃电容量的简单计算公式在实际应用中受到挑战。在窃电时间无法确定的情况下，《供电营业规则》第105条规定了推定窃电量的计算公式。"窃电量不能查实的，按照下列方法确定：①在

---

❶ 也有观点认为第⑤种类型属于诈骗，参见王重阳：《电力法治焦点难点探析》，中国电力出版社2012年版，第130-132页。

供电企业的供电设施上，擅自接线用电或者绕越供电企业电能计量装置用电的，所窃电量按照私接设备额定容量（千伏安视同千瓦）乘以实际使用时间计算确定；②以其他行为窃电的，所窃电量按计费电能表标定电流值（对装有限流器的，按照限流器整定电流值）所指的容量（千伏安视同千瓦）乘以实际窃用的时间计算确定。窃电时间无法查明时，窃电日数至少以一百八十天计算，每日窃电时长：电力用户按 12 小时计算；照明用户按 6 小时计算。"但对于窃电时间无法查明时计算出来的窃电量，不论是对用户还供电企业显然存在不准确之处，前者如刚申请用电几天的用户，按 180 天计算显然不公；后者如对于一天 24 小时营业的电力用户，如医院、车站等，一天按 12 小时计算显然对供电企业不公；为解决该问题，修改后的该条，一开始便规定，能够查实用户窃电量的，按已查实数额确定窃电量。

（二）电力事故中的民事责任

本处所指电力事故，是指在电力供应与使用过程中由于电能所造成的受害人人身伤亡和财产损失事故。触电造成人身伤亡案件是本处探讨的重点。在过去多年的司法实践中，就人身触电伤亡案件，出现了法律依据不同、判决结果迥异的判决。在处理电力事故损害赔偿时需要重点注意以下几个问题：

第一是确认责任主体。《民法典》第 1240 条中的"经营者"可能是电网企业，也可以是其他产权单位或者管理单位。确认事故责任主体的最关键问题是民事侵权行为与危害结果之间的因果关系。即要从造成危害结果的原因上找责任主体，而不是从产品源头上找责任主体，更不能根据赔偿能力上去找责任主体。在确认责任主体上，过去的司法实践存在着错误观念。凡是电能造成的损害都是产品致人损害，在认定责任上适用《产品质量法》。只要有电力事故，电网（电力）公司就脱不了干系。这种观念一定要改变。

第二是确认适用过错责任还是无过错责任归责原则。在 2001 年 1 月 10 日最高人民法院发布《关于审理触电人身损害赔偿案件若干问题的解释》（法释〔2001〕3 号，现已废止）以前，各界对《民法通则》第 123 条的高压范围理解不一。该司法解释明确规定，高压包括 1 千伏及其以上电压等级的高压电；1 千伏以下电压等级为非高压电。只有 1 千伏以上的高压设备及输电线路造成的触电伤亡事故才适用无过错责任原则归责。1 千伏以下的触电伤亡事故适用过错责任原则。该司法解释后虽被废止，但对高压的认定已广为实务部门认可。

第三是赔偿范围和标准要与其他人身损害事故相统一。无论是在赔偿范围还是赔偿标准上都要统一，不能因为电力企业规模大资金雄厚就没有限度。在具体确定赔偿范围和标准方面，《民法典》是唯一的法律。《民法典》第 1179 条规定，"侵害他人造成人身损害的，应当赔偿医疗费、护理费、交通费、营养费、住院伙食补助费等为治疗和康复支出的合理费用，以及因误工减少的收入。造成残疾的，还应当赔偿辅助器具费和残疾赔偿金；造成死亡的，还应当赔偿丧葬费和死亡赔偿金。"2022 年 2 月 15 日，最高人民法院审判委员会第 1864 次会议讨论通过了《最高人民法院关于修改〈最高人民法院关于审理人身损害赔偿案件适用法律若干问题的解释〉的决定》，重点是"改革人身损害赔偿制度，统一城乡居民赔偿标准"的要求，聚焦赔偿标准城乡统一问题。随着人身损害赔偿方面的理论和立法越来越完善，这种"同命不同价"终将成为历史。

第四是是否存在免责或者减轻责任的事由。自杀、自伤、盗窃、破坏电力设施等受害人故意行为造成的触电伤亡，不可抗力造成的伤亡，都是"免除"经营者责任的法定理由。被害人对损害发生有重大过失的，可以"减轻"经营者的赔偿责任。但减轻的比例各地法院差距较大，同样是在高压线下钓鱼引起的触电伤亡事故，不同法院的判决结果大相径庭❶。同样是在房顶移装太阳能设备被高压电电死的案例，有的

---

❶ 湖南省武冈市人民法院（2021）湘 0581 民初 4028 号民事判决书酌定被告武冈市供电分公司承担 30% 的责任；受害人戴建雄应自行承担 70% 的责任。福建省泉州市中级人民法院（2020）闽 05 民终 1791 号民事判决书中，确定死者黄涛对自己触电致死应自行负担 40% 的责任，钓鱼池经营者魏朋朋无证经营，且未尽安全管理义务，应承担 30% 责任；高压线产权单位宏远公司及高压线运行单位泉州供电公司是涉案两条高压电输电线路的经营者，连带承担 30% 责任。在湖北省高级人民法院（2019）鄂民再 254 号民事判决书中，撤销湖北省荆门市中级人民法院（2018）鄂 08 民终 1007 号民事判决，维持湖北省荆门市东宝区人民法院（2017）鄂 0802 民初 961 号民事判决，认定了农业排灌专用的产权单位和运维单位荆门市掇刀区双喜街道办事处双仙村村民委员会承担 35% 责任，免除了二审中改判的作为高压供电方高新区供电中心 20% 的责任。

法院认定被害人承担 5% 的责任，有的法院认定被害人承担 20% 的责任[1]。尽管如此，"经营者" 仍要积极收集被害人存在过错、第三人系责任人等可以免责或减轻责任的证据。

第三节　电力行政责任

一、电力行政责任种类及构成

电力行政责任是指违反国家电力管理法律法规构成行政违法行为所需要承担的责任。从电力规划和可行性研究开始，经过开工建设许可至并网发电和供电，无处不体现国家行政管理的角色和痕迹。结合《行政处罚法》《行政强制法》《治安管理处罚法》等行政法律法规及相关电力法律法规，电力行政责任大致可以分为以下几大类：

（一）责令停止建设、责令强制拆除、责令停止使用

本类行政责任都是针对那些违反法律的强制性规定，没有存在价值的行政违法行为而适用的处罚。如《电力法》规定，电力建设项目不符合电力发展规划、产业政策的，由电力管理部门责令停止建设；电力建设项目使用国家明令淘汰的电力设备和技术的，由电力管理部门责令停止使用。非法占用变电设施用地、输电线路走廊或者电缆通道的，由县级以上地方人民政府责令限期改正；逾期不改正的，强制清除障碍。未经批准或者未采取安全措施在电力设施周围或者在依法划定的电力设施保护区内进行作业，危及电力设施安全的，由电力管理部门责令停止作业、恢复原状并赔偿损失。在依法划定的电力设施保护区内修建建筑物、构筑物或者种植植物、堆放物品，危及电力设施安全的，由当地人民政府责令强制拆除、砍伐或者清除。

---

[1] 新疆维吾尔自治区昌吉市人民法院（2021）新 2301 民初 8703 民事判决书中，电死受害人的高压线经营者国网新疆电力有限公司昌吉供电公司承担了 80% 责任，雇主和受害人各承担 5% 责任，村委会承担 10% 责任。安徽省六安市金安区人民法院（2011）六金民一初字第 0300 号划分的责任是雇主 20%，受害人自行承担 20%，电网公司承担 60% 责任。

（二）责令改正

从法律性质上分析，责令改正不属于行政处罚而是行政命令。行政命令的目的是制止违法行为，督促其回归合法状态，不具有惩罚性。事件中也有将责令改正作为行政处罚的配套措施。责令改正主要是针对那些不完全具备法律规定的全部形式和实质条件的违法行为，要求停止或者从事某种行为从而满足合法性要求的行政命令。如《电力法》规定，"未经许可，从事供电或者变更供电营业区的，由电力管理部门责令改正"；"拒绝供电或者中断供电的，由电力管理部门责令改正"；"危害供电、用电安全或者扰乱供电、用电秩序的，由电力管理部门责令改正"等。

（三）罚款或者没收违法所得、没收非法财物

罚款和没收违法所得、没收非法财物都是行政处罚中的财产处罚。是针对那些贪财图利的行政违法适用的处罚。罚款也叫行政罚款，是行政机关对行政违法行为人强制收取一定数量金钱，剥夺一定财产权利的制裁方法。适用于对多种行政违法行为的制裁。没收违法所得，是行政机关将行政违法行为人占有的，通过违法途径和方法取得的财产收归国有的制裁方法；没收非法财物，是行政机关将行政违法行为人非法占有的财产和物品收归国有的制裁方法。如《电力供应与使用条例》规定，违反本条例规定，有下列行为之一的，由电力管理部门责令改正，没收违法所得，可以并处违法所得5倍以下的罚款：（一）未按照规定取得《电力业务许可证》，从事电力供应业务的；（二）擅自伸入或者跨越供电营业区供电的；（三）擅自向外转供电的。

（四）暂扣或者吊销许可证、暂扣或者吊销执照、责令停产停业

这类处罚都是限制处罚对象一定时期内的从业资格，从而责令其整改的处罚措施。暂扣或者吊销许可证、暂扣或者吊销执照是行政机关暂时或者永久地撤销行政违法行为人拥有的国家准许其享有某些权利或从事某些活动资格的文件，使其丧失权利和活动资格的制裁方法。责令停产停业是行政机关强制命令行政违法行为人暂时或永久地停止生产经营和其他业务活动的制裁方法。《行政许可法》第12条规定了行政许可的

范围，电力从勘察设计到建设、设备制造、安装、调试和运行、检修都有行政许可。电力业务许可证更是从事发电、输配电和供电的准入证书。

（五）行政拘留

行政拘留是指公安机关对违反治安管理的人在短期内剥夺其人身自由的一种强制性惩罚措施。由于是剥夺人身自由，故只能针对自然人适用。由于行政拘留是行政处罚中最严厉的一种，因而法律对其适用作了严格的规定：①在适用机关上，只能由公安机关决定和执行；②在适用对象上，一般只适用于严重违反治安管理法的自然人，但不适用于精神病患者、不满14岁的公民以及孕妇或者正在哺乳自己一周岁以内的婴儿的妇女，同时也不适用于我国的法人和其他组织；③在适用时间上，为1日以上，15日以下；④在适用程序上，必须经过传唤、讯问、取证、裁决、执行等程序。对于破坏电力设施、盗窃电能、扰乱供用电秩序尚未达到犯罪程度的，公安机关可以予以行政拘留。

（六）警告、记过、记大过、降级、撤职、开除等行政处分

警告是国家对行政违法行为人的谴责和告诫，是国家对行为人违法行为所作的正式否定评价。从国家方面说，警告是国家行政机关的正式意思表示，会对相对一方产生不利影响，应当纳入法律约束的范围；对被处罚人来说，警告的制裁作用，主要是对当事人形成心理压力、不利的社会舆论环境。适用警告处罚的主要目的，是使被处罚人认识其行为的违法性和对社会的危害，纠正违法行为并不再继续违法。记过、记大过、降级、撤职、开除都是《公务员法》规定的行政处分措施。这六种行政处分可以根据违法行为的危害性程度选择适用。不仅适用对象是公务员，同时国有企业及其他单位也可以参考适用。如《电力法》规定，电力管理部门的工作人员滥用职权、玩忽职守、徇私舞弊，构成犯罪的，依法追究刑事责任；尚不构成犯罪的，依法给予行政处分。《电力供应与使用条例》规定，供电企业职工违反规章制度造成供电事故的，或者滥用职权、利用职务之便谋取私利的，依法给予行政处分。

二、强制停电

强制停电并不是一种独立的行政处分或者行政处罚。它是根据《行政强制法》规定在电力供应与使用过程中的行政强制措施或者行政辅助行为[1]。行政机关在行政管理过程中，为制止违法行为、防止证据损毁、避免危害发生、控制危险扩大等情形，依法对公民的人身自由实施暂时性限制，或者对公民、法人或者其他组织的财物实施暂时性控制的行为是行政强制措施。在环境整治和拆迁过程中，政府往往会做出停止供电（或中止供电、限制供电、断电等，以下通称"强制停电"）的决定。在行政执法及检查过程中，对于存在安全生产隐患、废弃废水废渣不符合环境排放标准、生产销售假冒伪劣产品的单位，行政机关为了防止损失的扩大或者避免危险，往往会作出强制停电的行政强制措施。根据公开报道，2014年9月至2015年广东省顺德市在"斩污除患"雷霆执法行动中停水停电159家企业；[2]2017年湖南省怀化市电力行政执法支队对环境违法企业停电达600余家[3]。强制停电在行政管理中使用之广由此可见一斑。

作为供电企业，对于政府的行政行为有配合和协助执行的义务，同时也面临共同承担政府违法行政的风险。在遇到政府强制停电决策时，需要做到首先要有政府明确的"停止供电"决定、裁定、通知等行政文件，不能以现场办公、电话指示、会议纪要、领导口头批示等方式作为强制停电的依据。无论是行政强制措施还是具体行政行为，供电企业收到的强制停电决定书应该对被强制停电对象、强制停电事由、强制停电时间地点方式都要有明确的规定。供电企业对政府的强制停电决定有形式审查的义务。如果发现强制停电决策中有明显的错误或者越权行为，供电企业应当予以保留或者要求政府予以更正。其次，要有政府的协助执行文书，明确载明协助执行的内容和协助执行的后果。

---

[1] 关于强制停电的法律属性，可以参阅吴德松、王学棉：《行政机关强制停电的行为属性及法律责任探究》，《海峡法学》2021年第3期。

[2] 丁媚英：《顺德：向环境违法行为"亮剑"》，《环境》2015年第6期。

[3] 张文森：《政府主导政企联动 全面推进电力行政执法工作》，《大众用电》2018年第5期。

三、在确定电力行政责任时应注意的问题

随着我国行政法治建设和法治政府建设的稳步推进，电力行政执法将越来越严格。在确定电力行政责任时需要重点注意几个问题：

第一，国家行政管理体制改革仍在进程中，电力行政管理部分相关职责权限也在变化之中。在电力工业部撤销之后，相关行政管理职能多次变化。涉及电力行政管理的某些职能被弱化和边缘化。如电力设施保护的职责，法律明确规定政府电力主管部门、公安机关、电力企业和社会公众都有责任，但真正挑起电力设施保护重担的还是电力企业。所以，电力企业要主动养成维护合法权益的习惯，在政府相关职能履行不到位时不能等靠要，要主动维权。作为电力设施产权单位或者管理单位，我们一方面可以督促行政机关履职尽责；另一方面可以通过其他渠道维护民事权利。

第二，电力行政责任不仅指电力行政管理部门依法追究电力行政违法当事人的责任，也包括依法追究电力行政管理部门和其他政府管理部门滥用职权、玩忽职守等渎职的责任。

第四节　电力刑事责任

电力刑事责任是指发生在电力领域，与电力密切相关的刑事犯罪及其处罚。主要表现为破坏电力设施罪和盗窃罪。

一、破坏电力设备、设施罪

（一）破坏电力设备罪的概念、特征

破坏电力设备罪是指故意破坏电力设备，危害公共安全的行为。

本罪所侵犯的客体属于公共安全。公共安全表现为不特定多数人的生命健康和重大公私财产的安全。犯罪对象是正在使用中的电力设备和设施。所谓电力设备，是指

用于发电、供电、输电、变电的各种设备，包括火力发电厂的热力设备，如锅炉、汽轮机、燃气机等；水力发电厂的水轮机和水力建筑物，如水坝、闸门、水渠、隧道、调压井、蓄电池、压力水管等；供电系统的供电设备，如发电机包括励磁系统、调相机、变波机、变压器、高压线路、电力电缆等。

本罪客观方面表现为破坏行为。包括改变电力设备的外在形状、影响电力设备的使用性能等多种方式。如私拆、切割、毁坏、启闭等多种。只要影响电力设备发挥正常功能的行为都可以认定为破坏。

本罪的犯罪主体是一般主体，即凡是达到刑事责任年龄，具备刑事责任能力，实施破坏电力设备的自然人均可成为破坏电力设备罪的犯罪主体。

本罪在主观方面必须出于故意，包括直接故意和间接故意。至于犯罪的动机，亦可多种多样，不论是为泄愤报复，还是嫁祸于人，或出于贪财图利及其他动机，都不影响本罪成立。如果行为人主观上是过失，则构成过失破坏电力设备罪。

（二）破坏电力设备罪的罪与非罪、此罪与彼罪

电力设备、设施是发电、输变电和用电的物质依托。由于电能的发供用要求总量平衡和同时进行，对电力设备的破坏将必然影响电力供应，引起多种危害社会的结果。随着现代化、电气化的普及，人们对电能的依赖程度日益加深。这是我国刑法将破坏电力设备罪归类于危害公共安全犯罪的本质原因。但这并不意味着所有的破坏电力设备行为都需要定罪。是否会危害到公共安全是判断是否构成本罪的唯一标准。根据立法本意和社会危害性程度，在罪与非罪问题上需要统筹考量和综合判断。破坏功率较小的用电设备不会导致电网出现重大事故，一般不按照破坏电力设备罪论处。现在每个家庭或者个人都有很多电气产品。手机、电熨斗、电剃刀、空调、电冰箱、洗衣机、电视机、电脑、扫地机器人等等。这些电器产品电压等级不高、功率不大，加上家庭用电保护装置，即使受到破坏，对电网的影响不大，更不会引起电力事故。构成破坏电力设备罪并不要求以实际造成严重危害结果为构成犯罪的条件。只要破坏行为足以危害到电网运行安全，就可以按照此罪来处罚。构成破坏电力设备罪需要重点考虑几

个因素。一是破坏行为造成的修复、重置等直接经济损失；二是可能引起停电时间、停电面积和供电量等间接损失；三是政治、经济、社会生活等其他影响。

根据 2007 年 8 月 13 日最高人民法院审判委员会第 1435 次会议通过的《关于审理破坏电力设备刑事案件具体应用法律若干问题的解释》第 4 条的规定，本罪所称电力设备，是指处于运行、应急等使用中的电力设备。已经通电使用，只是由于枯水季节或电力不足等原因暂停使用的电力设备；已经交付使用但尚未通电的电力设备；已经投入使用只是临时未带电的设备，都视同为正在使用中的设备。在仓库待售的电气设备，或者处于运输、安装阶段的设备，只是单纯作为财产形式存在，设备性能和作用尚未发挥。对后者的破坏达到了一定的程度，可以构成故意毁坏公私财物罪、破坏生产经营罪、盗窃罪等犯罪。

（三）对破坏电力设施行为的处理

我国《电力法》突出的是"电力设施保护"，《电力设施保护条例》突出的也是电力设施。破坏电力设施，是否可以直接按照破坏电力设备罪定罪处罚？从字面解释，设备与设施有一字之差。但从司法实践来看，破坏电力设施，直接按照破坏电力设备罪定罪处罚。

（四）破坏电力设备罪的刑事责任

我国《刑法》第 118 条规定，破坏电力、燃气或者其他易燃易爆设备，危害公共安全，尚未造成严重后果的，处三年以上十年以下有期徒刑。第 119 条规定，破坏交通工具、交通设施、电力设备、燃气设备、易燃易爆设备，造成严重后果的，处十年以上有期徒刑、无期徒刑或者死刑。过失犯前款罪的，处三年以上七年以下有期徒刑；情节较轻的，处三年以下有期徒刑或者拘役。

《关于审理理破坏电力设备刑事案件具体应用法律若干问题的解释》第 1 条规定，破坏电力设备，具有下列情形之一的，属于刑法第 119 条第一款规定的"造成严重后果"，以破坏电力设备罪判处十年以上有期徒刑、无期徒刑或者死刑：①造成一人以上死亡、三人以上重伤或者十人以上轻伤的；②造成一万以上用户电力供应中断六小时以上，致使生产、生活受到严重影响的；③造成直接经济损失一百万元以上的；④造成其他危害公共安全严重后果的。

本罪量刑情节中，除了要判断是否造成严重后果之外，还要考虑被告人的犯罪动机和悔罪表现。对于报复社会或者以偷盗电力设备为主要职业或者多次盗窃电力设备的，必须予以重惩。过失破坏电力设备，积极赔偿损失的，要体现教育和宽大政策。

二、盗窃电能

《刑法》中的盗窃罪是指以非法占有为目的，秘密窃取数额较大的公私财物或者多次盗窃的行为。我国《刑法》第264条规定：盗窃公私财物，数额较大或者多次盗窃的，处三年以下有期徒刑、拘役或者管制，并处或者单处罚金；数额巨大或者有其他严重情节的处三年以上十年以下有期徒刑、并处罚金；数额特别巨大或者有其他特别严重情节的，处十年以上有期徒刑或者无期徒刑，并处罚金或者没收财产。由于电能是无形的、肉眼看不见的物质，加上电力传输中的自然损耗，导致在20世纪80年代之前，几乎没有把盗窃电能当作犯罪处罚的案例。改革开放之后，以中小型炼钢厂、焦化厂等高能耗的乡镇企业窃电成为危害电力发展的原因之一，司法实践中才开始将电能等无形财产作为盗窃行为的对象。即使如此，因为盗窃电能而追究刑事责任的也不多见，立法和实践中都存在亟待解决的问题。

1997年我国修订《刑法》增加了单位犯罪，但并没有规定盗窃罪可以是单位犯罪，所以，对于那些受单位负责人指示偷电的电工，按照单位犯罪追究刑事责任没有法律依据。与此同时，刑事诉讼中要求事实认定清楚、证据确实充分的证明标准给窃电定罪带来了一些困难。有窃电的现场，有窃电设备，但如何证明被告人最终窃取了多少电能，除了推算之外，缺少像其他盗窃罪那样的价格评估。而盗窃罪属于财产犯罪，法定刑与盗窃数额有直接关联。数额较大构成犯罪，数额巨大和特别巨大都涉及法定刑的量刑幅度。即使是被告人认罪，窃电数额也几乎只有被告人供述和辩解一种证据；如果被告人拒不认罪，窃电数额只能按照《最高人民法院、最高人民检察院关于办理盗窃刑事案件适用法律若干问题的解释》规定的"盗窃数量无法查实的，以盗窃前六个月月均正常用量减去盗窃后计量仪表显示的月均用量推算盗窃数额；盗窃前正常使用不足六个月的，按照正常使用期间的月均用量减去盗窃后计量仪表显示的月均用量推算盗窃数额"来推算。但这种推算有时无法适用，有时推算出来的窃电量要小于实际窃电量。❶

在打击窃电过程中，供电企业要注意几个问题：一是供电企业只是窃电的受害人，不具备司法取证能力。在用电检查中发现窃电犯罪线索，需要及时取得公安机关的支持。现场勘察、提取物证书证、讯问犯罪嫌疑人、询问证人，甚至司法实验，这些侦查行为都是公安机关的职能行为，供电企业不能越俎代庖。对于现场抓获的涉嫌窃电的犯罪嫌疑人，供电企业可以扭送至公安机关，不能非法拘禁或者私设刑堂。二是要注意发挥典型案例的作用，处理好打击和预防、经济效益与社会效益的相互关系。对于多次窃电屡教不改的，传授窃电技术以此谋生的，窃电数额特别巨大的等典型案例，要多宣传。对于小额的窃电，要发挥临时停电、追缴电费等经济手段。在维护企业合法财产权利的前提下，要求行为人具结悔过，突出预防。在预防窃电问题上，供电企业要加大电力预测和电力计量的技术控制，通过技术手段来识别电能异常。在法律和管理层面，要加强用电检查，及早发现窃电的各种端倪。多次窃电，特别是在受过行政处罚之后再窃电，不论窃电数额和价值，都可以按照盗窃罪追究刑事责任。

思考题：

1. 在高压触电人身伤亡损害赔偿案件中，经营者的主要过错表现为哪些方面？有无过错，对确定赔偿责任有何影响？

2. 在处理窃电、破坏电力设备等违法犯罪案件中，如何发挥典型案例的示范作用？

---

❶ 从立法技术上，造成窃电犯罪追诉困难的症结在于，《电力供应与使用条例》以"拟制"方式规定了窃电行为，《供电营业规则》以"推定"方式规定了财产损害数额，而后者的法律效力层次较低，参见王重阳：《电力法治焦点难点探析》，中国电力出版社2012年版，第132-134页。

参考文献

［1］刘乃忠 . 地役权法律制度研究 . 北京：中国法制出版社，2007.

［2］马宗林 . 物权法与电力企业 . 北京：法律出版社，2008.

［3］王重阳 . 电力法治焦点难点探析 . 北京：中国电力出版社，2012.

［4］最高人民法院民法典贯彻实施工作领导小组 . 中华人民共和国民法典物权编理解与适用（上）. 北京：人民法院出版社，2020.

［5］黄薇 . 中华人民共和国民法典物权编释义 . 北京：法律出版社，2020.

［6］梁慧星，陈华彬 . 物权法 . 7 版 . 北京：法律出版社，2020.

［7］姜力维 . 电力设施保护与纠纷处理 . 北京：中国电力出版社，2013.

［8］姜力维 . 电力建设风险防范与纠纷处理 . 北京：中国电力出版社，2019.

［9］王谷承，谭凯 . 电力设施保护工作实务 . 北京：中国电力出版社，2012.

［10］顾培东 . 社会冲突与诉讼机制 . 3 版 . 北京：法律出版社，2016.

［11］〔美〕L. 科塞 . 社会冲突的功能 . 孙立平译，北京：华夏出版社，1989.

［12］王学棉，王重阳，王书生 . 地方电力立法研究 . 北京：中国政法大学出版社，2019.